U0949770

新编会计学系列教材
丛书主编　汤湘希

Tax Accounting

税务会计

艾华　孙静　万红　编著

WUHAN UNIVERSITY PRESS
武汉大学出版社

图书在版编目(CIP)数据

税务会计/艾华，孙静，万红编著．—武汉：武汉大学出版社，2010.11（2016.7 重印）

新编会计学系列教材

ISBN 978-7-307-07615-0

Ⅰ.税… Ⅱ.①艾… ②孙… ③万… Ⅲ.税收会计—教材 Ⅳ.F810.42

中国版本图书馆 CIP 数据核字(2010)第 024252 号

责任编辑:唐　伟　　责任校对:王　建　　版式设计:马　佳

出版发行:**武汉大学出版社**　(430072　武昌　珞珈山)

(电子邮件:cbs22@ whu. edu. cn 网址:www. wdp. com. cn)

印刷:崇阳县天人印刷有限责任公司

开本:787×1092　1/16　印张:22　字数:539 千字　插页:1　插表:12

版次:2010 年 11 月第 1 版　2016 年 7 月第 5 次印刷

ISBN 978-7-307-07615-0/F·1344　定价:30.00 元

前　言

税务会计是处理纳税人在经营活动中涉及的相关税款核算的专业会计，它是经济发展到一定时期的产物。随着我国市场经济体制的建立和完善，各种性质的企业都将成为自主经营、自负盈亏、独立核算、照章纳税的独立的经济实体。作为纳税义务人的企业和个人，既要依法履行纳税义务，又要充分享受给予纳税人的合法权益。不但要在生产、经营活动中，通过财务会计来核算自己生产、经营的会计成果，同时，更需要按照国家税收法规的规定，通过税务会计的核算，依法缴纳属于国家的税款。

税收是政府财政收入的主要来源，是政府实现其职能的财力保障。作为组织财政收入的一种主要手段，其分配的对象是国民收入。创造和取得国民收入的单位和个人是税收的纳税义务人，税收分配是否合理，直接体现着政府与纳税人的利益分配关系。税务会计的依法正确核算，就是反映和监督这种分配关系依法实现的有力保证。因此，广大纳税人，尤其是企业财务人员和税务工作者，都必须掌握税务会计核算的基本知识。

2006年以来，我国税收制度和会计准则都发生了较大变化。就税收制度而言，消费税、个人所得税经过了调整和完善，2007年3月16日第十届全国人民代表大会第五次会议通过《中华人民共和国企业所得税法》，2007年11月28日国务院第197次常务会议通过《中华人民共和国企业所得税法实施条例》，并于2008年1月1日开始实施。2008年底对增值税、消费税、营业税暂行条例又进行了修订，并于2009年1月1日施行。就会计准则而言，财政部于2006年2月15日印发了《企业会计准则第1号——存货》等38项具体准则的通知，并于2006年10月30日发布了《企业会计准则——应用指南》。这些变化都对税务会计产生了重大的影响。

本书以我国现行最新的税收法规和财务制度为依据，比较完整、系统地介绍了各税种的具体规定和会计核算处理方法，对企业出口货物退税以及减免返还税款也做了详细介绍。为了便于学习和理解，在各章节的编写中根据不同税种的特点列举了广泛的核算实例。在章节安排上，货物劳务税种和准许计入费用的税种核算在前，企业所得税和个人所得税核算在后，与财务会计核算和企业所得税清算具有一致性。在各章内容的编写上，法律规定在前，核算方法和实务处理在后，体现了法规的准确性、核算技能的新颖性、核算方法的程序性和实用性。

然而，随着客观事物和经济的快速发展，我国税收制度和法规将会不断完善，新的税收法规会不断地出台，书中引用的法规若与之后颁布的税收法规不一致时，应以新的法律规定为依据。

本书共计十二章，第一章至第五章由艾华同志编写，第六章至第九章由万红同志编写，第十章至第十二章由孙静同志编写。受水平所限，书中难免存在不足和缺陷，敬请广大读者不吝赐教。

作　者

2010年7月

目　录

第一章　税务会计概论

第一节　税务会计的演变

一、税务会计的产生

税收是一个经济范畴，也是一个历史范畴，它是人类社会和生产力发展到一定时期的必然产物。物质资料的生产是人类社会存在和发展的基础，人们为了更好地发展生产，就必须关心生产的耗费和生产的成果。在原始社会时期，由于生产力水平低下，全体社会成员共同协力从事生产活动，以获取维持生活需要的物质资料。这时的生产比较简单，劳动成果除满足基本生活消费外，基本上没有剩余。因而，人们对生产的消费和成果的关心，是通过头脑记忆的。由于生产力的发展，人们对生产的消耗和生产的成果逐渐地采取了一些简单的方式进行记载。如我国古代的“结绳记事”、“甲骨书契”、“竹木简册”的记录等，这就是会计的雏形。会计的产生为税务会计的产生奠定了基础，是税务会计产生的一个前提条件。随着社会生产力的发展，生产工具的更新，人们开始使用石器和铁器，征服自然和改造自然的能力有了很大提高。谋取的物质产品除满足人们的基本生活需要外，还有了剩余，从而使一部分人将剩余产品占为私有。同时，社会分工的出现，使得各个部门需要吸收更多的劳动力，而各部落之间的战俘为生产部门提供了条件，变成了奴隶。于是，奴隶与奴隶主两大阶级产生了。阶级矛盾日益尖锐，不可调和的时候就产生了国家。国家是经济上占统治地位的阶级进行暴力统治的工具，它由暴力机构和一些常设公职人员所组成。为了维持国家机构正常运转的庞大支出和不从事物质资料生产的常设公职人员的生活消费，统治阶级凭借着国家的政治权力，强制课征一部分剩余产品。于是，以国家为主体的税收分配形式出现了。税收分配形式的出现，使税务会计的产生由可能转化为现实。据有关历史资料考证，在公元前18世纪，巴比伦王国时期征收各种赋税就需要有应纳税通知和支付凭据，纳税人的赋税与会计记录相融合，产生了最早的税务会计。尽管它还很不成熟，但它毕竟是把税务中的会计问题或者说是会计中的税务问题融为一体。因此，税务会计是社会发展的必然结果，是税收和会计共同作用的产物。

在我国奴隶社会时期，为了计算和记录国家赋税实物或货币的收入和支出情况，就有了“官厅会计”。我国西周时，在总揽财政大权的天官冢宰之下，设置“司会”为计官之长，主管政府财政经济收支的全面核算。由于当时税制简单，不可能对纳税人的会计核算提出具体的要求，而且当时的纳税人也不具备正式会计核算的条件。在会计方面，当时仅限于对征收结果从国家的角度进行较为健全、完整的核算和监督。但核算和监督的内容基本上属于税务会计核算的范畴。

在中国会计发展史上，官厅会计早于民间会计，它包含着现在的预算会计、税务会计的某些因素。世界其他各国和我国历史足以证明，税务会计是在税收和财务会计产生和发展的基础上逐步产生和发展起来的。

二、税务会计的发展

随着社会生产力的进一步发展，各国的税收制度日趋成熟，税收收入在国家财政收入中占有绝对的比重。作为主要纳税人的企业，依法纳税的付出已经成为其进行生产经营决策的一个重要因素。在当今人们对生产的耗费和生产的成果及分配的关心程度日益提高的情况下，客观上要求企业在会计凭证、会计账簿和会计报表中提供反映收入的形成和物化劳动转移的价值，以及其他转移价值中所包括的已纳税金情况的信息。只有这样，才能够正确地预测和真实地反映自身的经营成果。在税务会计的产生和发展过程中，所得税的出现和不断完善表现出极大的推动力，这是因为所得税的形成和计税依据直接涉及纳税人产、供、销的全过程。目前，西方各国对所得税会计的理论研究和处理方法均已达到相当科学的程度，其中有许多国家都有专门规范所得税会计的文告，如英国发布的《递延所得税》，澳大利亚发布的《公司所得税会计》，美国财务会计准则96号公告中表述的所得税会计的处理原则。另外，美国还有不少涉及所得税会计处理的有效文告，如美国会计原则委员会（APB，即美国财务会计准则委员会 FASB 的前身）意见书第 2 号、第 3 号、第 4 号、第 10 号、第 23 号和第 28 号。由于各国会计核算方法和税收制度存在差异，所得税会计的处理也有所不同，为了协调这一会计处理程序，1979 年 7 月，国际会计准则委员会公布了《国际会计准则 12 号——所得税会计》，它从一定程度上统一了所得税会计处理标准，为其走向国际化起了推动作用，并得到各国会计界的广泛认可。

三、税务会计的现状

当今世界上大多数发达国家的税务会计是相对独立、自成体系的。在国际范围内，税务会计受到普遍重视，已经发展成为一门重要的专业会计分支，它与财务会计、管理会计已经构成会计学科的三大组成部分。美国著名会计学家 E. S. 亨德里克森曾经说过："很多小企业，会计的目的就是编制所得税申报表，甚至不少企业若不是为了纳税就根本不会记账。即使对于大公司来说，纳税也是会计师们的一个主要问题。"

在我国，税务会计还刚起步，其原因是中华人民共和国成立后，在相当长的一段时间内，奉行高度集中的计划经济体制，国家将所有者和管理者的身份合二为一。与此相适应，企业也都实行财务会计与税务会计合二为一的会计管理模式。在当时的情况下，一致的会计管理模式既有利于国家对企业实施综合、全面的管理，也有利于计算上缴国家的财政收入，为监督企业上缴利润提供了制度上的保证，同时，也便于统一会计制度的制定和施行。随着我国社会主义市场经济体制的建立，财务会计与税务会计合一的管理模式所固有的局限性越来越突出。从国家角度来看，我国是以公有制为主体的社会主义国家，国家一方面是政治权利的主体，另一方面又是国家资产的所有者，因而具有双重身份。过去的财务会计与税务会计合一的做法，势必会模糊税收和利润的不同内涵、性质和作用，从而影响政府的双重身份，不利于在政企分开的前提下，科学地界定政府的职能和权限。从企业的角度看，财务会计与税务会计合一的管理模式束缚了企业的经营自主权，使企业的理财行为和会计核算难以适应市场经济的客观要求。传统的财务制度和会计制度中的某些规定过细、过死，在很大程度上是因为其中包含有税法的基本要求。因此，为了适应我国社会主义市场经济的需要，1994 年 5 月国家颁布了《所得税会计》，从此我国步入了税务会计核算的起步阶段。随着市场经济体制的不断完善，税务会计的核算将与财务会计的核算处于同等重要的地位。目前，税务会计经过不断地修订和完善，与国际接轨的趋势越来越明显。

第二节 税务会计的概念界定

一、税务会计的定义

税务会计是近代兴起的一门边缘学科，是融税收法规和会计核算为一体的专业会计。具体来说，税务会计是指纳税人以税收法规为依据，以货币为基本计量单位，运用会计的核算原理和方法，对税收资金的产生和计算，以及缴入国库的全过程进行核算、反映和监督的一种专业会计。

税务会计的定义包含以下几层意思：

(一) 明确了税务会计核算的依据

税务会计核算的依据是国家各种税收法律和法规。税务会计是执行国家税法组织税收收入的会计，是国家管理税收的重要工具。纳税人一旦发生纳税义务，就必须按照国家税收法律法规的规定，及时地进行税款的核算并缴纳入库。

(二) 明确了税务会计的计量单位

税务会计以货币为基本计量单位。从历史上看，可以将税收的征收实体分为劳役税、实物税及货币税。

劳役税是以提供自身的劳动代替税款缴纳的一种税。这种缴纳形式是在商品经济极不发达的情况下征收的最原始的税收，主要为奴隶社会和封建社会前期所采用。

实物税是以各种实物充当税款缴纳的一种税。这种缴纳形式是商品货币经济不发达的时期，国家所采用的一种征收形式。如我国古代征收的“布帛之征”和“粟粒之征”等。在商品经济比较发达的国家中，国家除了要掌握某些特定的实物外，一般不再征收实物税。

货币税是以货币形式缴纳税款的一种税。这种征收形式是商品经济发展的必然产物，目前已成为世界各国征收税款的主要形式。这种缴税方式不仅方便纳税人纳税，而且也便于国家的收支管理。

(三) 明确了税务会计核算的对象

税务会计核算的对象是国家税收资金。税收资金的形成、计算和缴纳过程，虽然存在于纳税人的整个生产过程中，但是，税务会计并不是核算纳税人的全部资金的运动，而是只核算纳税人有关税款的形成、计算、申报缴纳及有关的财务活动。具体地讲，税务会计核算的对象涉及纳税人的经营收入、成本和费用、经营成果、税款的减免，以及税款缴纳的全过程。

1. 经营收入

经营收入是指纳税人在生产经营过程中，销售商品或提供劳务所取得的收入。一般情况下，纳税人的经营收入越多，上缴的税款就越多，相反，经营收入越少，缴纳的税款就越少。营业收入不但是计算增值税、消费税、营业税等税收的重要计税依据，而且也是计算应纳税所得额的最重要的因素之一。

2. 成本和费用

费用是指企业为销售商品、提供劳务等日常活动所发生的经济利益的流出，与一定的会计期间相联系。成本是指企业为生产产品、提供劳务而发生的各种耗费。纳税人在生产、经营过程中所发生的各种耗费，是对象化了的费用，它与一定种类和数量的产品或商品相联系，而不论发生在哪一个会计期间。费用包括直接费用、间接费用和期间费用三大类。直接费用是指能够直接计入生产产品或者是销售商品中的直接材料、直接人工和购进商品的进价费用；间接费用是指不能直接计入生产产品和销售商品的费用，而是要通过一定的核算方法进行分配后计入产品成本中的一种费用；期间费用是指在生产经营的本期内发生，不计入产品或商品的成本中，而是直接转入本期损益的一种费用。成本费用的高低是决定商品（劳务）价格的最低界限，是补偿生产、经营活动中各种耗费的尺度，也是考核纳税人经济效益最重要的指标之一。在纳税人的收入及其他因素一定的情况下，成本和费用的高低与纳税人的会计所得（会计利润）呈反方向变化；而会计所得又是应税所得的基础，因此，成本和费用是税务会计核算和监督的重要内容。

3. 经营成果

经营成果是纳税人在一个会计期间内的利润总额，它包括营业利润、投资收益、补贴收入和营业外收支净额。营业利润是纳税人在一个会计期间的营业收入总额扣除营业成本、期间费用、营业税金和附加等后的余额，是经营成果的主要部分。投资收益是纳税人在经营期间对外投资而取得的收益总额扣除投资损失后的净额。营业外收支净额是指纳税人在经营期间取得的与其生产、经营无直接关系的营业外收入减去营业外支出后的余额。按照我国现行税收法规和财务制度的规定，纳税人计算的会计利润并不等于其应纳税所得额。两者的差异主要是财务制度的规定与税收法规的规定在计算内容和口径上的不一致所带来的永久性差异，以及二者在计算时间口径上的不一致所形成的时间性差异。为了使国家的税款能真实、准确地计算和入库，在计算企业所得税应纳税所得额时，就必须按照税收法律、法规的规定，对企业实现的利润进行必要的调整。因此，正确核算纳税人的经营成果，是税务会计核算的重要基础。

4. 税款的减免

税款的减免是指按照国家税收法规的规定，对纳税人应缴纳的税款给予少征或者免征的优惠规定。减免税是国家为了实现一定的政治、经济政策，给予纳税人的鼓励或者照顾措施，是税收法规严肃性和灵活性的具体表现。国家之所以在税收法规中规定减免税项目，其目的一是为了对遭受风、水、雷、电等自然灾害的纳税人给予政策性照顾；二是为了激励纳税人将这部分减免税资金用于扩大再生产和扩大经营规模，为国家创造更多的税收资金。因此，税务会计必须对税款的减免加强核算和监督，使之达到国家减免税的目的。

（四）明确了税务会计核算的任务

税务会计的主要任务是对纳税人应纳税款的核算和监督，而这种核算和监督活动主要是由纳税人内部的财务人员和有关领导的具体实施和管理来实现的。但税款的缴纳涉及纳税人的切身利益，难免在税务会计的核算过程中产生人为因素。因此，要完成税务会计核算和监督的任务，除纳税人的内部监管外，还必须实施外部管理，即税务机关依照国家税收法规对纳税人的经营核算行为进行监督管理，使纳税人对税款的核算行为更符合税收法规的要求，使税务会计核算的任务得以顺利实现。

（五）表明了税务会计核算的目的

税务会计核算的目的是保证国家的税款得以正确计算、及时、足额入库。所谓“正确计算”是指按照税收法律、法规的规定，准确合理地计算应纳税款，做到依法办事，依率计征，既不多算，也不少计。所谓“及时”是指按照税法规定的缴款期限，做到不拖欠、不挤占，及时解缴入库。税款的正确计算、及时、足额入库，不论是对纳税人还是税务机关的工作人员都非常必要。对于纳税人而言，它是自己应当履行的义务；对于税务机关而言，是税收工作的首要环节。

要达到税务会计核算的目的，一方面需要纳税人增强纳税观念，自觉遵守税收法规的规定，认真履行纳税义务；另一方面需要税务部门加强征收管理和监督，提高业务水平，严格执行税收法规的规定。税务会计是纳税人及时、足额缴纳税款的有效手段，无论是企业内部的财务人员，还是税务部门的工作人员，都应熟练地掌握这门学科。

二、税务会计与财务会计的关系

税务会计作为一项实务性工作并不是独立存在的，而是企业会计的一个特殊领域，要以财务会计的核算为基础。税务会计的核算并不要求企业在财务会计的凭证、账簿、报表之外再单独设置一套会计凭证、账簿和报表（纳税申报表除外），也不要求专门设置税务会计核算机构。在平时生产、经营的核算过程中，财务会计的核算和税务会计的核算是融为一体的，它们之间存在着相互影响、相互制约、相互促进的关系。

（一）税务会计与财务会计的相同点

1. 核算的主体相同

作为从事生产、经营的单位和个人，为了核定在一定期间内的生产、经营成果，就必须建立、健全财务会计核算。同时，取得生产、经营收入的单位和个人，又是缴纳税款的纳税人，为了正确计算和缴纳税款，又必须加强税务会计的核算。因此，从事生产、经营的单位和个人既是财务会计核算的主体，又是税务会计核算的主体。

2. 核算的基本原理和方法相同

财务会计的核算和税务会计的核算，两者都统一于会计核算的原理和核算方法之中。两者都必须通过设置账户、编制凭证，运用借、贷的复式记账方法来登记账簿，据以充分反映每一笔经济业务的真实性和正确性。

3. 核算的基本前提相同

无论是财务会计，还是税务会计，它们的核算工作都必须具备会计主体、持续经营、会计分期和货币计量四个基本前提。这样才能记录和反映每个纳税人本身的各项经济业务，核算以货币表现的一定期间内的收入、费用、利润以及应缴纳的税额。如果没有这些基本前提，会计工作就无法进行。

（二）税务会计与财务会计的差异

1. 核算的范围不同

税务会计只核算纳税人所进行的生产、经营活动中与税收有关的内容，如计税依据的核定、应纳税额的计算、在一定期间内应补退税款的清算，与纳税无关的内容不予核算。税务会计的核算内容主要是充分反映纳税人的纳税情况，以利于纳税人自行申报纳税和税务部门的需要。

财务会计的核算范围是纳税人所进行的生产、经营活动中能够用货币表现的各个方面，包括纳税人的资产、负债、所有者权益、收入、费用、利润，最后编制财务会计报表。财务会计的核算内容主要是充分反映纳税人的财务状况和经营成果，以满足宏观调控部门、投资者、债权人、企业经营决策者对会计信息的需要。

2. 核算的主要依据不同

税务会计核算的主要依据是税收法规，财务会计核算的主要依据是财务会计制度。税收法规不同于财务会计制度，主要表现为：

一是法规级次不同，税收法规主要是由全国人民代表大会及其常务委员会制定或者是全国人民代表大会及其常务委员会授权国务院制定。财政部和国家税务总局虽能对税收法规做具体解释或者制定一些规章制度，但不得与税收法规相抵触。而财务会计制度主要是由财政部制定，其法规级次明显低于税收法规。因此，财务会计制度与税收法规不一致时，应按照税收法规的规定计算缴纳税款。

二是收益实现的时间和费用的扣减情况不同，税收法规采用的是收付实现制与权责发生制的结合，因为计算应纳税额要考虑纳税人立即支付货币资金的能力，管理上的方便性和征收当期收入的必要性是与财务会计所依据的持续经营假定相矛盾的。而财务会计只是遵循会计准则，采用权责发生制，依照财务制度处理各种经济业务和计算经营成果。

3. 核算的目的不同

税务会计核算的目的是依法正确计算纳税人的应纳税额，确保国家财政资金得以实现。税务会计的正确核算，不但有利于税务机关对税收的征收管理，也有利于纳税人正确履行纳税义务，充分享受纳税人应有的权利。财务会计核算的目的主要是计算一定期间内的经营成果，为有关部门、投资者、债权人、经营决策者提供会计信息。

三、税务会计的特点

税务会计与其他专业会计相比较，有其自身的特点。主要表现为：

（一）法规性

税务会计的核算主要以国家的税收法规为准绳，这是它区别于其他专业会计的主要标志。在税收应纳税额的计算过程中，也可能依据某些财务制度的规定进行计算，但必定是在财务会计制度与税法规定不矛盾的前提条件下进行的。财务会计制度的规定与税法的规定不一致时，我国税法明确规定，必须以税收法规为标准。如企业所得税应纳税所得额的计算，就必须按照税法的规定，对纳税人核算的会计利润进行必要的调整。

（二）专业性

税务会计运用特有的专门方法对纳税有关的经济业务进行核算和监督，包括税款的计算、税款的记录、账务处理、纳税申报以及办理补退税款等。如每个纳税人按照当地主管税务机关规定的纳税期限填写并申报的纳税申报表，就具有很强的专业性。纳税人在生产、经营过程中不涉及税收的经营业务，不作为核算的内容。

（三）统一性

税务会计是融各类会计和税法为一体的专业会计，税法的统一性决定了税务会计的统一性。就纳税主体而言，只要是同一税种，不论是国有企业、集体企业、私营企业、股份制企业或者是纳税个人，其缴纳税额的规定都是相同的，不分经济性质，也不分隶属关系。就纳税人生产、经营地点而言，无论是城镇，还是乡村，只要属于我国税收征收管辖权限的范围，除国家某些特殊优惠政策外，其规定也是相同的。

（四）广泛性

我国宪法规定，中华人民共和国每个公民都负有纳税的义务，不分行业，不分单位和个人，也不分城镇或是乡村，所有的法人和自然人，只要有生产、经营收入，都可能成为纳税义务人。在生产、经营过程中，不论是财务制度健全的企业单位，还是财务制度不健全的个体工商户，均要按照税法的规定缴纳税款。从某种意义上讲，税务会计的核算范围比财务会计更为广泛。

第三节　税务会计核算的基本原则和作用

一、税务会计核算的基本原则

税务会计是一门具有法律效力的专业会计，核算的内容直接关系到国家与纳税人的经济利益。税务会计的正确核算，既有利于国家税款的征收管理，又有利于纳税人正确履行纳税义务。否则，不但国家应收的税款将受损失，纳税人也难以充分享受税法给予的应有权益。因此，税务会计的核算必须遵循以下原则：

（一）法规性原则

法规性原则是指税务会计的核算必须依法办事、依率计征，严格按照税收法规的规定对纳税人生产、经营活动中所涉及的税收事项进行核算。税收收入是生产、经营者从事生产、经营活动所创造的国民收入的组成部分，对于纳税人而言，只有依法正确核算，才能正确履行纳税义务，保证国家收入的顺利实现。如果不按照税收法规办事，就有可能多缴税款或少缴税款，将损害国家和纳税人双方的利益。同时，税收法规是国家法律的一部分，是处理国家和纳税人分配关系的法律保证。税务会计的核算失去了法规性，就失去了其特殊性。

（二）及时性原则

及时性原则是指税务会计的核算要按照税收法规的规定及时处理各项税收事宜。具体包括三个方面：一是各种税款的纳税义务时间一旦发生，就必须及时进行账务处理，以免遗漏；二是在当地主管税务机关规定的纳税期限内，及时办理和申报有关纳税手续，不拖延，不少报；三是将应缴纳的税款及时缴入国家金库，以利于国家统一安排使用。

（三）准确性原则

准确性原则是指税务会计的核算，应做到数据正确、无误，充分反映真实情况。在核算过程中做到账证相符、账账相符、账表相符和账实相符。

二、税务会计核算的作用

税务会计是按照国家税收法规，反映和监督税收资金的一种专业会计。它的作用主要表现在以下三个方面：

（一）贯彻执行国家税收政策，保证国家的财政收入

税务会计是以国家税收法规为其核算依据的会计，依法核算是税务会计的首要特点。实际上税务会计的核算过程，就是国家税收法规的贯彻和执行过程。纳税人做到依法进行核算，就能真实、正确地反映其应缴纳的税款，从而保证国家税收收入得以实现。

（二）维护纳税人合法权益，提高全民纳税意识

依法纳税是纳税人应尽的义务，但同时也应享有同等的合法权利，在法律关系上，权利与义务是对等的。纳税人通过税务会计核算，享受的合法权利主要表现为：一是要充分享受国家给予的税收优惠政策，无论是法定减免还是特殊性减免，政策一定用足；二是依法纳税、按期纳税，没有法规依据的税款不缴，未到期的税款不缴。纳税人要想维护自身的合法权益，就必须提高纳税意识，关心税收，学习国家的税收政策和税收法律规定，加强税务会计的核算。

（三）加强经营管理，提高纳税人的经济效益

税收收入是国民收入的组成部分，涉及纳税人生产、经营的各个环节，每一项生产、经营活动都包含着税收的因素。纳税人只有加强经营管理，努力扩大收入，降低成本、费用，并依法纳税后，才能提高其自身的经济效益。纳税人通过税务会计核算后，能够充分认识税收的基本特征，将依法纳税的因素置于生产、经营的决策之中。

三、建立和加强税务会计核算的意义

（一）建立和加强税务会计的核算，有利于反映国家和纳税人的利益分配关系

税收是国家凭借政治权力，依照税收法律法规的标准，强制性地参与社会总产品和

国民收入再分配所形成的分配关系。税收作为财政收入的一种手段，其分配的对象是国民收入。因此，国民收入是税收的基本源泉，创造和取得国民收入的单位和个人，是税收的纳税人。这种分配是依照法律规定的标准进行的，分多分少，体现了国民经济中的重大比例关系，主要体现在国家的总积累与总消费的关系上。在税法执行过程中，是否按规定的标准进行分配，就需要通过会计来如实地进行记账、算账、报账、反映和监督。税务会计就是适应和体现国家与纳税人的这种利益分配关系，伴随着税收分配活动的每一个环节，反映和监督这种分配依法正常实现。所以说，税务会计的建立和加强核算，有利于反映税收的分配关系。税法规定，纳税人在纳税义务发生后，就必须向国家申报及缴纳税款。这种行为，对纳税人是资金所有权的转移，对税务部门是国家财政资金的形成。就会计业务而言，这是一种债权债务关系，税收的征收管理从这里开始，同时，这也是税收资金运动的起点。税务会计作为全面、系统地反映税收资金运动的专门手段，应该伴随着税收征收管理活动，核算应包括税收资金运动的全部过程。

（二）建立和加强税务会计的核算，有利于现代企业制度的建立

在市场经济条件下，企业是市场的主体，各种类型的企业都将成为自主经营、独立核算、自负盈亏、照章纳税的独立的经济实体。国家依法征税，完全体现了国家与纳税人对国民收入的分配比例，企业为了取得合法经营的最佳成果，不但要通过财务会计来核算其生产、经营的会计成果。同时，还要按照国家的税收法规的规定，通过税务会计的核算，一方面正确履行纳税义务，依法维护自身的合法权益；另一方面还要选择投资方向，优化经营项目，取得最好的投资效果。

在市场经济条件下，政府不再直接干预企业的生产、经营行为，政府的职能主要是通过制定一系列配套的宏观调控政策，运用经济手段、法律手段和必要的行政手段来间接地干预企业的经营行为，使其按市场规则进行经营活动。政府经济的这种间接干预是以承认市场规则和企业间自由竞争为前提的，是对市场运行出现偏差的一种纠正。企业作为市场经济的竞争主体，生产经营什么，政府不再直接过问。企业在生产过程中，只要照章纳税，不违反法律的规定，国家会充分保护其合法权益。

同时，税务会计的建立，为企业实行“自核自缴”和自行计算、申报纳税，形成自我管理机制，创造了有利条件，提供了一套系统的纳税核算方法，能够更好地为纳税人计算和缴纳各种税款服务。

（三）建立和加强税务会计的核算，有利于我国新税制的实施和完善

我国传统的税收制度是与高度集中的计划经济体制配套运行的。在计划经济体制下，企业生产什么、生产多少，完全按照国家下达的计划指标来执行，很自然地形成了一套有计划的统收统支的收入分配模式，企业创造的利润，全部上缴国家。然后，国家再按计划有步骤地进行下拨。在这种情况下，国家财务会计制度的规定与国家税收制度的规定完全一致。纳税人按会计制度计算的结果，实际上就是按税收制度规定计算的结果，二者间没有任何差别。可以看出，企业的生产、经营活动和财务会计的核算，完全是按照国家税收制度的规定在运行，企业缺乏自主权。

1994 年，我国新税制全面改革实施，新税制的基本框架是以增值税作为普遍征收，消费税特殊调节，配合营业税的流转税制度。同时，还统一了企业所得税和个人所得税

制度，充实和完善了其他税收制度。增值税和企业所得税两大税种，几乎涉及所有的企业，成为调节经济和组织收入的主要税种。改革后的增值税扩大了课税范围，增强了调节功能，将价内税改为价外税，并凭专用发票注明税款抵扣的办法，在会计处理上增加了较为复杂的核算内容，在购销业务中要对进项税额和销项税额进行专户核算。进项税额和销项税额除一般的规定外，在具体操作上还有不少特殊规定。如进项税额中的购进免税农产品进项税额的核算，运输费用和收购废旧物资进项税额的核算；销项税额中的视同销售行为销项税额的核算，商品流通企业零售业务含税销售额销项税额的核算，等等。

除有较复杂的增值税核算外，在企业所得税中，也明确了税收制度的规定独立于财务会计制度的规定，应税所得和会计所得是两个独立的经济范畴。应税所得与会计所得由于计算口径和方法的不同，存在着两种差异——永久性差异和时间性差异，企业应当根据具体情况，选择采用"应付税款法"或"纳税影响会计法"进行所得税的核算。2006年的会计制度改革，进一步明确所得税会计处理方法实行"资产负债表债务法"。所有这些，都要求将企业财务会计中有关税务核算的部分分离出来，成为独立的税务会计，才能准确地将应缴纳的税款及时、足额地缴入国家金库。

我国在1994年税制改革中，不但建立了所得税会计和增值税的税务处理，而且在其他各税种的会计核算上也采用了国外一些通行的做法。这样，对新税制的运行和监督管理有着积极的促进作用。

（四）建立和加强税务会计的核算，有利于我国税收征管改革

1994年的税制改革标志着我国已经建立起接近国际水平的新的税制体系。然而，我国税收征管水平及征管手段却严重滞后。借鉴世界上一些先进国家在税收征管上的先进做法，我国税收征管应加速深化改革，建立纳税人自行申报、税务稽查、微机监控为一体的与国际先进水平相适应的税收征管新格局。同时，借助于现代科学技术，运用量化数控理论，把税收征管纳入严密的税务会计核算中，用会计核算的科学方法严密税收征收管理。在税收征管手段上，运用电子计算机技术管理税收，提高电算化和网络水平。

税务会计的建立和加强核算，非常适应税收新征管模式的要求，为建立新的征管模式服务，给税务征管人员、稽查人员以及税务代理人员提供了翔实的征税计算方法和查账验证实务。同时，税务会计的建立，实现了财务会计、税收会计和预算总会计的接轨，为税收征收管理实行电算化创造了条件。有利于合理配置税务部门的人力、物力和财力，以最小的投入，取得最大的税收收入。

（五）建立和加强税务会计的核算，有利于纳税人增强纳税观念，提高经济效益

税收分配是社会总产品的分配，主要来源于国民收入。在纳税人的收入和成本费用一定的情况下，税收的增加必然引起净利润的减少。相反，税收的减少将会带来利润的增加。我国宪法规定，每个公民都负有纳税的义务，作为取得经营收入的单位和个人，按照国家税法的规定向国家缴纳税款，是履行宪法的具体表现。但有少数纳税人纳税观念淡薄，想方设法隐瞒收入、扩大费用，以达到少缴税款的目的。

要使纳税人增强纳税观念，就必须经常让他们不断地学习国家税收法规的规定和国

家的经济政策。而税务会计就是按照国家税收法规的规定，不断地参与纳税人生产、经营的核算过程，通过税务会计的核算和监督，促使纳税人经常学习、掌握和运用国家的税收政策，必然会提高纳税人的纳税观念。同时，税收在国民收入中占有较大的比重，就增值税、消费税、营业税三个主要流转税种而言，它们的平均税负要占到纳税人生产、经营收入的 8% 以上。如果纳税人在生产、经营过程中，不充分考虑税收这个因素，很可能按规定交税以后，其收入难以保本。另外，现行企业所得税税率为 25%，占纳税人生产、经营成果的 1/4。由此可见，税收在纳税人的生产、经营过程中的支出项目中，占有较大的比重。因此，纳税人在市场、法制经济条件下，要提高经济效益，正确核算经营成果，其决策者们就必须考虑税收的因素。

第二章　增值税的核算

第一节　增值税核算的基本规定

增值税是以商品生产、商品流通、劳务服务中各环节的增值额为课税对象所征收的一种间接税，它属于流转税的范畴。1993 年 12 月 13 日，国务院颁布的《中华人民共和国增值税暂行条例》确立了我国增值税征收管理的基本框架。2008 年 11 月 5 日，国务院第 34 次常务会议修订通过《中华人民共和国增值税暂行条例》(以下简称《增值税暂行条例》)，自 2009 年 1 月 1 日起施行。

一、增值税的征税范围

按照《增值税暂行条例》的规定，凡在中华人民共和国境内销售货物或者提供加工、修理修配劳务以及进口货物，均为增值税的征税范围。

(一) 征税范围的一般规定

1. 销售货物

销售货物是指有偿转让货物的销售行为，不论是从受让方取得货币，还是获得货物或其他经济利益，该货物均属于增值税的征税范围。货物是指除土地、房屋和其他建筑物等不动产之外的有形动产，包括电力、热力、气体在内。有形动产首先是指销售的货物首先要有实物形态，没有实物形态的货物不征收增值税，如无形资产的销售只征收营业税；其次是指销售的货物要为动产，如果销售的货物属于不动产，也不征收增值税，而只征收营业税。

2. 提供的加工、修理修配劳务

加工是指受托加工货物，即委托方提供原料及主要材料，受托方按照委托方的要求制造货物并收取加工费的业务。经加工形成的货物，其所有权属于委托方。以委托方的名义由受托方垫付资金购买材料而加工的货物，不属于加工业务。

修理、修配是指受托方将损伤或丧失功能的货物进行修复，使其恢复原状和功能的业务。

企业、单位和个人凡在我国境内提供上述劳务，不论是从委托方以货币形式收取加工费，还是从委托方获得货物或其他经济利益，均属于增值税的应税行为。但企业、单位和个体经营者聘用的员工为本单位或雇主提供的加工、修理修配劳务，不属于征税的范围。

3. 进口货物

进口货物是指经过国境或关境进入我国境内的货物。《增值税暂行条例》规定，凡进入我国国境或关境的货物，在报关进口环节，除了依法缴纳关税之外，还必须按规定缴纳增值税。

（二）征税范围的特殊规定

1. 视同销售货物的行为

视同销售货物的行为是指货物已经转移，但未取得实际收入的行为。经常表现为两种情况：一是货物发生了转移，但其产权未发生转移，如本单位生产经营的商品产品用于本单位基本建设项目或职工集体福利；二是货物发生了转移，其产权也发生了转移，如商品产品的生产经营单位将其商品产品无偿赠送给其他单位和个人。按照税法规定，视同销售货物的行为均应征收增值税。视同销货行为的具体规定如下：

（1）将货物交付他人代销。

（2）销售代销货物。

（3）设有两个以上机构并实行统一核算的纳税人，将货物从一个机构移送其他机构用于销售，但相关机构设在同一县（市）的除外。统一核算的纳税人是指总机构与分支机构的关系，而不是母公司与子公司的关系。

（4）将自产或委托加工的货物用于非应税项目。非应税项目是指征收营业税的交通运输业、建筑业、金融保险业、邮电通信业、文化体育业、娱乐业、服务业等项目。

（5）将自产、委托加工或购买的货物作为投资，提供给其他单位或个体工商户。

（6）将自产、委托加工或购买的货物分配给股东或投资者。

（7）将自产或委托加工的货物用于集体福利或个人消费。

（8）将自产、委托加工或购买的货物用于无偿赠送他人。

2. 混合销售行为

混合销售行为是指一项销售行为既涉及增值税应税货物又涉及非应税劳务。非应税劳务是指应缴纳营业税的劳务。在一项销售行为中，提供的非应税劳务是直接为了销售一批货物而做出的，两者之间是紧密相连的从属关系。《增值税暂行条例》规定，从事货物的生产、批发或零售的企业、企业性单位及个体经营者，包括以从事货物的生产、批发或零售为主，并兼营非应税劳务的企业、企业性单位及个体工商户的混合销售行为，视为销售货物，应当缴纳增值税。其他单位和个人的混合销售行为，视为销售非应税劳务，不缴纳增值税，而是缴纳营业税。

根据《中华人民共和国增值税暂行条例实施细则》的规定，混合销售行为如依照上述税务处理，属于应当征收增值税的，其销售额应是货物与非应税劳务的销售额的合计，该非应税劳务的销售额应视同含税销售额处理；该混合销售行为涉及的非应税劳务所用购进货物的进项税额，凡符合条例规定的，在计算该混合销售行为增值税时，准予从销项税额中抵扣。上述“凡符合条例规定的”，是指该混合销售行为涉及的非应税劳务所用购进货物有增值税扣税凭证上注明的增值税额。纳税人销售自产货物同时提供建筑业劳务的行为以及财政部、国家税务总局规定的其他情形，应当分别核算货物的销售额和非应税劳务的营业额，根据销售货物的销售额计算缴纳增值税，非应税劳务的营业额计算缴纳营业税；未分别核算的，由主管税务机关核定货物的销售额。

3. 兼营非应税劳务行为

兼营非应税劳务是指增值税纳税人在从事应税货物销售或提供应税劳务的同时，还从事非应税劳务（即从事征收营业税的各项劳务），且从事的非应税劳务与某一项销售货物或提供的应税劳务无直接的联系和从属关系。按照《增值税暂行条例》及其实施细则的规定，纳税人兼营非应税劳务的，应分别核算货物或应税劳务的销售额和非应税劳务的营业额。对货物和应税劳务的销售额按各自适用的税率征收增值税，对非应税劳务的营业额征收营业税。如果不分别核算或者不能准确核算的，由主管税务机关核定货物或应税劳务的销售额。

4. 其他销售行为

其他销售行为是指除上述销售行为外，应当征收增值税的销售行为。主要包括：

（1）货物期货应当征收增值税。货物期货是指商品期货和贵金属期货，在期货的实物交割环节纳税。金融期货不征增值税，只征营业税。

（2）银行销售金银的业务，应当征收增值税。

（3）典当业的死当销售业务和寄售业代委托人销售物品的业务，均应征收增值税。

（4）集邮商品（如邮票、首日封、邮折、明信片、集邮簿、邮盘、护邮袋及其他集邮商品等）的生产、调拨，以及邮政部门以外的其他单位和个人销售集邮商品的，均应征收增值税；邮政部门销售集邮商品征收营业税。

二、增值税的纳税义务人

以生产经营规模为标准，增值税纳税人分为一般纳税人和小规模纳税人。由于不同的纳税人采用不同的方法计算应纳增值税额，所以判断纳税人的身份是计税的前提。税法规定，小规模纳税人基本的判定标准有两条：

（1）从事货物生产或提供应税劳务的纳税人，以及以从事货物生产或提供应税劳务为主，并兼营货物批发或零售的纳税人，年应税销售额不超过50万元。所谓以从事货物生产或提供应税劳务为主，是指纳税人年货物生产或提供应税劳务的销售额占年应税销售额的比重为50%以上。

（2）其他纳税人，年应税销售额不超过80万元。年应税销售额超过小规模纳税人标准的其他个人（自然人）按小规模纳税人纳税；而非企业性单位和不经常发生应税行为的企业可自行选择是否按小规模纳税人纳税；小规模纳税人会计核算健全，能够提供准确税务资料的，可以向主管税务机关申请资格认定，作为一般纳税人。

小规模纳税人以外的纳税人要向主管税务机关申请资格认定，才能成为一般纳税人。除国家税务总局另有规定外，纳税人一经认定为一般纳税人，不得转为小规模纳税人。纳税人销售额超过小规模纳税人标准的，就应申请办理一般纳税人认定。未申请办理一般纳税人认定手续的，要按销售额依照增值税税率计算应纳税额，不得抵扣进项税额，也不得使用增值税专用发票。

第二节 增值税的税额计算

一、增值税的税率和征收率

(一) 增值税税率

《增值税暂行条例》规定，增值税一般纳税人的适用税率分为两档：

1. 基本税率

基本税率为17%，增值税一般纳税人销售货物或者进口货物，提供加工、修理修配劳务，除低税率适用范围和出口货物外，均适用基本税率。

另外，增值税一般纳税人兼营不同税率的货物或应税劳务，即指纳税人生产或销售不同税率的货物，或者既销售货物又提供应税劳务。比如，某大型超市既销售税率为17%的家用电器，又销售税率为13%的图书、蔬菜等。对这种兼营行为，条例规定的税务处理方法是：纳税人兼营不同税率的货物或者应税劳务，应当分别核算不同税率货物或者应税劳务的销售额；未分别核算销售额的，从高适用税率。

2. 低税率

低税率为13%，增值税一般纳税人销售或者进口货物，按低税率计算增值税的有以下项目：

(1) 粮食、食用植物油、食用盐。其中，食用盐是指符合《食用盐》(GB5461—2000) 和《食用盐卫生标准》(GB2721—2003) 两项国家标准的食用盐。

(2) 自来水 (不含自来水生产厂)、暖气、冷气、热水、煤气、石油液化气、天然气、沼气、居民用煤炭制品。

(3) 图书、报纸、杂志、音像制品、电子出版物。

(4) 饲料、化肥、农药、农机 (不包括农机零部件)、农膜。

(5) 国务院规定的其他货物：农产品、二甲醚。

(二) 增值税的征收率

1. 3%的征收率

3%的征收率适用于增值税的小规模纳税人。由于小规模纳税人在生产经营过程中，财务核算不够健全，难以核算其增值税的销项税和进项税，因此，税法规定：从2009年1月1日起，小规模纳税人适用征收率为3%。如小规模纳税人 (除其他个人外) 销售自己使用过的固定资产，减按2%的征收率征收增值税。

2. 4%的征收率

一般纳税人销售货物属于下列情形之一的，按简易办法依照4%的征收率计算缴纳增值税：

(1) 寄售商店代销寄售物品 (包括居民个人寄售的物品)。

(2) 典当业销售死当物品。

(3) 经国务院或国务院授权机关批准的免税商店零售的免税品。

增值税一般纳税人销售自己使用过且未抵扣进项税额的应税固定资产，按照4%的征收率减半征收增值税。纳税人销售旧货（不包括自己使用过的物品），按照4%的征收率减半征收增值税。

3. 6%的征收率

一般纳税人销售自产的下列货物，按简易办法依照6%的征收率计算缴纳增值税：

（1）县级及县级以下小型水力发电单位生产的电力。小型水力发电单位，是指各类投资主体建设的装机容量为5万千瓦以下（含5万千瓦）的小型水力发电单位。

（2）建筑用和生产建筑材料所用的砂、土、石料。

（3）以自己采掘的砂、土、石料或其他矿物连续生产的砖、瓦、石灰（不含黏土实心砖、瓦）。

（4）用微生物、微生物代谢产物、动物毒素、人或动物的血液或组织制成的生物制品。

（5）自来水。对属于一般纳税人的自来水公司销售自来水按简易办法依照6%征收率征收增值税，不得抵扣其购进自来水取得增值税扣税凭证上注明的增值税税款。

（6）商品混凝土（仅限于以水泥为原料生产的水泥混凝土）。

一般纳税人选择简易办法计算缴纳增值税后，36个月内不得变更。

二、增值税应纳税额计算

根据纳税主体的不同，增值税应纳税额的核算分为两种情况，一是增值税一般纳税人应纳税额的核算，二是增值税小规模纳税人应纳税额的核算。

根据应税业务的不同，增值税应纳税额的计算主要有三种类型：一是国内销售业务应纳税额的计算；二是进口业务应纳税额的计算；三是出口业务应退税额的计算。

（一）国内销售业务增值税额的计算方法（见表2-1）

表2-1　**国内销售业务增值税额的计算方法**

适用对象	核算方法	具体内容
一般纳税人	购进扣税法	当期应纳增值税税额=当期销项税额-当期进项税额 当期销项税额=不含税销售额×增值税税率
小规模纳税人以及一般纳税人的部分销售行为	简易征收办法	应纳增值税税额=不含税销售额×征收率

1. 应税销售额的一般规定

销售额是纳税人销售货物或者提供应税劳务向购买方或承受劳务方收取的全部价款和价外费用。价款是指向购买货物方或承受劳务方收取的不含增值税的金额，不包括收取的销项税额。

价外费用是指价款外向购买方或承受劳务方收取的手续费、补贴、基金、集资费、返还利润、奖励费、违约金、延期付款利息、滞纳金、赔偿金、代收款项、代垫款项、包装费、包装物租金、储备费、优质费、运输装卸费及其他各种性质的收费。但下列项目不包括在内：

（1）受托加工应征消费税的消费品所代收代缴的消费税。

（2）同时符合以下条件的代垫运输费用：

① 承运部门的运输费用发票开具给购买方的。

② 纳税人将该项发票转交给购买方的。

（3）同时符合以下条件代为收取的政府性基金或者行政事业性收费：

① 由国务院或者财政部批准设立的政府性基金，由国务院或者省级人民政府及其财政、价格主管部门批准设立的行政事业性收费。

② 收取时开具省级以上财政部门印制的财政票据。

③ 所收款项全额上缴财政。

（4）销售货物的同时代办保险等而向购买方收取的保险费，以及向购买方收取的代购买方缴纳的车辆购置税、车辆牌照费。

除上述四项外，凡随同销售货物或提供应税劳务向购买方收取的价外费用，无论其会计制度如何核算，均应并入销售额计算应纳税额。

2. 销售额的特殊规定

（1）采取折扣方式销售。折扣方式销售包括商业折扣、现金折扣和销售折让三种：

① 商业折扣（也称折扣销售）。商业折扣是指销货方在销售货物或提供应税劳务时，因购货方购货数量较大等原因，销方从规定的价格中扣减一定数额而给予购货方的价格优惠，平时称为“薄利多销”，如购买商品 100 件，销售价格折扣 5%；购买 200 件以上，销售价格折扣 10%等。由于商业折扣是与销售行为同时发生的，因此，税法规定，如果销售额和折扣额在同一张发票上分别注明的，可按折扣后的余额作为销售额计算增值税；如果将折扣额另开发票，不论其在财务上如何核算，均不得从销售额中减除折扣额。同时应注意，商业折扣只是对价格的折扣，如果销货者将自产、委托加工和购买的货物用于实物折扣，该实物的价款不能从货物销售额中扣除，而应按“视同销售货物”中的“赠送他人”计算征收增值税。

② 现金折扣（也称销售折扣）。现金折扣是指销货方销售货物或应税劳务后，为了鼓励购货方在一定时期内早日偿还货款而给予的一种折扣优待。如 10 天内付款，货款折扣 2%；20 天内付款，货款折扣 1%；30 天内全价付款。由于现金折扣行为发生在销售行为以后，属于销货方的一种融资性质的理财行为，因此，税法规定，现金折扣的金额不得从销售额中减除。

③ 销售折让。销售折让是指货物销售以后，由于其品种、质量等原因，购货方欲退货，销售方为了避免退货造成更大损失，而给予购货方的一种价格折让。销售折让虽然发生在销售货物以后，但销售折让的实质是原销售额的减少。因此，增值税暂行条例规定，对销售折让可以按折让后的金额作为销售额。

（2）采取以旧换新方式销售。以旧换新是指纳税人在销售自己的货物时，有偿收回旧货物的行为。根据税法规定，采取以旧换新方式销售货物的，应按新货物的同期销售价格确定销售额，不得扣减旧货物的收购价格。之所以这样规定，是因为销售货物与收购货物是两个不同的业务活动，销售额与收购额不能相互抵减。如果相互抵减，必然影响销售额的真实性，从而减少增值税的应纳税额。

（3）采取以物易物方式销售。以物易物销售方式是一种较为特殊的购销行为，是指购销双方主要不是以货币进行结算，而是以同等价款的货物或不同等价款的货物进行结算的一种销售方式。在以物易物的过程中，购销双方的货物可能是等价的，也可能是不等价的。在不等价的情况下以货币资金补差来进行。实际上，以物易物销售方式的购销双方都同时处在购销的双重位置上。因此，税法规定，以物易物双方都应作购销业务处理。以各自发出的货物核算其销售额并计算销项税额，以各自收到的货物核算其购货金额并计算进项税额。

（4）采取还本方式销售。还本方式销售是指纳税人在销售货物后，在一定的期限内由销售方一次或分次退还给购货方全部或部分原购货价款的一种销售行为。这种销售方式实际上是筹集资金，以提供货物使用换取还本不付息的方法。按照税法的规定，采取还本销售方式销售货物，销售货物的实际价格为销售额，不得从销售额中扣除还本支出的金额。

（5）销售自己使用过的固定资产。

自2009年1月1日起，纳税人销售自己使用过的固定资产（以下简称已使用过的固定资产），应区分不同情形征收增值税：

① 销售自己使用过的2009年1月1日以后购进或者自制的固定资产，按照适用税率征收增值税。

② 2008年12月31日以前未纳入扩大增值税抵扣范围试点的纳税人，销售自己使用过的2008年12月31日以前购进或者自制的固定资产，按照4%的征收率减半征收增值税。

③ 2008年12月31日以前已纳入扩大增值税抵扣范围试点的纳税人，销售自己使用过的在本地区扩大增值税抵扣范围试点以前购进或者自制的固定资产，按照4%的征收率减半征收增值税。

销售自己使用过的在本地区扩大增值税抵扣范围试点以后购进或者自制的固定资产，按照适用税率征收增值税。

④ 小规模纳税人（除其他个人外，下同）销售自己使用过的固定资产，减按2%的征收率征收增值税。小规模纳税人销售自己使用过的除固定资产以外的物品，应按3%的征收率征收增值税。

⑤ 纳税人销售旧货，按照简易办法依照4%的征收率减半征收增值税。所称旧货，是指进入二次流通的具有部分使用价值的货物（含旧汽车、旧摩托车和旧游艇），但不包括自己使用过的物品。

（6）包装物押金是否计入销售额的确定。包装物是纳税人在生产经营过程中用来包装各种货物的器具。纳税人在销售货物过程中，对出租出借包装物收取押金，目的是为了促使购货方尽快退回包装物以便周转使用。按照税法的规定，纳税人为销售货物而出租出借包装物收取的押金，单独核算的，作为暂收款处理，不并入销售额征税。但对逾期未收回包装物不再退还的押金，应按所包装货物的适用税率计算销项税额。“逾期”有两层含义：一是指租、借的包装物实际已经过期；二是指以一年为期限。对收取一年以上的押金，无论是否退还均应并入销售额征税。但对于个别包装物周转使用期限较长的，报经税务机关确定后，可适当放宽逾期期限。另外，国家税务总局国税发［1995］192号文规定，从1995年6月1日起，对销售除啤酒、黄酒以外的其他酒类产品收取的包装物押金，无论是否返还以及会计上如何核算，均应并入当期销售额征税。

对包装物收取的押金，按规定应并入销售额征税的，应先将该押金换算为不含税的金额，再计算其应纳税额。

（7）对视同销售货物行为销售额的确定。在增值税核算范围中所列视同销售的八种行为，由于这些行为不是以货币资金的形式反映，就会出现无销售额的现象。如果纳税人申报的价格明显偏低且无正当理由，或者纳税人发生了视同销售货物的行为而无销售额，按照税法规定，税务机关有权确定其销售额。其确定的方法和顺序如下：

① 按纳税人最近时期同类货物的平均销售价格确定。

② 按其他纳税人最近时期同类货物的平均销售价格确定。

③ 在用以上两种方法均不能确定其销售额的情况下，可按组成计税价格确定销售额。其组成计税价格有如下几种情况：

第一，该商品产品只征增值税，不征消费税的：

$$组成计税价格=成本\times(1+成本利润率)$$

第二，该商品产品既征增值税又征消费税，且消费税又是从价定率计征的：

$$组成计税价格=\frac{成本\times(1+成本利润率)}{1-消费税税率}$$

第三，该商品产品既征增值税又征消费税，且消费税又是从量定额征收的：

$$组成计税价格=成本\times(1+成本利润率)+消费税税额$$

上述三个公式中的成本是指：销售自产货物的为实际生产成本；销售外购货物的为实际采购成本。公式中的成本利润率，按照规定一般为10%，但若属于从价定率征收消费税的货物，则应按《消费税若干具体问题的规定》中的全国平均成本利润率计算。

（8）价款和税款合并收取情况下的销售额。纳税人销售货物或者提供应税劳务，一般应向购买者开具增值税专用发票，并在专用发票上分别注明销售额和销项税额。但是，销售货物或者提供应税劳务给消费者，以及小规模纳税人销售货物或提供应税劳务的，只能开具普通发票，从而发生的价款和税款是合并收取的。按照规定，在这种情况下，应将含增值税的销售额换算为不含税的销售额。其换算公式如下：

$$销售额=\frac{含税销售额}{1+增值税税率（或征收率）}$$

（9）混合销售的销售额。混合销售行为应当征收增值税，其销售额应为货物销售额和非增值税应税劳务营业额的合计数。该混合销售行为涉及的非应税劳务所用购进货物的进项税额，凡符合条件规定的，在计算该混合销售行为增值税时，准予从销项税额中抵扣。“凡符合条例规定的”是指该混合销售行为涉及的非应税劳务所用的购进货物，属于增值税扣税凭证上注明的货物。

（10）兼营非应税劳务的销售额。纳税人兼营非增值税应税项目的，应分别核算货物或者应税劳务的销售额和非增值税应税项目的营业额；未分别核算的，由主管税务机关核定货物或者应税劳务的销售额。

（二）进口货物增值税的核算

对进口货物征税是国际上大多数国家的通常做法。根据《增值税暂行条例》的规定，一切进口货物的单位和个人都应当依照条例规定缴纳增值税。对进口货物征税需要掌握以下几个主要方面：

1. 进口货物征税的范围

申报进入中华人民共和国海关境内的货物，均应缴纳增值税。

确定一项货物是否属于进口货物，必须首先看其是否有报关进口手续。一般来说，境外产品要输入境内，都必须向我国海关申报进口，并办理有关报关手续。只要是报关进口的应税货物，不论其是国外产制还是我国已出口而转销国内的货物，是进口者自行采购还是国外捐赠的货物，是进口者自用还是作为贸易或其他用途等，均应按照规定缴纳进口环节的增值税。

国家在规定对进口货物征税的同时，对某些进口货物制定了减免税的特殊规定。如属于来料加工、进料加工贸易方式进口国外的原材料、零部件等在国内加工后复出口的，对进口的料、件按规定给予免税或减税；但这些进口免、减税的料、件若不能加工复出口，而是销往国内的，就要予以补税。对进口货物是否减免税由国务院统一规定，任何地方、部门都无权规定减免税项目。

2. 进口货物的纳税人

进口货物的收货人或办理报关手续的单位和个人，为进口货物增值税的纳税义务人。也就是说，进口货物增值税纳税人的范围较宽，包括了国内一切从事进口业务的企事业单位、机关团体和个人。对于企业、单位和个人委托代理进口应征增值税的货物，一律由进口代理者代交进口环节增值税。纳税后，由代理者将已纳税款和进口货物价款费用等与委托方结算，由委托者承担已纳税款。

3. 进口货物应纳税额的计算

无论是一般纳税人还是小规模纳税人，进口货物应缴纳的增值税，应按规定的组成计税价格和适用的税率计算，不得抵扣任何税额。

组成计税价格和应纳税额的计算公式如下：

组成计税价格=关税完税价格+关税+消费税

应纳税额=组成计税价格×税率

需要注意的是，进口货物增值税的组成计税价格中包括已纳关税税额，如果进口货物属于消费税应税消费品，其组成计税价格中还要包括已纳消费税税额。前述“不得抵扣任何税额”，是指在计算进口环节的应纳增值税税额时，不得抵扣发生在我国境外的各种税金。

（三）出口货物退（免）增值税额的核算

企业出口货物以不含税价格参与国际市场竞争是国际上的通行做法。我国为鼓励货物出口，按照《增值税暂行条例》的规定，实行出口货物税率为零的优惠政策。所谓实行零税率，是指货物在出口时整体税负为零；这样，出口货物适用零税率不但在出口环节不必纳税，而且还可以退还以前纳税环节已纳税款。这就是通常所说的“出口退税”。当然，由于各种货物出口前涉及征免税情况有所不同，且国家对少数货物有限制出口政策，因此，对货物出口的不同情况，国家在遵循“征多少、退多少”、“未征不退”基本原则的基础上，规定了不同的税务处理办法。1994 年，国家税务总局依据《增值税暂行条例》和《中华人民共和国消费税暂行条例》的规定，制定实施了《出口货物退（免）税管理办法》，具体规定了出口货物退（免）税的范围、出口货物退税率、出口退税的税额计算方法、出口退（免）税办理程序及对出口退（免）税的审核和管理。

2002 年 1 月 23 日财政部、国家税务总局发出《关于进一步推进出口货物实行免抵退办法的通知》，2002 年 2 月 6 日国家税务总局又印发了《生产企业出口货物“免、抵、退”税管理操作规程（试行）》，至此，我国出口退（免）税政策得到了进一步完善。

世界各国为了鼓励本国货物出口，一般都采取优惠的税收政策。有的国家采取对该货物出口前所包含的税金在出口后予以退还的政策（即出口退税），有的国家采取对出口的货物在出口前即予以免税的政策。我国则根据本国的实际，采取出口退税与免税相结合的政策。鉴于我国的出口体制尚不成熟，拥有出口经营权的企业还限于少部分需经国家批准的企业，并且我国生产的某些货物，如稀有金属等还不能满足国内的需要，因此，对某些非生产性企业和国家紧缺的货物则采取限制从事出口业务或限制该货物出口，不予出口退（免）税。这样，目前，我国的出口货物税收退（免）税的适用范围有以下具体规定：

（1）下列企业出口的货物，除免税货物或限制、禁止出口的货物外，给予免税并退税。

① 有出口经营权的内资生产企业自营出口或委托外贸企业代理出口的自产货物。

② 有出口经营权的外贸企业收购后直接出口或委托其他外贸企业代理出口的货物。

③ 下列特定企业（不限于有出口经营权）出口的货物：

a. 对外承包工程公司运出境外用于对外承包项目的货物。

b. 对外承接修理修配业务的企业用于对外修理修配的货物。

c. 外轮供应公司、远洋运输供应公司销售给外轮、远洋国轮而收取外汇的货物。

d. 企业在国内采购并运往境外作为在国外投资的货物。

需要说明的是，上述“除另有规定外”是指出口的货物属于税法列举规定的免税货物或限制、禁止出口的货物，上述企业如出口这些货物是不按“免税并退税”政策处理的。

另外，需要强调的是，除上述企业出口货物准予退（免）税外，其他非生产性企业委托外贸企业出口的货物不予退（免）税，这是对一般无进出口经营权的商贸企业经营出口贸易的限制。

（2）下列企业出口的货物，除限制或禁止出口的货物外，给予免税但不退税。

① 属于生产企业的小规模纳税人自营出口或委托外贸企业代理出口的自产货物。

② 外贸企业从小规模纳税人处购进并持普通发票的货物出口，免税但不予退税。但对下列出口货物考虑其占出口比重较大及其生产、采购的特殊因素，特准退税：抽纱、工艺品、香料油、山货、草柳竹藤制品、渔网渔具、松香、五倍子、生漆、鬃尾、

山羊板皮、纸制品。

③ 外贸企业直接购进国家规定的免税货物（包括免税农产品）出口的，免税但不退税。

需要说明的是，上述“除另有规定外”是指上述企业出口的货物如属于税法列举规定的限制或禁止出口的货物，则不能免税，当然更不能退税。

（3）下列出口货物，免税但不予退税。

① 来料加工复出口的货物，即原材料进口免税，加工自制的货物出口不退税。

② 避孕药品和用具、古旧图书，内销免税，出口也免税。

③ 出口卷烟：有出口卷烟权的企业出口国家计划内的卷烟，在生产环节免征增值税、消费税，出口环节不办理退税。

④ 军品以及军队系统企业出口军需工厂生产或军需部门调拨的货物免税。

（4）除经批准属于进口加工复出口贸易以外，下列出口货物不免税也不退税。

① 国家计划外出口的原油。

② 援外出口货物。

③ 国家禁止出口的货物，包括天然牛黄、麝香、铜及铜基合金、白银等。

（5）出口加工区耗用水、电、气准予退税。

① 出口加工区内生产企业（以下简称区内企业）生产出口货物耗用的水、电、气，准予退还所含的增值税。区内企业须按季填报《出口加工区内生产企业耗用水、电、气退税申报表》，并附送下列凭证向主管出口退税的税务机关申报办理退税手续。

a. 供水、供电、供气公司（或单位）开具的增值税专用发票（抵扣联）。

b. 支付水、电、气费用的银行结算凭证（复印件加盖银行印章）。

② 水、电、气应退税额按下列公式计算：

应退税额=增值税专用发票注明的进项金额×退税税率

水、电、气的退税率均为13%，如供应单位按简易办法征收增值税的，退税率为征收率。

③ 区内生产企业从区外购进的水、电、气，凡用于出租、出让厂房的，不予办理退税。已办理退税的，区内企业应在出租、出让行为发生的次月，向主管出口退税的税务机关申报并缴纳已退还的税款。

④ 区外企业销售并输入给出口加工区内企业的水、电、气，一律向区内企业开具增值税专用发票，不得开具普通发票或出口专用发票。

⑤ 区内企业水、电、气退税的登记、审批、管理工作，由主管出口退税的税务机关负责。主管出口退税的税务机关应按季核查区内企业水、电、气的实际耗用情况，年度终了后，应按清算的规定，对上年水、电、气的退税进行清算。

（6）对生产企业出口的下列四类产品，视同自产产品给予退（免）税。

① 生产企业出口外购的产品，凡同时符合以下条件的，可视同自产货物办理退税。

a. 与本企业生产的产品名称、性能相同。

b. 使用本企业注册商标或外商提供给本企业使用的商标。

c. 出口给进口本企业自产产品的外商。

② 生产企业外购的与本企业所生产的产品配套出口的产品，若出口给进口本企业自产产品的外商，符合下列条件之一的，可视同自产产品办理退税。

a. 用于维修本企业出口的自产产品的工具、零部件、配件。

b. 不经过本企业加工或组装，出口后能直接与本企业自产产品组合成成套产品的。

③ 凡同时符合下列条件的，主管出口退税的税务机关可认定为集团成员，集团公司（或总厂，下同）收购成员企业（或分厂，下同）生产的产品，可视同自产产品办理退（免）税。

a. 经县级以上政府主管部门批准为集团公司成员的企业，或由集团公司控股的生产企业。

b. 集团公司及其成员企业均实行生产企业财务会计制度。

c. 集团公司必须将有关成员企业的证明材料报送给主管出口退税的税务机关。

（7）生产企业委托加工收回的产品，同时符合下列条件的，可视同自产产品办理退税。

① 必须与本企业生产的产品名称、性能相同，或者是用本企业生产的产品再委托深加工收回的产品。

② 出口给进口本企业自产产品的外商。

③ 委托方执行的是生产企业财务会计制度。

④ 委托方与受托方必须签订委托加工协议。主要原材料必须由委托方提供。受托方不垫付资金，只收取加工费，开具加工费（含代垫的辅助材料）的增值税专用发票。

上述外购货物可以退税的比例、退税计算办法，以及所需要的凭证等，按《国家税务总局关于明确生产企业出口视同自产产品实行免、抵、退税办法的通知》（国税发［2002］152号）文件执行。

三、出口货物退（免）税的计算

出口货物只有在适用既免税又退税的政策时，才会涉及如何计算退税的问题。由于各类出口企业对出口货物的会计核算办法不同，有对出口货物单独核算的，有对出口和内销的货物统一核算成本的。为了与出口企业的会计核算办法相一致，《出口货物退（免）税管理办法》规定了两种退税计算办法：第一种办法是“免、抵、退”；第二种办法是“先征后退”。

（一）“免、抵、退”的计算方法

财政部、国家税务总局财税［2002］7号《关于进一步推进出口货物实行免抵退税办法的通知》规定：自2002年1月1日起，生产企业自营或委托外贸企业代理出口（以下简称生产企业出口）自产货物，除另有规定外，增值税一律实行免、抵、退税管理办法。

通知所述生产企业，是指独立核算，经主管国税机关认定为一般增值税纳税人，并且具有实际生产能力的企业和企业集团。增值税小规模纳税人出口自产货物继续实行免征增值税办法。生产企业出口自产的属于应征消费税的产品，实行免征消费税办法。

实行免、抵、退税管理办法的“免”税，是指对生产企业出口的自产货物，免征本企业生产销售环节增值税；“抵”税，是指生产企业出口自产货物所耗用的原材料、零部件、燃料、动力等所含应予退还的进项税额，抵顶内销货物的应纳税额；“退”税，是指生产企业出口的自产货物在当月内应抵顶的进项税额大于应纳税额时，对未抵顶完的部分予以退税。

(1) 当期应纳税额的计算

当期应纳税额=当期内销货物的销项税额-（当期进项税额-当期免抵退税不得免征和抵扣税额）-上期留抵税额

其中：

当期免抵退税不得免征和抵扣税额=出口货物离岸价×外汇人民币牌价×（出口货物征税率-出口货物退税率）-免抵退税不得免征和抵扣税额和抵减额

出口货物离岸价（FOB）以出口发票计算的离岸价为准。出口发票不能如实反映实际离岸价的，企业必须按照实际离岸价向主管国税机关申报，同时主管税务机关有权依照《中华人民共和国税收征收管理法》、《中华人民共和国增值税暂行条例》等有关规定予以核定。

免抵退税不得免征和抵扣税额抵减额=免税购进原材料价格×（出口货物征税率-出口货物退税率）

免税购进原材料包括从国内购进免税原材料和进料加工免税进口料件，其中进料加工免税进口料件的价格为组成计税价格。

进料加工免税进口料件的组成计税价格=货物到岸价+海关实征关税和消费税

如果当期没有免税购进原材料价格，前述公式中的免抵退税不得免征和抵扣税额抵减额，以及后面公式中的免抵退税额抵减额，就不用计算。

(2) 免抵退税额的计算

免抵退税额=出口货物离岸价×外汇人民币牌价×出口货物退税率-免抵退税额抵减额

其中：

免抵退税额抵减额=免税购进原材料价格×出口货物退税率

(3) 当期应退税额和免抵税额的计算

① 如当期期末留抵税额≤当期免抵退税额，则

当期应退税额=当期期末留抵税额

当期免抵税额=当期免抵退税额-当期应退税额

② 如当期期末留抵税额>当期免抵退税额，则

当期应退税额=当期免抵退税额

当期免抵税额=0

当期期末留抵税额根据当期《增值税纳税申报表》中的“期末留抵税额”确定。

(二)“先征后退”的计算方法

(1) 外贸企业以及实行外贸企业财务制度的工贸企业收购货物出口，其出口销售环节的增值税免征；其收购货物的成本部分，因外贸企业在支付收购货款的同时也支付了生产经营该类商品的企业已缴纳的增值税款，因此，在货物出口后按收购成本与退税

率计算退税退还给外贸企业，征、退税之差计入企业成本。

外贸企业出口货物增值税的计算应依据购进出口货物增值税专用发票上所注明的进项金额和退税率计算。

应退税额=外贸收购不含增值税购进金额×退税率

（2）外贸企业收购小规模纳税人出口货物增值税的退税规定。凡从小规模纳税人购进持普通发票特准退税的抽纱、工艺品等12类出口货物的，同样实行销售出口货物的收入免税，并退还出口货物进项税额的办法，由于小规模纳税人使用的是普通发票，其销售额和应纳税额没有单独计价，小规模纳税人应纳的增值税也是价外计征的，这样，必须将合并定价的销售额先换算成不含税价格，然后据以计算出口货物退税。其计算公式为：

应退税额=［普通发票所列（含增值税）销售金额］÷（1+征收率）×3%

对出口企业购进小规模纳税人特准的12类货物出口，提供的普通发票应符合《中华人民共和国发票管理办法》的有关使用规定，否则不予办理退税。

凡从小规模纳税人购进税务机关代开的增值税专用发票的出口货物的，按以下公式计算退税：

应退税额=增值税专用发票注明的金额×3%

（3）外贸企业委托生产企业加工出口货物的退税规定。外贸企业委托生产企业加工收回后报关出口的货物，按购进国内原辅材料的增值税专用发票上注明的进项金额，依原辅材料的退税率计算原辅材料应退税额。支付的加工费，凭受托方开具货物的退税率，计算加工费的应退税额。

第三节 增值税一般纳税人的会计核算

我国增值税的一个重要特点是实行“价外计税”的办法，即以不含增值税额的价格为计算税额的依据。同时以增值税专用发票的抵扣联注明税款及规定计算的进项税额实行税款抵扣的制度，按购进扣税法的原则计算应纳税额。因此，增值税一般纳税人必须按照税法规定，将生产经营过程中购销业务的价款和税款分别核算，以利于增值税的计算和缴纳。

一、增值税一般纳税人会计科目设置

按照增值税的会计处理规定，纳税人在增值税的核算中应设置“应交税费”总账科目，在“应交税费”总账科目下再设“应交增值税”和“未交增值税”（一般纳税人专用）明细科目。

“应交税费——应交增值税”科目的借方发生额，反映企业购进货物或接受应税劳务支付的进项税额和实际已缴纳的增值税；其贷方发生额，反映销售货物或提供应税劳务应缴纳的增值税。如期末余额在借方，反映企业多缴或尚未抵扣的增值税；如期末余额在贷方，反映企业应缴而尚未缴纳的增值税。

“应交税费——未交增值税”科目，用来核算一般纳税人月终时转入的应缴未缴的

增值税税额，转入多缴的增值税也在本科目核算。

月份终了时，企业应将当月发生的应缴未缴的增值税额，自“应交税费——应交增值税”账户转入“未交增值税”明细账户：借记“应交税费——应交增值税（转出未交增值税）”，贷记“应交税费——未交增值税”；将本月多缴的增值税额，自“应交税费——应交增值税”账户转入“未交增值税”明细账户：借记“应交税费——未交增值税”，贷记“应交税费——应交增值税（转出多缴增值税）”。

当月上缴本月增值税时，借记“应交税费——应交增值税（已交税金）”，贷记“银行存款”；当月上缴上月应缴未缴增值税时，借记“应交税费——未交增值税”，贷记“银行存款”。

二、增值税一般纳税人会计科目设置的具体规定

为了使增值税一般纳税人各项税额的来源和去向反映更加清楚，税法规定在“应交税费——应交增值税”科目的借方和贷方各设若干个明细专栏。

（1）借方设“进项税额”、“已交税金”、“减免税款”、“出口抵减内销产品应纳税额”、“转出未交增值税”五个专栏，如表2-2所示。

表2-2　**应交税费——应交增值税**

	借方					
略	合计	进项税额	已交税金	减免税款	出口抵减内销产品应纳税额	转出未交增值税

①“进项税额”专栏，记录企业购入货物或接受劳务而支付的准予从销项税额中抵扣的增值税额。企业购入货物或接受应税劳务支付的进项税额，用蓝字登记；退回所购货物应冲销的进项税额，用红字登记。

②“已交税金”专栏，记录企业当月已缴纳本月的增值税额。企业已缴纳的增值税额用蓝字登记；退回多缴的增值税额用红字登记。

③“减免税款”专栏，记录企业经主管税务机关批准，实际减免的增值税额。

④“出口抵减内销产品应纳税额”专栏，记录企业按国务院规定的退税率计算的出口货物的进项税额抵减内销产品的应纳税额。

⑤“转出未交增值税”专栏，记录企业月终将当月发生的应缴未缴增值税额的转出额。

（2）贷方设置“销项税额”、“出口退税”、“进项税额转出”、“转出多缴增值税”四个明细专栏，如表2-3所示。

表2-3　**应交税费——应交增值税**

贷方					借或贷	余额
合计	销项税额	出口退税	进项税额转出	转出多缴增值税		

①“销项税额”专栏，记录企业销售货物或提供应税劳务应收取的增值税额。企业销售货物或提供应税劳务应收取的销项税额，用蓝字登记；退回销售货物应冲销的销项税额，用红字登记。

②“出口退税”专栏，记录企业出口适用零税率的货物，向海关办理报关出口手续后，凭出口报关单等有关凭证，向税务机关申报办理出口退税而收到退回的税款。出口货物退回的增值税额，用蓝字登记；出口货物办理退税后发生退货或者退关而补交已退的税额，用红字登记。

③“进项税额转出”专栏，有些企业在购进货物时不清楚其货物的具体用途，购进货物时已按照增值税专用发票上记载的进项税额记入“进项税额”专栏，以后实际使用于非应税项目或受到非正常损失等情况。按照税法规定，这些进项税额不能从销项税额中抵扣，而必须由其他有关的承担者承担。为了方便增值税的核算，设置了“进项税额转出”专栏。该“专栏”记录企业的购进货物、在产品、产成品等发生非正常损失以及其他原因，不应从销项税额中抵扣，而应按规定转出的进项税额。

④“转出多缴增值税”专栏，记录企业月终将当月多缴的增值税的转出额。

（3）期末应缴增值税的会计处理。

增值税一般纳税人，应纳税额等于当期销项税额减去当期进项税额后的余额。其基本计算公式为：

应纳税额=当期销项税额-当期进项税额

增值税一般纳税人应纳税额的多少，取决于公式中销项税额与进项税额两个因素。在前面章节中分别介绍了销项税额与进项税额的核算。应纳税额的核算程序是：首先，根据纳税人的销货、购货等凭证编制会计分录；其次，根据会计分录登记“应交税费——应交增值税”多栏式明细分类账。在一般情况下，“应交税费——应交增值税”的期末贷方余额便是当期应纳的增值税额。然后，根据编制的会计分录、“应交税费——应交增值税”多栏式明细分类账、《增值税（专用/普通）发票使用明细表》、《增值税（专用发票/收购凭证/运输发票）抵扣明细表》，填制《增值税纳税申报表》。为了真实反映纳税人的资金来源和占用情况，纳税人还应根据“应交税费——应交增值税”科目的有关专栏、“应交税费——未交增值税”科目的有关记录，填列《应交税费明细表》。

在实际生产、经营过程中，由于各种原因可能发生购销货物不均衡，当期销项税额小于当期进项税额，导致不足抵扣的情况。按照《增值税暂行条例》的规定，当期进项税额不足抵扣的部分可以结转下期继续抵扣。

按照规定，增值税一般纳税人期末应缴增值税的会计处理有以下四种具体情况：

第一种情况：月末纳税人经过核算，若为“应交税费——应交增值税”的借方余额，反映的是本月尚未抵扣的增值税；若为“应交税费——应交增值税”的贷方余额，反映的是本月应上缴的增值税。当月上缴本月增值税时：

借：应交税费——应交增值税（已交税金）　　×××

　贷：银行存款　　×××

如果平时多缴了税金，月末收到退回多缴的增值税时，做与上缴税金相反的会计分录：

借：银行存款　　×××

　贷：应交税费——应交增值税（已交税金）　　×××

第二种情况：月末纳税人经过核算，当月应上缴税金转下月上缴时，应将当月发生的应缴未缴增值税额自“应交税费——应交增值税”科目转入“未交增值税”明细科目：

借：应交税费——应交增值税（转出未交增值税）　　×××

　贷：应交税费——未交增值税　　×××

第三种情况：月末纳税人经过核算，如本月多缴了增值税，应将本月多缴的增值税自“应交税费——应交增值税”科目转入“未交增值税”明细科目：

借：应交税费——未交增值税　　×××

　贷：应交税费——应交增值税（转出多缴增值税）　　×××

第四种情况：“应交税费——未交增值税”科目的期末借方余额，反映多缴的增值税；贷方余额，反映未缴的增值税。如当月上缴上月应缴未缴的增值税时：

借：应交税费——未交增值税　　×××

　贷：银行存款　　×××

三、增值税销项税额的核算

按照规定，增值税一般纳税人销售货物或应税劳务，销售收入实现时，按其实现的不含税销售额与应收取的销项税额的合计数，借记“银行存款”、“应收账款”、“应收票据”等科目。按应收取的不含税销售额，贷记“主营业务收入”、“其他业务收入”等科目。按应收取的销售额乘以其适用税率的数额，贷记“应交税费——应交增值税（销项税额）”。如果发生销售退回，做相反的会计分录。

（一）一般销售销项税额的核算

一般销售包括货物的销售和应税劳务的销售，主要包括以下几种情况：

1. 直接收款方式销售货物的核算

按照规定，在直接收款方式销售货物的情况下，纳税人收到货款，向购货方开具增值税专用发票，并将发票账单和提货单交给购货方后确认收入实现。

【例 2-1】　甲公司本期采取直接收款方式销售 A 产品一批，向购买方开具了增值税专用发票，取得销售额 30 000 元、增值税额 5 100 元存入银行。公司的会计处理如下：

借：银行存款　　35 100

　贷：主营业务收入　　30 000

　　应交税费——应交增值税（销项税额）　　5 100

2. 托收承付和委托银行收款方式销售货物的核算

在托收承付和委托银行收款销售方式下，企业按合同向购买单位发货，然后凭发票、运单、有关账单向银行申请办理托收手续。银行受理后，即可认为该纳税人已经取得收款的权利，应确认销售收入的实现。税法规定，在此销售方式下，纳税义务发生时间为发出货物并办妥托收手续的当天。

【例 2-2】　星域商场本期采用托收承付方式向异地北方公司销售商品一批，商品不含税销售额 200 000 元，增值税税率 17%，应收取增值税额 34 000 元，已开具增值税专用发票。另外，用支票支付代垫运杂费 2 000 元，商品已经发出并办妥托收手续，代垫运费发票已转交购货方，货款尚未收到。假定本期末星域商场如数收到该批商品的货款、增值税和代垫运费。商场应做会计处理如下：

（1）发出商品并办妥托收手续时：

借：应收账款——北方公司	236 000	
贷：主营业务收入		200 000
应交税费——应交增值税（销项税额）		34 000
银行存款		2 000

（2）收到货款、增值税和代垫运费时：

借：银行存款	236 000	
贷：应收账款——北方公司		236 000

3. 票据结算方式销售货物的核算

在票据结算销售货物的情况下，应通过专门设置的“应收票据”账户进行核算。按照规定，纳税人收到由购货方交来的相关票据时为销售收入的实现。

【例 2-3】　甲公司本期采用银行承兑汇票结算方式销售 A 产品一批给乙公司，向乙公司开具增值税专用发票，产品销售金额 50 000 元、增值税额 8 500 元；另外，随同产品出售并单独计价的包装物 100 个，每个单价 11.7 元，向乙公司开具普通发票，包装物销售金额 1 170 元。当日收到乙公司签发并承兑的带息的银行承兑汇票一张，合计金额 59 670 元。票据的付款期限为半年，年利息率为 6%，假定半年期到，公司如数收到货款及利息收入。

根据题目的业务内容，产品销售开具的是专用发票，包装物销售开具的是普通发票。按照规定，普通发票的销售额在会计处理前应换算成不含税的销售额。甲公司的会计处理如下：

（1）甲公司销售货物收到应收票据时：

$$\text{包装物的不含税销售额}=\frac{1\ 170}{1+17\%}=1\ 000\ (\text{元})$$

借：应收票据——银行承兑汇票（乙公司）	59 670	
贷：主营业务收入		50 000
其他业务收入		1 000
应交税费——应交增值税（销项税额）		8 670

（2）半年期到收到货款及利息时：

按照税收规定，收到的延期付款利息收入应作为价外费用，按规定计算缴纳增值税。利息收入扣除应缴纳的增值税后的余额，记入“财务费用”的贷方。

利息收入 = 59 670×6%÷12×6 = 1 790. 1（元）

利息收入的销项税额 = 1 790. 1÷（1+17%）×17% = 260. 1（元）

借：银行存款　　61 720.2

　贷：应收票据——银行承兑汇票（乙公司）　　59 670

　　　财务费用　　1 790.1

　　　应交税费——应交增值税（销项税额）　　260.1

4. 赊销和分期收款方式销售货物的核算

在赊销和分期收款方式销售货物的情况下，纳税人以本期收到的货款或合同约定的本期应收价款来确认销售收入的实现。注意两点：一是企业应按规定在合同约定的收款日期分期开具发票；二是采取分期收款方式销售商品，如果延期收取价款时间超过三年，具有融资性质的，应当按照应收的合同或协议价款的现值来确定其公允价值。在会计处理上，按应收合同价款，借记"长期应收款"，按应收合同价款的公允价值，贷记"主营业务收入"，差额贷记"未实现融资收益"科目。应收的合同或协议价款与其公允价值之间的差额，在合同期内，按应收款项的摊余成本和实际利率计算确定的摊销金额，冲减财务费用，即借记"未实现融资收益"，贷记"财务费用"。

【例 2-4】　甲公司本期采取赊销和分期收款方式销售 C 产品 40 件给丙公司，每件不含税销售单价为 2 000 元，共计销售金额 80 000 元，购销合同约定按四次等额付款（三年内）。该产品单位成本为 1 200 元，共计成本 48 000 元。公司会计处理如下：

（1）本期发出货物时：

借：发出商品　　48 000

　贷：库存商品　　48 000

（2）按合同规定，甲公司本期内第一次收到货款时，向丙公司开具增值税专用发票。

第一次货款 = 80 000÷4 = 20 000（元）

销项税额 = 20 000×17% = 3 400（元）

借：银行存款　　23 400

　贷：主营业务收入　　20 000

　　　应交税费——应交增值税（销项税额）　　3 400

（3）结转第一次收款主营业务成本时：

第一次应结转的主营业务成本 = 48 000÷4 = 12 000（元）

借：主营业务成本　　12 000

　贷：发出商品　　12 000

第二、三、四次收到货款时的会计处理，与以上（2）、（3）处理相同。

5. 委托其他单位代销货物的核算

在委托代销商品的情况下，代销单位应按规定每月给委托单位提供代销清单，并列明已售出委托代销产品的数量、单价和销售金额。委托单位据此登记销售收入并结转销售成本。税法规定，委托其他单位代销货物，纳税义务发生的时间为企业收到代销单位销售的代销清单的当天。分两种情况：

第一种情况：收取手续费。

受托方不改变售价，只收取手续费。委托方在发出商品时通常不确认销售商品收入，而应在收到委托方开出的代销清单时确认收入；受托方在商品销售后，按合同或协议约定的方法计算手续费确认收入。

【例 2-5】　甲公司委托某大型商场代销其产品，本月初发出代销产品 100 件，单位产品成本 1 000 元，委托代销的不含税单价为 1 200 元，每件支付商场代销手续费 40 元。本月末甲公司收到商场报来销售清单，100 件商品已售出，按委托要求取得不含税金额 120 000 元，增值税税率为 17%，取得销项税额 20 400 元。

甲公司会计处理如下：

（1）发出代销产品时：

借：委托代销商品	100 000	
贷：库存商品		100 000

（2）收到商场报来的代销清单，向商场开具专用发票时：

借：应收账款——商场	140 400	
贷：主营业务收入		120 000
应交税费——应交增值税（销项税额）		20 400

（3）收到商场交来的代销手续费结算清单时：

代销手续费 = 100×40 = 4 000（元）

借：销售费用——代销手续费	4 000	
贷：应收账款——商场		4 000

（4）收到商场划来货款（手续费已扣除）时：

借：银行存款	136 400	
贷：应收账款——商场		136 400

（5）结转代销商品的销售成本时：

借：主营业务成本	100 000	
贷：委托代销商品		100 000

按照《增值税暂行条例》的规定，将货物交付他人代销或代销他人货物均应视同销售行为，代销方也要按规定缴纳增值税。同时，代销方收取的代销手续费属于混合销售收入，代销方按收取的手续费确认收入，本例中不考虑营业税的计算。

【例 2-6】　依据例 2-5 中的委托业务，商场（代销方）的会计处理如下：

（1）收到甲公司的代销商品时：

借：受托代销商品	120 000	
贷：受托代销商品款		120 000

（2）商场销售商品收到销售额及销项税时：

借：银行存款	140 400	
贷：应付账款——甲公司		120 000
应交税费——应交增值税（销项税额）		20 400

（3）收到委托方开具的增值税专用发票时：

借：应交税费——应交增值税（进项税额）	20 400	
贷：应付账款——甲公司		20 400

(4) 转销受托代销商品时：

借：受托代销商品款　　120 000

　贷：受托代销商品　　120 000

(5) 将扣除手续费后的应付账款划转委托方并开具手续费结算发票时：

借：应付账款——甲公司　　140 400

　贷：主营业务收入　　4 000

　　银行存款　　136 400

第二种情况：视同买断。

委托方按协议价收取所代销商品的货款，实际售价可由受托方自定，也可以在协议中约定。

【例 2-7】 甲商场本期受托代销乙公司商品一批，乙公司委托商场代销商品的成本为 1 800 元。双方合同约定，商场代销商品后，乙公司收取不含税销售金额 2 000 元、增值税额 340 元，商场实销金额大于支付乙公司的部分归商场所得。商场代销商品，实销的不含税金额为 2 400 元，取得增值税额 408 元，款已收存银行。代销业务结束，商场应做会计处理如下：

(1) 商场收到代销商品时：

借：受托代销商品——乙公司　　2 000

　贷：受托代销商品款——乙公司　　2 000

(2) 商场实现销售时：

借：银行存款　　2 808

　贷：主营业务收入　　2 400

　　应交税费——应交增值税（销项税额）　　408

销售实现后，结转成本并及时向委托方报送代销货物清单，并收到委托方开具的专用发票。

(3) 结转销售成本时：

借：主营业务成本　　2 000

　贷：受托代销商品——乙公司　　2 000

同时：

借：受托代销商品款——乙公司　　2 000

　应交税费——应交增值税（进项税额）　　340

　贷：应付账款——代销商品款（乙公司）　　2 340

(4) 向委托方支付代销商品货款时：

借：应付账款——代销商品款（乙公司）　　2 340

　贷：银行存款　　2 340

【例 2-8】 例 2-7 中委托方乙公司的会计处理如下：

(1) 发出代销商品（成本 1 800 元）时：

借：委托代销商品　　1 800

　贷：库存商品　　1 800

（2）收到甲商场报送的代销清单，向受托方开具增值税专用发票：

借：应收账款——代销商品款（商场）　　2 340

　贷：主营业务收入　　2 000

　　　应交税费——应交增值税（销项税额）　　340

（3）收到甲商场的代销款时：

借：银行存款　　2 340

　贷：应收账款——代销商品款（商场）　　2 340

同时，结转委托代销商品的成本：

借：主营业务成本　　1 800

　贷：委托代销商品　　1 800

6. 采取预收货款方式销售货物的核算

按照规定，纳税人采取预收货款方式销售货物，发出货物的当天销售收入和纳税义务实现。

【例 2-9】　甲公司本期发出上期预收购货款的 B 产品，产品销售金额 20 000 元、增值税额 3 400 元，价税合计金额与预收款金额相等。公司应做会计处理如下：

借：预收账款——预收购货款　　23 400

　贷：主营业务收入　　20 000

　　　应交税费——应交增值税（销项税额）　　3 400

7. 提供应税劳务的核算

按照规定，纳税人提供应税劳务，其纳税义务发生的时间为提供劳务同时收讫价款或者取得索取价款的凭据的当天。

【例 2-10】　甲公司为增值税一般纳税人，本期受托为某使用单位加工自己耗用的食品一批，加工结束后向委托方开具普通发票，取得加工费收入 4 680 元，款已存入银行。公司会计处理如下：

取得加工收入的不含税销售额＝4 680÷（1+17%）＝4 000（元）

借：银行存款　　4 680

　贷：主营业务收入——加工费收入　　4 000

　　　应交税费——应交增值税（销项税额）　　680

8. 兼营行为的核算

兼营行为有两种情况：一是纳税人生产经营两种以上不同税率货物，按照规定，应将不同税率的货物分别核算，如果纳税人不分别核算或不能准确分别核算的，应从高适用税率计征增值税；二是纳税人在生产经营活动中既经营货物销售，又提供营业税的应税劳务，如商场又附设餐饮部等。按照规定，纳税人必须将不同税种征税范围的经营项目分别核算、分别申报纳税。如果纳税人不分别核算或不能准确核算的，由主管税务机关核定货物或者应税劳务的销售额。

【例 2-11】　甲商场本期柜台销售货物的零售收入金额为 117 000 元，商场内设的餐饮部本期营业收入金额为 30 000 元。商场在会计处理上将两项收入分别核算，按照税法规定，该商场的两项收入分别征收增值税和营业税。商场应做会计处理如下：

零售收入的不含税销售额＝117 000÷（1+17%）＝100 000（元）

本期商场的销项税额＝100 000×17%＝17 000（元）

借：银行存款（或现金）　117 000

　贷：主营业务收入　117 000

　　应交税费——应交增值税（销项税额）　17 000

（二）特殊销售销项税额的核算

1. 销售折扣与折让的核算

在商品流通过程中，由于许多特殊情况，销售折扣和折让的行为经常发生。企业发生销售折扣与折让，一般是直接冲减主营业务收入，不单设“销售折扣与折让”账户。但某些企业销售折扣与折让行为发生较多，也可以单设“销售折扣与折让”账户进行核算。在实际购销过程中，销售折扣包括商业折扣和现金折扣两种具体形式。

（1）商业折扣。商业折扣的具体形式是薄利多销行为，一般按折扣后的净值入账，对于折扣的金额不作反映。如果销售方按折扣前的原价开具发票，其折扣金额必须在一张发票上反映。否则，计算增值税时不得扣除其折扣金额。

【例 2-12】　甲公司生产并销售 A 产品，不含税单价为 500 元。为了促进销售，公司规定：一次购买产品 100 件以上的，给予 2%的折扣；如果一次购买 200 件以上，给予 4%的折扣。该企业本期内一次销售给某大型商场 300 件 A 产品。向商场开具增值税专用发票，实收销售金额 288 000 元、增值税额 48 960 元，款已收存银行。公司会计处理如下：

借：银行存款　336 960

　贷：主营业务收入　288 000

　　应交税费——应交增值税（销项税额）　48 960

（2）现金折扣。现金折扣是销售方销售货物以后，为了早日收回销货款，使自己少受损失而给予购货方的优惠折扣。税法规定，纳税人给予购买方的现金折扣，无论比例大小，在计算增值税销项税额时均不得扣除其折扣的金额。在会计实务中，现金折扣可以用总价法和净价法进行记账。

【例 2-13】　甲公司本期采取赊销方式销售 B 产品 400 件给某商场，不含税单价为 100 元，增值税税率为 17%，应收价税金额合计 46 800 元。付款条件是：2/10、1/20、*n*/30。甲公司根据业务情况按照总价法应做会计处理如下：

① 发出货物并办妥有关手续时：

借：应收账款——商场　46 800

　贷：主营业务收入　40 000

　　应交税费——应交增值税（销项税额）　6 800

② 假定购货方在第 8 天付讫货款，按照合同规定享受付款总额 2%的优惠，甲公司已将货款收存银行。甲公司实收金额＝46 800×（1−2%）＝45 864（元），让利 936 元。按规定现金折扣的让利金额应作为财务费用处理。公司会计处理如下：

借：银行存款　　45 864
　　财务费用　　936
　贷：应收账款　　46 800

③ 如果购买方在 20 天以后付款，甲公司将款收存银行。会计处理如下：

借：银行存款　　46 800
　贷：应收账款　　46 800

（3）销售折让和销售退回的核算。按照规定，销售折让和退回无论是属于本年度还是属于以前年度销售的，都应冲减本年度销售收入和销售成本，而不调整以前年度利润；如果是应纳增值税的产品退回，还应冲减“销项税额”；如果发生的销售折让和退回属于本期销售且未结转销售成本，则只需冲减销售收入，不冲减销售成本；如果发生的销售退回是属于退回后重新调换同种商品的，则不应作销售退回处理。

销售折让和销售退回的账务处理，既可依据折让和退回的合法凭据用红字冲销，也可依据折让和退回货物的合法凭据用蓝字做相反的会计分录。但是，都必须注意保持总账与明细账的衔接。

【例 2-14】　甲公司本期退回上期销售的部分商品，该商品的原不含税销售金额 50 000元、销售成本 34 000 元，退回商品的专用发票上注明的销项税额为 8 500 元，该商品上期的销售收入、销售成本已经结转。公司会计处理如下：

① 冲减本期销售收入与销项税额时：

借：主营业务收入　　50 000
　　应交税费——应交增值税（销项税额）　　8 500
　贷：银行存款（或应收账款）　　58 500

② 冲减本期销售成本时：

借：库存商品——销售退回　　34 000
　贷：主营业务成本——销售退回　　34 000

2. 以旧换新销售货物的核算

以旧换新是促进销售的一种手段，纳税人在销售新货物时，有偿收回旧货物的行为。税法规定，采取以旧换新方式销售货物的，应按新货物的同期销售价格确定销售额，不得扣除旧货物的收购价格。收购的旧货物可以按购进材料或购进商品处理，但必须注明是收购的旧货物。

【例 2-15】　甲公司本期直接向消费者销售 B 产品 10 件，每件含税单价为 1 170 元，共计销售金额 11 700 元，B 产品的增值税税率为 17%。在销售产品时，收回同类品种的旧商品 5 件，每件折价 100 元，回收价共计 500 元。甲公司销售的 10 件 B 产品实际收到现金 11 200 元。公司应做会计处理如下：

借：现金　　11 200
　　物资采购——回收的旧商品　　500
　贷：主营业务收入　　10 000
　　　应交税费——应交增值税（销项税额）　　1 700

3. 以物易物方式销售货物的核算

以物易物方式销售货物是指购销双方不以货币资金进行核算，而是以同等价款的货物或不同等价款的货物再用货币资金补齐差额的一种结算方法。税法规定，以物易物双方都应将其作购销业务处理，以各自发出的货物核算其销售额并计算其销项税额，以各自收到的货物核算其购货金额并计算其进项税额。

【例 2-16】 甲公司本期内以 C 产品换取乙公司的原材料，甲公司发出 C 产品 20 件，不含税单价为 3 000 元，增值税税率为 17%；收到乙公司发出的材料不含税金额 80 000 元，增值税税率为 17%。甲、乙双方商定交换货物不等价的差额以银行存款补齐。甲乙双方相互给对方开具了增值税专用发票，甲公司以银行存款 23 400 元补齐乙公司的材料款。甲公司应做会计处理如下：

（1）甲公司发出 C 产品时：

C 产品的销售额 = 3 000×20 = 60 000（元）

C 产品的销项税额 = 60 000×17% = 10 200（元）

借：应收账款（乙公司）	70 200	
贷：主营业务收入		60 000
应交税费——应交增值税（销项税额）		10 200

（2）收到乙公司发出的原材料入库时，按收到增值税专用发票注明的购货金额 80 000元、增值税进项税额 13 600 元处理：

借：原材料	80 000	
应交税费——应交增值税（进项税额）	13 600	
贷：应付账款（乙公司）		93 600

（3）甲公司以银行存款补齐差额时：

借：应付账款（乙公司）	93 600	
贷：应收账款（乙公司）		70 200
银行存款		23 400

4. 没收押金的核算

按照规定，对逾期未收回包装物而没收的押金，应按规定计算缴纳增值税。在生产经营过程中，收取包装物押金有两种情况。

（1）对于出租、出借包装物收取的押金，因逾期未收回包装物而没收的部分，视同包装物租金收入处理，应计入其他业务收入。企业收取押金时，借记“银行存款”科目，贷记“其他应付款”科目；因逾期未收回包装物而没收押金时，借记“其他应付款”科目，贷记“其他业务收入”科目。这部分没收的押金收入应缴的增值税，应相应计入其他业务支出，借记“其他业务支出”科目，贷记“应交税费——应交增值税（销项税额）”科目。

【例 2-17】 甲公司本月初销售 A 产品一批，向购货方开具增值税专用发票，取得销售金额 10 000 元、增值税额 1 700 元。另外，向购货方出租、出借包装物 10 个，每个收取押金 23.4 元，向购货方开具收款收据，共收取押金 234 元。销售金额、增值税额、押金等款项已收存银行。购销合同约定，出租、出借的包装物在15天内退回，否则没收押金。到本月下旬出租、出借的包装物已超过期限。甲公司的会计处理如下：

① 销售A产品收到销售金额、销项税额和押金时：

借：银行存款	11 934	
贷：主营业务收入		10 000
应交税费——应交增值税（销项税额）		1 700
其他应付款——押金		234

② 没收押金与计算增值税时：

因没收的押金是含税金额，计算增值税时，还应将其含税金额换算为不含税的金额作为销售额。

押金不含税金额＝234÷（1+17%）＝200（元）

没收押金应缴纳的增值税额＝200×17%＝34（元）

借：其他应付款——押金	234	
贷：其他业务收入		200
应交税费——应交增值税（销项税额）		34

另一种处理方法是，将没收的押金和计算的增值税按以下两步进行核算：

首先将押金收入全部转入“其他业务收入”科目：

借：其他应付款——押金	234	
贷：其他业务收入		234

其次将计算的增值税记入“其他业务支出”科目：

借：其他业务成本	34	
贷：应交税费——应交增值税（销项税额）		34

（2）包装物已作价随同产品销售，但为促使购货人将包装物退回而另外加收的押金，因逾期未收回包装物而没收的部分，应计入营业外收入。企业收取押金时，借记“银行存款”科目，贷记“其他应付款”科目；因逾期未收回包装物而没收押金时，没收的押金收入应缴纳的增值税，应先在“其他应付款”科目中冲抵，借记“其他应付款”科目，贷记“应交税费——应交增值税（销项税额）”科目。冲减后的净额自“其他应付款”科目转入“营业外收入”科目。

【例2-18】 甲公司本期销售B产品100件，包装物作价随同产品销售，产品和其包装物的不含税单价为200元，增值税税率为17%，产品销售额合计20 000元、增值税额为3 400元，向购货方开具增值税专用发票。另外，为了促使购货人将包装物退回重用，向购货人收取包装物押金1 170元，并向购货人开具收款收据，货物款和押金已收存银行。按购销合同规定，包装物在20天内必须退回，否则没收其押金。到本期末已超过20天的期限，甲公司仍未收到退回的包装物。公司的会计处理如下：

① 甲公司销售货物时：

借：银行存款	23 400	
贷：主营业务收入		20 000
应交税费——应交增值税（销项税额）		3 400

② 向购货方收取押金时：

借：银行存款　　1 170

　贷：其他应付款——押金　　1 170

③ 没收押金时，按照规定计算应缴的增值税：

押金的不含税金额＝1 755÷（1+17%）＝1 500（元）

没收押金应缴的增值税＝1 500×17%＝255（元）

借：其他应付款——押金　　1 170

　贷：营业外收入　　1 000

　　　应交税费——应交增值税（销项税额）　　170

（3）对销售酒类（黄酒、啤酒除外）产品收取的包装物押金，按照规定，不论押金是否退还，也不论在财务上如何处理，均应计算缴纳增值税和消费税。将应缴纳的增值税和消费税记入“销售费用”账户核算。

【例 2-19】 某酒厂为增值税一般纳税人，其白酒的消费税税率为 25%，本年度 5 月份销售白酒一批，取得包装物押金收入 5 850 元存入银行，并开具了收款收据。收取押金的相关会计处理如下：

取得押金时：

借：银行存款　　5 850

　贷：其他应付款——包装物押金　　5 850

应缴纳的增值税和消费税：

应缴纳增值税＝5 850÷（1+17%）×17%＝850（元）

应缴纳消费税＝5 850÷（1+17%）×25%＝1 250（元）

借：销售费用　　2 100

　贷：应交税费——应交增值税（销项税额）　　850

　　　　　　——应交消费税　　1 250

如按期退还包装物押金，做收到押金时相反的会计处理；如逾期没收其押金，将其转入“营业外收入”账户：

借：其他应付款——包装物押金　　5 850

　贷：营业外收入　　5 850

5. 销售自己使用过的固定资产的核算

增值税一般纳税人出售自己使用过的固定资产，是指除不动产以外的其他固定资产。税法规定，2009 年 1 月 1 日以后销售未抵扣进项税额的固定资产，按照 4% 的征收率计算税额后再减半征收增值税，不得抵扣进项税额。2009 年 1 月 1 日以后销售已经抵扣进项税额的固定资产和自制的固定资产，按适用税率征收增值税。

【例 2-20】 甲公司本期出售一台使用过的未抵扣进项税额的机器设备，该设备原价 300 000 元，已提取折旧 180 000 元。对外销售 166 400 元，向购买方开具普通发票，款已收存银行。在销售过程中发生销售费用 4 000 元，公司以银行存款支付。公司的会计处理如下：

（1）公司销售设备时，先转销固定资产：

借：固定资产清理　　120 000

　　累计折旧　　180 000

　贷：固定资产——设备　　300 000

（2）取得销售金额时：

借：银行存款　　166 400

　贷：固定资产清理　　166 400

（3）发生销售费用时：

借：固定资产清理　　4 000

　贷：银行存款　　4 000

（4）按规定计算应缴增值税时：

销售设备开具的是普通发票，166 400 元是含税销售额，计算增值税时应首先将其换算为不含税的销售额。

不含税销售额＝166 400÷（1+4%）＝160 000（元）

销售设备应缴增值税＝160 000×4%×50%＝3 200（元）

借：固定资产清理　　3 200

　贷：应交税费——应交增值税　　3 200

（5）按规定将固定资产清理的贷方余额转入“营业外收入”科目：

固定资产清理的贷方余额＝166 400−120 000−4 000−3 200＝39 200（元）

借：固定资产清理　　39 200

　贷：营业外收入——出让固定资产收入　　39 200

6. 混合销售行为的核算

按照规定，从事货物的生产、批发或零售的企业、企业性单位及个体经营者，以及以从事货物的生产、批发或零售为主，并兼营非应税劳务的企业、企业性单位及个体经营者的混合销售行为，视同销售货物征收增值税。

【例 2-21】　甲公司本期销售一批货物给某使用单位，并负责运送及安装，公司给该使用单位开具普通发票，分别收取货物款 46 800 元、运输及安装费 2 340 元，款已收存银行。公司应做会计处理如下：

按照规定，甲公司的销售行为属于混合销售行为，应该征收增值税：

货物的不含税销售额＝46 800÷（1+17%）＝40 000（元）

货物的销项税额＝40 000×17%＝6 800（元）

运输及安装费的不含税销售额＝2 340÷（1+17%）＝2 000（元）

运输及安装费的销项税额＝2 000×17%＝340（元）

借：银行存款　　49 140

　贷：主营业务收入　　40 000

　　　其他业务收入　　2 000

　　　应交税费——应交增值税（销项税额）　　7 140

（三）视同销售货物的核算

《增值税暂行条例》规定，视同销售货物的行为有八种，无论哪种行为，均应视同销售，按规定缴纳有关税费。其货物的计税价格，应参照同期同类产品的市场价格计算；没有参照价格的，应按成本加合理利润的方法计算组成计税价格。

企业将自己生产的产品用于非应税项目、捐赠、赞助、广告、样品、职工福利奖励等方面，应视同销售。企业按规定缴纳各种税费，如增值税、消费税、城市维护建设税、教育费附加等。在会计上是否作销售处理，同时结转销售成本，主要视商品的所有权是否转移而定。如果所有权发生转移，无论是会计处理还是税法规定，都应作收入处理，计算缴纳相关的全部税费；如果所有权未发生转移，按照流转税费的相关规定应视同销售，计算缴纳相关的流转税费，但在会计上不作收入处理，也不缴纳企业所得税。

1. 将自产的产品用于本企业基本建设的核算

企业将自产的产品用于本企业基本建设，按照规定，计算应缴的增值税等，借记“在建工程”科目，贷记“应交税费——应交增值税（销项税额）”等科目。由于产品的所有权未发生转移，会计处理上不作收入入账，直接转销库存商品。

【例 2-22】 甲公司为增值税一般纳税人，增值税税率为 17%，本期将自产甲产品一批用于本企业基本建设，无同类产品的市场销售价格。该产品既征增值税又征消费税，知其成本价为 20 000 元，成本利润率为 8%，消费税税率为 10%，产品已转移使用。本例中城市维护建设税、教育费附加不予考虑，公司自用产品应缴增值税和消费税计算和会计处理如下：

（1）应纳税额的计算：

$$\text{组成计税价格}=\frac{20\ 000\times(1+8\%)}{1-10\%}=24\ 000\text{（元）}$$

增值税销项税额 = 24 000×17% = 4 080（元）

应缴纳消费税额 = 24 000×10% = 2 400（元）

（2）会计处理：

借：在建工程	26 480	
贷：库存商品——甲产品		20 000
应交税费——应交增值税（销项税额）		4 080
应交税费——应交消费税		2 400

2. 将自产、委托加工或购买的货物作为对外投资的核算

税法规定，纳税人将自产、委托加工和购买的货物用于对外投资，应视同对外销售，计算应缴的增值税，借记“长期股权投资”等科目，贷记“应交税费——应交增值税（销项税额）”科目。

【例 2-23】 甲公司本期将自产的 B 产品 100 件用于对外投资，该产品不含税市场销售单价为 2 000 元，增值税税率为 17%，产品单位成本为 1 600 元。与被投资方商定，以 234 000 元作为投资额。产品已送往被投资单位，投资期限 10 年。公司会计处理如

下：

B 产品不含税销售额 = 100×2 000 = 200 000（元）

对外投资的销项税额 = 200 000×17% = 34 000（元）

借：长期股权投资 234 000
　贷：主营业务收入 200 000
　　　应交税费——应交增值税（销项税额） 34 000

借：主营业务成本 160 000
　贷：库存商品 160 000

3. 将自产的货物用于集体和个人福利的核算

按照规定，纳税人将自产的货物用于集体福利和个人消费，应视同对外销售。计算应缴的增值税额，借记“应付职工薪酬——职工福利应付福利费”等科目，贷记“应交税费——应交增值税（销项税额）”科目。

【例 2-24】 甲公司将本期委托加工收回的 B 产品一批，分配给本公司职工作为福利，B 产品的不含税市场价格为 50 000 元，成本价格为 42 000 元，增值税税率为 13%，产品已分配给职工。公司应做会计处理如下：

分配产品的销项税额 = 50 000×13% = 6 500（元）

借：应付职工薪酬——职工福利应付福利费 56 500
　贷：主营业务收入 50 000
　　　应交税费——应交增值税（销项税额） 6 500

借：主营业务成本 42 000
　贷：库存商品——B 产品 42 000

4. 将自产、委托加工或购买的货物分配给股东与投资者的核算

按照规定，纳税人将自产、委托加工或购买的货物分配给股东与投资者，应视同对外销售，计算应缴的增值税额，借记“应付股利”科目，贷记“应交税费——应交增值税（销项税额）”科目。

【例 2-25】 甲公司（股份公司）上年度应分给某股东股息 468 000 元，由于资金周转有困难，本年度元月将自产的一批货物作为利润分配给投资者，该批货物的含税市场销售价格为 468 000 元，成本价为 320 000 元，增值税税率为 17%，货物已经发出。公司会计处理如下：

作为利润分配货物的销项税额 = 468 000÷（1+17%）×17% = 68 000（元）

借：应付股利 468 000
　贷：主营业务收入 400 000
　　　应交税费——应交增值税（销项税额） 68 000

借：主营业务成本 320 000
　贷：库存商品 320 000

5. 企业将自产的产品无偿赠送他人的核算

按照规定，企业将自产的产品无偿赠送其他单位和个人，应视同对外销售，计算应

缴纳的增值税额，借记“营业外支出”科目，贷记“应交税费——应交增值税（销项税额）”科目。

【例 2-26】 甲企业本期将自产的一批 A 产品通过救灾委员会捐赠给受灾地区，产品的成本价格为 100 000 元，同类产品的不含税市场销售价格为 120 000 元，增值税税率为 17%，产品已经送出。企业的会计处理如下：

捐赠产品的销项税额 = 120 000×17% = 20 400（元）

借：营业外支出	140 400	
贷：主营业务收入		120 000
应交税费——应交增值税（销项税额）		20 400
借：主营业务成本	100 000	
贷：库存商品——A 产品		100 000

企业对外捐赠实物时，在会计上是否作收入处理，目前存在不同的做法。有人认为，对外捐赠实物未取得实质性收益，如果在会计上作收入处理，同时结转成本，收入与成本之间的差额会虚增利润。但笔者认为，这种结论不正确，在会计上作收入处理，同时结转实物成本，并未虚增利润。因为在确认“收入”账户增加的同时，也等额增加了“营业外支出”账户的金额，计算利润时“营业外支出”账户的金额是可以扣除的。

另外，会计准则规定，“企业已将商品所有权上的主要风险和报酬转移给购货方，是构成确认销售商品收入的重要条件”。企业对外捐赠实物，其实物上的风险已经转移，因此该实物未来发生增值或减值与捐赠企业已经没有关系。至于商品所有权有关的报酬也已经转移，因此该实物未来发生增值或通过使用产生的经济利益也与捐赠企业没有关系。对外捐赠的金额记入“营业外支出”借方核算，实质上就是将实物销售取得的收入马上又用于捐赠。

四、增值税进项税额的核算

进项税额是指纳税人购进货物或者接受应税劳务所支付或者应负担的增值税税额。进项税额是与销项税额相对应的一个概念，即购货方的进项税额就是销货方的销项税额；反之，在开具增值税专用发票的情况下，销货方的销项税额即为购货方的进项税额。进项税额的核算与销项税额的核算同等重要，在销项税额一定的情况下，进项税额的大小直接与应缴税额相关。税法规定，增值税一般纳税人购进货物或接受应税劳务所支付的进项税额，并不是完全可以从销项税额中抵扣的。纳税人购进的货物或应税劳务用于非应税项目、免税项目或用于集体福利和个人消费的，其支付的进项税额不能从销项税额中抵扣。如果纳税人将不能抵扣的进项税额随意在销项税额中予以抵扣，按照规定以偷税论处。

准予从销项税额中抵扣的进项税额有：(1) 从销售方取得的增值税专用发票上注明的增值税税额。(2) 从海关取得的海关进口增值税专用缴款书上注明的增值税税额。(3) 购进农产品，除取得增值税专用发票或者海关进口增值税专用缴款书外，按照农产品收购发票或者销售发票上注明的农产品买价和 13%的扣除率计算的进项税额。(4) 购进或者销售货物以及在生产经营过程中支付运输费用的，按照运输费用结算单据上注明的运输费用金额和7%的扣除率计算的进项税额。（5）自2004年12月1日起，增值税一般纳税人购置税控收款机所支付的增值税税额（以购进税控收款机取得的增值税专用发票上注明的增值税税额为准），准予在该企业当期的增值税销项税额中抵扣。

不得从销项税额中抵扣的进项税额有：（1）用于非增值税应税项目、免征增值税项目、集体福利或者个人消费的购进货物或者应税劳务。（2）非正常损失的购进货物及相关的应税劳务。（3）非正常损失的在产品、产成品所耗用的购进货物或者应税劳务。（4）国务院财政、税务主管部门规定的纳税人自用消费品。（5）前述第（1）项至第（4）项规定的货物的运输费用和销售免税货物的运输费用。（6）纳税人购进货物或者应税劳务，未按规定取得并保存增值税扣税凭证，或者增值税扣税凭证上未按规定注明增值税额及其他有关事项的，其进项税额不得抵扣。

按照税法的相关规定，防伪税控专用发票进项税额抵扣的时间有以下限定：

增值税一般纳税人申请抵扣的防伪税控系统开具的增值税专用发票，必须自该专用发票开具之日起90日内到税务机关认证，否则不予抵扣进项税额。认证通过的防伪税控系统开具的增值税专用发票，应在认证通过的当月按照增值税有关规定核算当期进项税额并申报抵扣，否则不予抵扣进项税额。

增值税一般纳税人取得开具的运输发票，应当自开票之日起90天内向主管国家税务局申报抵扣，超过90天的不得予以抵扣。

增值税一般纳税人进口货物，应当在缴款书开具之日起90天后的第一个纳税申报期结束以前向主管税务机关申报抵扣，逾期不得抵扣进项税额。

（一）准予从销项税额中抵扣的进项税额的核算

1. 取得增值税专用发票注明进项税额的核算

税法规定，增值税一般纳税人购进货物或接受应税劳务，取得增值税专用发票联和抵扣联且填写正确的，才能按规定计算其进项税额。如果购进货物或接受应税劳务，取得的是普通发票，不得计算进项税额。购进货物一般可能出现以下三种情况：

（1）付款货物验收入库。这是指付款时取得发票等单据，同时将材料验收入库。对于这类采购业务可根据货款结算凭证和材料入库凭证做会计处理。

【例2-27】　甲公司本期购进原材料一批，以银行存款支付购货金额100 000元、支付增值税额17 000元，并取得销货方的增值税专用发票，材料验收入库无误。公司会计处理如下：

借：原材料	100 000	
应交税费——应交增值税（进项税额）	17 000	
贷：银行存款		117 000

（2）料到款未付。料到款未付是指材料已到或者已验收入库，而未收到银行货款结算凭证、供货单位发票等单据，货款未付。料到款未付可分为两种情况：一是在本月内料到后，一般结算凭证、发票等单据过几天即可到达。为了简化核算工作，可暂不做会计处理，待办理结算手续后，再根据所支付的金额或发票账单的应付金额做会计处

理。二是在月末，料到款未付的，可按收到的材料类别抄列清单暂估入账。

暂估入账时只估计其材料成本，不需要将增值税的进项税额暂估入账。到下月初将暂估入账的会计处理用红字冲销，待单到付款后做会计处理。

【例 2-28】 甲公司 8 月 25 日收到 A 厂按合同发来的材料 10 吨，已验收入库。到 8 月 31 日结算凭证尚未到达，货款未付。假定每吨材料估价 4 000 元，公司应做会计处理如下：

① 8 月 31 日按估价入账时：

借：原材料 40 000

  贷：应付账款——暂估应付账款 40 000

② 9 月初用红字或相反的会计分录将估价冲销：

借：应付账款——暂估应付账款 40 000

  贷：原材料 40 000

假定 9 月 8 日公司收到 A 厂开具的增值税专用发票和有关的发货单据，材料每吨不含税单价为 5 000 元，每吨增值税额为 850 元，共支付材料金额 50 000 元、增值税额 8 500元，以银行存款支付。

借：原材料 50 000

  应交税费——应交增值税（进项税额） 8 500

  贷：银行存款 58 500

（3）款付料未到。款付料未到是指纳税人的开户银行已转来托收凭证、发票等，并已承付货款，而材料尚未到达。在这种情况下，按支付的材料金额借记“物资采购”科目（若企业采用计划成本进行材料日常核算则将本科目改为“材料采购”）；按支付的材料金额借记“物资采购”科目（若为商品流通企业则将本科目改为“物资采购”，并按照物资采购的核算方法进行核算）；按支付的增值税额借记“应交税费——应交增值税（进项税额）”科目；按支付的全部款项贷记“银行存款”科目。待料到验收入库时借记“原材料”科目，同时冲销“物资采购”科目。

【例 2-29】 甲公司为工业企业，9 月 10 日收到其开户银行转来的托收凭证，附 B 公司发来原材料 5 吨的发票等收据，材料的销售金额为 40 000 元、增值税额为 6 800 元，共计金额 46 800 元，该款项已验单承付，但材料尚未收到。9 月 14 日收到 B 公司发来的材料并验收入库无误。甲公司应做会计处理如下：

① 9 月 10 日支付款项时：

借：物资采购 40 000

  应交税费——应交增值税（进项税额） 6 800

  贷：银行存款 46 800

② 9 月 14 日收到材料并验收入库时：

借：原材料 40 000

  贷：物资采购 40 000

2. 外购货物溢缺的核算

纳税人验收外购原材料时，可能发生溢余、短缺和损坏的情况，即实际入库的数量大于或小于发票账单所列的数量。在此情况下，对于溢余、短缺和损坏的材料，需及时查明原因和责任，根据不同情况做如下会计处理：

（1）溢余的会计处理。材料溢余，在一般情况下都是供货方多发材料所致。处理的方法有两种：一是将多发货物退回供货方，但这种处理方法用得较少；二是与供货方商议将多发来的货物买下，将其货物的款项付清即可，这种处理方法较为普遍。在会计处理时，将溢余的材料按不含税金额记入“待处理财产损溢”科目的贷方，查明原因后转销。财产溢余未处理时，一般不考虑增值税的问题。

【例 2-30】　甲公司本期向乙企业购买 A 材料 10 吨，每吨不含税单价为 2 000 元、增值税额为 340 元，按合同规定乙企业收款后发货。甲公司按合同规定开出转账支票支付款项 23 400 元。甲公司做会计处理如下：

① 支付预付款时：

借：预付账款——预付购货款　　23 400

　贷：银行存款　　23 400

② 假定三天后收到乙企业开具的增值税专用发票：

借：物资采购　　20 000

　　应交税费——应交增值税（进项税额）　　3 400

　贷：预付账款——预付购货款　　23 400

③ 假定收到发票三天后，材料到达验收入库时，实收数量为 10.5 吨，比购买数多 0.5 吨，原因待查：

借：原材料　　21 000

　贷：物资采购　　20 000

　　　待处理财产损溢　　1 000

经查明，溢余材料属于供货方多发货，经甲乙双方协商，由甲公司补付价款 1 000 元和增值税额 170 元，将多发材料购进，并取得乙企业开具的增值税专用发票。

借：物资采购　　1 000

　　应交税费——应交增值税（进项税额）　　170

　贷：银行存款　　1 170

同时，冲销“待处理财产损溢”科目：

借：待处理财产损溢　　1 000

　贷：物资采购　　1 000

也可直接从借方冲减“待处理财产损溢”账户，如将上述两笔分录合并为一笔分录处理如下：

借：待处理财产损溢　　1 000

　　应交税费——应交增值税（进项税额）　　170

　贷：银行存款　　1 170

（2）短缺的会计处理。材料短缺的原因很多，不同的情况有不同的会计处理。但不论哪种情况都必须考虑进项税额的问题。

【例 2-31】 甲公司本期向乙企业购材料 10 吨，每吨不含税单价为 2 000 元、增值税额为 340 元，甲公司收到乙企业开具的增值税专用发票和有关收据，以银行存款支付材料金额 20 000 元、增值税额 3 400 元。待材料到达验收入库为 9.5 吨，短缺 0.5 吨，价款 400 元、增值税额 68 元，原因待查。甲公司应做会计处理如下：

① 支付价款、增值税并取得票据时：

借：物资采购	20 000	
应交税费——应交增值税（进项税额）	3 400	
贷：银行存款		23 400

② 材料到达验收入库时，短缺材料还未查明是何种原因之前，应将其记入“待处理财产损溢”科目：

借：原材料	19 600	
待处理财产损溢	400	
贷：物资采购		20 000

③ 假定短缺属于供货方少发货，经协商供货方同意将材料补上，公司收到材料时：

借：原材料	400	
贷：待处理财产损溢		400

④ 假定短缺属于供货方少发货，经协商供货方将少发货的款项退回，甲公司收到款项时：

借：银行存款	468	
贷：待处理财产损溢		400
应交税费——应交增值税（进项税额转出）		68

（注：应交税费——应交增值税（进项税额）也可以在借方用红字表示。）

⑤ 假定属于自然损耗，又分为两种情况：一是定额内损耗，应将损耗的材料金额计入材料成本中，应负担的增值税额作进项税额处理；二是超定额损耗，应将其材料金额记入“管理费用”账户，应负担的增值税额作进项税额处理。假定 0.5 吨损耗中，0.3 吨属定额内损耗、0.2 吨属超定额损耗时：

定额内损耗部分：

借：原材料	240	
贷：待处理财产损溢		240

超定额损耗部分：

借：管理费用	160	
贷：待处理财产损溢		160

⑥ 假定属于运输单位的问题，应由运输单位赔偿，还未收到款时：

借：其他应收款——运输单位赔偿款	468	
贷：待处理财产损溢		400
应交税费——应交增值税（进项税额转出）		68

收到运输单位的赔偿款时：

借：银行存款　468

　贷：其他应收款——运输单位赔偿款　468

⑦ 假定短缺属于非正常损失，应将其记入“营业外支出”：

借：营业外支出　468

　贷：待处理财产损溢　400

　　应交税费——应交增值税（进项税额转出）　68

⑧ 假定损失应由保险公司赔偿，其会计处理方法与运输单位赔偿的处理方法相同。

3. 接受投资的材料进项税额的核算

纳税人接受投资的材料用于应税产品的，与投资材料相对应的增值税额应单独核算。按照规定，准予从销项税额中抵扣。

【例 2-32】　甲公司本期接受 S 公司以材料投资，取得 S 公司的专用发票，材料金额为 60 000 元、增值税额为 10 200 元，材料已验收入库。公司应做会计处理如下：

借：原材料——投资转入材料　60 000

　应交税费——应交增值税（进项税额）　10 200

　贷：实收资本——法人资本　70 200

4. 接受捐赠的材料进项税额的核算

纳税人接受捐赠的原材料用于应税产品的，原材料负担的进项税额准予从销项税额中抵扣。

【例 2-33】　甲公司本期接受 D 公司捐赠材料一批，取得 D 公司增值税专用发票，注明材料金额为 50 000 元、增值税额为 8 500 元，材料已验收入库。公司应做会计处理如下：

借：原材料——捐赠转入材料　50 000

　应交税费——应交增值税（进项税额）　8 500

　贷：营业外收入　58 500

5. 委托加工物资、半成品、包装物等进项税额的核算

委托加工是指委托方提供原材料或主要材料，受托方只收取加工费，加工完成后的原材料、半成品等，其所有权仍然归委托方所有。税法规定，增值税一般纳税人支付的委托加工费，只要能取得增值税专用发票的，其进项税额准予从销项税额中抵扣。

【例 2-34】　甲公司本期委托 H 公司加工材料一批，甲公司发出材料 20 000 元，加工完成后以银行存款支付加工费 2 000 元、增值税额 340 元，并取得受托方开具的增值税专用发票。另外，以银行存款支付运输单位的运输费用 1 000 元，取得普通发票。加工材料收回验收入库。甲公司应做会计处理如下：

（1）发出加工材料时：

借：委托加工物资　20 000

　贷：原材料——库存材料　20 000

（2）支付加工费时：

借：委托加工物资　2 000

　应交税费——应交增值税（进项税额）　340

　贷：银行存款　2 340

(3) 支付运输费用时：

借：委托加工物资 930

应交税费——应交增值税（进项税额） 70

贷：银行存款 1 000

(4) 加工材料验收入库时：

借：原材料 22 930

贷：委托加工物资 22 930

6. 生产企业支付水、电费进项税额的核算

生产性企业以水、电作生产动力的，支付的水电费为生产过程中构成产品成本的组成部分，用于生产过程的水电费应负担的增值税额作进项税额处理，准予从当期销项税额中抵扣。但必须取得增值税专用发票，无增值税专用发票者不得抵扣。

【例 2-35】 甲公司本期以银行存款支付水电费 50 000 元、增值税额 8 500 元，取得增值税专用发票。水电费使用情况为：生产车间用 70%、车间管理用 10%、公司管理用 20%。公司应做会计处理如下：

借：生产成本 35 000

制造费用 5 000

管理费用 10 000

应交税费——应交增值税（进项税额） 8 500

贷：银行存款 58 500

7. 取得完税凭证注明进项税额的核算

按照规定，纳税人进口货物应缴纳的增值税，其增值税由海关代征。纳税人缴纳进口货物增值税后，即可取得海关开具的缴款书。缴款书上注明的进项税额允许在销项税额中予以抵扣。

【例 2-36】 甲公司本期进口货物一批，该货物在进口国的买价为 200 000 元，货物运达我国海关口岸前的运杂费共计 40 000 元。货物的进口关税税率为 30%、增值税税率为 17%，按规定缴纳了进口环节关税和增值税额并办完有关手续。公司应做会计处理如下：

进口货物应缴纳的关税 =（200 000+40 000）×30% = 72 000（元）

进口货物应缴纳的增值税额 =（200 000+40 000+72 000）×17% = 53 040（元）

按照规定，进口货物应缴纳的关税计入该货物的成本价值中，会计分录如下：

借：物资采购——进口材料 312 000

应交税费——应交增值税（进项税额） 53 040

贷：银行存款 365 040

进口货物验收入库时：

借：原材料 312 000

贷：物资采购——进口材料 312 000

8. 购进免税农产品进项税额的核算

某些工业企业在生产经营过程中需农产品作原材料，按照规定，购进免税农产品作原料，可按税务机关批准使用的收购凭证上注明的价款乘13%的扣除率计算进项税额。如果购货方代扣代缴农业特产税在购买价以外的，准予并入购进价一并计算进项税额。

企业购进免税农产品时，按买价或收购价格扣除进项税额后的差额，借记“物资采购”等科目，按计算的进项税额，借记“应交税费——应交增值税（进项税额）”科目，按买价或收购价，贷记“银行存款”、“现金”等科目。

【例2-37】 甲公司本期以现金10 000元购进免税农产品一批作原材料，产品已验收入库。根据购进免税农产品规定使用的收据，公司应做会计处理如下：

（1）支付款项时：

购进免税农产品的进项税额=10 000×13%=1 300（元）

购进免税农产品的不含税价=10 000−1 300=8 700（元）

借：物资采购——免税农产品	8 700	
应交税费——应交增值税（进项税额）	1 300	
贷：现金		10 000

（2）农产品验收入库时：

借：原材料	8 700	
贷：物资采购——免税农产品		8 700

9. 支付运输费用进项税额的核算

按照规定，一般纳税人外购货物（除固定资产外）所支付的运输费用，以及一般纳税人销售货物所支付的运输费用，根据运费结算单据（普通发票）所列运费金额（包括货票上注明的按规定收取的建设基金）依7%的扣除率计算进项税额。但随同运输费用支付的装卸费、保险费等其他杂费不得计算进项税额。并且，购进或销售免税货物（购进免税农产品除外）所付运费不能计算进项税额抵扣。

【例2-38】 甲公司本期购进原材料支付运输费6 000元、保险费2 000元；购进机器设备支付运输费8 000元、保险费4 000元；销售产品支付运输费用10 000元，所有款项均以银行存款支付。甲公司应做会计处理如下：

（1）工业企业购进原材料支付的运输费、保险费应计入材料成本，并计算进项税额：

支付购货运输费用的进项税额=6 000×7%=420（元）

计入材料成本运杂费金额=6 000+2 000−420=7 580（元）

借：物资采购（或原材料）	7 580	
应交税费——应交增值税（进项税额）	420	
贷：银行存款		8 000

（2）购进机器设备支付的运输费、保险费应计入固定资产价值中，增值税转型后应计算进项税额。

支付购进设备运输费用的进项税额=8 000×7%=560（元）

计入固定资产原值运杂费金额=8 000−560+4 000=11 440（元）

借：固定资产　　11 440
　　应交税费——应交增值税（进项税额）　　560
　贷：银行存款　　12 000

（3）销售产品支付的运输费用计入销售费用，并计算进项税额：

支付销售运输费用的进项税额＝10 000×7%＝700（元）

计入销售费用的金额＝10 000－700＝9 300（元）

借：销售费用　　9 300
　　应交税费——应交增值税（进项税额）　　700
　贷：银行存款　　10 000

10. 购货后发生退货进项税额的核算

购货后发生退货时，可分为两种情况处理：如果所收有关票据尚未进行账务处理，将所收货物和有关票据如数退回即可；如有关会计处理已经处理完毕，还应按照规定，到当地主管税务机关开具退货证明（一式三份），一份送销货方作为开具红字专用发票的依据。购货方收到增值税专用红字发票及退货款项时，冲销原材料和进项税额。

【例 2-39】 甲公司本期发现上期从 B 公司购进的原材料金额为 2 000 元、进项税额为 340 元的货物存在质量问题，并向 B 公司要求退货，经过协商 B 公司同意退货，甲公司退回材料并收回款项存入银行。甲公司应做会计处理如下：

借：银行存款　　2 340
　贷：原材料——购货退回　　2 000
　　　应交税费——应交增值税（进项税额转出）　　340

（注：进项税额转出登记时，用红字借记“应交税费——应交增值税”明细账的“进项税额”专栏。退回材料的进项税额也可用红字在借方反映。）

（二）不得从销项税额中抵扣的进项税额的核算

《增值税暂行条例》规定，增值税一般纳税人有下列项目的进项税额不得从销项税额中抵扣。不得从销项税额中抵扣的进项税额，其特点是该进项税额不能作为进项税额单独反映，只能计入相应项目的成本价值中。

1. 购进固定资产

购进固定资产分为两大类：一是可以移动的固定资产，如机器、设备等；二是不能移动的固定资产，如房屋、建筑物等。自 2009 年 1 月 1 日起，增值税转型后，企业购进的可移动的固定资产，其进项税额可以扣除；不能移动的固定资产，其负担的进项税额不能扣除。企业以其他形式（如接受捐赠、投资等）取得的固定资产也按这两大类进行划分，判断其进项税额是否可以扣除。

【例 2-40】 甲公司本期购房屋两套，以银行存款支付价款 700 000 元。另外，支付其他税费 30 000 元。

税法规定，购进房屋支付的价款和其他费用，无论其中是否含有增值税进项税额，均不得计算进项税额，应将全部金额计入固定资产的价值中。公司应做会计处理如下：

借：固定资产　　730 000

　贷：银行存款　　730 000

2. 用于非应税项目购进货物或应税劳务

非应税项目一般是指计算征收营业税的项目，如房产公司购进原料用于房产开发，企业购进原料用于建筑、安装、交通运输、文化体育、娱乐业等。纳税人在购进货物或应税劳务时就已经明确用于非应税项目，并非是购进后才改变用途。因此，税法规定：购进时明确用于非应税项目的，其进项税额不得单独反映，应计入相应的项目成本中。

【例 2-41】　甲公司本期购进一批专用物资用于基本建设工程，取得增值税专用发票，以银行存款支付物资价款 100 000 元、增值税额 17 000 元。另外，支付该项物资购进运输费用 5 000 元。公司应做会计处理如下：

借：在建工程——专项工程　　122 000

　贷：银行存款　　122 000

3. 用于免税项目的购进货物或应税劳务进项税额的核算

按照规定，购进货物或应税劳务用于免税项目是指《增值税暂行条例》规定范围的免税项目，其进项税额计入该货物或应税劳务的成本价值。假定领用应税原材料一并生产应税产品和免税产品难以划分的，应按分摊比例进行计算，将免税产品应负担的进项税转出。

【例 2-42】　甲公司本期购进货物一批，用于生产避孕药品及用具，取得增值税专用发票，以银行存款支付货物价款 4 000 元、增值税额 680 元，货物已验收入库。公司应做会计处理如下：

借：原材料　　4 680

　贷：银行存款　　4 680

4. 非正常损失的购进货物进项税额的核算

非正常损失的购进货物是指生产经营过程中正常损耗外的损失。按照规定，其进项税额不得在销项税额中抵扣。非正常损失的购进货物有两种情况：一是购进货物时，货物未运达企业，在途中遭受的非正常损失，且该货物还未作进项税额处理时，该种情况的进项税额不能单独反映，应将其与损失的材料一并直接记入"营业外支出"科目；二是购进的货物已验收入库后的非正常损失，其进项税额已经做了进项税额反映，在此种情况下应对其进项税额作进项税额转出处理（在后（三）中介绍）。

【例 2-43】　甲公司本期外购原材料，途中遭受非正常损失，材料损失为 1 000 元，损失材料应负担的增值税额为 170 元，假定该批外购原材料还未作进项税额处理。公司应做会计处理如下：

借：营业外支出——非正常损失　　1 170

　贷：待处理财产损溢　　1 170

（三）进项税额转出的核算

进项税额转出，是因为我国增值税实行"购进扣税法"，即在购进环节计算应该抵扣的进项税额。当期购进的货物或应税劳务，事先并未完全确定用于非生产、经营项目，因此，其进项税额会在当期销项税额中予以抵扣。但已抵扣进项税额的购进货物或应税劳务，事后改变用途（即用于非应税项目、用于免税项目、用于集体福利或个人消费），或者库存材料和库存在产品、产成品发生非正常损失的，税法规定，均应将该购进货物或应税劳务的进项税额从使用当期发生的进项税额中转出。如果无法准确确定其进项税额的，可按当期实际使用购进货物的实际成本计算其应扣减的进项税额。具体项目核算如下：

【例 2-44】 甲公司本期从仓库领原材料 60 000 元用于基建工程，材料的增值税税率为 17%，增值税额为 10 200 元，材料已从仓库发出。公司应做会计处理如下：

借：在建工程　　70 200
　贷：原材料　　60 000
　　应交税费——应交增值税（进项税额转出）　　10 200

【例 2-45】 甲公司本期将上期购买的一批金额为 5 000 元的货物用于本公司职工作福利，该货物的增值税税率为 13%，增值税额 650 元，货物已从仓库发出。公司应做会计处理如下：

借：应付职工薪酬——应付福利费　　5 650
　贷：原材料　　5 000
　　应交税费——应交增值税（进项税额转出）　　650

【例 2-46】 甲公司本期因受自然灾害，库存原材料损失 5 吨，每吨不含税金额为 4 000 元，增值税税率为 17%；库存产成品损失 20 件，每件成本单价为 2 000 元，成本单价中外购材料费用占 60%，增值税税率为 17%。公司应做会计处理如下：

（1）原材料损失时：

库存原材料损失金额 = 4 000×5 = 20 000（元）

损失原材料应负担的增值税额 = 20 000×17% = 3 400（元）

借：营业外支出——非正常损失　　23 400
　贷：原材料　　20 000
　　应交税费——应交增值税（进项税额转出）　　3 400

（2）产成品损失时：

产成品损失金额 = 2 000×20 = 40 000（元）

产成品成本中的外购原材料金额 = 40 000×60% = 24 000（元）

产成品中的外购材料应负担的增值税额 = 24 000×17% = 4 080（元）

借：待处理财产损溢——待处理流动资产损溢　　44 080
　贷：库存商品　　40 000
　　应交税费——应交增值税（进项税额转出）　　4 080

借：营业外支出——非正常损失　　44 080
　贷：待处理财产损溢——待处理流动资产损溢　　44 080

五、商品流通企业进项税额的核算

商品流通企业与工业企业进项税额的核算方法基本相同，其区别在于：商业企业购进货物所支付的运输费用，扣除进项税额后一般不计入商品的成本中，而是记入“销售费用”账户核算。另外，商品流通企业除了进价金额核算外，还可采用售价金额核算。

（1）商品流通企业采用进价核算时，主要使用“物资采购”、“库存商品”、“应交税费——应交增值税”、“银行存款”、“应付账款”、“应付票据”、“销售费用”等主要会计科目。根据销货方开具的增值税专用发票，将购进货物的实际金额记入“物资采购”或“库存商品”科目，按增值税专用发票上注明的增值税额记入“应交税费——应交增值税（进项税额）”科目，按应付或实际支付的价税合计金额记入“银行存款”、“应付账款”等科目。其具体核算方法基本与工业生产企业相同，故略。

（2）采用售价金额核算进项税额的核算。采用售价金额核算的商业零售企业，按照规定，仍然要设置“应交税费——应交增值税”等科目，进行会计核算，编制会计报表。但在日常会计核算中，“库存商品”等科目仍然按照含税的商品售价核算，购进商品的进价与其含税售价之间的差额，作为“商品进销差价”处理。“商品进销差价”科目包括了两个方面的内容：一是不含税的进价与不含税的售价之间的差额；二是向购买者收取的增值税税额（销项税额）。

商业零售企业购进商品，按照增值税专用发票上记载的应计入商品采购成本的金额，借记“物资采购”、“销售费用”等科目；按照增值税专用发票上注明的增值税额，借记“应交税费——应交增值税（进项税额）”科目；按照应付或实际支付的金额，贷记“应付账款”、“应付票据”、“银行存款”等科目。

商品到达验收入库时，按照商品含税零售价格，借记“库存商品”科目；按照不含税的进价，贷记“物资采购”科目；按照含税的售价和不含税的进价之间的差额，贷记“商品进销差价”科目。

商品销售收入实现时，在会计上有两种处理方法：一是按照含税的售价，借记“银行存款”等科目，按含税的售价，贷记“主营业务收入”科目；同时，按照含税的售价结转商品销售成本，借记“主营业务成本”科目，贷记“库存商品”科目。然后，定期或月份终了，按照含税销售额的计算方法计算出销项税额，将含税的商品销售收入调整为不含税的销售收入，并反映应收取的销项税额，借记“主营业务收入”科目，贷记“应交税费——应交增值税（销项税额）”科目。二是按含税的售价，借记“银行存款”等科目，将含税的售价换算为不含的销售额后，贷记“主营业务收入”和“应交税费——应交增值税（销项税额）”科目；同时，按照含税的售价结转商品销售成本，借记“主营业务成本”科目，贷记“库存商品”科目。

月末，按照含税的商品进销差价，计算已销商品应分摊的进销差价，并调整商品销售成本，借记“商品进销差价”科目，贷记“主营业务成本”科目。

【例 2-47】　甲商场为增值税一般纳税人，增值税税率为 17%，库存商品采用售价金额核算。期初库存商品结存 193 050 元，商品进销差价结存 43 050 元。本期购进商品一批，取得销货方开具的增值税专用发票，以银行存款支付商品价款 200 000 元；支付增值税额34 000元，商品已验收入库，含税售价金额为257 400元。另外，支付购进货物的运输费用5 000元，取得运输单位开具的普通发票。商场本期销售商品取得含税销售收入351 000元，款已收存银行。商场应做会计处理如下：

（1）支付本期购进商品价款时：

借：物资采购　200 000

　　应交税费——应交增值税（进项税额）　34 000

　贷：银行存款　234 000

（2）本期购进商品验收入库时：

借：库存商品　257 400

　贷：物资采购　200 000

　　　商品进销差价　57 400

（3）支付本期购货运输费用时：

支付的运输费用应计算的进项税额 = 5 000×7% = 350（元）

借：销售费用　4 650

　　应交税费——应交增值税（进项税额）　350

　贷：银行存款　5 000

（4）本期销售收入实现时：

借：银行存款　351 000

　贷：主营业务收入　351 000

同时，按售价结转商品销售成本：

借：主营业务成本　351 000

　贷：库存商品　351 000

（5）按规定计算销售商品的销项税额，并调整商品销售收入：

$$\text{商品销售的不含税销售额}=\frac{351\ 000}{1+17\%}=300\ 000\text{（元）}$$

商品销售的销项税额 = 300 000×17% = 51 000（元）

借：主营业务收入　51 000

　贷：应交税费——应交增值税（销项税额）　51 000

（6）计算本期销售商品应分摊的进销差价，并调整销售成本：

期末库存商品金额 = 193 050+257 400−351 000 = 99 450（元）

$$\text{商品进销差价分摊率}=\frac{43\ 050+57\ 400}{99\ 450+351\ 000}\times100\%=22.3\%$$

本期销售商品应分摊的差价 = 351 000×22.3% = 78 273（元）

借：商品进销差价　78 273

　贷：主营业务成本　78 273

另一种处理方法为：

（7）本期销售收入实现时：

$$\text{商品销售的不含税销售额}=\frac{351\ 000}{1+17\%}=300\ 000\text{（元）}$$

商品销售的销项税额 = 300 000×17% = 51 000（元）

借：银行存款　　351 000

　贷：主营业务收入　　300 000

　　　应交税费——应交增值税（销项税额）　　51 000

同时，按售价结转商品销售成本：

借：主营业务成本　　351 000

　贷：库存商品　　351 000

（注：分摊商品进销差价及冲销商品销售成本与前方法相同。）

【例 2-48】　某工业企业为增值税一般纳税人，假定增值税适用税率为 17%，某年 8 月份发生有关业务如下：

（1）8 月 5 日以银行存款 50 000 元上缴上月应缴纳的增值税额。

（2）8 月 6 日购进甲材料一批，取得销货方开具的增值税专用发票，以银行存款支付材料金额 100 000 元、增值税额 17 000 元，材料同时已验收入库。另外，以银行存款支付该批材料的运输费 2 000 元，取得运输单位开具的普通发票。

（3）8 月 8 日购乙材料 100 件，每件不含税单价为 400 元，取得销货方开具的增值税专用发票和有关收据，以银行存款支付材料金额 40 000 元、增值税额 6 800 元，材料尚未收到。

（4）8 月 10 日购进丙材料一批，取得销货方普通发票，以银行存款支付材料价款 20 000 元。材料已验收入库。

（5）8 月 12 日购进免税农产品一批作原材料，经税务机关批准使用的收购凭证上注明，以现金支付购进金额 10 000 元、运输费 400 元，货已验收入库。

（6）8 月 13 日收到上述乙材料，验收入库时缺少 5 件，经查明缺少 5 件应由运输单位负责赔偿，赔偿款项还未收到。

（7）8 月 15 日购进机床 1 台，取得销货方增值税专用发票，以银行存款支付价款 60 000 元、增值税额 10 200 元，机床正在安装过程中。

（8）8 月 20 日销售 A 产品一批给某大型商场，开具增值税专用发票，产品销售金额为 80 000 元、增值税额为 13 600 元，款已收存银行。

（9）8 月 22 日销售 B 产品一批给某使用单位，开具普通发票，取得销售金额 23 400元，款已收存银行。

（10）8 月 25 日自用 C 产品一批于本企业基本建设工程，知其成本价为 15 000 元，成本利润率为 10%，产品已交付使用。

（11）8 月 26 日接受某使用单位加工商品一批，收取加工费和垫付的辅料费共计 3 510元，给委托方开具普通发票，款已收存银行。

（12）8 月 28 日将本期购进的免税农产品 4 500 元用于本企业职工个人福利，产品已发出。

（13）8 月 31 日进行盘点，发现丢失本月购进的乙材料 5 件，经批准作营业外支出处理。

解题要求：

1. 根据业务发生顺序编制会计分录。

2. 根据会计分录，登记"应交税费——应交增值税"多栏式明细分类账。计算本月应缴纳多少增值税。

3. 根据上述资料，填制该企业8月份的《增值税纳税申报表》。

解：1. 根据上述经营业务，编制会计分录如下：

（1）当月上缴上月应缴的增值税：

借：应交税费——未交增值税　　50 000
　贷：银行存款　　50 000

（2）购进材料：

① 购进甲材料：

借：原材料——甲材料　　100 000
　　应交税费——应交增值税（进项税额）　　17 000
　贷：银行存款　　117 000

② 支付购进甲材料运输费：

支付的运输费用应计算的进项税额 = 2 000×7% = 140（元）

应计入甲材料成本的运输费用 = 2 000 − 140 = 1 860（元）

借：原材料——甲材料（运输费）　　1 860
　　应交税费——应交增值税（进项税额）　　140
　贷：银行存款　　2 000

（3）购乙材料支付价款：

借：物资采购——乙材料　　40 000
　　应交税费——应交增值税（进项税额）　　6 800
　贷：银行存款　　46 800

（4）购进丙材料取得的是普通发票，不计算进项税额：

借：原材料——丙材料　　20 000
　贷：银行存款　　20 000

（5）购进免税农产品：

① 支付价款时：

免税农产品应计算的进项税额 = 10 000×13% = 1 300（元）

免税农产品应计入原材料的金额 = 10 000 − 1 300 = 8 700（元）

借：原材料——农产品　　8 700
　　应交税费——应交增值税（进项税额）　　1 300
　贷：现金　　10 000

② 支付收购农产品运输费应计算的进项税额 = 400×7% = 28（元）

应计入原材料的运输费用 = 400 − 28 = 372（元）

借：原材料——支付购进农产品运输费　　372
　　应交税费——应交增值税（进项税额）　　28
　贷：现金　　400

（6）乙材料验收入库时：

① 收到乙材料验收入库时：

借：原材料——乙材料　　38 000

　　待处理财产损溢　　2 000

　贷：物资采购——乙材料　　40 000

② 转销待处理财产损溢时：

借：其他应收款——赔偿款　　2 340

　贷：待处理财产损溢　　2 000

　　　应交税费——应交增值税（进项税额转出）　　340

（7）购进机床时，其进项税额应计入其工程价值：

借：在建工程　　60 000

　　应交税费——应交增值税（进项税额）　　10 200

　贷：银行存款　　70 200

（8）销售 A 产品时：

借：银行存款　　93 600

　贷：主营业务收入——A 产品　　80 000

　　　应交税费——应交增值税（销项税额）　　13 600

（9）销售 B 产品时：

B 产品的不含税销售额＝23 400÷（1+17%）＝20 000（元）

B 产品的销项税额＝20 000×17%＝3 400（元）

借：银行存款　　23 400

　贷：主营业务收入——B 产品　　20 000

　　　应交税费——应交增值税（销项税额）　　3 400

（10）自用 C 产品于基建工程时：

C 产品的组成计税价格＝15 000×（1+10%）＝16 500（元）

C 产品的销项税额＝16 500×17%＝2 805（元）

借：在建工程——基建工程　　17 805

　贷：库存商品——C 产品　　15 000

　　　应交税费——应交增值税（销项税额）　　2 805

（11）收取加工费，开具的是普通发票：

收取加工费的不含税金额＝3 510÷（1+17%）＝3 000（元）

收取加工费应计算的销项税额＝3 000×17%＝510（元）

借：银行存款　　3 510

　贷：主营业务收入——工业性加工收入　　3 000

　　　应交税费——应交增值税（销项税额）　　510

（12）将免税农产品发给职工作福利时：

用于职工福利的免税农产品已计算的进项税额，以及应负担的运输费，已计算的进项税额均应转出。

发给职工作福利的免税农产品应负担的进项税额 $=\frac{4\ 500}{1-13\%}\times 13\%=672.41$（元）

发给职工作福利的农产品的运费应负担的进项税额 $=400\times\frac{4\ 500}{8\ 700}\times 7\%=14.48$（元）

转出的原材料（农产品及运输费）= 4 500+192.41 = 4 692.41（元）

转出原材料及运输费应负担的进项税额 = 672.41+14.48 = 686.89（元）

借：应付职工薪酬——应付福利费　　5 379.3

　贷：原材料——农产品　　4 500

　　　原材料——运输费　　192.41

　　　应交税费——应交增值税（进项税额转出）　　686.89

（13）丢失 5 件乙材料时：

丢失乙材料的购进金额 = 400×5 = 2 000（元）

丢失乙材料应转出的进项税额 = 2 000×17% = 340（元）

借：营业外支出　　2 340

　贷：原材料——乙产品　　2 000

　　　应交税费——应交增值税（进项税额转出）　　340

2. 登记“应交税费——应交增值税”明细账（见表 2-4）。

表 2-4　　**应交税费——应交增值税**　　单位：元

借方			贷方		
（2）①	进项税额	17 000	（6）②	进项税额转出	340
（2）②		140	（8）	销项税额	13 600
（3）	进项税额	6 800	（9）	销项税额	3 400
（5）①		1 300	（10）	销项税额	2 805
（5）②		28	（11）	销项税额	510
（7）		10 200	（12）	进项税额转出	686.89
			（13）	进项税额转出	340
合计		35 468	合计		21 681.89
余额		13 786.11			

3. 填制《增值税纳税申报表》（略）。

【例 2-49】　某零售商城，为增值税一般纳税人，库存商品以含税进价金额上浮 10% 核算，假定增值税适用税率为 17%，某年 9 月有关经营业务如下：

（1）月初“库存商品”科目结存 321 750 元，“商品进销差价”科目结存 71 750 元。

（2）9 月中旬购进商品一批，取得销货方开具的增值税专用发票，以银行存款支付商品进价金额 150 000 元、增值税额 25 500 元。商品验收入库，含税售价金额为 193 050 元。另外，收到运输单位的普通发票，以银行存款支付购货运输费 3 000 元。

(3) 9月份共计实现零售收入360 360元，款已收存银行。

解题要求：

1. 根据上述资料编制会计分录。
2. 根据会计分录计算9月份应缴纳多少增值税。
3. 计算9月末“库存商品”科目、“商品进销差价”科目各结存多少金额。

解：1. 编制会计分录如下：

(1)（无会计分录）。

(2) 按业务顺序处理：

① 支付购进商品货款时：

借：物资采购	150 000	
应交税费——应交增值税（进项税额）	25 500	
贷：银行存款		175 500

② 商品验收入库时：

借：库存商品	193 050	
贷：物资采购		150 000
商品进销差价		43 050

③ 支付购进商品运输费时：

运输费应计算的进项税额＝3 000×7%＝210（元）

计入经营费用的运输费金额＝3 000－210＝2 790（元）

借：销售费用	2 700	
应交税费——应交增值税（进项税额）	210	
贷：银行存款		3 000

(3) 商品销售收入、商品销售成本分录为：

① 取得商品零售收入时：

借：银行存款	360 360	
贷：主营业务收入		360 360

② 按含税收入结转成本时：

借：主营业务成本	360 360	
贷：库存商品		360 360

③ 计算销项税额，调整商品销售收入：

$$\text{商品销售的不含税销售额}=\frac{360\ 360}{1+17\%}=308\ 000\text{（元）}$$

商品销售的销项税额＝308 000×17%＝52 360（元）

借：主营业务收入	52 360	
贷：应交税费——应交增值税（销项税额）		52 360

(4) 计算商品销售收入应分摊的商品进销差价，调整商品销售成本：

月末“库存商品”金额＝321 750＋193 050－360 360＝154 440（元）

$$\text{商品进销差价分摊率}=\frac{71\ 750+43\ 050}{360\ 360+154\ 440}=22.3\%$$

商品销售收入应分摊的商品进销差价=360 360×22.3%=80 360.28（元）

借：商品进销差价　　80 360.28

　贷：主营业务成本　　80 360.28

2.9月份应纳增值税额=52 360-25 500-210=26 650（元）

假定该商城9月应缴纳的增值税转10月上旬缴纳。按照规定，应将其应缴未缴的增值税额转入“未交增值税”明细科目：

借：应交税费——应交增值税（转出未交增值税）　　26 650

　贷：应交税费——未交增值税　　26 650

3.9月末库存商品余额=321 750+193 050-360 360=154 440（元）

9月末商品进销差价余额=71 750+43 050-80 360.28=34 439.72（元）

第四节　小规模纳税人的会计核算

一、小规模纳税人会计科目的设置

由于小规模纳税人财务核算不健全，难以正确计算其销项税额和进项税额。税法规定，对小规模纳税人采取简易办法计算征收其应纳税额。因此，小规模纳税人增值税的核算，只需设置“应交税费——应交增值税”科目。该科目的贷方记载应缴的增值税额；借方记载实际上缴的增值税额。期末余额在贷方，反映的是尚未上缴或欠缴的增值税额；如果期末余额在借方，反映的是多缴的增值税额。

二、小规模纳税人应纳税额的核算

小规模纳税人销售货物或者应税劳务，按照销售额和《增值税暂行条例》规定的3%的征收率计算应纳税额，不得抵扣进项税额。应纳税额计算公式为：

应纳税额=销售额×征收率

这里需要解释两点：第一，小规模纳税人取得的销售额与以前面章节中讲述的销售额所包含的内容是一致的，都是销售货物或提供应税劳务向购买方收取的全部价款和价外费用，但是不包括按3%的征收率收取的增值税税额。第二，小规模纳税人不得抵扣进项税额，这是因为，小规模纳税人会计核算不健全，不能准确核算销项税额和进项税额，不实行按销项税额抵扣进项税额计算应纳税额的税款抵扣制度，而实行简易计税办法，且《增值税暂行条例》规定的3%的征收率，是结合增值税17%和13%两档税率的货物或应税劳务的环节税收负担水平而设计的，其税收负担与一般纳税人基本一致，因此不能再抵扣进项税额。

小规模纳税企业销售货物或提供应税劳务，按实现的销售收入和按规定收取的增值税额，借记“应收账款”、“应收票据”、“银行存款”等科目；按规定收取的增值税额，贷记“应交税费——应交增值税”科目；按实现的销售收入，贷记“主营业务收入”、“其他业务收入”等科目。

小规模纳税人销售货物或提供应税劳务取得收入时，一般是开具普通发票，其收入额均为含税收入额。在计算增值税时，首先应将其含税收入额换算为不含税收入额，再乘以3%的征收率，即为应纳增值税额。

【例 2-50】 某工业企业为增值税小规模纳税人，本期销售带包装物的货物一批，货物和包装物分别计价核算。取得货物和包装物的销售收入分别为 61 800 元、8 240 元，款已收存银行。本期应纳增值税额计算处理如下：

（1）货物的不含税销售额＝61 800÷（1+3%）＝60 000（元）

销售货物收入应纳增值税额＝60 000×3%＝1 800（元）

借：银行存款　　61 800

　贷：主营业务收入　　60 000

　　　应交税费——应交增值税　　1 800

（2）包装物的不含税销售额＝8 240÷（1+3%）＝8 000（元）

销售包装物收入应纳增值税额＝8 000×3%＝240（元）

借：银行存款　　8 240

　贷：其他业务收入　　8 000

　　　应交税费——应交增值税　　240

（3）本期应纳增值税额＝900+120＝1 020（元）

（4）以银行存款上缴本期增值税时：

借：应交税费——应交增值税　　2 040

　贷：银行存款　　1 020

第五节　减免和返还增值税款的核算

国家为了照顾少数部门和企业发展，在税收上实行优惠政策。税制改革后，国家对这部分企业的优惠政策实行收支两条线的管理办法。企业在一定的时期内应该缴纳的税款如数上缴，然后经过有关部门批准和一定的程序通过财政部门进行返还，或由税务部门进行即征即退、先征后退或直接减免的办法进行处理。

一、减免返还的有关规定

对商业企业批发肉禽蛋水产品和蔬菜的业务实行增值税先征后返政策。

经国务院批准，2000 年底以前，继续对商业企业批发肉、禽、蛋、水产品和蔬菜的业务实行增值税先征后返政策。具体政策和操作办法按财政部、国家税务总局财税字［1994］第 071 号文件和财政部、中国人民银行财预字［1997］第 108 号文件的规定办理。

1. “先征后返”政策适用的业务范围

根据《财政部、国家税务总局关于对商业企业批发肉、禽、蛋、水产品和蔬菜的业务如何征收增值税问题的通知》［1994］财预明电字第 3 号（以下简称《通知》）明确规定：“为了保证‘菜篮子’商品的市场供应，稳定市场价格，经研究，对国有、集体商业企业批发肉、禽、蛋、水产品和蔬菜的业务征收增值税后所增加的税款，可在一定期限内采取先按规定税率征税再由财政返还给企业的办法。”《通知》中所称的肉是指未经熟制的食用鲜、冻肉、下水（下货）、水油，包括活猪、牛、羊等食用牲畜。禽是指未经热制的食活禽、白条禽。蛋是指未经加工、熟制、胶制的鲜蛋。水产品是指干鲜虾蟹和海产食品，不包括海参、燕窝、鱼翅、鲍鱼、鱼唇、干贝等贵重食品。蔬菜是指各种鲜菜。

据此，“先征后返”政策不适用批发加工熟制的上述几类商品和批发鲜果业务。

2. “先征后返”政策适用的企业范围

“先征后返”政策原则上适用于国有、集体商业企业。对于国有、集体商办加工企业兼营肉、禽、蛋、水产品和蔬菜批发业务的（如肉联厂批发冻肉），也可比照执行“先征后返”政策。但对于承包给个人经营的企业，不得执行此项政策。

3. “城建税”和“教育费附加”不列入“先征后返”范围

《通知》规定的“先征后返”政策只限于增值税，对于以增值税税额为依据计征的城建税和教育费附加，不列入“返还”范围。

二、实行先征税后返还办法的会计处理

按照规定，企业收到返还款项按下列方法进行会计处理：

（1）按规定用于经济建设的，作为国家投资处理。其中用于新建项目的，直接转做国家资本金；用于改扩建和进行技术改造的，视同国家专项拨款处理，建设项目完工后，属于按规定准予核销的部分，报经财政机关批准予以冲销，其余部分在营业外收入中单独反映。

（2）按规定直接用于归还长期借款的，全部转入营业外收入。

（3）按规定用于亏损补贴的，记入“营业外收入”。

（4）外商投资企业收到的返还税款，记入“营业外收入”。

企业收到上述款项，无论是财政机关直接返还的，还是财政通过主管部门返还的，均应按上述规定进行会计处理。

【例 2-51】 某企业经过批准，取得财政部门返还的税款 50 000 元，其中 30 000 元用于归还银行的长期借款、20 000 元用于本企业弥补亏损。企业应做会计处理如下：

（1）收到返还款时：

借：银行存款	50 000	
贷：营业外收入		50 000

（2）归还长期借款时：

借：长期借款——银行借款	30 000	
贷：银行存款		30 000

三、企业收到即征即退、先征后退和直接减免增值税的会计处理

（1）按照规定，1 995 年后企业实际收到即征即退、先征后退、先征税后返还的增值税，借记“银行存款”科目，贷记“营业外收入”科目。

（2）对于直接减免的增值税，借记“应交税费——应交增值税（减免税款）”科目，贷记“营业外收入”科目。

企业未设置“营业外收入”会计科目的，应增设“营业外收入”会计科目。

【例 2-52】　某企业本期收到先征后退的增值税款 10 000 元，经税务机关批准又直接减免增值税款 5 000 元。按照规定，企业应做会计处理如下：

（1）收到先征后退的增值税款时：

借：银行存款　　10 000

　贷：营业外收入　　10 000

（2）直接减免增值税款时：

借：应交税费——应交增值税（减免税款）　　5 000

　贷：营业外收入　　5 000

第六节　进口货物及出口货物退（免）税的会计处理

一、进口货物应缴增值税的会计处理

纳税人进口货物，按照组成计税价格和条例规定的税率计算应纳税额，不得抵扣任何税额。组成计税价格和应纳税额的计算公式是：

组成计税价格＝关税完税价格+关税+消费税

应纳税额＝组成计税价格×税率

需要注意的是，进口货物增值税的组成计税价格中包括已纳关税税额，如果进口货物属于消费税应税消费品，其组成计税价格中还要包括已纳消费税税额。前述“不得抵扣任何税额”，是指在计算进口环节的应纳增值税税额时，不得抵扣发生在我国境外的各种税金。

【例 2-53】　某企业于 2009 年某月进口货物一批。该批货物在国外的买价为 50 万元，另支付国外该货物相关的税金 5 万元；该批货物运抵我国海关前发生的运输费、保险费等共计 25 万元。货物报关后，企业按规定缴纳了进口环节的增值税并取得了海关开具的增值税缴款书。假定该批进口货物在国内全部销售，取得增值税发票，注明不含税销售额 100 万元。

要求：计算该批货物进口环节、国内销售环节分别应缴纳的增值税税额及做出相应的会计处理（货物进口关税税率为 15%，增值税税率为 17%）。

计算：

（1）关税的组成计税价格：

50+5+25＝80（万元）

（2）应缴纳进口关税：

80×15%＝12（万元）

（3）进口环节应纳增值税的组成计税价格：

80+12＝92（万元）

（4）进口环节应缴纳增值税税额：

92×17%＝15. 64（万元）

(5) 国内销售环节的销项税额:

100×17% = 17 (万元)

(6) 国内销售环节应缴纳增值税税额:

17-15.64 = 1.36 (万元)

会计处理如下:

(1) 进口货物时:

借:库存商品	920 000	
应交税费——应交增值税(进项税额)	156 400	
贷:银行存款		1 076 400

(2) 内销货物时:

借:应收账款	1 170 000	
贷:应交税费——应交增值税(销项税额)		170 000
主营业务收入		1 000 000

(3) 以银行存款缴纳增值税时:

借:应交增值税——应交增值税(已交税金)	13 600	
贷:银行存款		13 600

二、出口货物退(免)税的会计处理

出口货物只有在适用既免税又退税的政策时,才涉及如何进行会计处理的问题。由于各类出口企业对出口货物的会计核算办法不同,有对出口货物单独核算的,有对出口和内销的货物统一核算成本的。为了与出口企业的会计核算办法相一致,原《出口货物退(免)税办法》规定了两种退税计算办法:

(一) 适用"免、抵、退"办法退税的自营和委托出口自产货物的生产企业的会计处理

实行"免、抵、退"办法的有进出口经营权的生产性企业,根据购进出口货物所取得的增值税专用发票上注明的增值税进项税额,借记"应交税费——应交增值税(进项税额)"科目,按照专用发票上记载的应计入采购成本的金额,借记"物资采购"、"销售费用"、"库存商品"等科目,按照应付或实际支付的金额,贷记"应付账款"、"银行存款"等科目。货物出口销售时,按照出口销售应收或已收到的金额,借记"应收账款"、"银行存款"等科目,贷记"主营业务收入"科目;结转商品销售成本时,借记"主营业务成本"科目,贷记"库存商品"科目。

按规定计算的当期出口物资不予免征、抵扣和退税的税额,计入出口物资成本,借记"主营业务成本"科目,贷记"应记税费——应交增值税(进项税额转出)"科目。按规定计算的当期应予抵扣的税额,借记"应交税费——应交增值税(出口抵减内销产品应纳税额)"科目,贷记"应交增值税——应交增值税(出口退税)"科目。因应抵扣的税额大于应纳税额而未全部抵扣,按规定应予退回的税款,借记"应收补贴款"科目,贷记"应交税费——应交增值税(出口退税)"科目;收到退回的税款,借记"银行存款"科目,贷记"应收补贴款"。

【例 2-54】　某自营出口的生产企业为增值税一般纳税人，适用的增值税税率为 17%，退税率为 13%。2009 年 6 月外购原材料取得增值税专用发票，注明支付价款 1 000万元、增值税额 170 万元，原材料已验收入库；内销货物取得增值税专用发票，注明支付价款 600 万元、增值税额 102 万元，该批货物成本 400 万元；出口销售货物取得销售额 1 000 万元。

计算：

当期免抵退税不得免征和抵扣税额 = 1 000×（17%-13%）= 40（万元）

当期应纳税额 = 102-（170-40）= -28（万元）

出口货物"免、抵、退"税额 = 1 000×13% = 130（万元）

按照规定，当期期末留抵税额≤当期免抵退税额时：

当期应退税额 = 当期期末留抵税额

即该企业当期应退税额 = 28（万元）

当期免抵税额 = 当期免抵退税额-当期应退税额

当期免抵税额 = 130-28 = 102（万元）

会计处理如下：

（1）购进原材料时：

借：物资采购	10 000 000	
应交税费——应交增值税（进项税额）	1 700 000	
贷：银行存款		11 700 000

（2）材料验收入库时：

借：原材料	10 000 000	
贷：物资采购		10 000 000

（3）内销货物时：

借：银行存款	7 020 000	
贷：主营业务收入		6 000 000
应交税费——应交增值税（销项税额）		1 020 000

（4）结转内销货物成本时：

借：主营业务成本	4 000 000	
贷：库存商品		4 000 000

（5）当期免抵退税不得免征和抵扣税额，计入出口物资成本：

借：主营业务成本	400 000	
贷：应交税费——应交增值税（进项税额转出）		400 000

（6）按规定计算的当期应予抵扣的税额时：

借：应交税费——应交增值税（出口抵减内销产品应纳税额）	1 020 000	
贷：应交税费——应交增值税（出口退税）		1 020 000

（7）按 13%的退税率计算应收的出口退税时：

借：其他应收款——出口退税	280 000	
贷：应交税费——应交增值税（出口退税）		280 000

(8) 收到出口退税款时：

借：银行存款　　280 000

　贷：其他应收款——出口退税　　280 000

【例 2-55】　某自营出口生产企业是增值税一般纳税人，出口货物的征税税率为17%，退税率为11%。2009 年 8 月有关经营业务为：购原材料一批，取得的增值税专用发票注明价款为 600 万元，外购货物准予抵扣进项税额为 102 万元，货已验收入库。当月进料加工免税进口料件的组成计税价格为 300 万元。上期末留抵税款为 8 万元。本月内销货物不含税销售额为 400 万元，收款 468 万元存入银行，该批货物成本为 360 万元。本月出口货物销售额折合人民币 400 万元。试计算该企业当期的"免、抵、退"税额。

(1) 免抵退税不得免征和抵扣税额抵减额＝免税进口料件的组成计税价格×（出口货物征税税率－出口货物退税率）＝300×（17%－11%）＝18（万元）

(2) 免抵退税不得免征和抵扣税额＝当期出口货物离岸价×外汇人民币牌价×（出口货物征税税率－出口货物退税率）－免抵退税不得免征和抵扣税额抵减额＝400×（17%－11%）－18＝24－18＝6（万元）

(3) 当期应纳税额＝68－（102－6）－8＝－36（万元）

(4) 免抵退税额抵减额＝免税购进原材料价格×出口货物退税率＝300×11%＝33（万元）

(5) 出口货物"免、抵、退"税额＝400×11%－33＝11（万元）

(6) 按照规定，当期期末留抵税额>当期免抵退税额时：

当期应退税额＝当期免抵退税额

即该企业应退税额＝11（万元）

(7) 当期免抵税额＝当期免抵退税额－当期应退税额

当期该企业免抵税额＝0（万元）

(8) 8 月期末留抵结转下期继续抵扣税额＝36－11＝25（万元）

会计处理如下：

(1) 购进原材料时：

借：物资采购　　6 000 000

　　应交税费——应交增值税（进项税额）　　1 020 000

　贷：银行存款　　7 020 000

(2) 材料验收入库时：

借：原材料　　6 000 000

　贷：物资采购　　6 000 000

(3) 内销货物时：

借：银行存款　　4 680 000

　贷：主营业务收入　　4 000 000

　　　应交税费——应交增值税（销项税额）　　680 000

(4) 结转内销货物成本时：

借：主营业务成本　　3 600 000

　贷：库存商品　　3 600 000

（5）当期免抵退税不得免征和抵扣税额，计入出口物资成本：

借：主营业务成本　　60 000

　贷：应交税费——应交增值税（进项税额转出）　　60 000

（6）按规定计算当期应予抵扣的税额：

借：应交税费——应交增值税（出口抵减内销产品应纳税额）　　760 000

　贷：应交税费——应交增值税（出口退税）　　760 000

（7）按11%的退税率计算应收的出口退税：

借：其他应收款——出口退税　　110 000

　贷：应交税费——应交增值税（出口退税）　　110 000

（8）收到出口退税款时：

借：银行存款　　110 000

　贷：其他应收款——出口退税　　110 000

（二）适用“先征后退”办法退税的收购货物出口的外（工）贸企业的会计处理

1. 该类企业购入一般纳税人应退增值税额的规定

该类企业收购出口货物时，借记“库存商品”、“应交税费——应交增值税（进项税额）”等科目，贷记“银行存款”、“应付账款”等科目。在货物出口时，按当期出口货物应收的款项，借记“应收账款”、“银行存款”等科目，贷记“主营业务收入”科目，同时结转成本，借记“主营业务成本”科目，贷记“库存商品”科目；按收购成本与退税率计算退税额时，借记“应收补贴款”科目，贷记“应交税费——应交增值税（出口退税）”科目；该企业在购进货物时所支付的增值税额与应收的退税额之差计入企业成本，借记“主营业务成本”，贷记“应交税费——应交增值税（进项税额转出）”。收到退税额，借记“银行存款”科目，贷记“应收补贴款”科目。

企业库存和销售均采用加权平均单价核算出口货物的，则出口货物的成本也应按加权平均法计算。单独设立库存账和销售账核算出口货物的，按照购进出口货物时取得的增值税专用发票上记载的增值税进项税额与法定退税率计算退税额，进项税额与退税额之差计入出口货物的成本。

（1）单独设立库存账和销售账核算出口货物的。

【例2-56】　某外贸企业2009年某期购进出口商品一批，取得销货方开具的增值税专用发票，以银行存款支付价款200万元、增值税额34万元。本期内将该批商品直接出口销售，取得销售收入额240万元。该企业退税率为13%。有关会计处理如下：

（1）购进出口商品时：

借：库存商品——出口商品　　2 000 000

　　应交税费——应交增值税（进项税额）　　340 000

　贷：银行存款　　2 340 000

（2）商品出口销售收入实现时：

借：银行存款　　2 400 000

　贷：主营业务收入　　2 400 000

（3）结转商品销售成本时：

借：主营业务成本　　2 000 000

　贷：库存商品——出口商品　　2 000 000

（4）按13%的退税率计算应收的出口退税时（200×13%=26（万元））：

借：其他应收款——出口退税　　260 000

　贷：应交税费——应交增值税（出口退税）　　260 000

（5）将不予退税的部分转入成本时（200×4%=8（万元））

借：主营业务成本　　80 000

　贷：应交税费——应交增值税（进项税额转出）　　80 000

（6）假定收到出口退税款时：

借：银行存款　　260 000

　贷：其他应收款——出口退税　　260 000

（2）库存和销售均采用加权平均单价核算出口货物的。

【例2-57】 某外贸企业期初结存出口甲商品100件，每件不含税平均单价为300元。本期内又购进两批出口甲商品，第一批购进80件，每件不含税单价为320元，取得增值税专用发票，以银行存款支付价款25 600元、增值税4 352元，货已验收入库；第二批购进120件，每件不含税单价为328元，取得销售方开具的增值税专用发票，以银行存款支付价款39 360元、增值税额6 691. 2元，货已验收入库；本期内共计出口甲商品250件，每件单价为320元，款已收存银行。该企业的退税率为13%。会计处理如下：

（1）购进第一批货物并验收入库时：

借：物资采购——出口甲商品　　25 600

　　应交税费——应交增值税（进项税额）　　4 352

　贷：银行存款　　29 952

验收入库时：

借：库存商品——出口甲商品　　25 600

　贷：物资采购——出口甲商品　　25 600

（2）购进第二批货物并验收入库时：

借：物资采购——出口甲商品　　39 360

　　应交税费——应交增值税（进项税额）　　6 691. 2

　贷：银行存款　　46 051. 2

（3）验收入库时：

借：库存商品——出口甲商品　　39 360
　贷：物资采购——出口甲商品　　39 360

出口销售收入实现时（250×320＝80 000（元））：

借：银行存款　　80 000
　贷：主营业务收入　　80 000

（4）结转出口商品销售成本时：

$$出口甲商品的加权平均单价=\frac{100\times300+80\times320+120\times328}{100+80+120}=316（元）$$

出口甲商品的成本价＝250×316＝79 000（元）

借：主营业务成本　　79 000
　贷：库存商品——出口甲商品　　79 000

（5）按13%的退税率，计算出口退税时（79 000×13%＝10 270（元））：

借：其他应收款——出口退税　　10 270
　贷：应交税费——应交增值税（出口退税）　　10 270

（6）将不予退税的部分转入成本时（79 000×4%＝3 160（元））

借：主营业务成本　　3 160
　贷：应交税费——应交增值税（进项税额转出）　　3 160

（7）假定收到退税款时：

借：银行存款　　3 160
　贷：其他应收款——出口退税　　3 160

2. 该类企业收购小规模纳税人出口货物增值税的退税规定

凡从小规模纳税人购进持普通发票特准退税的抽纱、工艺品等12类出口货物，同样实行销售出口货物的收入免税并退还出口货物进项税额的办法，由于小规模纳税人使用的是普通发票，其销售额和应纳税额没有单独计价，小规模纳税人应纳的增值税也是价外计征的，这样，必须将合并定价的销售额先换算成不含税价格，然后据以计算出口货物退税。其计算公式为：

应退税额＝普通发票所列（含增值税）销售金额÷（1+征收率）×3%

对出口企业购进小规模纳税人特准的12类货物出口，提供的普通发票应符合《中华人民共和国发票管理办法》的有关使用规定，否则不予办理退税。

凡从小规模纳税人购进税务机关代开的增值税专用发票的出口货物，按以下公式计算退税：

应退税额＝增值税专用发票注明的金额×3%

【例2-58】　某土产进出口外贸公司，本期从小规模纳税人处购进土特产品一批用于出口销售，取得销售方开具的普通发票，以银行存款支付购进金额42 400元。该批货物出口销售金额为48 000元，货款已收存银行。假定出口退税率为3%，外贸公司计算应退税款及有关会计处理如下：

（1）购进商品支付货款时：

借：物资采购——土产品　　42 400

　贷：银行存款　　42 400

（2）商品验收入库时：

借：库存商品——出口土产品　　42 400

　贷：物资采购——土产品　　42 400

（3）出口销售收入实现时：

借：银行存款　　48 000

　贷：主营业务收入　　48 000

（4）结转出口销售产品成本时：

借：主营业务成本　　42 400

　贷：库存商品——出口土产品　　42 400

（5）计算应收的出口退税时：

应退税额＝42 400÷（1+3%）×3%＝1 234（元）

借：其他应收款——出口退税　　1 234

　贷：主营业务成本　　1 234

（6）收到退税款时：

借：银行存款　　1 234

　贷：其他应收款——出口退税　　1 234

3. 外贸企业委托生产企业加工出口货物的退税规定

外贸企业委托生产企业加工收回后报关出口的货物，按购进国内原辅材料的增值税专用发票上注明的进项金额，依原辅材料的退税率计算原辅材料应退税额。支付的加工费，凭受托方开具货物的退税率，计算加工费的应退税额。

【例 2-59】 某进出口公司增值税一般纳税人，增值税税率为 17%。2004 年某月购进布匹委托加工成服装出口，取得布匹的相关增值税发票一张，注明计税金额 20 万元，退税率为 5%；支付加工费并取得增值税发票一张，注明计税金额 4 万元，退税率为 6%。该批服装全部出口，取得货款 40 万元。

会计处理如下：

（1）购进布匹时：

借：物资采购　　200 000

　　应交税费——应交增值税（进项税额）　　34 000

　贷：银行存款　　234 000

（2）布匹入库时：

借：库存商品　　200 000

　贷：物资采购　　200 000

（3）发出委托加工布匹时：

借：委托加工物资　　200 000

　贷：库存商品　　200 000

（4）支付加工费时：

借：委托加工物资　　40 000

　　应交税费——应交增值税（进项税额）　　6 800

　贷：银行存款　　46 800

（5）加工的服装入库时：

借：库存商品　　240 000

　贷：委托加工物资　　240 000

（6）服装报关出口时：

借：银行存款　　400 000

　贷：主营业务收入　　400 000

同时结转成本：

借：主营业务成本　　240 000

　贷：库存商品　　240 000

（7）应退税额=20×5%+4×6%=1.24（万元），此时：

借：其他应收款——出口退税　　12 400

　贷：应交税费——应交增值税（出口退税）　　12 400

（8）将不予退税的部分转入成本时：

借：主营业务成本　　28 400

　贷：应交税费——应交增值税（进项税额转出）　　28 400

（9）收到退税款时：

借：银行存款　　12 400

　贷：其他应收款——出口退税　　12 400

第七节　增值税的征收管理及报表

一、纳税义务发生时间

纳税义务发生时间是纳税人发生应税行为应当承担纳税义务的起始时间。纳税人的纳税义务一旦发生，就应及时向国家缴纳税款，否则就占用了国家的财政资金。因此，《中华人民共和国增值税暂行条例实施细则》对增值税纳税义务发生时间做了如下规定：

（1）采取直接方式销售货物，不论货物是否发出，其纳税义务发生时间均为收到销售款或取得索取销售款凭据的当天。

（2）采取托收承付和委托银行收款方式销售货物，其纳税义务发生时间为发出货物并办妥托收手续的当天。

（3）采取赊销和分期收款方式销售货物，其纳税义务发生的时间为销售合同约定的收款日期的当天，无销售合同或销售合同中没有约定收款日期的，为发出货物的当天。

（4）采取预收货款结算方式销售货物，其纳税义务发生时间为发出货物的当天，但生产销售生产工期超过12个月的大型机械设备、船舶、飞机等货物，为收到预收款或书面合同约定的收款日期的当天。

（5）委托他人代销货物，纳税义务发生时间为收到代销货物全部或部分货款或收到代销单位代销清单的当天。未收到代销清单或货款的，为发出代销货物满180天的当天。

（6）销售应税劳务，纳税义务发生时间为提供劳务同时收讫销售款或取得索取销售款的凭据的当天。

（7）发生视同销售货物的行为，除将货物交付他人代销及销售代销货物外，其纳税义务发生时间均为货物移送的当天。

（8）进口货物，纳税义务发生时间为报关进口的当天。

此外，增值税扣缴义务发生时间为纳税人增值税纳税义务发生的当天。

二、增值税的纳税地点

如何确定增值税的纳税地点，既关系到是否方便纳税人缴纳税款和税务机关征收管理，又关系到是否有利于处理地区与地区之间的财政收入关系。因此，税法对增值税的纳税地点做了如下规定：

（1）固定业户应当向其机构所在地主管税务机关申报纳税。总机构和分支机构不在同一县（市）的，应当分别向各自所在地主管税务机关申报纳税。但经财政部、国家税务总局或其授权的财政、税务机关批准，可以由总机构汇总向总机构所在地主管税务机关申报纳税。固定业户的总、分支机构不在同一县（市）但在同一省、自治区、直辖市范围内的，其分支机构应纳的增值税是否可由总机构汇总缴纳，由省级税务机关决定。

（2）固定业户到外市（县）销售货物或应税劳务的，应当向其机构所在地主管税务机关申请开具外出经营活动税收管理证明，向其机构所在地主管税务机关申报纳税；未持有机构所在地主管税务机关核发的外出经营活动税收管理证明的，应当向销售地主管税务机关申报纳税；未向销售地主管税务机关申报纳税的，由其机构所在地主管税务机关补征税款。

（3）非固定业户销售货物或应税劳务，应向销售地或劳务发生地主管税务机关申报纳税；未向销售地或劳务发生地主管税务机关申报纳税的，由其机构所在地或居住地主管税务机关补征税款。

（4）进口货物，应当由进口人或其代理人向报关地海关申报纳税。

（5）扣缴义务人向其机构所在地或居住地主管税务机关申报缴纳所扣缴的税款。

三、增值税的纳税期限

增值税的纳税期限，可根据纳税人的不同情况和应纳税款的大小等因素，实行按日、按月或按次缴纳。税法规定具体如下：

（1）增值税的纳税期限分别为1日、3日、5日、10日、15日、1个月或者1个季度。不能按期纳税的，可以按次纳税。纳税人的纳税期限，由当地主管税务机关根据纳税人应纳税额的大小分别核定。以 1 个季度为纳税期限的仅适用于小规模纳税人，小规模纳税人的具体纳税期限由主管税务机关根据应纳税额的大小分别核定。以 1 个月或 1 个季度为一期的纳税人，于期满之日起 15 日内申报纳税；以 1 日、3 日、5 日、10 日、15 日为一期的纳税人，期满后 5 日内预缴税款，于次月 1 日起 15 日内申报纳税并结清上月税款。

（2）纳税人进口货物，应当自海关填发海关进口增值税专用缴款书之日起 15 日内缴纳税款。

（3）纳税人出口适用零税率的货物，向海关办理报关出口手续后，凭出口报关单等有关凭证，在规定的出口退（免）税申报期内按月向主管税务机关申报办理该项出口货物的退（免）税。

四、增值税核算报表

根据国税发（2008）1075 号通知，自 2009 年 2 月 1 日起，纳税人应根据调整后的增值税纳税申报资料，按月进行纳税申报，申报期为次月 1 日起至 15 日止，遇最后一日为法定节假日的，顺延 1 日；在每月 1 日至 15 日内有连续 3 日以上法定休假日的，按休假日天数顺延。

（一）一般纳税人的纳税申报表和申报表附列资料

增值税一般纳税人在纳税申报时，必须填报《增值税纳税申报表》及其申报表附列资料和有关附报资料。

1. 备查资料

（1）已开具的增值税专用发票和普通发票存根联。

（2）符合抵扣条件并且在本期申报抵扣的增值税专用发票抵扣联。

（3）海关进口货物完税凭证、运输发票、购进农产品普通发票的复印件。

（4）收购凭证的存根联或报查联。

（5）代扣代缴税款凭证存根联。

（6）主管税务机关规定的其他备查资料。

备查资料是否需要在当期报送，由各省级国家税务局确定。

2. 其他必报资料

（1）使用防伪税控系统的纳税人，必须报送记录当期纳税信息的 IC 卡（明细数据备份在软盘上的纳税人，还须报送备份数据软盘）、《增值税专用发票存根联明细表》及《增值税专用发票抵扣联明细表》。

（2）《资产负债表》和《损益表》。

（3）《成品油购销存情况明细表》（发生成品油零售业务的纳税人填报）。

（4）主管税务机关规定的其他必报资料。

（二）增值税纳税申报表及申报表附列资料的填报要求及格式

增值税纳税申报表及申报表附列资料按填表说明的要求填写，具体的份数由省级税务局确定。税务机关签收后，一份退还纳税人，其余留存。

1.《增值税纳税申报表（适用于增值税一般纳税人）》（见表2-5）

2.《增值税纳税申报表附列资料（表一）》（见表2-6）

3.《增值税纳税申报表附列资料（表二）》（见表2-7）

4. 固定资产进项税额抵扣情况表（见表2-8）

表2-8 **固定资产进项税额抵扣情况表**

纳税人识别号： 纳税人名称（公章）：

填表日期： 年 月 日 金额单位：元至角分

项 目	当期申报抵扣的固定资产进项税额	当期申报抵扣的固定资产进项税额累计
增值税专用发票		
海关进口增值税专用缴款书		
合 计		

注：本表一式两份，一份纳税人留存，一份主管税务机关留存。

5. 增值税纳税申报表（适用于小规模纳税人）（见表2-9）

表2-9 **增值税纳税申报表（适用小规模纳税人）**

纳税人识别号：

纳税人名称（公章）： 金额单位：元（列至角分）

固定资产进项税额抵扣情况表

纳税人识别号： 纳税人名称（公章）：

填表日期： 年 月 日 金额单位：元至角分

项 目	当期申报抵扣的固定资产进项税额	当期申报抵扣的固定资产进项税额累计
增值税专用发票		
海关进口增值税专用缴款书		
合 计		

注：本表一式两份，一份纳税人留存，一份主管税务机关留存。

税款所属期：　　年　月　日至　　年　月　日　　　　　填表日期：　　年　月　日

	项　目	栏次	本期数	本年累计
一、计税依据	（一）应征增值税货物及劳务不含税销售额	1		
	其中：税务机关代开的增值税专用发票不含税销售额	2		
	税控器具开具的普通发票不含税销售额	3		
	（二）销售使用过的应税固定资产不含税销售额	4	—	—
	其中：税控器具开具的普通发票不含税销售额	5	—	—
	（三）免税货物及劳务销售额	6		
	其中：税控器具开具的普通发票销售额	7		
	（四）出口免税货物销售额	8		
	其中：税控器具开具的普通发票销售额	9		
二、税款计算	本期应纳税额	10		
	本期应纳税额减征额	11		
	应纳税额合计	12=10-11		
	本期预缴税额	13		—
	本期应补（退）税额	14=12-13		—

纳税人或代理人声明： 此纳税申报表是根据国家税收法律的规定填报的，我确定它是真实的、可靠的、完整的。	如纳税人填报，由纳税人填写以下各栏： 办税人员（签章）：　　　财务负责人（签章）： 法定代表人（签章）：　　　联系电话： 如委托代理人填报，由代理人填写以下各栏： 代理人名称：　　经办人（签章）：　　联系电话： 代理人（公章）：

受理人：　　　受理日期：　　年　月　日　　　受理税务机关（签章）：

填表说明：

本申报表适用于增值税小规模纳税人（以下简称纳税人）填报。纳税人销售使用过的固定资产、销售免税货物或提供免税劳务的，也使用本表。

具体项目填写说明：

（1）本表“税款所属期”是指纳税人申报的增值税应纳税额的所属时间，应填写具体的起止年、月、日。

(2) 本表“纳税人识别号”栏，填写税务机关为纳税人确定的识别号，即税务登记证号码。

(3) 本表“纳税人名称”栏，填写纳税人单位名称全称，不得填写简称。

(4) 本表第1项“应征增值税货物及劳务不含税销售额”栏数据，填写应征增值税货物及劳务的不含税销售额，不包含销售使用过的固定资产应征增值税的不含税销售额、免税货物及劳务销售额、出口免税货物销售额、稽查查补销售额。

(5) 本表第2项“税务机关代开的增值税专用发票不含税销售额”栏数据，填写税务机关代开的增值税专用发票的销售额合计。

(6) 本表第3项“税控器具开具的普通发票不含税销售额”栏数据，填写税控器具开具的应征增值税货物及劳务的普通发票金额换算的不含税销售额。

(7) 本表第6项“免税货物及劳务销售额”栏数据，填写销售免征增值税货物及劳务的销售额，包括销售使用过的、固定资产目录中所列的、售价未超过原值的固定资产的销售额。

(8) 本表第7项“税控器具开具的普通发票销售额”栏数据，填写税控器具开具的销售免征增值税货物及劳务的普通发票金额。

(9) 本表第8项“出口免税货物销售额”栏数据，填写出口免税货物的销售额。

(10) 本表第9项“税控器具开具的普通发票销售额”栏数据，填写税控器具开具的出口免税货物的普通发票金额。

(11) 本表第10项“本期应纳税额”栏数据，填写本期按征收率计算缴纳的应纳税额。

(12) 本表第11项“本期应纳税额减征额”栏数据，填写数据是根据相关的增值税优惠政策计算的应纳税额减征额。

(13) 本表第13项“本期预缴税额”栏数据，填写纳税人本期预缴的增值税额，但不包括稽查补缴的应纳增值税额。

(14) 本表第4、5项不再填写。

第八节　增值税专用发票的使用和管理

增值税一般纳税人，实行凭增值税专用发票注明的税款进行抵扣的制度。专用发票不仅是纳税人经济活动中的重要商业凭证，而且是兼记销货方销项税额和购货方进项税额进行税款抵扣的凭证，对增值税的计算起着决定性作用。因此，在生产经营过程中正确使用增值税专用发票具有十分重要的意义。

一、专用发票领购使用范围

增值税专用发票（简称专用发票）只限于增值税的一般纳税人领购使用，增值税的小规模纳税人和非增值税纳税人不得领购使用。

一般纳税人有下列情形之一者，不得领购使用专用发票：

(1) 会计核算不健全，即不能按会计制度和税务机关的要求准确核算增值税的销项税额、进项税额和应纳税额者。

（2）不能向税务机关准确提供增值税销项税额、进项税额、应纳税额数据及其他有关增值税税务资料者。

（3）有以下行为，经税务机关责令限期改正而仍未改正者：

①私自印制专用发票。

②向个人或税务机关以外的单位买取专用发票。

③借用他人专用发票。

④向他人提供专用发票。

⑤未按规定开具专用发票。

⑥未按规定保管专用发票。

⑦未按规定申报专用发票的购、用、存情况。

⑧未按规定接受税务机关检查。

（4）销售的货物全部属于免税项目者。

有上列情形的一般纳税人如已领购使用专用发票，税务机关应收缴其结存的专用发票。

另外，国家税务总局还规定，纳税人当月购买专用发票而未申报纳税的，税务机关不得向其发售专用发票。

二、专用发票开具的范围

一般纳税人销售货物（包括视同销售货物在内）、应税劳务，根据增值税细则规定应当征收增值税的非应税劳务（以下简称销售应税项目），必须向购买方开具专用发票。下列情形不得开具专用发票：

（1）向消费者销售应税项目。

（2）销售免税货物。增值税一般纳税人销售免税货物一律不得开具专用发票（国有粮食购销企业销售免税粮食除外）。如违反规定开具专用发票的，对其开具的销售额依照增值税适用税率全额征收增值税，不得抵扣进项税额，并按照《中华人民共和国发票管理办法》及其实施细则的有关规定予以处罚。

（3）销售报关出口的货物、在境外销售应税劳务。

（4）将货物用于非应税项目。

（5）将货物用于集体福利或个人消费。

（6）提供非应税劳务（应当征收增值税的除外）、转让无形资产或销售不动产。

向小规模纳税人销售应税项目，可以不开具专用发票。

另外，国家税务总局还规定，对商业零售的烟、酒、食品、服装、鞋帽（不包括劳保专用的部分）、化妆品等消费品不得开具专用发票；对生产经营机器、机车、汽车、轮船、锅炉等大型机械、电子设备的工商企业，凡直接销售给使用单位的，应开具普通发票，如购货方索取增值税专用发票，销货方可开具增值税专用发票。

三、专用发票开具的时限

专用发票开具时限规定如下：

(1) 采用预收货款、托收承付、委托银行收款结算方式的，为货物发出的当天。

(2) 采用交款提货结算方式的，为收到货款的当天。

(3) 采用赊销、分期收款结算方式的，为合同约定的收款日期的当天。

(4) 将货物交付他人代销，为收到受托人送交的代销清单的当天。

(5) 设有两个以上机构并实行统一核算的纳税人，将货物从一个机构移送其他机构用于销售，按规定应当征收增值税的，为货物移送的当天。

(6) 将货物作为投资提供给其他单位或个体经营者，为货物移送的当天。

(7) 将货物分配给股东，为货物移送的当天。一般纳税人必须按规定时限开具专用发票，不得提前或滞后。对已开具专用发票的销售货物，要及时足额计入当期销售额计税。凡开具了专用发票，其销售额未按规定记入销售账户核算的，一律按偷税论处。

(8) 期货交易专用发票的开具。自2005年12月1日起，期货交易增值税专用发票的开具按以下规定执行：

①增值税一般纳税人在商品交易所通过期货交易销售货物的，无论发生升水或贴水，均可按照标准仓单持有凭证所注明货物的数量和交割结算价开具增值税专用发票。

②对于期货交易中仓单注册人注册货物时发生升水的，该仓单注销（即提取货物退出期货流通）时，注册人应当就升水部分款项向注销人开具增值税专用发票，同时计提销项税额，注销人凭取得的专用发票计算抵扣进项税额。

发生贴水的，该仓单注销时，注册人应当就贴水部分款项向注销人开具负数增值税专用发票，同时冲减销项税额，注销人凭取得的专用发票调减进项税额，不得由仓单注销人向仓单注册人开具增值税专用发票。注册人开具负数专用发票时，应当取得商品交易所出具的《标准仓单注册升贴水单》或《标准仓单注销升贴水单》，按照所注明的升贴水金额向注销人开具，并将升贴水单留存以备主管税务机关检查。

所谓升水，是指按照规定的期货交易规则，所注册货物的等级、重地、类别、仓库位置等相比基准品、基准仓库为优的，交易所通过升贴水账户支付给货物注册方的一定差价金额。发生升水时，经多次交易后，标准仓单持有人提取货物注销仓单时，交易所需通过升贴水账户向注销人收取与升水额相等的金额。

所谓贴水，是指按照规定的期货交易规则，所注册货物的等级、重量、类别、仓库位置等相比基准品、基准仓库为劣的，交易所通过升贴水账户向货物注册方收取的一定差价金额。发生贴水时，经多次交易后，标准仓单持有人提取货物注销仓单时，交易所需通过升贴水账户向注销人支付与贴水额相等的金额。

四、使用电子计算机开具专用发票的要求

使用电子计算机开具专用发票必须报经主管税务机关批准并使用由税务机关监制的机外发票。符合下列条件的一般纳税人，可以向主管税务机关申请使用电子计算机开具专用发票：

(1) 有专业电子计算机技术人员、操作人员。

(2) 具备通过电子计算机开具专用发票和按月列印进货、销货及库存清单的能力。

(3) 国家税务总局直属分局规定的其他条件。

另外，申请使用电子计算机开具专用发票，必须向主管税务机关提供申请报告及以下资料：

①按照专用发票（机外发票）格式用电子计算机制作的模拟样张。

②根据会计操作程序用电子计算机制作的最近月份的进货、销货及库存清单。

③电子计算机设备的配置情况。

④有关专用电子计算机技术人员、操作人员的情况。

⑤国家税务总局直属分局要求提供的其他资料。

五、专用发票开具后，发生退货或销售折让的处理

(1) 增值税一般纳税人开具增值税专用发票（以下简称专用发票）后，发生销货退回、销售折让以及开票有误等情况需要开具红字专用发票的，应视不同情况分别按以下规定办理：

①因专用发票抵扣联、发票联均无法认证的，由购买方填报《开具红字增值税专用发票申请单》(以下简称申请单)，并在申请单上填写具体原因以及相对蓝字专用发票的信息，主管税务机关审核后出具《开具红字增值税专用发票通知单》(以下简称通知单)。购买方不作进项税额转出处理。

②购买方所购货物不属于增值税扣税项目范围，取得的专用发票未经认证的，由购买方填报申请单，并在申请单上填写具体原因以及相对应蓝字专用发票的信息，主管税务机关审核后出具通知单。购买方不作进项税额转出处理。

③因开票有误购买方拒收专用发票的，销售方需在专用发票认证期限内向主管税务机关填报申请单，并在申请单上填写具体原因以及相对应蓝字专用发票的信息，同时提供由购买方出具的写明拒收理由、具体项目以及正确内容的书面材料，主管税务机关审核确认后出具通知单。销售方凭通知单开具红字专用发票。

④因开具有误等原因尚未将专用发票交付购买方的，销售方需在开具有误专用发票的次月内向主管税务机关填报申请单，并在申请单上填写具体原因以及相对应蓝字专用发票的信息，同时提供由销售方出具的写明具体理由、错误具体项目以及正确内容的书面材料，主管税务机关审核确认后出具通知单。销售方凭通知单开具红字专用发票。

⑤发生销货退回或销售折让的，除按照通知的规定进行处理外，销售方还应在开具红字专用发票后将该笔业务的相应记账凭证复印件报送主管税务机关备案。

(2) 税务机关为小规模纳税人代开专用发票需要开具红字专用发票的，比照一般纳税人开具红字专用发票的处理办法，通知单第二联交代开税务机关。

(3) 为实现对通知单的监控管理，税务总局正在开发通知单开具和管理系统。在系统推广应用之前，通知单暂由一般纳税人留存备查，税务机关不进行核销。红字专用发票暂不报送税务机关认证。

(4) 对 2006 年开具的专用发票，在 2007 年 4 月 30 日前可按照原规定开具红字专用发票。

六、被盗、丢失增值税专用发票的处理规定

增值税一般纳税人在生产经营过程中，保管不善等原因可能导致专用发票被盗、丢失的情况。具体处理规定如下：

（1）纳税人必须严格按照《增值税专用发票使用规定》保管使用专用发票。对违反规定发生被盗、丢失专用发票的纳税人，按《税收征收管理法》和《发票管理办法》的规定，处以10 000元以下的罚款，并可视具体情况，对丢失专用发票的纳税人，在一定期限内（最长不超过半年）停止领购专用发票。对纳税人申报遗失的专用发票，如发现非法代开、虚开问题的，该纳税人应承担偷税、骗税的连带责任。

（2）纳税人丢失专用发票后，必须按规定程序向当地主管税务机关、公安机关报失。各地税务机关在对丢失专用发票的纳税人按规定进行处罚的同时，代收取“挂失登记费”，并将丢失专用发票的纳税人名称、发票份数、字轨号码、盖章与否等情况，统一传（寄）中国税务报社刊登“遗失声明”。传（寄）中国税务报社的“遗失声明”，必须经县（市）以上国家税务机关审核盖章、签属意见。

七、防伪税控系统开具的增值税专用发票的管理和其进项税额抵扣的处理

（一）防伪税控系统开具的增值税专用发票的管理

（1）税务机关专用发票管理部门在运用防伪税控发售系统进行发票入库管理或向纳税人发售专用发票时，要认真录入发票代码、号码，并与纸质专用发票进行仔细核对，确保发票代码、号码电子信息与纸质发票的代码、号码完全一致。

（2）纳税人在运用防伪税控系统开具专用发票时，应认真检查系统中的电子发票代码、号码与纸质发票是否一致。如发现税务机关错填电子发票代码、号码的，应持纸质专用发票和税控IC卡到税务机关办理退回手续。

（3）对税务机关错误录入代码或号码后又被纳税人开具的专用发票，按以下办法处理：

①纳税人当月发现上述问题的，应按照专用发票使用管理的有关规定，对纸质专用发票和防伪税控开票系统中专用发票电子信息同时进行作废，并及时报主管税务机关。纳税人在以后月份发现的，应按有关规定开具负数专用发票。

②主管税务机关按照有关规定追究有关人员责任，同时将有关情况，如发生原因、主管税务机关名称、编号、纳税人名称、纳税人识别号、发票代码号码（包括错误的和正确的）、发生时间、责任人以及处理意见或请求等，逐级上报至总局。

③对涉及发票数量多，影响面较大的，总局将按规定程序对“全国作废发票数据库”进行修正。

（4）在未收回专用发票抵扣联及发票联，或虽已收回专用发票抵扣联及发票联但购货方已将专用发票抵扣联报送税务机关认证的情况下，销货方一律不得作废已开具的专用发票。

（5）从2003年7月开始，总局将对各地增值税专用发票计算机稽核系统因操作失误而形成的“属于作废发票”进行考核，按月公布考核结果。对问题严重地区将组织

力量进行抽查并通报批评。

(二) 防伪税控系统开具的增值税专用发票进项税额抵扣的处理

自2003年3月1日起，增值税一般纳税人取得防伪税控系统开具的增值税专用发票，抵扣的进项税额按以下规定处理：

(1) 增值税一般纳税人认证通过的防伪税控系统开具的增值税专用发票，应在认证通过的当月按照增值税有关规定核算当期进项税额并申报抵扣，否则不予抵扣进项税额。

(2) 增值税一般纳税人取得防伪税控系统开具的增值税专用发票，其专用发票所列明的购进货物或应税劳务的进项税额抵扣时限，不再执行《国家税务总局关于加强增值税征收管理工作的通知》(国税发［1995］015号) 中第二条有关进项税额申报抵扣时限的规定。

(3) 增值税一般纳税人申请抵扣2003年3月1日前防伪税控系统开具的增值税专用发票，应于2003年9月1日前按照本通知的规定报主管税务机关认证，否则不予抵扣进项税额。

(4) 增值税一般纳税人违反本通知第一条、第二条和第四条规定抵扣进项税额的，税务机关按照《中华人民共和国税收征收管理法》的有关规定予以处罚。

第三章 消费税的会计核算

第一节 消费税核算的基本规定

消费税是对在我国境内从事生产、委托加工和进口应税消费品的单位和个人征收的一种税。1994年税制改革后，对货物普遍征收增值税的基础上，选择少数消费品再征收一道消费税。其目的主要是为了调节产品结构，引导消费方向，保证国家财政收入。

一、消费税的纳税义务人

在中华人民共和国境内生产、委托加工和进口应税消费品的单位和个人，为消费税纳税义务人。

单位是指国有企业、集体企业、私有企业、股份制企业、外商投资企业和外国企业、其他企业和行政单位、事业单位、军事单位、社会团体及其他单位。

个人是指个体经营者及其他个人。

在中华人民共和国境内是指生产、委托加工和进口属于应当征收消费税的消费品的起运地或所在地在境内。

二、消费税的征税范围

消费税属于价内税并实行单一环节征收，一般在应税消费品的生产、委托加工和进口环节缴纳，在以后的批发、零售等环节中，由于价款中已包含消费税，因此不必再缴纳消费税。从1995年1月1日起，金银首饰由生产销售环节征税改为零售环节征税；从2002年1月1日起，钻石及钻石饰品由生产、进口环节征税改为零售环节征税。

消费税的征税范围，主要是以特殊调节的消费品为课税对象，现行消费税的征税范围规定了14个税目，可分为五大类：

（一）属于过度消费会对人类健康、社会秩序和生态环境等方面造成危害的特殊消费品

（1）烟。凡是以烟叶为原料加工生产的产品，无论使用何种辅料，均属于本税目的征税范围，包括甲类卷烟、乙类卷烟、雪茄烟、烟丝四个子目。

（2）酒。以粮食、薯类、糠麸、植物果实、果品和药材为原料或辅料经发酵或配制的酒类，包括粮食白酒和薯类白酒、黄酒、啤酒、其他酒、酒精五个子目。

（3）鞭炮、焰火。以火药、烟火剂制成的爆炸品或烟火喷射品。

（二）奢侈品、非生活必需品

（1）化妆品。日常生活中各类美容、修饰类化妆品、高档护肤类化妆品和成套化妆品。

（2）贵重首饰及珠宝玉石。各种金银、珠宝首饰和经采掘、打磨、加工的各种珠宝玉石，包括纯金银首饰及镶嵌首饰等。

（3）高尔夫球及球具。这是指从事高尔夫球运动所需的各种专用装备，包括高尔夫球、高尔夫球杆及高尔夫球包（袋）等。

（4）高档手表。这是指销售价格（不含增值税）每只在10 000元（含）以上的各类手表。

（5）游艇。这是指长度大于8米小于90米，船体由玻璃钢、钢、铝合金、塑料等多种材料制作，可以在水上移动的水上浮载体。按照动力划分，游艇分为无动力艇、帆艇和机动艇。

（三）高能耗消费品

（1）小汽车。由动力装置驱动，具有四个或四个以上车轮的非轨道、无架线，主要用于载送人员及其随身物品的车辆，包括乘用车、中轻型商用客车。电动汽车不属于本税目征收范围。

（2）摩托车。由动力装置驱动，具有两个或三个车轮的车辆，包括两轮车、边三轮和正三轮车。

（四）不易再生和替代的石油类消费品

成品油，包括汽油、柴油、石脑油、溶剂油、航空煤油、润滑油、燃料油七个子目。

（1）汽油。由天然或人造石油经脱盐、初馏、催化裂化、调合而成的易燃易爆和挥发性强的无色到淡黄色的液体，包括交通工具用汽油和工业起动用汽油。

对用外购或委托加工收回的已税汽油生产的乙醇汽油免税。用自产汽油生产的乙醇汽油，按照生产乙醇汽油所耗用的汽油数量申报纳税。

（2）柴油。由天然或人造石油经脱盐、初馏、催化裂化、调合而成的易燃易爆和挥发性低于汽油的液体，包括轻柴油、重柴油、农用柴油、军用柴油等。

（3）石脑油。以石油加工生产的或二次加工汽油经加氢精制而得的用于化工原料的轻质油。自2009年1月1日起对进口石脑油恢复征收消费税。

2009年1月1日至2010年12月31日，对国产的用做乙烯、芳烃类产品原料的石脑油免征消费税，生产企业直接对外销售的不作为乙烯、芳烃类产品原料的石脑油应按规定征收消费税；对进口的用做乙烯、芳烃类产品原料的石脑油已缴纳的消费税予以返还，具体办法由财政部会同海关总署和国家税务总局另行制定。

（4）溶剂油。以石油加工生产的用于涂料和油漆生产、食用油加工、印刷油墨、皮革、农药、橡胶、化妆品生产的轻质油。

（5）航空煤油。以石油加工生产的用于喷气发动机和喷气推进系统中作为能源的石油燃料。航空煤油暂缓征收消费税。

（6）润滑油。以石油为原料加工的矿物性润滑油、矿物性润滑油基础油。

（7）燃料油。包括用于电厂发电、船舶锅炉燃料、加热炉燃料、冶金和其他工业炉燃料的各类燃料油。

（五）特定消费品

（1）汽车轮胎。用于各种汽车、挂车、专用车和其他机动车上的内外胎，不包括农用拖拉机、收割机、手扶拖拉机的专用轮胎。自 2001 年 1 月 1 日起，子午线轮胎免征消费税，翻新轮胎停止征收消费税。

（2）木制一次性筷子。包括各种规格的木制一次性筷子。未经打磨、倒角的木制一次性筷子属于本税目征税范围。

（3）实木地板。包括各类规格的实木地板、实木指接地板、实木复合地板及用于装饰墙壁、天棚的侧端面为榫、槽的实木装饰板。未经涂饰的素板属于本税目征税范围。

第二节 消费税应纳税额的计算

一、消费税税率

消费税根据不同消费品的种类、结构以及物价水平等情况，分别采用比例税率和定额税率两种形式。

（一）比例税率

比例税率主要适用于供求矛盾突出、价格差异较大、计量单位不规范的应税消费品，主要包括烟、酒（除黄酒、啤酒外）、化妆品、鞭炮、焰火、贵重首饰、汽车轮胎、摩托车、小汽车等。

消费税的比例税率共分八档，而且差距较大，最低的为 3%，最高的为 45%。

（二）定额税率

定额税率主要适用于供求基本平衡、价格差异不大、计量单位比较规范的消费品，包括黄酒、啤酒、成品油三种商品。

（三）复合计税

目前，卷烟和白酒实行从价与从量混合征收方法。

消费税税率税目表如表 3-1 所示。

表 3-1　　**消费税税率税目表**

税　　目	税　　率
一、烟	
1. 卷烟	
（1）甲类卷烟	45%加 0.003 元/支
（2）乙类卷烟	30%加 0.003 元/支
2. 雪茄烟	25%
3. 烟丝	30%
二、酒及酒精	
1. 白酒	20%加 0.5 元/500 克（或者 500 毫升）
2. 黄酒	240 元/吨
3. 啤酒	
（1）甲类啤酒	250 元/吨
（2）乙类啤酒	220 元/吨
4. 其他酒	10%
5. 酒精	5%
三、化妆品	30%
四、贵重首饰及珠宝玉石	
1. 金银首饰、铂金首饰和钻石及钻石饰品	5%
2. 其他贵重首饰和珠宝玉石	10%
五、鞭炮、焰火	15%
六、汽车轮胎	3%
七、摩托车	
1. 汽缸容量（排气量，下同）在 250 毫升（含 250 毫升）以下的	3%
2. 汽缸容量在 250 毫升以上的	10%
八、小汽车	
1. 乘用车	
（1）汽缸容量（排气量，下同）在 1.0 升（含 1.0 升）以下的	1%

续表

税　　目	税　　率
（2）汽缸容量在1.0升以上至1.5升（含1.5升）的	3%
（3）汽缸容量在1.5升以上至2.0升（含2.0升）的	5%
（4）汽缸容量在2.0升以上至2.5升（含2.5升）的	9%
（5）汽缸容量在2.5升以上至3.0升（含3.0升）的	12%
（6）汽缸容量在3.0升以上至4.0升（含4.0升）的	25%
（7）汽缸容量在4.0升以上的	40%
2. 中轻型商用客车	5%
九、高尔夫球及球具	10%
十、高档手表	20%
十一、游艇	10%
十二、木制一次性筷子	5%
十三、实木地板	5%

成品油消费税税目税率表如表3-2所示。

表3-2　**成品油消费税税目税率表**

税　　目	税　　率
成品油：	
1. 汽油	
（1）无铅汽油	1.0元/升
（2）含铅汽油	1.4元/升
2. 柴油	0.8元/升
3. 航空煤油	0.8元/升
4. 石脑油	1.0元/升
5. 溶剂油	1.0元/升
6. 润滑油	1.0元/升
7. 燃料油	0.8元/升

二、消费税核算的计税依据

税法规定，消费税采用从价计征和从量计征两种方法计算其应纳税款。不同的方法存在着不同的计税依据。

(一) 实行从价计征的计税依据

纳税人应缴纳的消费税，在从价计征的情况下，其基本公式为：

应纳税额=应税消费品的销售额×适用税率

公式中的应税消费品的销售额就是计税依据。根据纳税人生产经营的不同情况，销售额有以下几种规定：

1. 一般销售方式销售额的规定

一般销售方式下的销售额是向购买方收取的全部价款和一切价外费用。"价外费用"是指价外收取的基金、集资费、返还利润、奖励费、补贴、违约金、滞纳金、延期付款利息、赔偿金、手续费、包装费、包装物租金、储备费、优质费、运输装卸费、代收款项、代垫款项以及其他各种性质的价外费用。

但下列项目不包括在内：

(1) 符合以下条件的代垫运费：

① 承运部门的运费发票开具给购货方的。

② 纳税人将该项发票转交给购货方的。

(2) 同时符合以下条件代为收取的政府性基金或者行政事业性收费：

① 由国务院或者财政部批准设立的政府性基金，由国务院或者省级人民政府及其财政、价格主管部门批准设立的行政事业性收费。

② 收取时开具省级以上财政部门印制的财政票据。

③ 所收款项全额上缴财政。

除上述两项外，其他的价外费用，无论是否属于纳税人收入，均应并入销售额计算征税。

另外，销售额不包括纳税人向购买方收取的增值税税款。如果纳税人应税消费品的销售额中，包含向购买方收取的增值税税额，在计算应纳消费税时，应将含增值税的销售额换算为不含增值税的销售额。其换算公式为：

$$\text{应税消费品的销售额}=\frac{\text{含增值税的销售额}}{1+\text{增值税税率（或征收率）}}$$

公式中的税率为17%，征收率为3%。

应税消费品连同包装物一并销售的，无论包装物是否单独计价，也不论在财务上如何核算，均应并入应税消费品的销售额中计算征收消费税；如果包装物不随同产品销售，而是只收取押金，此项押金可不并入应税消费品的销售额中计算征税，但对逾期未收回包装物而不再退还的包装物押金或已收取时间在一年以上的押金，应视同应税消费品的销售额，按照所包装货物的适用税率计算征收消费税；如果包装物既作价随同产品销售，又另外收取的押金，凡纳税人在规定的期限内不予退还的，均应并入应税消费品的销售额，按照所包装货物的适用税率计算征收消费税。另外，国家税务总局国税发[1995] 192号文规定，从1995年6月1日起，对销售除啤酒、黄酒以外的其他酒类产品而收取的包装物押金，无论是否返还以及会计上如何核算，均应并入当期销售额征税。

对包装物收取的押金，按规定应并入销售额征税的，应先将该押金换算为不含税的金额，再计算其应纳税额。

由于某些应税消费品是用外购已税的应税消费品连续生产出来的，在对这些连续生产出来的应税消费品计算征税时，为了避免重复征收，国家税务总局规定，可将已税产品的税额在计算应纳消费税额时进行扣除。国家税务总局发文决定，自1995年6月1日起，对外购已税产品用于下列连续生产应税消费品，在计税时按当期生产领用数量计算准予扣除外购的应税消费品已纳的消费税税款：

（1）外购已税烟丝生产的卷烟。

（2）外购已税化妆品生产的化妆品。

（3）外购已税珠宝玉石生产的贵重首饰及珠宝玉石。

（4）外购已税鞭炮、焰火生产的鞭炮、焰火。

（5）外购已税汽车轮胎（内胎和外胎）生产的汽车轮胎。

（6）外购已税摩托车生产的摩托车（如用外购两轮摩托车改装三轮摩托车）。

（7）以外购已税杆头、杆身和握把为原料生产的高尔夫球杆。

（8）以外购已税木制一次性筷子为原料生产的木制一次性筷子。

（9）以外购已税实木地板为原料生产的实木地板。

（10）以外购已税石脑油为原料生产的应税消费品。

（11）以外购已税润滑油为原料生产的润滑油。

（12）以外购的汽油、柴油用于连续生产的甲醇汽油、生物柴油。

上述当期准予扣除外购应税消费品已纳消费税税款的计算公式为：

当期准予扣除的外购应税消费品已纳税款＝当期准予扣除的外购应税消费品买价×外购应税消费品适用税率

当期准予扣除的外购应税消费品买价＝期初库存的外购应税消费品的买价＋当期购进的应税消费品的买价－期末库存的外购应税消费品的买价

上述公式中已税消费品的“买价”是指购货发票上注明的销售额，不包括增值税税额。纳税人用外购的已税珠宝玉石生产的改在零售环节征收消费税的金银首饰（镶嵌首饰），在计税时一律不得扣除外购珠宝玉石的已纳税款。

2. 自产自用应税消费品销售额的规定

纳税人自产自用的应税消费品，有两种情况：一是用于连续生产应税消费品的，按照税法规定不纳税；二是用于非连续生产应税消费品和其他方面，如用于生产非应税消费品和在建工程、管理部门、提供劳务，以及用于馈赠、赞助、集资、广告、样品、职工福利、奖励等方面的，应按照同类消费品的销售价格计算纳税。没有同类应税消费品销售价格的，按照组成计税价格确定其销售额。组成计税价格的公式为：

（1）实行从价定率办法计算纳税的组成计税价格计算公式：

组成计税价格＝（成本+利润）÷（1-比例税率）

（2）实行复合计税办法计算纳税的组成计税价格计算公式：

组成计税价格＝（成本+利润+自产自用数量×定额税率）÷（1-比例税率）

应纳税额＝组成计税价格×适用税率

公式中的“成本”是指应税消费品的产品生产成本；“利润”是指根据应税消费品

的全国平均成本利润率计算的利润。应税消费品全国平均成本利润率如表 3-3 所示。

表 3-3　　应税消费品全国平均成本利润率表

项　目	利润率	项　目	利润率
1. 甲类卷烟	10%	11. 贵重首饰及珠宝玉石	6%
2. 乙类卷烟	5%	12. 汽车轮胎	5%
3. 雪茄烟	5%	13. 摩托车	6%
4. 烟丝	5%	14. 乘用车	8%
5. 粮食白酒	10%	15. 中轻型商用客车	5%
6. 薯类白酒	5%	16. 高尔夫球及球具	10%
7. 其他酒	5%	17. 高档手表	20%
8. 酒精	5%	18. 游艇	10%
9. 化妆品	5%	19. 木制一次性筷子	5%
10. 鞭炮、焰火	5%	20. 实木地板	5%

3. 委托加工应税消费品销售额的规定

委托加工是指由委托方提供原料和主要材料，受托方只收取加工费和代垫部分辅助材料加工的应税消费品。对于由受托方提供原料生产的应税消费品，或者受托方先将原材料卖给委托方，然后再接受加工的应税消费品，以及由受托方以委托方的名义购进原材料生产的应税消费品，不论纳税人在财务上是否作销售处理，都不得作为委托加工应税消费品，而应当按照自制应税消费品计算缴纳消费税。

对于确实属于委托方提供原料和主要材料，受托方只收取加工费和代垫部分辅助材料加工的应税消费品，税法规定，除纳税人委托个体经营者加工应税消费品，一律于委托方收回后在委托方所在地缴纳消费税外，其余的加工应税消费品，一律于委托方提货时，由受托方代收代缴消费税。如果受托方对委托方加工的应税消费品未代收代缴或少代收代缴的消费税，应承担补税或罚款的法律责任。

按照税法规定，委托加工的应税消费品，按照受托方的同类应税消费品的市场销售价格计算纳税，没有同类应税消费品销售价格的，按照组成计税价格确定其销售额。组成计税价格公式为：

（1）实行从价定率办法计算纳税的组成计税价格计算公式：

组成计税价格 =（材料成本+加工费）÷（1−比例税率）

（2）实行复合计税办法计算纳税的组成计税价格计算公式：

组成计税价格 =（材料成本+加工费+委托加工数量×定额税率）÷（1−比例税率）

应纳税额 = 组成计税价格×适用税率

公式中的“材料成本”是指委托方所提供加工材料的实际成本。委托加工应税消费品的纳税人，必须在委托加工合同上如实注明（或以其他方式提供）材料成本，凡未提供材料成本的，受托方所在地主管税务机关有权核定其材料成本。

公式中的“加工费”是指受托方加工应税消费品向委托方所收取的全部费用（包括代垫辅助材料的实际成本）。

委托加工的应税消费品，已由受托方代扣代缴消费税后，委托方收回又用于连续生产应税消费品的，其已纳税款准予按照规定从连续生产的应税消费品应纳消费税额中抵扣。按照国家税务局总局的规定，从1995年6月1日起，下列连续生产的应税消费品准予从应纳消费税税额中按当期生产领用数量计算扣除委托加工收回的应税消费品已纳消费税税款：

（1）以委托加工收回的已税烟丝生产的卷烟。

（2）以委托加工收回的已税化妆品为原料生产的化妆品。

（3）以委托加工收回的已税珠宝玉石为原料生产的贵重首饰及珠宝玉石。

（4）以委托加工收回的已税鞭炮、焰火为原料生产的鞭炮、焰火。

（5）以委托加工收回的已税汽车轮胎生产的汽车轮胎。

（6）以委托加工收回的已税摩托车生产的摩托车。

（7）以委托加工收回的已税杆头、杆身和握把为原料生产的高尔夫球杆。

（8）以委托加工收回的已税木制一次性筷子为原料生产的木制一次性筷子。

（9）以委托加工收回的已税实木地板为原料生产的实木地板。

（10）以委托加工收回的已税石脑油为原料生产的应税消费品。

（11）以委托加工收回的已税润滑油为原料生产的润滑油。

（12）以委托加工收回的汽油、柴油用于连续生产的甲醇汽油、生物柴油。

上述当期准予扣除委托加工收回的应税消费品已纳消费税税款的计算公式为：

当期准予扣除的委托加工应税消费品已纳税款=期初库存的委托加工应税消费品已纳税额+当期收回的委托加工应税消费品已纳税款-期末库存的委托加工应税消费品已纳税款

纳税人用委托加工收回的已税珠宝玉石生产的改在零售环节征收消费税的金银首饰，在计税时一律不得扣除委托加工收回的珠宝玉石的已纳消费税税款。

4. 进口应税消费品销售额的规定

进口应税消费品应征收的消费税，由海关代征，由进口应税消费品的纳税人或者其代理人向报关地海关申报纳税。纳税人进口应税消费品，按组成计税价格确定其销售额，并按照规定的税率计算纳税。其组成计税价格为：

（1）实行从价定率办法计算纳税的组成计税价格计算公式：

组成计税价格=（关税完税价格+关税）÷（1-消费税比例税率）

（2）实行复合计税办法计算纳税的组成计税价格计算公式：

组成计税价格=（关税完税价格+关税+进口数量×消费税定额税率）÷（1-消费税比例税率）

应纳税额=组成计税价格×适用税率

公式中的“关税完税价格”是指海关核定的关税计税价格。

（二）实行从量计征消费税的计税依据

实行从量计征办法计算应税消费品的应纳税额，其基本公式为：

应纳税额=应税消费品数量×单位税额

公式中应税消费品的数量，可按以下几种方法确定：

（1）销售应税消费品的，为应税消费品的销售数量。

（2）自产自用应税消费品的，为应税消费品的移送使用数量。

（3）委托加工应税消费品的，为纳税人收回的应税消费品数量。

（4）进口的应税消费品，为海关核定的应税消费品进口征税数量。

实行从量定额征收的黄酒、啤酒、成品油（包括七个子税目）三个税目中，条例规定黄酒、啤酒以吨为税额单位；成品油以升为税额单位。为了防止纳税人混用计量单位，以准确计算应纳税额，消费税条例实施细则确定了吨与升两个计量单位的换算标准如下：

啤酒	1 吨=988 升
黄酒	1 吨=962 升
汽油	1 吨=1388 升
柴油	1 吨=1176 升
石脑油	1 吨=1385 升
溶剂油	1 吨=1282 升
润滑油	1 吨=1126 升
燃料油	1 吨=1015 升
航空煤油	1 吨=1246 升

（三）从价定率和从量定额混合计算方法

现行消费税的征税范围中，只有卷烟、粮食白酒、薯类白酒采用混合计算方法。其基本计算公式为：

应纳税额=应税销售数量×定额税率+应税销售额×比例税率

生产销售卷烟、粮食白酒、薯类白酒从量定额计税依据为实际销售数量。进口、委托加工、自产自用卷烟、粮食白酒、薯类白酒从量定额计税依据分别为海关核定的进口征税数量、委托方收回数量、移送使用数量。

（四）计税依据的其他规定

（1）卷烟从价定率计税办法的计税依据为调拨价格或核定价格。

调拨价格是指卷烟生产企业通过卷烟交易市场与购货方签订的卷烟交易价格。计税调拨价格由国家税务总局按照中国烟草交易中心和各省烟草交易（订货）会 2000 年各牌号、规格卷烟的调拨价格确定。

核定价格是指由税务机关按其零售价倒算一定比例的办法核定计税价格。核定价格的计算公式为：

某牌号规格卷烟核定价格=该牌号规格卷烟市场零售价格÷（1+35%）

实际销售价格高于计税价格和核定价格的卷烟，按实际销售价格征收消费税；实际销售价格低于计税价格和核定价格的卷烟，按计税价格或核定价格征收消费税。

非标准条包装卷烟应当折算成标准条包装卷烟的数量，依其实际销售收入计算确定其折算成标准条包装后的实际销售价格，并确定适用的比例税率。

（2）纳税人通过自设非独立核算门市部销售的自产应税消费品，应当按照门市部对外销售额或者销售数量征收消费税。

（3）纳税人用于换取生产资料和消费资料，投资入股和抵偿债务等方面的应税消费品，应当以纳税人同类应税消费品的最高销售价格作为计税依据计算消费税。

（4）酒类关联企业间关联交易消费税问题处理。纳税人与关联企业之间的购销业务，不按照独立企业之间的业务往来作价的，税务机关可以按照下列方法调整其计税收入额或者所得额，核定其应纳税额：

① 按照独立企业之间进行相同或者类似业务活动的价格。

② 按照再销售给出无关联关系的第三者的价格所取得的收入和利润水平。

③ 按照成本加合理的费用和利润。

④ 按照其他合理的方法。

对已检查出的酒类生产企业在本次检查年度内发生的利用关联企业关联交易行为规避消费税问题，各省、自治区、直辖市、计划单列市国家税务局可根据本地区被查酒类生产企业与其关联企业间不同的核算方式，选择以上处理方法调整其酒类产品消费税计税收入额，核定应纳税额，被缴消费税。

白酒生产企业向商业销售单位收取的“品牌使用费”属于应税白酒销售价款的组成部分，不论企业采取何种方式或以何种名义收取价款，均应并入白酒的销售额中缴纳消费税。

（5）兼营不同税率应税消费品的税务处理。纳税人生产销售应税消费品，如果不是单一经营某一税率的产品，而是经营多种不同税率的产品，就是兼营行为。

纳税人兼营不同税率的应税消费品，应当分别核算不同税率应税消费品的销售额、销售数量。未分别核算销售额、销售数量，或者将不同税率的应税消费品组成成套消费品销售的，从高适用税率。

第三节　消费税应纳税额的会计核算

一、会计科目的设置

由于消费税是价内税，其税额包括在销售收入中。纳税人在计算应纳税额时，不但要反映缴纳消费税的金额，已缴纳的税款还需要销售收入来补偿。因此，纳税人核算消费税的应纳税额时应设置以下会计科目：

（1）设置“应交税费”科目，并在“应交税费”科目下设置“应交消费税”明细科目进行会计处理。该科目采用三栏式账户进行记账，贷方核算纳税人在一定时期内应缴纳的消费税额，借方核算纳税人在一定时期内已缴纳的消费税额。期末余额在贷方表示尚未缴纳的消费税额，如期末余额在借方表示纳税人多缴纳的消费税额。

（2）设置“营业税金及附加”科目，该科目属于损益类会计科目，其借方表示应缴纳消费税的增加额，期末从该科目的贷方转入“本年利润”科目的借方得以补偿。

（3）除上述两个主要核算科目外，根据纳税人的生产经营情况，还需要设置“长期股权投资”、“营业外支出”等会计科目。

（4）企业实际上缴消费税时，借记“应交税费——应交消费税”科目，贷记“银行存款”科目；如果企业销售的应税消费品退回时，会计处理与上缴税金的会计处理相反。

二、会计账户的设置

消费税的核算账户，根据“应交税费——应交消费税”会计科目来进行设置，其基本格式如表3-4所示。

表3-4　　**应交税费——应交消费税**

时间		凭证		摘要	借方	贷方	余额

纳税人应交消费税额发生后，根据业务或时间的先后顺序逐笔进行登记。到期末或规定的纳税期限，进行结算。

三、生产销售环节应纳消费税的核算

按照现行消费税条例规定，消费税分别在生产销售环节、委托加工环节、进口环节和零售环节（金银首饰）计算缴纳税款，除此之外，其他流通环节不计算征收消费税。

生产销售环节是指生产者将生产的应税消费品直接销售给购买方或自用于其他方面的行为。税法规定，无论是直接对外销售，还是非直接对外销售，都应视同生产环节的销售缴纳消费税。

（一）直接对外销售应纳消费税的核算

按照现行规定，征收消费税的产品一定属于征收增值税的应税货物。因此，直接对外销售可分为以下几种具体情况：

1. 增值税一般纳税人应纳消费税的核算

因消费税的计税价格不含增值税，增值税一般纳税人销售应税消费品时可能给购买方开具增值税专用发票，也可能开具普通发票。若为增值税专用发票，发票上注明的销售金额即为消费税的计税金额；若开具的是普通发票，还应先将普通发票上注明的含增值税的销售金额换算为不含增值税的销售额后作消费税的计税金额。

【例3-1】　甲企业5月10日将生产的粮食白酒1 000箱（每箱10斤），销售给某批发公司，每箱不含增值税的售价为600元，甲企业给批发公司开具增值税专用发票，取得销售金额600 000元、增值税额102 000元，货款已收存银行。粮食白酒的消费税比例税率为20%，定额税率为0.5元/斤。甲企业应做会计处理如下：

（1）甲企业收到款项时：

借：银行存款　　702 000

　贷：主营业务收入——销售白酒　　600 000

　　　应交税费——应交增值税（销项税额）　　102 000

（2）计算应缴的消费税时：

应缴的消费税额 $=600\ 000\times20\%+1\ 000\times10\times0.5=125\ 000$（元）

借：营业税金及附加　　125 000

　贷：应交税费——应交消费税　　125 000

【例3-2】　甲企业5月20日将生产的粮食白酒40箱（每箱10斤），销售给某使用单位，每箱含税价格819元，甲企业向使用单位开具普通发票，共计收取货款32 760元存入银行。甲企业应做会计处理如下：

（1）企业收到货款时：

增值税销项税额 $=\dfrac{32\ 760}{1+17\%}\times17\%=4\ 760$（元）

借：银行存款　　32 760

　贷：主营业务收入——销售白酒　　28 000

　　　应交税费——应交增值税（销项税额）　　4 760

（2）计算应纳消费税时：

应纳消费税额 $=28\ 000\times20\%+40\times10\times0.5=5\ 800$（元）

借：营业税金及附加　　5 800

　贷：应交税费——应交消费税　　5 800

2. 增值税小规模纳税人应纳消费税的核算

增值税小规模纳税人生产销售应税消费品同样需缴纳消费税，因小规模纳税人使用的是普通发票，其销售额均包含增值税税额。在计算消费税时应首先将含增值税的销售额依照其征收率3%换算为不含增值税的销售额后，才能计算其消费税额。

【例3-3】　某乙企业为增值税小规模纳税人，征收率为3%。本期生产销售鞭炮、焰火，给购买方开具普通发票，取得销货款共计24 720元，款已收存银行。鞭炮、焰火的消费税税率为15%，乙企业应做会计处理如下：

（1）乙企业收到销货款时：

乙企业应缴纳增值税 $=\dfrac{24\ 720}{1+3\%}\times3\%=720$（元）

不含税销售额 $=24\ 720-720=24\ 000$（元）

借：银行存款　　24 720

　贷：主营业务收入——销售鞭炮　　24 000

　　　应交税费——应交增值税（销项税额）　　720

（2）乙企业应交的消费税额：

24 000×15%=3 600（元）

借：营业税金及附加　　3 600

　贷：应交税费——应交消费税　　3 600

（3）实际上缴消费税时：

借：应交税费——应交消费税　　3 600

　贷：银行存款　　3 600

3. 对外销售收取价外费用应纳消费税的核算

按照《消费税暂行条例》的规定，向购买方收取的价外费用，除有规定者外，一律计征消费税。在实际生产经营过程中，纳税人为了多获取利益，往往价外收费单独核算，或者是直接冲减产品销售费用。在这种情况下，纳税人一般为对方开具普通发票。

【例 3-4】　某酒厂为增值税一般纳税人，由于原材料价格上升，而销售价格未变，该厂向购买方收取价外收入作为补贴。某次销售粮食白酒过程中向购货方收取价外补贴收入 46 800 元，给购货方开具普通发票，款已收存银行。该厂应做会计处理如下：

（1）收到价外收入时：

$$价外收入不含税销售额=\frac{46\ 800}{1+17\%}=40\ 000（元）$$

价外收入的销项税额=40 000×17%=6 800（元）

借：银行存款　　46 800

　贷：主营业务收入——销售白酒　　40 000

　　　应交税费——应交增值税（销项税额）　　6 800

（2）计算价外收入应缴纳的消费税额时：

应纳消费税额=40 000×20%=8 000（元）

借：营业税金及附加　　8 000

　贷：应交税费——应交消费税　　8 000

4. 包装物应纳消费税的核算

根据《消费税暂行条例》及其实施细则的规定：实行从价定率办法计算应纳税额的应税消费品连同包装物销售的，无论包装物是否单独计价，也不论在财务上如何核算，均应并入应税消费品中征收消费税。如果包装物不作价随同产品销售，而是收取押金，则此项押金不并入应税消费品的销售额中征税。但对逾期未收回的包装物不再退还的和已收取一年以上的押金，应并入应税消费品的销售额，按照应税消费品的适用税率征收消费税。

对既作价随同应税消费品销售，又另外收取押金的包装物押金，凡纳税人在规定期限内不予退还的，均应并入应税消费品的销售额，按照应税消费品的适用税率征收消费税。

另外，财政部、国家税务总局《关于酒类产品包装物押金征税问题的通知》规定，从 1995 年 6 月 1 日起，对酒类产品生产企业销售酒类产品而收取的包装物押金，除黄酒、啤酒外，无论押金是否返还与会计上如何处理，均需并入酒类产品销售额中，依酒类产品的适用税率征收消费税。

（1）包装物随产品销售而单独计价。按照规定，包装物随产品销售而单独计价，其销售额应记入“其他业务收入”科目，其应纳的消费税额及有关的支出，应记入“营业税金及附加”和“其他业务成本”科目。

【例 3-5】 某酒厂本期销售粮食白酒 50 箱，共计 100 斤，除收取白酒价款外，另收取单独计价的包装物销售收入 2 340 元存入银行，已向购货方开具普通发票。酒厂应做会计处理如下：

取得包装物收入时：

$$包装物不含税销售额=\frac{2\ 340}{1+17\%}=2\ 000（元）$$

包装物应计算的增值税销项税额 = 2 000×17% = 340（元）

借：银行存款	2 340	
贷：其他业务收入		2 000
应交税费——应交增值税（销项税额）		340

计算应纳消费税时：

应纳消费税额 = 2 000×20% = 400（元）

借：营业税金及附加	400	
贷：应交税费——应交消费税		400

（2）出租、出借包装物而没收的押金。出租、出借包装物逾期未收回而没收的押金收入。按照规定，其收入应从“其他应付款”科目转入“其他业务收入”，应缴纳的增值税和消费税应记入“营业税金及附加”科目。

【例 3-6】 某化工厂销售成套化妆品，取得出租、出借包装物押金收入 5 850 元存入银行，已向承租方开具了收款收据。出租、出借期限已过，没收其押金收入。成套化妆品消费税税率为 30%，化工厂应做会计处理如下：

① 取得押金收入时：

借：银行存款	5 850	
贷：其他应付款——押金		5 850

② 没收押金收入时：

$$押金不含税销售额=\frac{5\ 850}{1+17\%}=5\ 000（元）$$

增值税销项税额 = 5 000×17% = 850（元）

借：其他应付款——押金	5 850	
贷：其他业务收入		5 000
应交税费——应交增值税（销项税额）		850

③ 计算增值税和消费税时：

应纳消费税额 = 5 000×30% = 1 500（元）

借：营业税金及附加	1 500	
贷：应交税费——应交消费税		1 500

（3）包装物作价随产品销售，而没收的押金。销货方为促使购货方退还包装物得

以重用，在包装物作价销售时还另收取押金。若逾期未退回包装物而没收的押金，按规定要缴纳增值税。按规定计算的增值税销项税额，直接冲减“其他应付款”科目。然后，将冲减后的余额转入“营业外收入”科目。

【例3-7】 某工厂销售高尔夫球及球具一批，包装物随货物计价销售后，为促使购货方将包装物退回重用，另加收押金3 510元。包装物逾期未收回。高尔夫球及球具消费税税率为8%，工厂应做会计处理如下：

① 收取押金时：

借：银行存款　　3 510

　贷：其他应付款——押金　　3 510

② 没收押金时，应计算增值税的销项税额：

押金的不含税销售额 $=\frac{3\ 510}{1+17\%}=3\ 000$（元）

增值税销项税额 $=3\ 000\times17\%=510$（元）

借：其他应付款——押金　　3 510

　贷：应交税费——应交增值税（销项税额）　　510

　　　营业外收入　　3 000

③ 没收押金应缴纳的消费税：

应纳消费税额 $=3\ 000\times8\%=240$（元）

借：营业税金及附加　　240

　贷：应交税费——应交消费者税　　240

（二）非直接对外销售应纳消费税的核算

非直接销售是指生产企业生产的应税消费品，自己用于在建工程、管理部门、非生产性机构、捐赠、赞助、集资、广告、样品、职工福利奖励等方面。税法规定，应视同对外销售处理，与对外直接销售一样计算缴纳各种税费。其产品的价格参照同期同类产品的市场销售价格计算；没有参照价格的，按组成计税价格计算。由于企业自产自用是一种内部结转关系，不存在具体的销售行为，在会计上不作销售处理，而按成本转账。

1. 企业将自产的应税消费品用于职工福利

企业将自产应税消费品用于本企业职工福利，应视同对外销售处理，按产品的成本价格和应缴纳的增值税、消费税等，借记“应付职工薪酬——应付福利费”科目，按应税消费品的成本价格，贷记“库存商品”科目，按计算的增值税额，贷记“应交税费——应交增值税（销项税额）”科目，按计算应缴纳的消费税额，贷记“应交税费——应交消费税”科目。

【例3-8】 某酒厂本期将自产粮食白酒20箱（每箱10斤）分给本厂职工作福利，每箱不含增值税市场销售价格为1 000元，成本价为800元。酒已移送分配。酒厂应做会计处理如下：

粮食白酒移送分配时：

粮食白酒的市场销售价格 $=1\ 000\times20=20\ 000$（元）

自用粮食白酒的增值税销项税额=20 000×17%=3 400（元）

自用粮食白酒应纳消费税额=20 000×20%+20×10×0.5=4 100（元）

自用粮食白酒的成本价=800×20=16 000（元）

借：应付职工薪酬——应付福利费　　27 500

　贷：主营业务收入　　20 000

　　　应交税费——应交增值税（销项税额）　　3 400

　　　应交税费——应交消费税　　4 100

借：主营业务成本　　16 000

　贷：库存商品　　16 000

（注：本题的会计处理未考虑城建税、教育费附加和应缴纳的所得税。）

2. 企业将自产的应税消费品用于对外投资

企业将自产应税消费品用于对外投资，应视同对外销售一样计算缴纳消费税。应税消费品用于投资时，按同类产品的市场销售价格与其应计算的增值税、消费税之和，借记“长期股权投资”科目，结转自产商品的成本，贷记“库存商品”科目，按应计算的增值税、消费税额，分别贷记“应交税费——应交增值税（销项税额）”、“应交税费——应交消费税”科目，其差额记入“资本公积”科目。假设不考虑所得税。

【例3-9】　某小车制造企业本期将自产小车30辆（排气量为2 300毫升），向本市一出租公司进行长期投资，每辆小车不含增值税作价300 000元，小车每辆成本260 000元，小车已移送出租公司。小车的消费税税率为9%，企业应做会计处理如下：

不含税销售额=300 000×30=9 000 000（元）

应计算的销项税额=9 000 000×17%=1 530 000（元）

应纳消费税额=9 000 000×9%=810 000（元）

小车成本=260 000×30=7 800 000（元）

借：长期股权投资——投资成本　　11 340 000

　贷：主营业务收入　　9 000 000

　　　应交税费——应交增值税（销项税额）　　1 530 000

　　　　　　　——应交消费税　　810 000

借：主营业务成本　　7 800 000

　贷：库存商品　　7 800 000

3. 企业将自产应税消费品用于广告、对外捐赠

税法规定，企业将自产的应税产品用于广告、对外捐赠，应视同对外销售处理，按规定计算应缴纳的有关税费。在会计处理上不作销售收入处理，直接减少产品成本。按成本价加增值税、消费税等，借记“销售费用”、“营业外支出”等科目；按市场价，贷记“主营业务收入”科目，按计算的增值税、消费税，分别贷记“应交税费——应交增值税（销项税额）”、和“应交税费——应交消费税”科目。

【例3-10】　甲企业试制10辆摩托车，将其中4辆赠送给某电视台作广告，另6辆捐赠给某体育俱乐部，每辆摩托车成本价8 000元，无同类产品市场销售价格（摩托车

消费税税率为10%，全国平均成本利润率为6%)，企业的会计处理如下：

（1）赠送给电视台作广告：

$$组成计税价格=\frac{8\ 000\times4\times(1+6\%)}{1-10\%}=37\ 688.89（元）$$

增值税的销项税额=37 688.89×17%=6 407.11（元）

应缴纳的消费税额=37 688.89×10%=3 768.89（元）

借：销售费用——广告费	47 864.89	
贷：主营业务收入		37 688.89
应交税费——应交增值税（销项税额）		6 407.11
应交税费——应交消费税		3 768.89
借：主营业务成本	32 000	
贷：库存商品——摩托车		32 000

（2）捐赠给体育俱乐部：

$$组成计税价格=\frac{8\ 000\times6\times(1+6\%)}{1-10\%}=56\ 533.34（元）$$

增值税的销项税额=56 533.34×17%=9 610.67（元）

应缴纳的消费税额=56 533.34×10%=5 653.33（元）

借：营业外支出	71 797.34	
贷：主营业务收入		56 533.34
应交税费——应交增值税（销项税额）		9 610.67
应交税费——应交消费税		5 653.33
借：主营业务成本	48 000	
贷：库存商品——摩托车		48 000

四、委托加工环节应纳消费税的核算

委托加工环节应纳的消费税，是指委托方委托受托方加工应税消费品（除受托方为个体经营者外），由受托方代收代缴消费税的行为。应纳消费税的纳税义务人为委托方，受托方为代收代缴义务人。因此，加工环节应纳消费税的核算涉及委托方和受托方的会计处理。

（一）委托方支付应纳消费税的核算

委托方委托加工的应税消费品有两种情况：一是将委托加工收回后的应税消费品直接出售；二是将委托加工收回后的应税消费品用于连续生产应税消费品。

1. 收回后直接用于销售的核算

按照《消费税暂行条例》的规定，委托加工的应税消费品收回后直接用于销售的，在销售时不再缴纳消费税。因此，委托方应将受托方代收代缴的消费税额计入委托加工应税消费品的成本。委托方根据受托方代收代缴消费税所开具的有关凭证，借记“委托加工物资”等会计科目，贷记“应付账款”、“银行存款”等会计科目。

【例 3-11】 甲公司为增值税一般纳税人，本期委托乙企业加工鞭炮、焰火一批，发出加工的原材料成本价格为 28 000 元，按合同规定支付受托方加工费 6 000 元、增值税 1 020 元，并取得乙企业开具的增值税专用发票。该批鞭炮、焰火无同类产品市场销售价格。乙企业按规定收取代收代缴的消费税后，向甲公司开具了有关票据。甲公司收回委托加工的鞭炮、焰火后直接对外销售。鞭炮、焰火的消费税税率为 15%，甲公司应做会计处理如下：

（1）甲公司发出委托加工材料时：

借：委托加工物资——鞭炮、焰火	28 000	
贷：原材料		28 000

（2）支付加工费时：

借：委托加工物资——鞭炮、焰火	6 000	
应交税费——应交增值税（进项税额）	1 020	
贷：银行存款——加工费		7 020

（3）支付乙企业代收代缴的消费税时：

$$代收代缴消费税的组成计税价格=\frac{28\ 000+6\ 000}{1-15\%}=40\ 000（元）$$

代收代缴的消费税额 = 40 000×15% = 6 000（元）

借：委托加工物资——鞭炮、焰火	6 000	
贷：银行存款——应交消费税		6 000

（4）甲公司收回委托加工产品时：

借：库存商品——鞭炮、焰火	40 000	
贷：委托加工物资——鞭炮、焰火		40 000

从上例中可以看出，委托加工收回的鞭炮、焰火，其组成价为 40 000 元。甲公司若对外直接销售的价格也为 40 000 元，甲公司无利可得。作为正常经营而言，甲公司对外销售的价格肯定要高于 40 000 元。按照《消费税条例》的规定，已代收代缴消费税的委托加工产品收回后直接对外销售的，即使销售价格很高也不再征消费税。

2. 收回后用于连续生产应税消费品的核算

税法规定，收回已代收代缴消费税的委托加工产品，又用于连续生产应税消费品的，加工环节已纳税款准予扣除。因此，委托方支付给受托方代收代缴的消费税额，应借记“应交税费——待扣消费税”科目，待最终应税消费品销售时，在其应缴的消费税额中扣除。

按照已税消费品用于连续生产应税消费品税额扣除的规定，本期应扣除的消费税税额，是本期生产领用应税消费品所负担的税额。若本期生产应税消费品未领用已税消费品作原料，已税消费品所负担的消费税额不得扣除。

【例 3-12】 甲企业为增值税一般纳税人，本期委托乙企业加工应税消费品（半成品）一批，发出委托加工的原材料成本为 60 000 元，按合同规定，支付受托方加工费 12 000 元、增值税额 2 040 元，取得乙企业开具的增值税专用发票。该半成品无同类应税消费品市场销售价格。乙企业按规定代收代缴消费税并向甲企业开具了合法票据。甲企业收回委托加工的半成品后，本期生产领用了 50%。本期内取得连续生产应税消费品的销售价款 100 000 元、增值税额 17 000 元，已向购货方开具了增值税专用发票。假定该应税消费品的消费税税率为 10%，甲企业应做会计处理如下：

（1）发出委托加工材料时：

借：委托加工物资——半成品　　60 000

　贷：原材料　　60 000

（2）支付委托加工费时：

借：委托加工物资——半成品　　12 000

　　应交税费——应交增值税（进项税额）　　2 040

　贷：银行存款　　14 040

（3）支付代收代缴的消费税时：

$$代收代缴消费税的组成计税价格=\frac{60\ 000+12\ 000}{1-10\%}=80\ 000（元）$$

代收代缴的消费税额 = 80 000×10% = 8 000（元）

借：应交税费——代扣代缴消费税　　8 000

　贷：银行存款　　8 000

（4）甲企业收回委托加工产品时：

借：原材料　　72 000

　贷：委托加工物资——半成品　　72 000

（5）甲企业取得销售收入时：

借：银行存款　　117 000

　贷：主营业务收入　　100 000

　　　应交税费——应交增值税（销项税额）　　17 000

（6）计算应纳消费税时：

应纳消费税额 = 100 000×10% = 10 000（元）

借：营业税金及附加　　10 000

　贷：应交税费——应交消费税　　10 000

（7）本期上缴消费税时：

本期应抵扣的消费税额 = 8 000×50% = 4 000（元）

本期实际应上缴消费税额 = 10 000−4 000 = 6 000（元）

① 借：应交税费——应交消费税　　4 000

　　贷：应交税费——代扣代缴消费税　　4 000

② 借：应交税费——应交消费税　　6 000

　　贷：银行存款　　6 000

（二）受托方代收代缴消费税的核算

按照规定，受托方代收代缴消费税时，有同类产品市场销售价格的，按同类产品市场销售价格计税；无同类产品市场销售价格的，按组成计税价格计税。受托方收到代收代缴的消费税时，借记“银行存款”科目，贷记“应交税费——代收代缴消费税”科目。上缴代收代缴消费税时，做相反的会计处理。

以上例，乙企业收到代收代缴甲企业的消费税额 8 000 元时：

借：银行存款　　8 000

　贷：应交税费——代收代缴消费税　　8 000

上缴代收代缴的消费税时：

借：应交税费——代收代缴消费税　　8 000

　贷：银行存款　　8 000

五、进口环节应纳消费税的核算

税法规定，进口的应税消费品于报关进口时缴纳消费税，纳税人缴纳的消费税计入该消费品的成本中。根据进口应税消费品的不同情况，将应缴纳的消费税借记“物资采购”、“库存商品”、“固定资产”等科目，贷记“应付账款”、“银行存款”等会计科目。

【例 3-13】　某大型商场本期进口一批成套化妆品，进口货物的到岸价格为200 000元，关税税率为 40%，消费税税率为 30%，增值税税率为 17%。商场按规定用银行存款缴纳有关税款，商品已验收入库。商场应做会计处理如下：

（1）支付进口货物到岸前的有关价款时：

借：物资采购——进口化妆品　　200 000

　贷：银行存款　　200 000

（2）缴纳关税、消费税、增值税时：

应纳进口关税 = 200 000×40% = 80 000（元）

$$进口消费税的组成计税价格=\frac{200\ 000+80\ 000}{1-30\%}=400\ 000（元）$$

应纳进口消费税 = 400 000×30% = 120 000（元）

应纳进口增值税 = 400 000×17% = 68 000（元）

借：物资采购——进口化妆品　　200 000

　　应交税费——应交增值税（进项税额）　　68 000

　贷：银行存款　　268 000

（3）商品验收入库时：

借：库存商品——进口化妆品　　400 000

　贷：物资采购——进口化妆品　　400 000

六、零售环节应纳消费税的核算

（一）零售业务的有关规定

财政部、国家税务总局于 1994 年 12 月 24 日，下达了财税字［1994］095 号《关于调整金银首饰纳税环节的通知》，从 1995 年 1 月 1 日起，金银首饰消费税由生产销售环节征收改为零售环节征收。从 2002 年 1 月 1 日起，钻石及钻石饰品由生产、进口环节改为零售环节征税。税率由 10%减按 5%的税率征收。

金银首饰零售业务是指将金银首饰销售给中国人民银行批准的金银首饰生产、加工、批发、零售单位以外的单位和个人的业务（另有规定者除外）。下列行为视同零售业务：

（1）为经营单位以外的单位和个人加工金银首饰。加工包括带料加工、翻新改制、以旧换新等业务，不包括修理、清洗业务。

（2）经营单位将金银首饰用于馈赠、赞助、集资、广告、样品、职工福利、奖励等方面。

（3）未经中国人民银行总行批准经营金银首饰批发业务的单位将金银首饰销售给经营单位。

根据《金银首饰消费税征收管理办法》的规定：经中国人民银行总行批准经营金银首饰批发业务的单位，将金银首饰销售给同时持有《经营金银制品业务许可证》(以下简称《许可证》）影印件及《金银首饰购货（加工）管理证明单》(以下简称《证明单》）的经营单位，不征消费税。但其必须保留购货方的上述证件，否则一律视同零售征收消费税。

经中国人民银行批准从事金银首饰加工业务的单位为同时持有《许可证》影印件及《证明单》的经营单位加工金银首饰，不征消费税。但其必须保留委托方的上述证件，否则一律视同零售征收消费税。

经营单位兼营生产、加工、批发、零售业务的，应分别核算各自的销售额，未分别核算销售额或者划分不清的，一律视同零售征收消费税。

（二）商品流通企业零售金银首饰应纳消费税的核算

商品流通企业零售金银首饰，主要有以下两种销售方式：

1. 采取直接收款零售金银首饰应纳消费税的核算

商品流通企业采取直接收款销售金银首饰，计算应纳的消费税额，借记“营业税金及附加”科目，贷记“应交税费——应交消费税”科目。

【例 3-14】　某商场为增值税一般纳税人，本期取得金银首饰零售收入 35 100 元，款已收存银行。金银首饰消费税税率为 5%，商场应做会计处理如下：

（1）收到销售收入时：

零售收入的不含税销售额 $=\dfrac{35\ 100}{1+17\%}=30\ 000$（元）

增值税销项税额 $=40\ 000\times17\%=6\ 800$（元）

借：银行存款	35 100	
贷：主营业务收入		30 000
应交税费——应交增值税（销项税额）		5 100

（2）计算应纳消费税时：

应纳消费税额 $=30\ 000\times5\%=1\ 500$（元）

借：营业税金及附加	1 500	
贷：应交税费——应交消费税		1 500

2. 以旧换新销售金银首饰应纳消费税的核算

以旧换新方式销售的，按收取旧首饰的协议价格，借记“原材料”、“库存商品”科目；按新旧首饰收取的差价和应收取的增值税额，借记“现金”科目；按新首饰的不含增值税销项税额的销售价格，贷记“主营业务收入”科目；按应收取的增值税额，贷记“应交税费——应交增值税（销项税额）”科目。按计算的应纳消费税额，借记“营业税金及附加”科目，贷记“应交税费——应交消费税”科目。

【例 3-15】 某金银首饰零售商店，本期采用以旧换新销售方式收回旧金首饰 10 件，每件作价 2 000 元，每件新金首饰零售价 4 680 元（含增值税），顾客以现金补齐差额。增值税税率 17%，消费税税率为 5%，商店应做会计处理如下：

（1）收回旧金首饰和差价时：

$$新金首饰不含税销售额=\frac{46\ 800}{1+17\%}=40\ 000（元）$$

增值税销项税额 = 40 000×17% = 6 800（元）

借：原材料——回收旧首饰　　20 000
　　现金　　26 800
　贷：主营业务收入　　40 000
　　　应交税费——应交增值税（销项税额）　　6 800

（2）计算应纳消费税额时：

应纳消费税额 = 40 000×5% = 2 000（元）

借：营业税金及附加　　2 000
　贷：应交税费——应交消费税　　2 000

（三）旅游企业零售金银首饰应纳消费税的核算

1. 直接收款销售金银首饰

旅游企业销售金银首饰，取得的销售收入记入“主营业务收入”科目。因此，旅游企业销售金银首饰应缴纳的消费税，借记“营业税金及附加”科目，贷记“应交税费——应交消费税”科目。

【例 3-16】 某旅游公司下设一销售部专门销售金银首饰，销售部由当地主管税务机关认定按增值税小规模纳税人计算缴纳增值税。本期取得金银首饰的零售收入 24 720 元，消费税税率为 5%，旅游公司应做会计处理如下：

（1）取得销售收入时：

$$不含税销售额=\frac{24\ 720}{1-3\%}=24\ 000（元）$$

应纳增值税额 = 24 000×3% = 720（元）

借：现金　　24 720
　贷：主营业务收入　　24 000
　　　应交税费——应交增值税　　720

（2）计算应缴纳的消费税时：

应纳的消费税额 = 24 000×5% = 1 200（元）

借：营业税金及附加　　1 200

　贷：应交税费——应交消费税　　1 200

（3）以银行存款上缴消费税时：

借：应交税费——应交消费税　　1 200

　贷：银行存款　　1 200

2. 以旧换新销售金银首饰

采取以旧换新方式销售金银首饰的，销售实现时，按收购旧首饰的协议价，借记“原材料”、“库存商品”科目，按收取的新首饰的销售价格与旧首饰协议价格的差价和应收取的增值税额，借记“现金”科目；按新首饰销售的不含税销售价格，贷记“主营业务收入”科目，按应收取的增值税额，贷记“应交税费——应交增值税”科目。

【例 3-17】　某旅游公司下设一门市部专门销售金银首饰和珠宝玉石，由当地主管税务机关认定门市部视同小规模纳税人缴纳增值税。本期以旧换新销售金银首饰 20 件，收回每件旧首饰作价 1 600 元，每件新首饰零售价 4 120 元。消费税税率为 5%，旅游公司应做会计处理如下：

（1）取得销售收入时：

回收旧首饰作价合计金额 = 1 600×20 = 32 000（元）

新首饰不含税销售额 = 4 120÷（1+3%）×20 = 80 000（元）

应纳增值税额 = 80 000×3% = 2 400（元）

借：原材料——回收旧首饰　　32 000

　　现金　　50 400

　贷：主营业务收入　　80 000

　　应交税费——应交增值税　　2 400

（2）计算缴纳消费税时：

应纳消费税税额 = 80 000×5% = 4 000（元）

借：营业税金及附加　　4 000

　贷：应交税费——应交消费税　　4 000

第四节　出口货物退（免）消费税与减免、返还消费税的核算

一、出口货物退（免）消费税的核算

税法规定，纳税人出口应税消费品，国家给予退（免）税优惠。出口应税消费品同时涉及退（免）增值税和消费税，且退（免）消费税与出口货物退（免）增值税在退（免）税范围和退（免）税办理程序上有许多一致的地方。1995 年 7 月 1 日以后报关离境的应税消费品的退（免）消费税与其退（免）增值税一样，都统一执行财政部、国家税务总局颁发的《出口货物退（免）税若干问题规定》以及国家税务总局 1994 年颁发的《出口货物退（免）税管理办法》中仍有效的部分。因此，本节仅介绍出口应税消费品退（免）消费税某些不同于出口货物退（免）增值税的特殊规定。

(一) 出口应税消费品退(免)消费税的政策规定

出口应税消费品退(免)消费税在政策上有以下三种情况:

1. 出口免税并退税

适应该规定的是:有出口经营权的外贸企业购进应税消费品直接出口,以及外贸企业受其他外贸企业委托代理出口应税消费品。值得注意的是,外贸企业只有受其他生产企业和其他外贸企业委托、代理出口应税消费品才能办理退税,外贸企业受其他企业(是指非生产性的商贸企业)委托、代理出口应税消费品不退(免)税。

2. 出口免税但不退税

适应该规定的是:有出口经营权的生产性企业自营出口或生产企业委托外贸企业代理出口自产的应税消费品,依据其实际出口数量免征消费税,不予办理退还消费税。免征消费税是指对生产性企业按其实际出口数量免征生产环节消费税,不予办理退还消费税。因免征生产环节消费税,该应税消费品出口时已不含有消费税。所以,出口后也无需办理退还消费税。这项政策规定,与前述生产企业自营出口或委托代理出口自产货物退(免)增值税的规定是不一样的。其政策区别是,消费税仅在生产企业的生产环节征收,生产环节免了税,出口的应税消费品就不含消费税了。而增值税却在货物销售的各个环节征收,生产企业出口货物时,以前环节已缴纳的增值税仍需退还。

3. 出口不免税也不退税

适应该规定的是:除生产企业、外贸企业外的其他企业,具体是指一般商贸企业。这类企业委托外贸企业代理出口的应税消费品,一律不予退(免)消费税。

(二) 出口应税消费品的退税率

计算出口应税消费品应退消费税的退税率或税额,依据《消费税暂行条例》所附《消费税税目税率(税额)表》的规定执行。同一货物出口既退增值税又退消费税的,其退还增值税按规定的退税率计算;其退还消费税则按该应税消费品所适用的消费税税率计算。企业在会计处理上应将不同消费税税率的出口应税消费品分开核算和申报,凡划分不清适用税率的,一律从低适用税率计算应退消费税额。

(三) 出口应税消费品应退税额的计算

外贸企业从生产企业购进货物直接出口或受其他外贸企业委托代理出口应税消费品的应退消费税税款,分两种方法计算。

1. 属于从价定率计征消费税的应税消费品,应依照外贸企业从工厂购进货物时的购进价格计算。其基本计算公式为:

应退消费税税款=出口货物的工厂销售额×出口应税消费品的适用税率

公式中的“出口货物的工厂销售额”不包含增值税额,对含增值税的销售额应先换算为不含增值税的销售额才能计算。

2. 属于从量定额计征消费税的应税消费品,依货物报关出口的实际数量计算。其基本计算公式为:

应退消费税税额=报关出口的实际数量×出口应税消费品的单位税额

(四) 应退消费税额的会计处理

1. 生产企业直接出口应税消费品

有进出口经营权的生产企业直接出口货物，给予免税。因此，应税消费品出口时，不做税务会计处理。出口的应税消费品若发生退关或退货，可暂不办理补税，待其转为国内销售时，再计算申报应缴纳的消费税。其税务会计处理与国内销售应税消费品相同。

2. 生产企业委托外贸企业代理出口应税消费品

生产企业委托外贸企业代理出口应税消费品，应先缴纳消费税。所缴纳的消费税在其应税消费品出口后，由代理出口的外贸企业将出口的有关凭据交生产企业，由委托方（生产企业）申请办理退税事项。生产企业将出口货物移送外贸企业出口时，视同销售收入实现，按规定计算应缴纳的消费税额，借记“营业税金及附加”科目，贷记“应交税费——应交消费税”科目。待收到申请退还的消费税时，借记“银行存款”科目，贷记“应交税费——应交消费税”科目；同时，借记“应交税费——应交消费税”科目，贷记“营业税金及附加”科目。

【例 3-18】　甲企业本期将生产的一批汽车轮胎，不含增值税的销售额为 1 000 000 元、增值税额为 170 000 元，委托某外贸公司代理出口，并向外贸公司开具增值税专用发票。汽车轮胎的消费税税率为 3%，外贸公司将货物出口后并将有关退税凭据转给生产企业，生产企业按规定退回消费税款。甲企业应做会计处理如下：

（1）将货物移送外贸公司时：

借：应收账款——外贸公司　　1 170 000

　贷：主营业务收入　　1 000 000

　　　应交税费——应交增值税（销项税额）　　170 000

（2）计算应缴纳的消费税时：

应纳消费税额 = 1 000 000×3% = 30 000（元）

借：营业税金及附加　　30 000

　贷：应交税费——应交消费税　　30 000

（3）上缴消费税时：

借：应交税费——应交消费税　　30 000

　贷：银行存款　　30 000

（4）企业申请退回消费税款时：

借：银行存款　　30 000

　贷：应交税费——应交消费税　　30 000

同时：

借：应交税费——应交消费税　　30 000

　贷：营业税金及附加　　30 000

（注：应退的增值税额，按第二章应退增值税的有关方法处理。）

3. 外贸企业自营出口应税消费品

外贸企业从生产企业购进应税消费品自营出口，购入商品时按不含增值税（含消费税）的金额，借记“物资采购”科目，贷记“应付账款”、“银行存款”等科目；商品验收入库时，借记“库存商品”科目，贷记“物资采购”科目。

商品出口后，按取得的外汇收入折合为人民币，借记“银行存款”科目，贷记“主营业务收入”科目；同时结转出口货物的销售成本，借记“主营业务成本”科目，贷记“库存商品”科目；申请应退的消费税时，借记“应收补贴款”科目，贷记“主营业务成本”科目；待收到退税款时，借记“银行存款”科目，贷记“应收补贴款”科目。

【例 3-19】 某外贸公司本期从甲企业购进用于出口的应税消费品一批，取得甲企业开具的增值税专用发票，以银行存款支付购货金额 400 000 元、增值税额 68 000 元，货物并验收入库。本期内外贸公司将该批货物出口，取得销售收入 60 000 美元，美元与人民币的汇率为 1 : 7.5，款已收存银行。外贸公司将货物出口后按规定申请退回消费税税款。应税消费品的消费税税率为 15%，外贸公司应做会计处理如下：

（1）外贸公司支付购货款时：

借：物资采购——出口商品	400 000	
应交税费——应交增值税（进项税额）	68 000	
贷：银行存款		468 000

（2）货物验收入库时：

借：库存商品——出口商品	400 000	
贷：物资采购——出口商品		400 000

（3）货物出口实现收入时：

60 000×7.5＝450 000（元）

借：银行存款	450 000	
贷：主营业务收入		450 000

（4）结转出口货物销售成本时：

借：主营业务成本	400 000	
贷：库存商品——出口商品		400 000

（5）申请应退的消费税时：

应退的消费税额＝400 000×15%＝60 000（元）

借：其他应收款	60 000	
贷：主营业务成本		60 000

（6）收到退回的消费税款时：

借：银行存款	60 000	
贷：其他应收款		60 000

二、减免、返还消费税的核算

由于消费税的征税对象是少数需要进行调节的特定消费品，因此，除特殊情况外，一律不给予减免税优惠。《消费税暂行条例》第十一条规定：除国务院另有规定外，对纳税人出口的应税消费品免征消费税。

（1）企业对法定直接减免的消费税，不做会计处理。

（2）企业实际收到即征即退、先征后退、先征税后返还的消费税，借记“银行存款”科目，贷记“营业税金及附加”科目。

第五节　消费税的征收管理及报表

一、消费税纳税义务发生的时间

根据《消费税暂行条例》及其实施细则的规定，消费税纳税义务发生的时间有以下规定：

(1) 纳税人采取赊销和分期收款结算方式的，其纳税义务发生时间，为销售合同规定的收款日期的当天；书面合同没有约定收款日期或者无书面合同的，为发出应税消费品的当天。

(2) 纳税人采取预收货款结算方式的，其纳税义务发生的时间，为发出应税消费品的当天。

(3) 纳税人采取托收承付和委托银行收款方式销售的应税消费品，其纳税义务的发生时间，为发出应税消费品并办妥托收手续的当天。

(4) 纳税人采取其他结算方式销售货物的，其纳税义务发生的时间，为收讫销售款或者取得索取销售款的凭据的当天。

(5) 纳税人自产自用的应税消费品，其纳税义务发生的时间，为移送使用的当天。

(6) 纳税人委托加工的应税消费品，其纳税义务发生的时间，为委托方纳税人提货的当天。

(7) 纳税人进口应税消费品，其纳税义务的发生时间，为报关进口的当天。

二、消费税的纳税期限

按照《消费税暂行条例》的规定，消费税的纳税期限分别为1日、3日、5日、10日、15日、1个月或者1个季度。每个纳税人的具体纳税期限，由主管税务机关根据纳税人应纳税额的大小分别核定。如果不能按照固定期限纳税的，可以按次纳税。

纳税人以1个月或者1个季度为一期纳税的，自期满之日起15日内申报纳税；以1日、3日、5日、10日、15日为一期纳税的，自期满之日起5日内预缴税款，于次月1日起15日内申报纳税并结清上月应纳税款。

纳税人进口应税消费品，应当自海关填发海关进口消费税专用缴款书之日起15日内缴纳税款。

三、消费税的纳税地点

按照《消费税暂行条例》，消费税的纳税地点有如下规定：

(1) 纳税人销售的应税消费品以及自产自用的应税消费品，除国家另有规定外，应当向纳税人机构所在地或者居住地的主管税务机关申报纳税。

(2) 纳税人委托加工的应税消费品，除受托方为个人外，由受托方向机构所在地或者居住地的主管税务机关解缴消费税税款。

委托个人加工的应税消费品，由委托方向其机构所在地或者居住地主管税务机关申报纳税。

（3）纳税人进口的应税消费品，由进口人或者其代理人向报关地海关申报纳税。个人携带或者邮寄进境的应税消费品的消费税，连同关税一并计征。

（4）纳税人到外县（市）销售或委托外县（市）销售自产应税消费品的，于应税消费品销售后，向机构所在地或者居住地主管税务机关申报纳税。

（5）纳税人的总机构与分支机构不在同一县（市）的，应当分别向各自机构所在地的主管税务机关申报纳税；经财政部、国家税务总局或者其授权的财政、税务机关批准，可以由总机构汇总向总机构所在地的主管税务机关申报纳税。

出口的应税消费品办理退税后，发生退关，或者国外退货进口时予以免税的，报关出口者必须及时向其机构所在地或者居住地主管税务机关申报补缴已退的消费税税款。

纳税人直接出口的应税消费品办理免税后，发生退关或者国外退货进口时已予以免税的，经机构所在地或者居住地主管税务机关批准，可暂不办理补税，待其转为国内销售时，再申报补缴消费税。

另外，纳税人销售的应税消费品，如由于质量等原因由购买者退回时，经所在地主管税务机关审核批准后，可退还已征收的消费税税款。

四、消费税的报表

消费税的报表主要有“消费税纳税申报表”和“生产企业自营出口货物消费税免税申报表”。此类报表均应在规定的期限内如实填写并按时申报。

（一）消费税纳税申报表填列方法（格式见表3-5）

表3-5

消费税纳税申报表

填表日期：　　年　月　日

纳税编码

纳税人识别号

纳税人名称：　　　　　　　　　　　　　　　　　　地址：

税款所属期：　　年　月　日至　　年　月　日　　　　联系电话：

应税消费品名称	适用税目	应税销售额（数量）	适用税率（单位税额）	当期准予扣除外购应税消费品买价（数量）				外购应税消费品适用税率（数量）
				合计	期初库存外购应税消费品买价（数量）	当期购进外购应税消费品买价（数量）	期末库存外购应税消费品买价（数量）	
1	2	3	4	5=6+7−8	6	7	8	9
合计								

续表

应纳消费税		当期准予扣除外购应税消费品已纳税款	当期准予扣除委托加工应税消费品已纳税款			
本期	累计		合计	期初库存委托加工应税消费品已纳税款	当期收回委托加工应税消费品已纳税款	期末库存委托加工应税消费品已纳税款
15＝3×4−10 或 3×4−11 或 3×4－10－11	16	10＝5×9 或 10＝5×9（1－征减幅度）	11＝12+13−14	12	13	14

已纳消费税		本期应补（退）税金额			
本期	累计	合计	上期结算税额	补交本年度欠税	补交以前年度欠税
17	18	19＝15−26−27	20	21	22

截至上年底累计欠税额	本年度新增欠税额		减免税额	预缴税额	多缴税额
	本期	累计			
23	24	25	26＝3×4×征减幅度	27	28

如纳税人填报，由纳税人填写以下各栏		如委托代理人填报，由代理人填写以下各栏				备注
会计主管：（签章）	纳税人（公章）	代理人名称		代理人（公章）		
		代理人地址				
		经办人		电话		

以下由税务机关填写			
收到申报表日期		接收人	

填表说明：

1. 表中第 2 栏“适用税目”必须按照《中华人民共和国消费税暂行条例》规定的税目填写。

2. 第 10 栏，准予抵扣项目无减税优惠的按 10＝5×9 的勾稽关系填报；准予抵扣项目有减税优惠的按 10＝5×9（1−减征幅度）的勾稽关系填报。目前准予抵扣且有减税优惠的项目为石脑油、润滑油，减征幅度为70%。

3. 第26栏，全额免税的应税消费品按“26=3×4”填报，减征税款的应税消费品按“26=3×4×减征幅度”填报，目前有减税优惠的项目为石脑油、润滑油，润滑油、燃料油减征幅度为70%。

4. 本表一式三份，区（分）局、计征局、纳税人各一份。

（二）生产企业出口货物免税申报表（格式见表3-6）

第四章　营业税的核算

第一节　营业税核算的基本规定

营业税是指以在我国境内提供应税劳务、转让无形资产和销售不动产所取得的营业额为征税对象而征收的一种税。

营业税属于价内税，以其营业收入的全额为计税依据，税额不受成本高低的影响。同时，按行业设置税目、税率，应纳税额的计算比较简单。

一、营业税的纳税义务人和扣缴义务人

（一）纳税义务人的一般规定

在中华人民共和国境内提供应税劳务、转让无形资产或者销售不动产的单位和个人，为营业税的纳税人。

应税劳务是指属于交通运输业、建筑业、金融保险业、邮电通信业、文化体育业、娱乐业、服务业科目征收范围的劳务。加工和修理修配劳务属于增值税的征税范围，因此不属于营业税的应税劳务。单位或个体经营者聘用的员工为本单位或雇主提供的劳务，也不属于营业税的应税劳务。

（二）扣缴义务人

营业税的扣缴义务人是：

1. 中华人民共和国境外的单位或者个人在境内提供应税劳务、转让无形资产或者销售不动产，在境内未设有经营机构的，以其境内代理人为扣缴义务人；在境内没有代理人的，以受让方或者购买方为扣缴义务人。

2. 国务院财政、税务主管部门规定的其他扣缴义务人。

二、营业税的征税范围

现行营业税的核算范围包括九个税目，即交通运输业、建筑业、金融保险业、邮电通信业、文化体育业、娱乐业、服务业、转让无形资产和销售不动产。

（一）交通运输业

交通运输业是指使用运输工具或人力、畜力将货物或旅客送达目的地，使其空间位置得到转移的业务活动，主要包括以下五个子目：

1. 陆路运输

陆路运输是指通过地上或地下运送货物或旅客的运输业务，包括铁路运输、公路运

输、缆车运输、索道运输及电车、公共汽车等其他陆路运输。其中，铁路运输，包括中央铁路、地方铁路、企业专用铁路等。铁路运输的营运业务，包括客运、货运、邮运、行李包运输和其他运输业务。

2. 水路运输

水路运输是指通过江、河、湖、川等天然、人工水道或海洋航道运送货物或旅客的运输业务。另外，打捞也比照水路运输计算纳税。

3. 航空运输

航空运输是指使用飞机或其他飞行器，通过空中航线运送货物或旅客的运输业务，以及为这些业务提供的地面服务。

4. 管道运输

管道运输是指通过管道设施输送气体、液体、固体物资的运输业务。

5. 装卸搬运

装饰搬运是指使用装饰搬运工具或人力、畜力，将货物在运输工具之间、装饰现场之间，或运输工具与装饰现场之间进行装饰和搬运的业务活动。

另外，对搬家业务收入，按“交通运输业”税目中的“装卸搬运”征收营业税。

(二) 建筑业

建筑业是指以砌筑、组合、安装为手段，使产品与大地相连或固定不动的生产活动，主要包括以下五个子目：

1. 建筑

建筑是指新建、改建、扩建各种建筑物、构筑物的工程作业，包括与建筑物相连的各种设备或支柱、操作平台的安装或装设作业，以及各种窑炉和金属结构工程作业。

2. 安装

安装是指生产设备、动力设备、起重设备、运输设备、传动设备、医疗实验设备及其他各种设备的装配、安置工程作业，包括与设备相连的工作台、梯子、栏杆的装设工程作业和被安装设备的绝缘、防腐、保温、油漆等工程作业。

3. 修缮

修缮是指对建筑物、构筑物进行修补、加固、养护、改善，使之恢复原来的使用价值或延长其使用期限的工程作业。

4. 装饰

装饰是指建筑物、构筑物进行修饰，使之美观或具有特定用途的工程作业。

5. 其他工程作业

其他工程作业是指上列工程作业以外的各种工程作业，如代办电信工程、水利工程、道路修建、疏浚、钻井、拆除建筑物或构筑物、平整土地、搭脚手架、爆破等工程作业。

(三) 金融保险业

金融保险业是指经营金融、保险两大业务。

1. 金融业务

金融业务是指经营货币资金融通活动的业务，主要包括以下业务：

（1）贷款，是指将资金贷与他人使用的业务，包括自有资金贷款和转贷。自有资金贷款，是指将自有资本金或吸收单位和个人的存款贷与他人使用。转贷是指将借来的资金贷与他人使用。

典当业的抵押贷款业务，无论其资金来源如何，均按自有资金贷款征税。

人民银行贷款给金融机构的业务，不征营业税。贷款给企业或委托金融机构贷款的业务应当征收营业税。

（2）融资租赁，是指具有融资性质和所有权转移特点的设备租赁业务，即出租人根据承租人所要求的规格、型号、性能等条件购入设备后租赁给承租人，合同期内设备的所有权属于出租人，承租人只拥有使用权。合同期满付清租金后，承租人有权按残值购入设备，以拥有设备的所有权。凡融资租赁，无论出租人是否将设备残值销售给承租人，均应按照规定征税。

（3）金融商品转让，是指转让外汇、有价证券或非货物期货的所有权的行为。非货物期货是指除商品期货、贵金属期货以外的期货，如外汇期货等。

（4）金融经纪业，是指受托代他人经营金融活动的业务。

（5）其他金融业务，是指上列业务以外的各项金融业务，如银行结算、票据贴现等。

2. 保险

保险是指将通过契约形式集中起来的资金，用以补偿被保险人的经济利益的业务。

（四）邮电通信业

邮电通信业是指专门办理信息传递的业务。征税范围包括邮政和电信两大类：

1. 邮政

邮政是指传递实务信息的业务，包括传递函件（含快递业务）、包件、邮汇、报刊发行、邮政物品销售、邮政储蓄及其他邮政业务。

2. 电信

电信是指用各种电传设备传输电信号来传递信息的业务，包括电报、电传、电话、电话机安装、电信物品销售及其他电信业务。

（五）文化体育业

文化体育业是指经营文化、体育活动的业务，主要包括文化业和体育业两大类：

1. 文化业

文化业是指经营文化活动的业务，包括表演、播映、其他文化业。

2. 体育业

体育业是指举办各种体育比赛和为体育比赛或体育活动提供场所的业务。以租赁方式为文化活动、体育比赛提供场所，按“服务业”税目征税。

（六）娱乐业

娱乐业是指为娱乐活动提供场所和服务的业务，包括经营歌厅、舞厅、卡拉OK歌舞厅、音乐茶座、台球室、网吧、高尔夫球场、保龄球馆、游艺场等娱乐场所，以及娱乐场所为顾客进行娱乐活动提供服务的业务。

（七）服务业

服务业是指利用设备、工具、场所、信息或技能为社会提供服务的业务，包括以下八个子目：

1. 代理业

代理业是指代委托人办理受托事项的业务，包括代购代销货物、代办进口、介绍服务、其他代理服务。

2. 旅店业

旅店业是指提供住宿服务的业务。

3. 饮食业

饮食业是指通过同时提供饮食和饮食场所的方式为顾客提供饮食消费服务的业务。饭馆、餐厅及其他饮食服务场所，为顾客在就餐的同时进行的自娱自乐形式的歌舞活动所提供的服务，按"娱乐业"税目征税。

4. 旅游业

旅游业是指为旅游者安排食宿、交通工具和提供导游等旅游服务的业务。

5. 仓储业

仓储业是指利用仓库、货场或其他场所代客贮放、保管货物的业务。

6. 租赁业

租赁业是指在约定的时间内将场地、房屋、物品、设备或设施等转让给他人使用的经营业务。融资租赁不按本税目征税。

7. 广告业

广告业是指利用图书、报纸、杂志、广播、电视、电影、灯、路牌、招贴、橱窗、霓虹灯、灯箱等形式为介绍商品、经营服务项目、文体节目或通告、声明等事项进行宣传和提供相关服务的业务。

8. 其他服务

其他服务是指以上业务以外的服务业务。如沐浴、理发、洗染、照相、美术、裱画、誊写、打字、计算、测试、试验、化验、录音、录像、复印、晒图、设计、制图、勘探、打包、咨询等业务。

另外，相关规定有：

（1）自2002年1月1日起执行，福利彩票机构发行销售福利彩票取得的收入不征收营业税。对福利彩票机构以外的代销单位销售福利彩票取得的手续费收入应按规定征收营业税。"福利彩票机构"包括福利彩票销售管理机构和与销售管理机构签有电脑福利彩票投注站代理销售协议书，并直接接受福利彩票销售管理机构的监督、管理的电脑福利彩票投注站。

（2）对社保基金投资管理人、社保基金托管人从事社保基金管理活动取得的收入，依照税法的规定征收营业税。

（3）双方签订承包、租赁合同（协议，下同），将企业或企业部分资产出包、租赁，出包、出租者向承包、承租方收取的承包费、租赁费（承租费，下同）按"服务业"税目征收营业税。出包方收取的承包费凡同时符合以下三个条件的，属于企业内部分配行为，不征收营业税：

①承包方以出包方名义对外经营，由出包方承担相关的法律责任。

②承包方的经营收支全部纳入出包方的财务会计核算。

③出包方与承包方的利益分配是以出包方的利润为基础。

（4）单位和个人在旅游景点经营索道取得的收入按“服务业”税目“旅游业”项目征收营业税。

（八）转让无形资产

转让无形资产是指转让无形资产的所有权或使用权的行为。无形资产是指不具备实物形态，但能带来经济利益的资产，包括以下七个子目：

1. 转让土地使用权

转让土地使用权是指土地使用者转让土地使用权的行为。土地所有者出让土地使用权和土地使用者将土地使用权归还给土地所有者的行为，不征收营业税。土地租赁也不按本税目征税。

2. 转让商标权

转让商标权是指转让商标的所有权或使用权的行为。

3. 转让专利权

转让专利权是指转让专利技术的所有权或使用权的行为。

4. 转让非专利技术

转让非专利技术是指转让非专利技术的所有权或使用权的行为。提供无所有权的行为，不按本税目征税。

5. 转让著作权

转让著作权是指转让著作的所有权或使用权的行为。著作，包括文字著作、图形著作（如画册、影集）、音像著作（如电影母片、录像带母带）。

6. 转让商誉

转让商誉是指转让商誉的使用权的行为。

7. 以无形资产投资入股，参与接受投资方的利润分配、共同承担投资风险的行为，不征收营业税。在投资后转让其股权的也不征收营业税。

8. 单位或者个人将土地使用权无偿赠送其他单位或者个人，应视同销售征收营业税。

（九）销售不动产

销售不动产是指有偿转让不动产所有权的行为。不动产是指不能移动，移动后会引起性质、形状改变的财产。包括以下两大类：

1. 销售建筑物或构建物

销售建筑物或构建物是指有偿转让建筑物或构建物的所有权的行为。以转让有限产权或永久使用权方式销售建筑物，视同销售建筑物。

2. 销售其他土地附着物

销售其他土地附着物是指有偿转让其他土地附着物的所有权的行为。其他土地附着物是指建筑物或构建物以外的其他附着于土地的不动产。

单位（不包括个人）将不动产无偿赠送他人，视同销售不动产。

在销售不动产时，连同不动产所占土地的使用权一并转让的，其土地使用权的转让行为比照销售不动产征税。

以不动产投资入股，参与接受投资方利润分配、共同承担投资风险的行为，不收征营业税。在投资后转让其股权的也不征收营业税。

单位或者个人将不动产无偿赠送其他单位或者个人，应视同销售征收营业税。

第二节 营业税应纳税额的计算

一、营业税的税率

营业税实行比例税率，按照行业、类别的不同分别采用了不同的比例税率，具体规定为：

（1）交通运输业、建筑业、邮电通信业、文化体育业，税率为3%。

（2）金融保险业、服务业、销售不动产、转让无形资产，税率为5%。

（3）娱乐业执行5%~20%的幅度税率，具体适用的税率，由各省、自治区、直辖市人民政府根据当地的实际情况在税法规定的幅度内决定。

纳税人兼营不同税率的应税行为，应当分别核算不同税目的营业额、转让额或销售额，未分别核算或者不能准确核算的，一律从高适用税率征税。营业税的税目、税率表如表4-1所示。

表4-1 **营业税税目、税率表**

税目	征税范围	税率
一、交通运输业	陆路运输、水路运输、航空运输、管道运输、装卸搬运	3%
二、建筑业	建筑、安装、修缮、装饰、其他工程业务	3%
三、金融保险业	金融、保险	5%
四、邮电通信业	邮政、电信	3%
五、文化体育业	文化、体育	3%
六、娱乐业	歌厅、舞厅、卡拉OK歌舞厅、音乐茶座、高尔夫球场、游艺场、台球室、保龄球馆	5%~20%
七、服务业	代理业、旅店业、饮食业、旅游业、仓储业、租赁业、广告业、其他服务业务	5%
八、转让无形资产	转让土地使用权、专利权、非专利技术、商标权、著作权、商誉	5%
九、销售不动产	销售建筑物及其他土地附着物	5%

二、营业额的确定

营业税的应纳税额为纳税人取得的营业额乘以其适用税率。基本计算公式为：

应纳税额=营业额×税率

从计算公式可以看出，能否正确计算营业税的应纳税额，关键在于营业额的计算。在正常情况下，营业额包括纳税人从对方收取的全部价款和价外收取的一切价外费用。《营业税暂行条例》所称的价外费用，包括向对方收取的手续费、基金、集资费、代收款项、代垫款项及其他各种性质的价外收费。税法规定，凡是价外费用，无论会计制度规定如何核算，均应并入营业额计算应纳税额。

如果纳税人提供应税劳务、转让无形资产或销售不动产，申报纳税的价格明显偏低且无正当理由的，主管税务机关有权按下列顺序核定其营业额：

第一，按纳税人当月提供的同类应税劳务或销售的同类不动产的平均价格核定。

第二，按纳税人最近时期提供的同类应税劳务或销售的同类不动产的平均价格核定。

第三，按组成计税价格核定：

$$组成计税价格=\frac{营业成本或工程成本\times（1+成本利润率）}{1-营业税税率}$$

公式中的成本利润率，由省、自治区、直辖市人民政府所属税务机关确定（湖北省暂确定为10%）。

营业税各税目的营业额具体规定如下：

（一）交通运输业的营业额

交通运输的营业额，包括客运收入、装卸搬运收入、其他运输业务收入和运输票价中包含的保险费收入，以及随同票价、货运运价向客户收取的各种交通建设基金。税法对某些特定情况的营业额又做了具体规定：

1. 运输出境的营业额

运输企业自中华人民共和国境内运输旅客或货物出境，在境外改由其他运输企业承运乘客或货物的，以全程运费减去付给该承运企业的运费后的余额为营业额。

2. 联运业务的营业额

运输企业从事联运业务的营业额为其实际取得的营业额。联运业务是指两个以上运输企业完成旅客或货物从发送地点至到达地点所进行的运输业务。联运的特点是一次购票，一次收费，一票到底。

实际取得的营业额是指运输企业开展联运业务时，以收到的收入扣除支付给以后的承运者的运费、装饰费、换装费等费用后的余额。

3. 中央铁路运营业务的营业额

中央铁路运营业务的营业额，包括中央铁路运营业务的以下各项收入：

（1）旅客票价收入。收入内容包括车站发售的旅客票价收入、上车乘客的补票收入，旅客票价加价收入（季节性、优质优价）。

（2）行李运费收入。收入内容包括发送行李运费、变更到站行李运费、国际联运国内段运费。

（3）包裹运费收入。收入内容包括发送包裹运费、变更到站包裹运费、国际联运国内段运费。

（4）邮运运费收入。收入内容包括自备邮政车挂运费、租用邮政车和占用邮政车容间使用费及邮政押运人员乘车费。

（5）货物运费收入。收入内容包括发送现付、到付、后付整车运费、发送零担货物运费、发送集装箱货物运费、快运费、冷藏车运费、短途附加费、国际联运国内段运费、自备车、租用铁路货车空车挂运费、变更到站货物运费、分卸作业费、特种货车使用费、回送费、集装箱使用费、拼箱费、电气化附加费、煤运特价收入。

（6）客货运服务收入。收入内容包括站台票和订票收入、送票费、行包保管费、接取送达费、携带品暂行存费、货物暂存费、有价表格费、签证费、贵宾室使用费、补票手续费。

（7）旅游车浮动票价收入。

（8）国际联运集装箱服务费，运营监管线收入。

（9）保价收入。收入内容包括行包保价收入和货物保价收入。

（10）铁路建设基金。

（11）其他收入。收入内容包括以下项目：

客运其他收入：到站、列车补收无票旅客票价收入、列车上发售卧铺票价收入，站、车对携带品超重、超限及无票运货补收的运杂费，退票费、包车租用费、行包变更手续费、行包运杂费迟交金、行包查询费。

货运其他收入：过秤费、取送车费、货车延期使用费、货车篷布使用费、地方铁路货车使用费、守车租用费、工程线货车使用费、货运计划违约金、超载违约金等。

4. 航空运输业的营业额

航空运输业的营业额，包括航空运输企业、单位和个人经营客运、货运、邮运、专包机运输、通用航空运输收入和其他业务收入，以及运输价款中包含的保险费，民航部门取得的地面服务费收入。

5. 装卸搬运的营业额

装卸搬运的营业额，包括货物装卸搬运收入、小件搬运收入、行李包装卸收入。

（二）建筑业的营业额

建筑业的营业额是指承包建筑、修缮、安装、装饰和其他工程作业取得的营业收入，即建筑安装企业向建设方收取的工程价款和工程价款之外收取的各种费用。具体规定如下：

（1）直接从事工程作业的营业额。①纳税人提供建筑业劳务（不含装饰劳务）的，其营业额应当包括工程所用原材料、设备及其他物资和动力价款在内，但不包括建设方提供的设备的价款。②纳税人从事安装工程作业，如果安装企业只负责安装，并取得安装费收入，以其安装费收入为营业额；凡所安装的设备的价值作为安装工程产值的，其营业额应包括设备的价款在内。

（2）总承包人承包工程的营业额。建筑业的总承包人将工程分包或转包给他人的，以工程的全部承包额减去付给分包人或者转包人的价款后的余额为营业额。

（3）销售自建建筑物的营业额。单位或者个人自己新建（以下简称自建）建筑物后销售，其自建行为视同提供应税劳务计算征收建筑业营业税，其营业额按组成计税价格确定，组成计税价格公式如前所述；同时按销售不动产征收营业税。

（4）纳税人采用清包工形式提供的装饰劳务，按照其向客户实际收取的人工费、管理费和辅助材料费等收入（不含客户自行采购的材料价款和设备价款）确认计税营业额。

清包工形式提供的装饰劳务是指工程所需的主要原材料和设备由客户自行采购，纳税人只向客户收取人工费、管理费及辅助材料费等费用的装饰劳务。

（三）金融保险业的营业额

金融业的营业额，包括贷款利息收入、融资租赁收益，金融商品转让收益，以及从事金融经纪业和其他金融业务的手续费收入。保险业的营业额为保险机构经营保险业务所收取的保费收入。有关具体规定如下：

1. 贷款业务的营业额

贷款业务是指将自有资金贷与他人使用的行为。自 2003 年 1 月 1 日起，对金融企业（包括国有、集体、股份制、合资、外资银行以及其他所有制形式的银行，城市信用社和农村信用社，信托投资公司和财务公司），按以下规定征收营业税：

（1）金融企业发放贷款（包括自营贷款和委托贷款，下同）后，凡在规定的应收未收利息核算期内发生的应收利息，均应按规定申报缴纳营业税；贷款应收利息自结息之日起，超过应收未收利息核算期限或贷款本金到期（含展期）超过 90 天后尚未收回的，按照实际收到利息申报缴纳营业税。

（2）对金融企业 2001 年 1 月 1 日以后发生的已缴纳过营业税的应收未收利息（包括自营贷款和委托贷款利息，下同），超过应收未收利息核算期限后仍未收回或其贷款本金到期（含展期）后尚未收回的，可从以后的营业额中减除。

（3）金融企业在 2000 年 12 月 31 日以前已缴纳过营业税的应收未收利息，原则上应在 2005 年 12 月 31 日前从营业额中减除完毕。但已移交给中国华融、长城、东方和信达资产管理公司的应收未收利息不得从营业额中减除。

（4）税务机关对金融企业营业税征收管理时，负责核对从营业额中减除的应收未收利息是否已征收过营业税，该项从营业额中减除的应收未收利息是否符合财政部或国家税务总局制定的财务会计制度以及税法规定。

金融企业从营业额中减除的应收未收利息的额度和年限以该金融企业确定的额度和年限确定，各级地方政府及其财政、税务机关不得规定金融企业应收未收利息从营业额中减除的年限和比例。

2. 转贷业务的营业额

转贷业务是指金融机构将借入的资金贷与他人使用的业务行为，这种业务以贷款利息减去借款利息后的余额为营业额。金融机构将吸收的单位和个人的存款或者自有资本金贷与他人使用的业务，不属于转贷业务，应按贷款业务对利息全额征税。金融机构从事转贷业务和贷款业务，应划分清楚各自的营业额，未划分或者未划分清楚的，一律按照贷款业务计算征税。

转贷外汇业务，是指金融机构直接从境外借入外汇资金，然后再贷给国内企业。外汇转贷业务营业额包括：

（1）中国银行系统从事的外汇转贷业务，如上级行借入外汇资金后转给下级行贷给国内用户的，在下级行以其向借款方收取的全部利息收入全额为营业额（包括基准利率计算的利息和各种加息、罚息等）。在借入外汇的上级行，以贷款利息收入和其他应纳营业税的收入减去支付给境外的借款利息支出后的余额为营业额。

（2）其他银行从事的外汇转贷业务，如上级行借入外汇资金后转给下级行贷给国内用户的，在下级行以其向借款方收取的全部利息收入减去上级行核定的借款利息支出额后的余额为营业额。上级行核定的借款利息支出额与实际支出额不符的，由上级行从其应纳的营业税中抵补。

3. 外汇、有价证券、期货买卖业务的营业额

外汇、有价证券、期货买卖业务是指金融机构（包括银行和非银行金融机构）从事的外汇、有价证券、期货买卖业务。非金融机构和个人买卖外汇、有价证券、或期货，不征收营业税。期货是指非货物期货，货物期货不征收营业税。外汇、有价证券、期货买卖业务以卖出价减去买入价后的余额为营业额。

4. 金融租赁

金融租赁是指经中国人民银行或者对外贸易经济合作部批准经营融资租赁业务的单位所从事的融资租赁业务。融资租赁以其向承租者收取的全部价款和价外费用（包括残值）减去出租方承担的出租货物的实际成本后的余额，以直线法折算出本期的营业额。计算方法为：

本期营业额=（应收取的全部价款和价外费用-实际成本）×（本期天数÷总天数）

实际成本=货物购入原价+关税+增值税+消费税+运杂费+安装费+保险费+支付给境外的外汇借款利息支出和人民币借款利息

5. 金融商品转让

金融企业（包括银行和非银行金融机构，下同）从事股票、债券买卖业务以股票、债券的卖出价减去买入价后的余额为营业额，即营业额=卖出价-买入价。卖出价是指卖出原价，不得扣除卖出过程中支付的各种费用和税金。买入价是指购进原价，不包括购进过程中支付的各种费用和税金，但买入价应依照财务会计制度规定，以股票、债券的购入价减去股票、债券持有期间取得的股票、债券红利收入。

金融企业买卖金融商品（包括股票、债券、外汇及其他金融商品，下同），可在同一会计年度末，将不同纳税期出现的正差和负差按同一会计年度汇总的方式计算并缴纳营业税，如果汇总计算应缴的营业税税额小于本年已缴纳的营业税税额，可以向税务机关申请办理退税，但不得将一个会计年度内汇总后仍为负差的部分结转下一会计年度。

6. 金融经纪业和其他金融业务

金融经纪业务和其他金融业务（中间业务）营业额为手续费（佣金）类的全部收入。金融企业从事受托收款业务，如代收电话费、水电煤气费、信息费、学杂费、寻呼费、社保统筹费、交通违章罚款、税款等，以全部收入减去支付给委托方价款后的余额

为营业额。

7. 保险业营业额

（1）办理初保业务。营业额为纳税人经营保险业务向对方收取的全部价款，即向被保险人收取的全部保险费。

（2）储金业务。保险公司采用收取储金方式取得经济利益的（即以被保险人所交保险资金的利息收入作为保费收入，保险期满后将保险资金本金返还被保险人），其“储金业务”的营业额，为纳税人在纳税期内的储金平均余额乘以人民银行公布的一年期存款的月利率。储金平均余额为纳税期期初储金余额与期末余额之和乘以50%。

（3）保险企业已征收过营业税的应收未收保费，凡在财务会计制度规定的核算期限内未收回的，允许从营业额中减除。在会计核算期限以后收回的已冲减的应收未收保费，再并入当期营业额中。

（4）保险企业开展无赔偿奖励业务的，以向投保人实际收取的保费为营业额。

（5）中华人民共和国境内的保险人将其承保的以境内标的物为保险标的的保险业务向境外再保险人办理分保的，以全部保费收入减去分保保费后的余额为营业额。

境外再保险人应就其分保收入承担营业税纳税义务，并由境内保险人扣缴境外再保险人应缴纳的营业税税款。

8. 典当业

典当业以经营者取得的利息和其他各种费用为营业额。

9. 外币折合成人民币

金融保险业以外汇结算营业额的，应将外币折合成人民币后计算营业税。原则上金融业按其收到的外汇的当天或当季季末中国人民银行公布的基准汇价折合营业额，保险业按其收到的外汇的当天或当月最后一天中国人民银行公布的基准汇价折合营业额，报经省级税务机关批准后，允许按照财务制度规定的其他基准汇价折合营业额。

（四）邮电通信业的营业额

1. 邮政业务的营业额

邮政业务的营业额，包括传递函件或包件、邮汇、报刊发行、邮政物品销售、邮政储蓄、其他邮政业务等取得的收入额。

2. 电信业务的营业额

电信业务的营业额，包括提供电报、电传、电话、电话机安装、电信物品销售、其他电信业务等取得的收入额。

邮政电信单位与其他单位合作，共同为用户提供邮政电信业务及其他服务并由邮政电信单位统一收取价款的，以全部收入减去支付给合作方价款后的余额为营业额。

对国家邮政局及其所属邮政单位提供邮政普遍服务和特殊服务业务（具体为函件、包裹、汇票、机要通信、党报党刊发行）取得的收入免征营业税。享受免税的党报党刊发行收入按邮政企业报刊发行收入的70%计算。以上自2006年1月1日起执行；2006年1月1日至文到之日应享受免税但已缴纳的营业税，可以从以后应缴的营业税税款中抵扣。

中国移动通信集团公司通过手机短信公益特服号“8858”为中国儿童少年基金会

接受捐款业务，以全部收入减去支付给中国儿童少年基金会的价款后的余额为营业额。

（五）文化体育业的营业额

文化体育业的营业额，包括提供各种文化、体育活动所取得的全部收入额。另外，有以下具体规定：

（1）单位和个人进行演出，以全部票价收入或包场收入减去付给提供演出场所的单位、演出公司或经纪人的费用后的余额为营业额。

（2）浏览场所的营业额是指公园、动（植）物园及其他浏览场所销售门票的收入额。不包括这些场所从事的其他游艺活动或其他经营活动的收入。

（六）服务业的销售额

服务业以提供的各项服务所收取的营业收入为营业额。具体规定如下：

1. 代理业的营业额

代理业以经营代理业务的纳税人向委托方实际收取的报酬为营业额。

2. 旅游业的营业额

旅游企业组织旅游团在中国境内旅游的，以收取的旅游费减去替旅游者支付给其他单位的房费、餐费、交通、门票和其他代付费用后的余额为营业额。

旅游企业组织旅游团到境外旅游，在境外改由其他旅游团接团的，以全程旅游费减去付给该接团企业的旅游费后的余额为营业额。

3. 旅店业的营业额

旅店业以提供住宿服务收取的服务收入为营业额。旅店业的服务范围比较广泛，一般包括住宿、餐饮、日用品销售等项目。税法规定，旅店业提供服务的经营项目应分别核算其营业额，如果不分别核算或不能准确核算的，从高确定税率计算征税。

4. 广告业的营业额

广告业以取得的广告设计、制作、刊登、播映等各项收入为营业额。对电台、电视台、报刊社、广告公司等广告经营单位取得的赞助费收入，以及体育馆、运动场举办的体育比赛和文艺演出为企业单位打广告所取得的广告费收入，均应按全额征税，不得扣除付给广告公司制作广告的加工费。

广告代理业的营业额为代理者向委托方收取的全部价款和价外费用减去付给广告发布者的广告发布费后的余额。

5. 从事物业管理的单位，以与物业管理有关的全部收入减去代业主支付的水、电、燃气以及代承租者支付的水、电、燃气、房屋租金的价款后的余额为营业额。

6. 对经过国家版权局注册登记，在销售时一并转让著作权、所有权的计算机软件征收营业税。计算机软件产品是指记载有计算机程序及其有关文档的存储介质（包括软盘、硬盘、光盘等）。

7. 境内单位派出本单位的员工赴境外，为境外企业提供劳务服务，不属于在境内提供应税劳务。对境内企业外派本单位员工赴境外从事劳务服务取得的各项收入，不征收营业税。

8. 从事物业管理的单位，以与物业管理有关的全部收入减去代业主支付的水、电、燃气以及代承租者支付的水、电、燃气、房屋租金的价款后的余额为营业额。

9. 纳税人从事无船承运业务，以其向委托人收取的全部价款和价外费用扣除其支付的海运费以及报关、港杂、装卸费用后的余额为计税营业额申报缴纳营业税。

纳税人从事无船承运业务，应按照其从事无船承运业务取得的全部价款和价外费用向委托人开具发票，同时应凭其取得的开具给本纳税人的发票或其他合法有效凭证作为差额缴纳营业税的扣除凭证。

（七）娱乐业的营业额

娱乐业以纳税人向顾客收取的全部收入为营业额，即纳税人向顾客收取的门票费、台位费、点歌费、烟酒费、饮料费和收取的其他娱乐费收入。高尔夫俱乐部所收取的会员会费收入、游乐场所内的游艺活动收入均按娱乐业的规定征收营业税。

娱乐业的纳税人如果兼营营业税的其他税目的业务，应将娱乐业税目的营业额分别核算，分别申报纳税。如果不分别核算或不能准确分别核算其各自的营业额，按所涉及税目中的最高税率计算纳税。

（八）转让无形资产的营业额

转让无形资产以取得的转让额为营业额，包括向受让方收取的全部货币、实物和其他经济利益。转让方收取实物时，由税务机关根据同类物品的市场销售价格核定实物的价值；转让方取得其他经济利益时，也由税务机关核定其货币价值。

（九）销售不动产的营业额

（1）单位和个人销售或转让其购置的不动产或受让的土地使用权，以全部收入减去不动产或土地使用权的购置或受让原价后的余额为营业额。

（2）单位和个人销售或转让抵债所得的不动产、土地使用权的，以全部收入减去抵债时该项不动产或土地使用权作价后的余额为营业额。

（3）自2009年1月1日至12月31日，个人将购买不足两年的非普通住房对外销售的，全额征收营业税；个人将购买超过两年（含两年）的非普通住房或者不足两年的普通住房对外销售的，按照其销售收入减去购买房屋的价款后的差额征收营业税；个人将购买超过两年（含两年）的普通住房对外销售的，免征营业税。

上述普通住房和非普通住房的标准、办理免税的具体程序、购买房屋的时间、开具发票、差额征税扣除凭证、非购买形式取得住房行为及其他相关税收管理规定，按照《国务院办公厅转发建设部等部门关于做好稳定住房价格工作意见的通知》(国办发［2005］26号)、《国家税务总局财政部建设部关于加强房地产税收管理的通知》(国税发［2005］89号）和《国家税务总局关于房地产税收政策执行中几个具体问题的通知》(国税发［2005］172号）的有关规定执行。

（十）几种特殊情况的规定

（1）纳税人兼营应税劳务与货物或非应税劳务的，应分别核算应税劳务的营业额和货物或非应税劳务的销售额。不分别核算或者不能准确核算的，其应税劳务与货物或非应税劳务一并征收增值税，不征收营业税。纳税人的应税劳务是否一并征收增值税，由国家税务总局所属征收机关确定。

（2）从事运输业务的单位和个人，发生销售货物并负责运输所销售货物的混合销售行为，征收增值税。

(3) 纳税人应纳税额以人民币计算，纳税人以外汇结算营业额的，应当按人民币的外汇折合率折算成人民币后再计算应纳税额。外汇折合率可选择营业额发生的当天或当月1日的国家外汇牌价（原则上采用中间价）。纳税人应事先确定选用何种折合率，确定后一年内不得变更。金融保险企业营业额的人民币折合率为上年决算报表确定的汇率。

(4) 合作建房。合作建房是指由一方（称甲方）提供土地使用权，另一方（称乙方）提供资金，合作建房。合作建房的方式有两种：

第一种方式是纯粹的“以物易物”，即双方以各自拥有的土地使用权和房屋所有权相互交换。具体交换方式有两种：

①土地使用权和房屋使用权相互交换，双方都取得了部分房屋的所有权。在这种合作过程中，甲方以转让部分土地使用权为代价，换取部分房屋的所有权，发生了转让土地使用权的行为；乙方则以转让部分房屋的所有权为代价，换取部分土地的使用权，发生了销售不动产的行为。对甲方应按“转让无形资产”税目中的“转让土地使用权”子目征税；对乙方应按“销售不动产”税目征税。由于双方没有进行货币结算，应按照《中华人民共和国营业税暂行条例实施细则》(以下简称《实施细则》）第十五条的规定，分别核算双方各自的营业额。如果合作建房的双方（或任何一方）将分得的房屋销售出去，则又发生了销售不动产的行为，应对其销售收入再按“销售不动产”征收营业税。

②以出租土地使用权为代价换取房屋所有权。如甲方将土地使用权出租给乙方若干年，乙投资在该土地上建造建筑物并使用，租赁期满后，乙方将土地使用权连同建筑物归还甲方。甲方以出租土地使用权为代价换取建筑物，发生了出租土地使用权的行为，应按“服务业——租赁业”征收营业税；乙方发生销售不动产的行为，对其按“销售不动产”税目征营业税。对双方分别征税时，其营业额按《实施细则》中第十五条的规定计算。

第二种方式是甲方以土地使用权，乙方以货币资金合股，成立合营企业，合作建房。具体又分为以下三种情况：

①房屋建成后，如果双方采取风险共担，利润共享的分配方式，按照营业税“以无形资产投资入股，共担风险的行为”，不征收营业税。只对合作企业销售房屋取得的收入按销售不动产征税。双方分得的利润不征收营业税。

②房屋建成后，甲方如果采取按销售收入的一定比例提成的方式参与分配，或提取固定利润，则不属于营业税中投资入股的行为，而属于将土地转让给合营企业的行为。对甲方取得的固定利润或从销售收入按比例提取的收入，按“转让无形资产”征税；对合营企业按销售房屋的全部销售收入依“销售不动产”税目征收营业税。

③如果房屋建成后，双方按一定比例分配房屋，则此种经营行为也未构成营业税中所说的以无形资产入股的行为。应首先对甲方向合营企业转让的土地，按“转让无形资产”征税，其营业额按《实施细则》中的规定计算。其次，对合营企业的房屋，分配给甲、乙双方后，如各自销售，则再按“销售不动产”征税。

(5) 合作开发房地产项目。

①国税发［2009］31号文第36条规定，企业以本企业为主体联合其他企业、单位、个人合作或合资开发房地产项目，且该项目未成立独立法人公司的，按下列规定进行处理：

凡开发合同或协议中约定向投资各方（即合作、合资方，下同）分配开发产品的，企业在首次分配开发产品时，如该项目已经结算计税成本，其应分配给投资方开发产品的计税成本与其投资额之间的差额计入当期应纳税所得额；如未结算计税成本，则将投资方的投资额视同销售收入进行相关的税务处理。

凡开发合同或协议中约定分配项目利润的，应按以下规定进行处理：企业应将该项目形成的营业利润额并入当期应纳税所得额统一申报缴纳企业所得税，不得在税前分配该项目的利润。同时不能因接受投资方投资额而在成本中摊销或在税前扣除相关的利息支出。

投资方取得该项目的营业利润应视同股息、红利进行相关的税务处理。

②国税发［2009］31号文第37条规定，企业以换取开发产品为目的，将土地使用权投资其他企业房地产开发项目的，按以下规定进行处理：

企业应在首次取得开发产品时，将其分解为转让土地使用权和购入开发产品两项经济业务进行所得税处理，并按应从该项目取得的开发产品（包括首次取得的和以后应取得的）的市场公允价值计算确认土地使用权转让所得或损失。

（6）单位和个人提供营业税应税劳务、转让无形资产和销售不动产发生退款，凡该项退款已征收过营业税的，允许退还已征税款，也可以从纳税人以后的营业额中减除。

（7）单位和个人在提供营业税应税劳务、转让无形资产、销售不动产时，将价款与折扣额在同一张发票上注明的，以折扣后的价款为营业额；将折扣额另开发票的，不论其在财务上如何处理，均不得从营业额中减除。

电信单位销售的各种有价电话卡，由于其计费系统只能按有价电话卡面值出账并按有价电话卡面值确认收入，不能直接在销售发票上注明折扣折让额，以按面值确认的收入减去当期财务会计上体现的销售折扣折让后的余额为营业额。

（8）单位和个人提供应税劳务、转让无形资产和销售不动产时，因受让方违约而从受让方取得的赔偿金收入，应并入营业额中征收营业税。

（9）单位和个人因财务会计核算办法改变将已缴纳过营业税的预收性质的价款逐期转为营业收入时，允许从营业额中减除。

（10）劳务公司接受用工单位的委托，为其安排劳动力，凡用工单位将其应支付给劳动力的工资和为劳动力上缴的社会保险（包括养老保险金、医疗保险、失业保险、工伤保险等，下同）以及住房公积金统一交给劳务公司代为发放或办理的，以劳务公司从用工单位收取的全部价款减去代收转付给劳动力的工资和为劳动力办理社会保险及住房公积金后的余额为营业额。

（11）通信线路工程和输送管道工程所使用的电缆、光缆和构成管道工程主体的防腐管段、管件（弯头、三通、冷弯管、绝缘接头）、清管器、收发球筒、机泵、加热炉、金属容器等物品均属于设备，其价值不包括在工程的计税营业额中。

其他建筑安装工程的计税营业额也不应包括设备价值，具体设备名单可由省级地方税务机关根据各自实际情况列举。

三、税收优惠

(一) 起征点

营业税起征点的适用范围限于个人。

营业税起征点的幅度规定如下：

(1) 按期纳税的，为月营业额 1 000~5 000 元。

(2) 按次纳税的，为每次（日）营业额 100 元。

省、自治区、直辖市财政厅（局)、税务局应当在规定的幅度内，根据实际情况确定本地区适用的起征点，并报财政部、国家税务总局备案。

(二) 税收优惠规定

根据《营业税暂行条例》(2008 年 11 月 10 日发布）的规定，下列项目免征营业税：

(1) 托儿所、幼儿园、养老院、残疾人福利机构提供的育养服务、婚姻介绍、殡葬服务。

(2) 残疾人员个人为社会提供的劳务。

(3) 学校和其他教育机构提供的教育劳务，学生勤工俭学提供的劳务。学校和其他教育机构是指普通学校以及经地、市级以上人民政府或者同级政府的教育行政部门批准成立、国家承认其学员学历的各类学校。

(4) 农业机耕、排灌、病虫害防治、植保、农牧保险以及相关技术培训业务。家禽、牲畜、水生动物的配种和疾病防治。

(5) 纪念馆、博物馆、文化馆、美术馆、展览馆、书画院、图书馆、文物保护单位举办文化活动的门票收入，宗教场所举办文化、宗教活动的门票收入。

(6) 医院、诊所和其他医疗机构提供的医疗服务。

(7) 境内保险机构为出口货物提供的保险产品。

第三节　营业税应纳税额的会计核算

一、会计科目的设置

营业税的会计核算，主要反映应纳营业税额的计算和会计处理。按照规定，企业缴纳的营业税，一般通过借记“营业税金及附加”科目，贷记“应交税费——应交营业税”科目进行核算。特殊情况如下：

(1) 金融企业接受其他企业委托发放贷款，收到委托贷款利息，计算应代扣代缴的营业税，借记“应付账款——应付委托贷款利息”科目，贷记“应交税费——代扣代缴营业税”科目。

(2) 建筑安装企业实行分包或转包的，由总承包人代扣代缴的营业税，借记“应付账款”科目，贷记“应交税费——代扣代缴营业税”科目。

(3) 企业（房地产开发企业经营房屋不动产除外）销售不动产，按销售额和规定的税率计算应缴纳的营业税，借记“固定资产清理”科目，贷记“应交税费——应交营业税”科目。

（4）企业转让无形资产，按其取得的转让额和规定的税率，计算应缴纳的营业税，借记“其他业务支出”科目，贷记“应交税费——应交营业税”科目。

以上所有企业，实际上缴营业税时，均借记“应交税费——应交营业税”等科目，贷记“银行存款”等科目。

二、会计账户的设置

营业税的核算账户，根据“应交税费——应交营业税”科目进行设置。其基本格式如表 4-2 所示。

表 4-2　**应交税费——应交营业税**

时　间		凭　证		摘　要	借　方	贷　方	余　额

纳税人根据本期应纳营业税发生的先后顺序及编制的会计分录的数额，逐笔进行登记。期末将借方和贷方所登记的数据进行合计并比较，若为贷方余额为本期应交的营业税税额；若为借方余额，为本期多缴或应退的营业税税额。

三、交通运输业应纳营业税的核算

交通运输业的征税范围，包括陆路运输、水路运输、航空运输、管道运输、装卸搬运所取得的营业收入，根据不同的具体情况举例核算如下：

（一）境内一般运输业务

税法规定，境内一般运输以运输单位取得的运费收入、装卸费收入和一切价外费用为营业额，按规定的税率计算其应纳税额。

【例 4-1】　某汽车运输公司，本期接受委托承运货物一批到异地，根据合同规定共收取运输费收入 50 000 元、装卸费收入 8 000 元，向委托方开具了运输发票，款已收存银行。汽运公司应做会计处理如下：

（1）收到运输费和装卸费收入时：

借：银行存款　　58 000

　贷：主营业务收入　　58 000

（2）计算应缴营业税时：

应纳营业税额 = 58 000×3% = 1 740（元）

借：营业税金及附加　　1 740

　贷：应交税费——应交营业税　　1 740

（二）运输企业从事联运业务

按照规定，运输企业从事联运业务，应以收到的收入扣除支付给以后承运者的运费、装卸费、换装费等费用后的余额为营业额。

【例 4-2】 某汽车运输公司，接受甲地一家企业委托，将一批货物由甲地运往乙地，然后再运往丙地，汽车运输公司从委托企业取得全程运费共计 400 000 元，并开具合法票据。在该项业务中，汽车运输公司将货物从甲地运到乙地交给船运公司，船运公司再将货物由乙地运往丙地，汽车运输公司支付船运公司装卸费 10 000 元、运输费 160 000元。货物到达丙地后，船运公司又委托当地送货单位将货物送达购货企业，由船运公司支付运费 6 000 元、装卸费用 2 000 元。有关货物、款项手续已结算完毕，汽运公司应做会计处理如下：

（1）汽运公司取得全得程运费时：

借：银行存款　　400 000

　贷：主营业务收入　　400 000

（2）支付船运公司装卸费、运费时：

装卸费和运输费共计 = 10 000+160 000 = 170 000（元）

借：主营业务成本——联运支出费　　170 000

　贷：银行存款　　170 000

（3）计算汽车运输公司应纳营业税时：

计税营业额 = 400 000−170 000 = 230 000（元）

应纳营业税额 = 230 000×3% = 6 900（元）

借：营业税金及附加　　6 900

　贷：应交税费——应交营业税　　6 900

对于上述联运业务，在会计处理上有不同的认识，有观点认为：取得联运业务总收入时，应先挂在“应付账款”科目上，在支付以后联运者的款项时，冲减“应付账款”科目的金额，然后，将“应付账款”科目的余额，转入“主营业务收入”科目作为收入处理。以上例会计处理如下：

（1）收到总款项时：

借：银行存款　　400 000

　贷：应付账款——联运收入　　400 000

（2）支付船运公司装卸费、运费时：

借：应付账款——联运收入　　170 000

　贷：银行存款　　170 000

（3）将“应付账款”科目的余额转作收入时：

借：应付账款——联运收入　　230 000

　贷：主营业务收入　　230 000

（4）应纳营业税额的计算和会计处理与上例相同。

分析：上述两种处理方法中，笔者赞同第一种方法。汽车运输公司取得购货企业款项时要给对方开具发票，以全额作为收入，与发票金额相符；汽车运输公司支付后者的装卸费、运费时，将取得后者开具的票据作为成本支出的证据。汽车运输公司计算应缴纳的营业税时，按照营业税联运业务的规定，扣除支付给联运者款项后的余额为营业额，这样处理即符合税法的规定，又符合会计核算的规定。

四、建筑业应纳营业税的核算

建筑业的征税范围，包括建筑、安装、修缮、装饰和其他工程作业。营业税法规规定，应纳营业税的核算有以下几种情况：

（一）从事建筑、修缮、装饰工程作业

税法规定，从事建筑、修缮和（装饰除外）其他工程作业，无论与对方如何结算，计税营业额均包括工程所用原材料、其他物资和动力的价款。

【例 4-3】　某建筑工程公司，本期取得一项建筑工程承包收入 2 000 000 元，在该项工程建筑中，建设方还提供了有关建筑材料价值 600 000 元、动力费用 80 000 元；工程结算时，除取得工程承包收入外，另取得机械作业收入 160 000 元。公司应做会计处理如下：

（1）取得收入时：

借：银行存款　　2 160 000

　贷：主营业务收入　　2 000 000

　　　其他业务收入　　160 000

（2）计算应纳营业税时：

建筑工程应纳营业税额 =（2 000 000+600 000+80 000）×3% = 80 400（元）

机械作业收入应纳营业税额 = 160 000×3% = 4 800（元）

借：营业税金及附加——建筑工程　　80 400

　　营业税金及附加——机械作业　　4 800

　贷：应交税费——应交营业税　　85 200

（二）总承包与转包、分包工程作业

税法规定，建筑业的总承包人将工程分包或转包给他人的，以工程的总承包额减去分包或转包人的价款后的余额为总承包人的营业额，分包人或转包人应纳的营业税由总承包人代扣代缴。

【例 4-4】　某建筑总公司本期承包一项建筑工程，总承包额为 8 000 万元。在建筑过程中建筑总公司将水电安装工程转包给另一安装队，转包额为 1 000 万元，本期工程完工并按合同规定结清有关账款手续。公司应做会计处理如下：

（1）收入实现时：

借：银行存款　　80 000 000

　贷：主营业务收入　　80 000 000

（2）计算总公司应纳营业税时：

应纳营业税额=（8 000-1 000）×3%=210（万元）

借：营业税金及附加　　2 100 000

　贷：应交税费——应交营业税　　2 100 000

（3）代扣代缴营业税时：

应代扣代缴的营业税额=1 000×3%=30（万元）

借：应付账款——应付转包款项　　300 000

　贷：应交税费——代扣代缴营业税　　300 000

（4）将代扣营业税后的转包款项划转给安装队时：

借：主营业务成本——支付转包款　　10 000 000

　贷：应付账款——应付转包款　　300 000

　　　银行存款　　9 700 000

（三）安装工程作业

纳税人从事安装工程作业，凡安装的设备的价值作为安装工程产值的，其营业额包括设备的价款在内。凡安装设备的价值不作为工程产值的，以安装收取的价款作为计税营业额。

【例4-5】　某安装公司本期接受委托给某单位已完工程安装电梯一部，该单位自购电梯价款150万元，安装公司收取安装费20万元，并开具收款收据。安装公司应做会计处理如下：

（1）安装公司的收入实现时：

借：银行存款　　200 000

　贷：主营业务收入　　200 000

（2）计算应纳的营业税时：

应纳营业税额=200 000×3%=6 000（元）

借：营业税金及附加　　6 000

　贷：应交税费——应交营业税　　6 000

五、金融保险业应纳营业税的核算

金融保险业的征税范围包括金融和保险两个部分：

（一）金融业

金融业是以经营货币资金融通活动的业务，包括贷款、融资租赁、金融商品转让、金融经纪业和其他金融业务等。有关核算规定如下：

1. 贷款业务

贷款业务是将资金贷与他人使用的业务，包括自有资金贷款和转贷业务。按规定，贷款业务以取得的全部贷款利息为营业额，按照规定计算缴纳营业税；转贷业务以贷款利息减去借款利息后的余额为营业额。

【例4-6】　某中国银行分行，本期向日本商业银行借得日元贷款折合人民币6亿元（年利息率为5%）后，全部贷给一家钢铁公司进行技术更新改造，年利息率为7%。另外，本期将自有资金2亿元分别贷给甲、乙两公司，年利息率为8%。贷款合同规定，有关贷款利息收入全部收回存入银行。该分行应做会计处理如下：

（1）取得转贷和贷款利息收入时：

转贷利息收入＝60 000×7%＝4 200（万元）

贷款业务收入＝20 000×8%＝1 600（万元）

借：银行存款　　58 000 000

　贷：利息收入　　58 000 000

（2）计算应纳营业税时：

转贷利息收入应纳营业税＝60 000×（7%－5%）×5%＝60（万元）

贷款利息收入应纳营业税＝1 600×5%＝80（万元）

借：营业税金及附加　　1 400 000

　贷：应交税费——应交营业税　　1 400 000

2. 金融机构受托发放贷款业务

金融机构受企业委托发放贷款，企业所收贷款利息应缴纳的营业税由受托贷款的金融机构代扣代缴。金融机构受托为企业发放贷款时收取的手续费按服务行为缴纳营业税。

【例 4-7】　某工商银行分行，本年度受甲公司委托为其发放贷款 2 000 万元，年利息率为 8%，银行收取受托贷款手续费为利息收入的 10%。年末有关利息及手续已办理完毕，分行应做会计处理如下：

（1）分行为企业取得利息收入时：

年利息收入＝2 000×8%＝160（万元）

借：银行存款　　1 600 000

　贷：应付账款——应付委托贷款利息　　1 600 000

（2）银行收取受托贷款手续费时：

受托贷款手续费＝160×10%＝16（万元）

借：应付账款——应付委托贷款利息　　160 000

　贷：手续费收入　　160 000

（3）代扣代缴营业税时：

应代扣代缴的营业税＝（160－16）×5%＝7. 2（万元）

借：应付账款——应付委托贷款利息　　72 000

　贷：应交税费——代扣代缴营业税　　72 000

（4）银行收取的手续费计算应纳营业税时：

收取的手续费应纳营业税＝16×5%＝0. 8（万元）

借：营业税金及附加　　8 000

　贷：应交税费——应交营业税　　8 000

（5）银行将扣除税款和手续费后的利息付给甲企业时：

扣除税款和手续费后的利息＝160－16－7. 2＝136. 8（万元）

借：应付账款——应付委托贷款利息　　1 368 000

　贷：银行存款　　1 368 000

（6）银行上缴代扣代缴与应缴纳的营业税时：

借：应交税费——应交营业税　　8 000

　　应交税费——代扣代缴营业税　　72 000

　贷：银行存款　　80 000

3. 金融机构从事金融商品转让和融资租赁业务

按照规定，从事金融商品转让，以卖出价减去买入价后的余额为营业额；融资租赁以租赁费收入减去租赁设备价款后的余额为营业额。

【例 4-8】 某银行经中国人民银行批准，准予从事金融商品转让和融资租赁业务。本期内共计买进有价证券 1 000 万元，然后将其全部卖出，取得收入 1 200 万元；另外，在年初按照某企业要求买进机械设备一套（价值 40 万元）租给该企业，全部租赁费收入 48 万元。本期将租赁费全部收回，设备所有权归属该企业。银行计算应纳营业税的会计处理如下：

（1）计算转让金融商品应纳税额时：

应纳营业税额＝（1 200－1 000）×5%＝10（万元）

借：营业税金及附加　　100 000

　贷：应交税费——应交营业税　　100 000

（2）计算融资租赁应纳营业税时：

应纳营业税＝（48－40）×5%＝0.4（万元）

借：营业税金及附加　　4 000

　贷：应交税费——应交营业税　　4 000

（二）保险业

税法规定，保险业以保险公司取得的全部保费收入为营业额，并计算缴纳营业税。从 1997 年 1 月 1 日起，实行分保险的，分保人不再缴纳营业税，由初保人按取得的全部保费收入计算应纳税款。

【例 4-9】 某保险总公司本年度内向保户取得保费收入 200 万元，年终向保户支付无赔款奖励 10 万元。保险公司应做会计处理如下：

（1）取得保费收入时：

借：银行存款　　2 000 000

　贷：保费收入　　2 000 000

（2）计算应纳营业税额时：

应纳营业税额＝200×5%＝10（万元）

借：营业税金及附加　　100 000

　贷：应交税费——应交营业税　　100 000

六、邮电通信业应纳营业税的核算

邮电通信业的征税范围，包括邮政和电信两个部分。按照规定，以取得的全部邮政业务收入和全部的电信业务收入为营业额。按规定税率计算缴纳营业税。

【例 4-10】 某市邮电局本期取得传递函件、包件营业收入 50 000 元，取得报刊发行收入 24 000 元，取得电报、电传收入 36 000 元，取得安装电话机收入 172 000 元。邮电局应做会计处理如下：

（1）取得各种营业收入时：

本期营业收入额＝50 000+24 000+36 000+172 000＝282 000（元）

借：银行存款　　282 000

　贷：主营业务收入　　282 000

（2）计算应纳营业税时：

应纳营业税额＝282 000×3%＝8 460（元）

借：营业税金及附加　　8 460

　贷：应交税费——应交营业税　　8 460

七、娱乐业、文化体育业应纳营业税的核算

娱乐业和文化体育业是两个不同的税目，而且税率差别也比较大。文化体育业按 3%的税率计征营业税，娱乐业按 5%～20%的幅度比例税率计征营业税。纳税人单独经营某一个税目时，应纳税额易于确定。如果纳税人同时经营两个以上且税目内容较相近的业务时，必须认真划分其各自的营业额。

【例 4-11】　某电影院为了提高营业收入，在放映电影的同时，又开设了卡拉 OK 歌舞厅，本期共计取得营业收入额 172 000 元。其中，112 000 元为放映电影的门票收入，其他为歌舞厅收入，娱乐业的税率为 20%，本期电影院的会计处理如下：

（1）本期取得营业收入时：

借：银行存款　　172 000

　贷：主营业务收入　　172 000

（2）计算应纳营业税时：

应纳文化体育业营业税＝112 000×3%＝3 360（元）

应纳娱乐业营业税＝60 000×20%＝12 000（元）

借：营业税金及附加　　15 360

　贷：应交税费——应交营业税　　15 360

八、服务业应纳营业税的核算

服务业是营业税中内容最广泛的一个税目，包括代理、旅店、饮食、旅游、仓储、租赁、广告、其他服务等八个子目。应纳营业税的核算主要分以下几种情况：

（一）代理业

代理业是指代委托人办理受托事项的业务，包括代购代销货物等业务。代购代销货物又属于征收增值税的行为，因此，对代理业务是否征收营业税，财政部、国家税务总局对此做了如下规定：

代购货物行为，凡同时具备以下条件的，不征增值税；不同时具备以下条件的，无论会计制度规定如何核算，均征收增值税。

（1）受托方不垫付资金。

(2) 销货方将发票开具给委托方，并由受托方将该项发票转交给委托方。

(3) 受托方按销售方实际收取的销售额和增值额（如系代理进口货物则为海关代征的增值税）与委托方结算货款，并另外收取手续费。

【例 4-12】 某公司受甲企业委托为其代购计算机 20 台，并取得甲企业代购款项 320 000 元。公司购回计算机后按实际价格与企业结算，并将销货方开具给企业的增值税专用发票原票转交。另外，该公司取得企业支付的手续费 20 000 元并开具了发票。该公司应做会计处理如下：

该公司在代购计算机过程中，同时符合征收营业税的三个条件。因此，只将收取的手续费作收入处理。

(1) 取得手续费收入时：

借：银行存款　　20 000

　贷：主营业务收入　　20 000

(2) 计算应纳营业税时：

应纳营业税额 = 20 000×5% = 1 000（元）

借：营业税金及附加　　1 000

　贷：应交税费——应交营业税　　1 000

(二) 广告业

广告业分为广告代理业和广告公司（指发布广告的单位）两种情况：广告代理业的营业额为代理者向委托方收取的全部价款和价外费用减去付给广告发布者的广告发布费后的余额；广告公司的营业额是向委托作广告者收取的全部价款和价外全部费用。

【例 4-13】 某广告代理单位本期受乙企业委托代理发布广告，并向乙企业收取广告代理费 1 000 000 元，同期付给广告发布单位广告发布费 600 000 元。广告代理单位应做会计处理如下：

(1) 取得广告代理费收入时：

借：银行存款　　1 000 000

　贷：主营业务收入　　1 000 000

(2) 支付广告发布费时：

借：主营业务成本　　600 000

　贷：银行存款　　600 000

(3) 计算应纳营业税时：

应纳税营业额 = 1 000 000−600 000 = 400 000（元）

应纳营业税额 = 400 000×5% = 20 000（元）

借：营业税金及附加　　20 000

　贷：应交税费——应交营业税　　20 000

(三) 旅游业

根据旅游业的不同情况，营业税的具体计算有所不同。

(1) 旅游公司运用自己的旅游运输工具组织旅客旅游时，在旅游过程中所耗费用不得扣减营业收入，应以取得的全部收入作为营业额。

【例 4-14】　某游船公司本期组织旅游者沿长江游览三峡风光，共取得收入600 000元，在旅游过程中，游客在游船上吃、住共耗费食物及其他用品 400 000 元。游船公司应做会计处理如下：

①按规定应以收取的全部款项作收入处理：

借：银行存款（或现金）　　600 000

　贷：主营业务收入　　600 000

②耗费的 200 000 元做成本费用处理：

借：主营业务成本（费用）　　400 000

　贷：银行存款（或现金）　　400 000

③计算应纳营业税时：

应纳营业税 = 200 000×5% = 10 000（元）

借：营业税金及附加　　10 000

　贷：应交税费——应交营业税　　10 000

（2）旅游公司组织旅游者在国内其他地方或国外旅游，按规定以全部收费减去替旅游者支付的住宿、交通等费用或减去支付给境外以后接团的旅游费后的余额作为营业额。

【例 4-15】　某旅游公司，本期组织一旅游团沿广州、香港去新加坡等地旅游。共向旅游者收取旅游费 1 000 000 元，在境内沿途替旅游者支付往返交通费 50 000 元、食宿费 20 000 元、有关其他费用 30 000 元；支付给中国香港地区、新加坡接团旅游公司的接团费用共计 600 000 元。旅游公司应做会计处理如下：

①向旅游者收取旅游费时：

借：银行存款（或现金）　　1 000 000

　贷：应收账款——旅游费收入　　1 000 000

②旅行团旅行结束返回确认营业收入实现时：

借：应收账款——旅游费收入　　300 000

　贷：主营业务收入　　300 000

③支付有关费用时：

借：主营业务成本（或费用）　　700 000

　贷：银行存款（或现金）　　700 000

④计算应纳营业税时：

应纳税营业额 = 1 000 000 − 700 000 = 300 000（元）

应纳营业税 = 300 000×5% = 15 000（元）

借：营业税金及附加　　15 000

　贷：应交税费——应交营业税　　15 000

九、销售不动产应纳营业税的核算

销售不动产分两种情况：一是房地产开发企业；二是非房地产开发企业。它们的会计处理有所不同，分别介绍如下：

（一）房地产开发企业销售不动产

按照规定，纳税人自建建筑物后销售，其自建行为视同提供应税劳务计算征收建筑营业税，并按组成计税价格确定其营业额。同时，按销售价格计算其销售不动产的营业税。

【例 4-16】 某房地产开发公司，本期利用自有资金自建一幢商品房对外销售，取得销售价款 3 000 万元。该房的建筑成本共计 1 552 万元，假定建房成本利润率为 25%。有关款项和手续已办理完毕，公司应做会计处理如下：

（1）取得销售房屋的收入时：

借：银行存款　　30 000 000

　贷：主营业务收入　　30 000 000

（2）计算应纳销售不动产营业税时：

应纳营业税额 = 30 000 000×5% = 1 500 000（元）

借：营业税金及附加　　1 500 000

　贷：应交税费——应交营业税　　1 500 000

（3）计算视同应税劳务的建筑营业税时：

$$视同应税劳务的组成计税价格=\frac{15\ 520\ 000\times(1+25\%)}{1-3\%}=20\ 000\ 000（元）$$

应纳营业税 = 20 000 000×3% = 600 000（元）

借：营业税金及附加　　600 000

　贷：应交税费——应交营业税　　600 000

在计算征收自建行为视同提供应税劳务的营业税时，有一种观点认为，应将征收的营业税额计入工程成本，其理由是属于自建环节征收的，而不是在销售环节征收的。这种观点从表面上看有些道理，其实不然。从上述例子可以看出，视同提供应税劳务的自建营业税，虽然应在自建环节计征，但它并不构成工程的成本，而是按组成计税价格计算的。组成计税价格实际上可视同销售的市场价格，因它包含成本、利润和税金的内容。即使另一建筑工程公司承担建筑工程业务，其应纳税款的计算也只能如此，它只能属于销售税金。因此，计算自建行为的营业税时，将其记入"营业税金及附加"科目比较合理。

（二）一般企业销售不动产

一般企业销售不动产，按照规定，应纳的营业税是通过"固定资产清理"科目进行核算的，并以实际的销售额作为计税的营业额。

【例 4-17】 某工业企业本期销售旧房屋一幢，取得销售收入 6 000 000 元，该房屋账面原值为 10 000 000 元，已累计折旧 5 600 000 元。另外，在销售过程中支付各种手续费用 80 000 元。该企业应做会计处理如下：

（1）将固定资产（房屋）原值转销时：

借：固定资产清理　　4 400 000

　　累计折旧　　5 600 000

　贷：固定资产——房屋　　10 000 000

(2) 收到转让收入时：

借：银行存款　　6 000 000

　贷：固定资产清理　　6 000 000

(3) 发生清理费用时：

借：固定资产清理　　80 000

　贷：银行存款　　80 000

(4) 计算应缴营业税时：

应纳营业税＝6 000 000×5%＝300 000（元）

借：固定资产清理　　300 000

　贷：应交税费——应交营业税　　300 000

(5) 结转固定资产清理收益时：

固定资产清理收益＝6 000 000－80 000－300 000－4 400 000＝1 220 000（元）

借：固定资产清理　　1 220 000

　贷：营业外收入　　1 220 000

(注：如果销售的房屋是外购的，缴纳营业税时，可扣除外购价值后的余额为营业额。)

十、转让无形资产应纳营业税的核算

无形资产转让的业务比较少，但涉及面较广，各行各业都可能存在无形资产转让的行为。在转让无形资产时，一般记入“其他业务支出”科目。

【例 4-18】 某工业企业本期将企业自创的一项新技术使用权转让给另一家公司，转让价格为400 000元，有关转让手续和款项已办理完毕，假定该项技术达不到免征营业税的条件。该工业企业应做会计处理如下：

(1) 企业取得转让收入时：

借：银行存款　　400 000

　贷：其他业务收入　　400 000

(2) 计算应纳营业税时：

应纳营业税＝400 000×5%＝20 000（元）

借：营业税金及附加（或：其他业务成本）　　20 000

　贷：应交税费——应交营业税　　20 000

第四节 营业税的征收管理

一、营业税的纳税义务发生时间

根据规定，营业税的纳税义务发生时间，为纳税人收讫营业收入款项或取得索取营业收入款项凭据的当天。有关具体规定如下：

(1) 纳税人转让土地使用权或销售不动产，采用预收款方式的，其纳税义务发生

时间为收到预收款的当天。所称预收款包括预收的一切款项，还包括向购买方收取的预购定金。

(2) 纳税人自建建筑物销售的，其自建行为应纳营业税的纳税义务发生时间，为其销售自建建筑物并收讫营业额或取得索取营业额的凭据的当天。

(3) 纳税人将不动产无偿赠与他人，其纳税义务发生时间为不动产所有权转移的当天。

(4) 营业税的扣缴税款义务发生时间，为扣缴义务人代纳税人收讫营业收入款项或者取得索取营业收入款项凭据的当天。

(5) 会员费、席位费和资格保证金纳税义务发生时间为会员组织收讫会员费、席位费、资格保证金和其他类似费用款项或者取得索取这些款项凭据的当天。

(6) 建筑业按结算办法及其结算的时间不同，纳税义务发生时间为：

①纳税人提供建筑业应税劳务，施工单位与发包单位签订书面合同，如合同明确规定付款（包括提供原材料、动力及其他物资，不含预收工程价款）日期的，按合同规定的付款日期为纳税义务发生时间；合同未明确付款（同上）日期的，其纳税义务发生时间为纳税人收讫营业收入款项或者取得索取营业收入款项凭据的当天。

上述预收工程价款是指工程项目尚未开工时收到的款项。对预收工程价款，其纳税义务发生时间为工程开工后，主管税务机关根据工程形象进度按月确定的纳税义务发生时间。

②纳税人提供建筑业应税劳务，施工单位与发包单位未签订书面合同的，其纳税义务发生时间为纳税人收讫营业收入款项或者取得索取营业收入款项凭据的当天。

③纳税人自建建筑物，其建筑业应税劳务的纳税义务发生时间为纳税人销售自建建筑物并收讫营业收入款项或取得索取营业收入款项凭据的当天。

纳税人将自建建筑物对外赠与，其建筑业应税劳务的纳税发生时间为该建筑物产权转移的当天。

④纳税人提供建筑业或者租赁业劳务，采取预收款方式的，其纳税义务发生时间为收到预收款的当天。

(7) 旅行社（不论是组团还是接团社）组织境外旅游者到国内旅游，应在旅行团队离境（或离开本地）时确认营业收入实现；旅行社组织国内旅游者到境外旅游，应在旅行团旅行结束返回时确认营业收入实现；旅行社组织国内旅游者在国内旅游，应在旅行团旅行结束返回时确认营业收入实现。

(8) 贷款业务。自 2003 年 1 月 1 日起，金融企业发放的贷款逾期（含展期）90 天（含 90 天）尚未收回的，纳税义务发生时间为纳税人取得利息收入权利的当天。原有的应收未收贷款利息逾期 90 天以上的，该笔贷款新发生的应收未收利息，其纳税义务发生时间均为实际收到利息的当天。

(9) 融资租赁业务，纳税义务发生时间为取得租金收入或取得索取租金收入价款凭据的当天。

(10) 金融商品转让业务，纳税义务发生时间为金融商品所有权转移之日。

(11) 金融经纪业和其他金融业务，纳税义务发生时间为取得营业收入或取得索取营业收入价款凭据的当天。

（12）保险业务，纳税义务发生时间为取得保费收入或取得索取保费收入价款凭据的当天。

（13）金融企业承办委托贷款业务营业税的扣缴义务发生时间，为受托发放贷款的金融机构代委托人收讫贷款利息的当天。

（14）电信部门销售有价电话卡的纳税义务发生时间，为售出电话卡并取得售卡收入或取得索取售卡收入凭据的当天。

（15）单位和个人提供应税劳务、转让专利权、非专利技术、商标权、著作权和商誉时，向对方收取的预收性质的价款（包括预收款、预付款、预存费用、预收定金等，下同），其营业税纳税义务发生时间按照财务会计制度的规定，以该项预收性质的价款被确认为收入的时间为准。

二、营业税的纳税期限

营业税的纳税期限，分别为 5 日、10 日、15 日、1 个月或者 1 个季度。纳税人的具体纳税期限，由当地主管税务机关根据纳税人应纳税额的大小分别核定。不能按固定期限纳税的，可按次纳税。

纳税人以 1 个月或者 1 个季度为一期纳税的，自期满之日起 15 日内申报纳税；以 5 日、10 日或者 15 日为一期纳税的，自期满之日起 5 日内预缴税款，于次月 1 日起 15 日内申报纳税并结算上月应纳税款。

扣缴义务人的解缴税款期限，比照前两款的规定执行。

银行、财务公司、信托投资公司、信用社、外国企业常驻代表机构的纳税期限为 1 个季度，自纳税期满之日起 15 日内申报纳税；保险业的纳税期限为 1 个月。

三、营业税的纳税地点

营业税的纳税地点原则上采取属地征收的方法，就是纳税人在经营行为发生地缴纳应纳税款。具体规定如下：

（1）纳税人提供应税劳务，应当向机构所在地或者居住地的主管税务机关申报纳税。纳税人从事运输业务的，应当向其机构所在地主管税务机关申报纳税。

（2）纳税人转让土地使用权，应当向土地所在地主管税务机关申报纳税。纳税人转让其他无形资产，应当向其机构所在地的主管税务机关申报纳税。

（3）单位和个人出租土地使用权、不动产的营业税纳税地点为土地、不动产所在地；单位和个人出租物品、设备等动产的营业税纳税地点为出租单位机构所在地或个人居住地。

（4）纳税人销售不动产，应当向不动产所在地主管税务机关申报纳税。

（5）纳税人提供的应税劳务发生在外县（市），应向应税劳务发生地的主管税务机关申报纳税；如未向应税劳务发生地申报纳税的，由其机构所在地或者居住地主管税务机关补征税款。

（6）纳税人承包的工程跨省、自治区、直辖市的，向其机构所在地主管税务机关申报纳税。

(7) 各航空公司所属分公司，无论是否单独计算盈亏，均应作为纳税人向分公司所在地主管税务机关缴纳营业税。

(8) 纳税人在本省、自治区、直辖市范围内发生应税行为，其纳税地点需要调整的，由省、自治区、直辖市人民政府所属税务机关确定。

(9) 建筑业纳税人及扣缴义务人应按照下列规定确定建筑业营业税的纳税地点：

①纳税人提供建筑业应税劳务，其营业税纳税地点为建筑业应税劳务的发生地。

②纳税人从事跨省工程的，应向其机构所在地主管地方税务机关申报纳税。

③纳税人在本省、自治区、直辖市和计划单列市范围内提供建筑业应税劳务的，其营业税纳税地点需要调整的，由省、自治区、直辖市和计划单列市税务机关确定。

④扣缴义务人代扣代缴的建筑业营业税税款的解缴地点为该工程建筑业应税劳务发生地。

⑤扣缴义务人代扣代缴跨省工程的，其建筑业营业税税款的解缴地点为被扣缴纳税人的所在地。

⑥纳税人提供建筑业劳务，应按月就其本地和异地提供建筑业应税劳务取得的全部收入向其机构所在地主管税务机关进行纳税申报，就其本地提供建筑业应税劳务取得的收入缴纳营业税；同时，自应申报之月（含当月）起6个月内向机构所在地主管税务机关提供其异地建筑业应税劳务收入的完税凭证，否则，应就其异地提供建筑业应税劳务取得的收入向其机构所在地主管税务机关缴纳营业税。

⑦上述本地提供的建筑业应税劳务是指独立核算纳税人在其机构所在地主管税务机关税收管辖范围内提供的建筑业应税劳务；上述异地提供的建筑业应税劳务是指独立核算纳税人在其机构所在地主管税务机关税收管辖范围以外提供的建筑业应税劳务。

(10) 在中华人民共和国境内的电信单位提供电信业务的营业税纳税地点为电信单位机构所在地。

(11) 在中华人民共和国境内的单位提供的设计（包括在开展设计时进行的勘探、测量等业务，下同）、工程监理、调试和咨询等应税劳务的，其营业税纳税地点为单位机构所在地。

(12) 在中华人民共和国境内的单位通过网络为其他单位和个人提供培训、信息和远程调试、检测等服务的，其营业税纳税地点为单位机构所在地。

四、营业税的纳税申报表和扣缴报告表

(一) 营业税纳税申报表

营业税的纳税申报表是纳税人缴纳营业税必须填列并申报的一种报表（见表4-3)。自2006年3月1日起，交通运输业、娱乐业、服务业、建筑业营业税纳税人，除经税务机关核准实行简易申报方式外，均按本办法进行纳税申报。邮电通信业、文化体育业、转让无形资产和销售不动产的营业税纳税人目前仍按照各地的申报办法进行纳税申报；金融保险业营业税纳税人目前仍按照《国家税务总局关于印发〈金融保险业营业税申报管理办法〉的通知》(国税发［2002］9号）进行纳税申报。

（二）营业税扣缴报告表

营业税扣缴报告表于营业税扣缴义务人办理营业税扣缴手续时适用，除特殊规定外一般应在扣缴税款五日内向主管税务机关报送营业税扣缴报告表和其他附送资料，如承包建筑工程合同、贷款合同等。扣缴报告表的计算栏目和填报要求与纳税申报表基本相同。

第五章　城市维护建设税和教育费附加的会计核算

第一节　城市维护建设税的核算

一、城市维护建设税核算的基本规定

城市维护建设税（以下简称城建税）是以纳税人实际缴纳的增值税、消费税、营业税之和为计税依据所征收的一种税。城建税属于地方税。

（一）城建税的征税范围

城建税的征税范围非常广泛，不论是城市、县城、建制镇，还是其他地区，只要是缴纳增值税、消费税、营业税的单位和个人，都要缴纳城建税，但目前，对外商投资企业和外国企业缴纳的“三税”不征收城建税。

（二）城建税税率

城建税税率采用地区差别比例税率，按照纳税人所在地的不同，税率分别规定为三个档次，具体规定为：

（1）纳税人所在地在城市市区的，税率为7%。

（2）纳税人所在地在县城、建制镇的，税率为5%。

（3）纳税人所在地不在城市市区、县城、建制镇的，税率为1%。

另外，对县团级以上的大中型工矿企业，其所在地不在城市市区、县城、建制镇的，税率为5%；受托方代扣代缴、代收代缴“三税”的单位和个人，其城建税按受托方所在地的城建税税率计算代扣代缴；铁道部集中在北京缴纳的营业税税额，按5%的税率计算缴纳城建税。

流动经营等无固定纳税地点的单位和个人，在经营地缴纳“三税”的，其城建税的缴纳按经营地适用税率执行。

二、城建税的会计核算及纳税申报表

（一）会计科目的设置

城建税的核算，应设置“应交税费”科目，在“应交税费”科目下再设置“应交

城市维护建设税”明细科目，同时设置“营业税金及附加”科目。

（二）会计账户的设置

企业缴纳城建税，应根据“应交税费——应交城市维护建设税”科目设置会计账户，该账户的贷方登记企业提取的应缴纳的城建税额，借方登记企业已上缴的城建税额。期末的贷方余额表示应缴而尚未上缴的城建税额，期末借方余额表示已多缴应退还而尚未退还的城建税额。其格式如表 5-1 所示。

表 5-1 应交税费——应交城建税

时间	摘　要	借　方	贷　方	余　额

（三）城建税应纳税额的核算

城建税根据纳税人实际缴纳的增值税、消费税、营业税税额计算并缴纳。计算提取应缴纳的城建税时，借记“营业税金及附加”等科目，贷记“应交税费——应交城市维护建设税”科目；上缴城市维护建设税时，借记“应交税费——应交城市维护建设税”科目，贷记“银行存款”科目。

【例 5-1】 某工业企业地处某城市市区，某月份实际缴纳增值税 160 000 元、消费税 120 000 元、营业税 40 000 元。该企业应缴纳的城市维护建设税计算处理如下：

（1）计算当月应缴纳的城市维护建设税：

应纳城市维护建设税 =（160 000+120 000+40 000）×7% = 22 400（元）

（2）应缴城建税的会计处理为：

借：营业税金及附加　　22 400

　贷：应交税费——应交城市维护建设税　　22 400

（3）企业上缴城市维护建设税时：

借：应交税费——应交城市维护建设税　　22 400

　贷：银行存款　　22 400

（四）城建税纳税申报表

城建税的纳税申报表适用于中国境内各类缴纳城建税的纳税人填用。该表一式三联，第一联由纳税人保存，第二联由主管税务机关留存，第三联留税务机关计财部门做税收会计凭证。其格式如表 5-2 所示。

表 5-2

城市维护建设税纳税申报表

填表日期：　年　月　日

纳税人识别号 |　|　|　|　|　|　|　|　|　|　|　|　|　|　|　|　　　　金额单位：　元（列至角分）

<table>
<tr><td>纳税人名称</td><td colspan="3"></td><td>税款所属时期</td><td colspan="2"></td></tr>
<tr><td>计税依据</td><td>计税金额</td><td>税率</td><td>应纳税额</td><td>已纳税额</td><td colspan="2">应补（退）税额</td></tr>
<tr><td>1</td><td>2</td><td>3</td><td>4=2×3</td><td>5</td><td colspan="2">6=4−5</td></tr>
<tr><td>增值税</td><td></td><td></td><td></td><td></td><td colspan="2"></td></tr>
<tr><td>营业税</td><td></td><td></td><td></td><td></td><td colspan="2"></td></tr>
<tr><td>消费税</td><td></td><td></td><td></td><td></td><td colspan="2"></td></tr>
<tr><td>合计</td><td></td><td></td><td></td><td></td><td colspan="2"></td></tr>
<tr><td colspan="2">如纳税人填报，由纳税人填写以下各栏</td><td colspan="4">如委托代理人填报，由代理人填写以下各栏</td><td>备注</td></tr>
<tr><td rowspan="3">会计主管
（签章）</td><td rowspan="3">纳税人
（公章）</td><td>代理人名称</td><td></td><td colspan="2" rowspan="2">代理人
（公章）</td><td rowspan="3"></td></tr>
<tr><td>代理人地址</td><td></td></tr>
<tr><td>经办人</td><td></td><td>电话</td><td></td></tr>
<tr><td colspan="7">以下由税务机关填写</td></tr>
<tr><td colspan="2">收到申报表日期</td><td colspan="2"></td><td colspan="2">接收人</td><td></td></tr>
</table>

第二节　教育费附加的核算

一、教育费附加核算的基本规定

教育费附加是国家为了加快教育事业的发展，提高人民的文化素质，扩大我国教育经费的来源而对纳税人缴纳的增值税、消费税、营业税所附加征收的一种费用。

（一）教育费附加的征收范围和征收依据

按照规定，凡是缴纳增值税、消费税、营业税的纳税人都是缴纳教育费附加的义务人。教育费附加以纳税人实际缴纳的增值税、消费税、营业税之和为计算依据。

（二）教育费附加的征收率

教育费附加的征收率也叫附加率，1994 年 2 月 7 日国发［1994］2 号文《国务院关于教育费附加征收问题的通知》规定，教育费附加率为 3%。

二、应缴教育附加费的会计核算

（一）会计科目的设置

企业核算教育费附加，应设置“应交税费”会计科目进行核算，并在“应交税费”科目下设置“应交教育费附加”明细科目，同时设置“营业税金及附加”科目。

（二）教育费附加的核算

企业根据实际上缴的增值税、消费税、营业税等税额计算教育费附加时，借记“营业税金及附加”等科目，贷记“应交税费——应交教育费附加”科目；上缴教育费附加时，借记“应交税费——应交教育费附加”科目，贷记“银行存款”科目。

【例5-2】 某工业企业本月实际上缴增值税120 000元、消费税160 000元、营业税60 000元，教育费附加的征收率为3%。该企业应缴纳的教育费附加计算处理如下：

（1）计算应缴的教育费附加时：

应缴教育费附加=（120 000+160 000+60 000）×3%=10 200（元）

借：营业税金及附加	10 200	
贷：应交税费——应交教育费附加		10 200

（2）上缴教育费附加时：

借：应交税费——应交教育费附加	10 200	
贷：银行存款		10 200

第六章　资源税的会计核算

资源税是以各种自然资源为征税对象所征收的税种。我国的资源税是在 1984 年第二步“利改税”时开征的一个新税种，从理论上讲，资源税的征税范围应包括所有开采的自然资源，但目前我国资源税的征税范围仅限于矿产品和盐，对其他自然资源暂不征收资源税。

第一节　资源税核算的基本规定

一、资源税纳税义务人

资源税的纳税义务人是指在中华人民共和国境内开采应税资源的矿产品或者生产盐的单位和个人。

中外合作开采石油、天然气，按照现行规定只征收矿区使用费，暂不征收资源税。因此，中外合作开采石油、天然气的企业不是资源税的纳税义务人。

《资源税暂行条例》还规定，收购未税矿产品的单位为资源税的扣缴义务人。收购未税矿产品的单位是指独立矿山、联合企业和其他单位。

独立矿山是指只有采矿或只有采矿和选矿，独立核算、自负盈亏的单位，其生产的原矿和精矿主要用于对外销售。

联合企业是指采矿、选矿、冶炼（或加工）连续生产的企业或采矿、冶炼（或加工）连续生产的企业，其采矿单位，一般是该企业的二级或二级以下核算单位。其他单位也包括收购未税矿产品的个体户在内。

二、资源税的征税范围

资源税的征税范围是指在我国境内开采或生产应税矿产品和盐两大类：

1. 矿产品

（1）原油，是指开采的天然原油，不包括人造石油。

（2）天然气，是指专门开采或与原油同时开采的天然气，暂不包括煤矿生产的天然气。

（3）煤炭，是指原煤，不包括洗煤、选煤和其他煤制品。

（4）其他非金属矿原矿，是指上列产品和井盐以外的非金属矿原矿。

（5）黑色金属矿原矿。

（6）有色金属矿原矿。

2. 盐

（1）固体盐，是指用海、湖水或地下湖水晒制和加工出来成固体颗粒状态的盐，具体包括海盐原盐、湖盐原盐和井矿盐。

（2）液体盐，是指氯化钠达到一定程度的溶液，是用于生产和其他产品的原料。

3. 对伴生矿、伴采矿、伴选矿征税的具体规定

（1）伴生矿，是指在同一矿床内，除主要矿种外，并含有多种可供工业利用的成分，这些成分称为伴生矿产。确定资源税税额时，应以主产品的元素成分作为主要依据，同时也考虑作为副产品的元素成分及有关因素。在确定资源等级高低和适用税额时，既考虑主要产品级差情况，也考虑副产品的附加值情况。

（2）伴采矿，是指开采单位在同一矿区内开采主产品时，伴采出来非主产品元素的矿石。如铜矿山在同一矿区内开采铜矿石原矿时，又伴采出铁矿石原矿等情况。对伴采矿生产量大的单位和个人，由省、自治区、直辖市人民政府根据规定对其核定资源税单位税额标准进行征税；对于量小的单位和个人，在销售时按照国家对收购单位规定的相应品目的单位税额标准，缴纳资源税。

（3）伴选矿，是指对矿石原矿中所含主产品进行选精矿的加工过程中，以精矿形式伴选出来的副产品。对于以精矿形式伴选出来的副产品不征收资源税。

三、资源税的税率（单位税额）

资源税采用定额税率，以应税资源的计量单位确定了八个幅度税额。资源税税目、税额幅度表如表6-1所示。

表6-1　**资源税税目、税额幅度表**

税　目	税　额　幅　度
一、原油	8~30元/吨
二、天然气	2~15元/千立方米
三、煤炭	0.3~8元/吨
四、其他非金属矿原矿	0.5~20元/吨或者立方米
五、黑色金属矿原矿	2~30元/吨
六、有色金属矿原矿	0.4~30元/吨
七、盐	
固体盐	10~60元/吨
液体盐	2~10元/吨

资源税应税产品的具体适用税额，按所附的《资源税税目税额明细表》执行。

明细表中未列举的其他非金属矿原矿和其他有色金属矿原矿，由省、自治区、直辖市人民政府决定征收或暂缓征收资源税，并报财政部和国家税务总局备案。

对于划分资源等级的应税产品，在《几个主要品种的矿山资源等级表》（表略）中

未列举名称的纳税人适用的税额，由省、自治区、直辖市人民政府根据纳税人的资源状况，参照《资源税税目税额明细表》和《几个主要品种的矿山资源等级表》中规定的邻近矿山的税额标准，在浮动30%的幅度内核定，并报财政部和国家税务总局备案。

四、资源税的计税依据

资源税的应纳税额，按照应税资源产品的课税数量和规定的单位税额计算。其基本计算公式为：

应纳资源税额=课税数量×单位税额

公式中计算应纳税额的两个因素，即课税数量和单位税额。单位税额可以在《资源税税目税额明细表》中查找。课税数量税法做了如下规定：

（1）纳税人开采或者生产应税产品销售的，以销售数量为课税数量。

（2）纳税人开采或者生产应税产品自用的，以自用数量为课税数量。

另外，《中华人民共和国资源税暂行条例实施细则》和《资源税若干问题的规定》对资源税课税数量做了如下具体规定：

（1）纳税人不能准确提供应税产品销售数量或移送使用数量的，以应税产品和产量或主管税务机关确定的折算比例换算成的数量为课税数量。

（2）原油中的稠油、高凝油与稀油划分不清或不易划分的，一律按原油的数量课税。

（3）煤炭，对于连续加工前无法正确计算原煤移送使用量的，可按加工产品的综合回收率，将加工产品实际销量和自用量折算成原煤数量作为课税数量。

（4）金属和非金属矿产品原矿，因无法掌握纳税人移送使用原矿使用数量的，可将其精矿按选矿比折算成原矿数量作为课税数量。

（5）纳税人以自产的液体盐加工固体盐，按固体盐税额征税，以加工的固体盐数量为课税数量。纳税人以外购的液体盐加工固体盐，其加工固体盐所耗用液体盐的已纳税额准予抵扣。

（6）纳税人开采或生产不同税目应税产品的，应当分别核算不同税目应税产品的课税数量；未分别核算或者不能准确提供不同税目应税产品的课税数量的，一律从高适用税额计算征税。

五、资源税的免减优惠

资源税的免减优惠有以下具体规定：

（1）开采原油过程中用于加热、修井的原油，免税。

（2）纳税人开采或者生产应税产品过程中，因意外事故或者自然灾害等原因遭受重大损失的，由省、自治区、直辖市人民政府酌情决定减税或者免税。

（3）自2007年2月1日起，北方海盐资源税暂减按每吨15元征收；南方海盐、湖盐、井矿盐资源税暂减按每吨10元征收；液体盐资源税暂减按每吨2元征收。

（4）从2007年1月1日起，对地面抽采煤层气暂不征收资源税。煤层气是指贮存于煤层及其围岩中与煤炭资源伴生的非常规天然气，也称煤矿瓦斯。

（5）国务院规定的其他减税、免税项目。

另外，纳税人的减税、免税项目，应当单独核算课税数量，未单独核算或者不能准确提供课税数量的，不予减税或免税。

六、出口应税产品不退（免）资源税的规定

资源税规定仅对在中国境内开采或生产应税产品的单位和个人征收，进口的矿产品和盐不征收资源税。由于对进口应税产品不征收资源税，相应地，对出口应税产品也不免征或退还已纳资源税。

第二节　资源税的会计核算

一、会计科目的设置

为了反映和监督应纳资源税额的计算和缴纳过程，纳税人开采或者生产并销售应税产品，按照规定，应设置以下会计科目进行核算：

（1）企业缴纳资源税应设置“应交税费——应交资源税”会计科目，该科目贷方登记纳税人应缴纳的资源税税额，借方登记纳税人实际上缴或准予抵扣的资源税税额，期末贷方余额表示纳税人应缴而未缴的资源税税额。

（2）企业计算出销售的应税产品应缴的资源税额时，借记“营业税金及附加”等科目，贷记“应交税费——应交资源税”科目；上缴资源税时，借记“应交税费——应交资源税”科目，贷记“银行存款”科目。

（3）企业计算出自产自用的应税产品应缴纳的资源税时，借记“生产成本”、“制造费用”等科目，贷记“应交税费——应交资源税”科目；上缴资源税时，借记“应交税费——应交资源税”科目，贷记“银行存款”科目。

（4）独立矿山、联合企业和其他单位收购未税矿产品时，按实际支付的收购款，借记“物资采购”或“原材料”科目，贷记“银行存款”、“现金”等科目；按应代扣代缴的资源税，借记“物资采购”或“原材料”等科目，贷记“应交税费——应交资源税”科目；上缴资源税时，借记“应交税费——应交资源税”科目，贷记“银行存款”科目。

（5）企业外购液体盐加工固体盐，在购入液体盐时，按所允许抵扣的资源税，借记“应交税费——应交资源税”科目，按外购价款扣除允许抵扣资源税后的余额，借记“物资采购”或“原材料”等科目，按应支付的全部价款，贷记“银行存款”、“应付账款”等科目。企业加工成固体盐后，在销售时，按计算出的销售固定盐应交的资源税，借记“营业税金及附加”科目，贷记“应交税费——应交资源税”科目；将销售固体盐应纳资源税抵扣液体盐已纳资源税后的差额上缴时，借记“应交税费——应交资源税”科目，贷记“银行存款”科目。

（6）纳税人期末与税务机关结算税款时，若补缴税款，按其补缴的数额，借记“应交税费——应交资源税”科目，贷记“银行存款”科目；若退回多缴的税款，借记

"银行存款"科目，贷记"应交税费——应交资源税"科目，同时，借记"应交税费——应交资源税"科目，贷记"营业税金及附加"科目；若企业未按规定期限缴纳税款，向税务机关缴纳滞纳金和罚款时，借记"营业外支出"科目，贷记"银行存款"科目。

二、会计账户的设置

资源税的核算账户，是根据"应交税费——应交资源税"科目来设置的。其基本格式如表 6-2 所示。

表 6-2　　应交税费——应交资源税

时　间	摘　要	借　方	贷　方	余　额
合　计				

纳税人根据当期编制的会计分录发生额，在上述账户的借方或者贷方逐笔进行登记。到期末分别计算出借方和贷方的合计数，将其进行比较。若为贷方余额，则为当期应缴或应补缴的资源税额；若为借方余额，则为当期多缴或应退的资源税额。

三、应纳税额的核算

（一）销售应税产品应纳资源税的核算

《资源税暂行条例》规定，对外销售资源税的应税产品，以实际销售的数量为课税数量。具体核算如下：

1. 油田对外销售应税产品

【例 6-1】　某油田本期开采原油 20 000 吨、附加开采天然气 10 000 立方米，对外销售原油 16 000 吨、销售天然气 8 000 立方米。原油适用单位税额每吨 8 元，天然气适用单位税额每立方米 10 元，有关税款已上缴入库。该油田应做会计处理如下：

（1）计算销售原油应纳资源税时：

销售原油应纳资源税 = 16 000×8 = 128 000（元）

借：营业税金及附加　　128 000

　贷：应交税费——应交资源税　　128 000

（2）计算销售天然气应纳资源税时：

销售天然气应纳资源税 = 8 000×10 = 80 000（元）

借：营业税金及附加　　80 000

　贷：应交税费——应交资源税　　80 000

（3）该油田上缴本期资源税时：

借：应交税费——应交资源税　　208 000

　贷：银行存款　　208 000

2. 铁矿对外销售应税矿产品

【例 6-2】 某铁矿本期销售铁矿石原矿 120 000 吨，销售锰矿石原矿 30 000 吨，铁矿石原矿适用单位税额为每吨 14 元，锰矿石原矿适用单位税额为每吨 3 元。应纳资源税的会计处理如下：

（1）计算应纳资源税时：

销售铁矿石原矿应纳资源税＝120 000×14×40%＝672 000（元）

销售锰矿石原矿应纳资源税＝30 000×3＝90 000（元）

借：营业税金及附加　　762 000

　贷：应交税费——应交资源税　　762 000

（2）上缴资源税时：

借：应交税费——应交资源税　　762 000

　贷：银行存款　　762 000

（二）自用应税产品应纳资源税的核算

自产自用应税产品有两种情况：一是用于非生产领域的消耗，如用于本企业的基本生产、生活福利等方面；二是用于生产领域，如将原煤加工成选煤、洗煤等。按照规定，将应税产品用于非生产领域应视同对外销售，将其计算的应纳税额记入"营业税金及附加"科目；用于生产领域的应税产品，将其计算的应纳税额记入相应产品的"生产成本"科目。

【例 6-3】 某煤矿某月开采原煤 100 000 吨，该煤矿职工食堂用原煤 1 000 吨、职工浴室用原煤 600 吨，用自产原煤加工的选煤 60 000 吨，当地税务机关核定选煤与原煤的比率为 1∶1.5，该煤矿原煤的适用单位税额为每吨 8 元。经税务机关核定纳税期限为 10 天，本月内预缴税款 3 次，每次上缴 100 000 元。该煤矿当月应缴纳资源税的会计处理如下：

（1）每次预缴税款时：

借：应交税费——应交资源税　　100 000

　贷：银行存款　　100 000

（2）月终结算应纳税额时：

① 计算食堂、浴室用原煤应纳资源税时：

应纳资源税＝（1 000+600）×8＝12 800（元）

借：应付职工薪酬——应付福利费　　12 800

　贷：应交税费——应交资源税　　12 800

② 计算加工选煤用原煤应纳税额时：

加工选煤的原煤数量＝60 000×1.5＝90 000（吨）

应纳资源税＝90 000×8＝720 000（元）

借：生产成本　　720 000

　贷：应交税费——应交资源税　　720 000

（3）月终，煤矿计算应补交资源税如表 6-3 所示。

表 6-3　　应交税费——应交资源税

时间	凭证号		摘要	借方	贷方	余额
略			略	100 000 100 000 100 000	12 800 720 000	
合计				300 000	732 800	贷方：432 800

月终应补缴资源税＝732 800－300 000＝432 800（元）

借：应交税费——应交资源税　　432 800

　贷：银行存款　　432 800

（三）收购未税矿产品应纳资源税的核算

按照规定，收购未税矿产品，应由收购未税矿产品的单位代扣代缴资源税，并将代扣代缴的资源税记入“物资采购”或“原材料”科目进行核算。

【例 6-4】　某矿山联合企业本期收购未税铁矿石 200 000 吨，该铁矿石的适用单位税额为每吨 15 元。联合企业应纳资源税的会计处理如下：

（1）代扣代缴资源税时：

应代扣代缴的资源税＝200 000×15＝3 000 000（元）

借：原材料　　3 000 000

　贷：应交税费——应交资源税　　3 000 000

（2）上缴资源税时：

借：应交税费——应交资源税　　3 000 000

　贷：银行存款　　3 000 000

（四）外购液体盐加工固体盐应纳资源税的核算

按照规定，外购液体盐加工固体盐时，外购液体盐已负担的资源税额允许在固体盐销售时应纳的资源税额中进行抵扣。其会计处理如下：

【例 6-5】　某盐场本月 10 日、20 日分别购进液体盐 100 000 吨、120 000 吨用于加工固体盐，每吨购进价格为 160 元。本月内共计对外销售加工的固体盐 160 000 吨，另外，用加工的固体盐 40 000 吨再加工成精盐出售。液体盐的单位税额每吨为 5 元，固体盐的单位税额每吨为 18 元。当地税务机关核定该盐场的纳税期限为 10 日，本月内预缴资源税 3 次，每次预缴税款 200 000 元。该盐场应缴税款的有关会计处理如下：

（1）每次预缴资源税时：

借：应交税费——应交资源税　　200 000

　贷：银行存款　　200 000

（2）本月 10 日外购液体盐时：

外购液体盐支付的金额 = 100 000×160 = 16 000 000（元）

外购液体盐应负担的税额 = 100 000×5 = 500 000（元）

外购液体盐不含税金额 = 16 000 000−500 000 = 15 500 000（元）

借：原材料——液体盐　　15 500 000

　　应交税费——应交资源税　　500 000

　贷：银行存款　　16 000 000

（3）本月 20 日外购液体盐时：

外购液体盐支付的金额 = 120 000×160 = 19 200 000（元）

外购液体盐应负担的税额 = 120 000×5 = 600 000（元）

外购液体盐不含税金额 = 19 200 000−600 000 = 18 600 000（元）

借：原材料——液体盐　　18 600 000

　　应交税费——应交资源税　　600 000

　贷：银行存款　　19 200 000

（4）计算本月对外销售固体盐应纳资源税时：

应纳资源税税额 = 160 000×18 = 2 880 000（元）

借：营业税金及附加　　2 880 000

　贷：应交税费——应交资源税　　2 880 000

（5）计算本月用固体盐加工精盐应纳资源税时：

应纳资源税税额 = 40 000×18 = 720 000（元）

借：生产成本　　720 000

　贷：应交税费——应交资源税　　720 000

（6）月终，盐场计算应补缴资源税如表 6-4 所示。

表 6-4　**应交税费——应交资源税**

时间		凭证号		摘　要	借　方	贷　方	余　额
					200 000		
					200 000		
					200 000		
					500 000		
					600 000		
						2 880 000	
						720 000	
合　计					1 700 000	3 600 000	贷方：1 900 000

月终应补缴资源税额 = 3 600 000−1 700 000 = 1 900 000（元）

借：应交税费——应交资源税　　1 900 000

　贷：银行存款　　1 900 000

第三节　资源税的征收管理及报表

一、纳税义务发生时间

（1）纳税人采取分期收款结算方式销售的，其纳税义务发生时间为销售合同规定的收款日期的当天。

（2）纳税人采取预收货款结算方式销售的，其纳税义务发生时间为发出应税产品的当天。

（3）纳税人采取其他结算方式销售的，其纳税义务发生时间为收讫销货款或者取得索取销货款凭据的当天。

（4）纳税人自产自用应税产品的纳税义务发生的时间，为移送使用应税产品的当天。

（5）扣缴义务人代扣代缴税款的纳税义务发生时间，为支付首笔货款或者开具应支付货款凭据的当天。

二、纳税地点

纳税人应纳的资源税，应当向应税产品的开采或者生产所在地主管税务机关申报缴纳。特殊情况规定如下：

（1）如为跨省、自治区、直辖市开采资源税应税产品的单位，其下属生产单位不在同一省、自治区、直辖市的，对其开采的矿产品，一律在开采地纳税，其应纳税款由独立核算、自负盈亏的单位，按照开采地的实际销售量（或者自用量）及适用的单位税额计算划拨。

（2）纳税人在本省、自治区、直辖市范围内开采或者生产应税产品，其纳税地点需要调整的，由省、自治区、直辖市税务机关决定。

（3）扣缴义务人（是指独立矿山、联合企业及其他收购未税矿产品的单位）代扣代缴的资源税，应当向收购地主管税务机关申报纳税。

三、纳税期限

资源税的纳税期限分为1日、3日、5日、10日、15日或者1个月，由当地主管税务机关根据纳税人实际情况具体核定。不能按固定期限申报纳税的，可以按次计算纳税。

纳税人以1个月为一期纳税的，自期满之日起10日内申报纳税；以1日、3日、5日、10日、15日为一期纳税的，自期满之日起5日内预缴税款，于次月1日至10日申报纳税并结清上月税款。

扣缴义务人解缴税款的期限，比照上述规定执行。

四、扣缴义务人适用的税额

（1）独立矿山、联合企业收购未税矿产品的单位，按照本单位应税产品税额标准，依据收购的数量代扣代缴资源税。

（2）其他收购单位收购的未税矿产品，按税务机关核定的应税产品税额标准，依据收购的数量代扣代缴资源税。

五、纳税申报表的填报方法

1. 资源税纳税申报表

资源税纳税申报表是应缴资源税的纳税人在税务机关规定的纳税期限内必须申报的一种报表。纳税人根据当期生产经营的应税项目、销售明细账的销售数量或自用数量、适用税额，以及“应交税费——应交资源税明细账”的有关数据如实填列并申报。纳税申报表既是纳税人报缴税款时履行的法定手续，又是基层税务机关办理征收业务、核实应纳税额、填示税票的主要依据。纳税申报表一式两份，一份交税务机关，一份留纳税人自己保存。资源税纳税申报表的基本格式如表6-5所示。

表6-5　**资源税纳税申报表**

填表日期：　年　月　日

纳税人识别号 □□□□□□□□□□□□□□□□　　金额单位：　元（列至角分）

<table>
<tr><td colspan="2">纳税人名称</td><td colspan="3"></td><td colspan="2">税款所属时期</td><td colspan="2"></td></tr>
<tr><td colspan="2">产品名称</td><td>课税单位</td><td>课税数量</td><td>单位税额</td><td>应纳税款</td><td>已纳税款</td><td>应补(退)税款</td><td>备注</td></tr>
<tr><td rowspan="6">纳税项目</td><td></td><td></td><td></td><td></td><td></td><td></td><td></td><td></td></tr>
<tr><td></td><td></td><td></td><td></td><td></td><td></td><td></td><td></td></tr>
<tr><td></td><td></td><td></td><td></td><td></td><td></td><td></td><td></td></tr>
<tr><td></td><td></td><td></td><td></td><td></td><td></td><td></td><td></td></tr>
<tr><td></td><td></td><td></td><td></td><td></td><td></td><td></td><td></td></tr>
<tr><td></td><td></td><td></td><td></td><td></td><td></td><td></td><td></td></tr>
<tr><td rowspan="5">免税项目</td><td></td><td></td><td></td><td></td><td></td><td></td><td></td><td></td></tr>
<tr><td></td><td></td><td></td><td></td><td></td><td></td><td></td><td></td></tr>
<tr><td></td><td></td><td></td><td></td><td></td><td></td><td></td><td></td></tr>
<tr><td></td><td></td><td></td><td></td><td></td><td></td><td></td><td></td></tr>
<tr><td></td><td></td><td></td><td></td><td></td><td></td><td></td><td></td></tr>
</table>

<table>
<tr><td colspan="2">如纳税人填报,由纳税人填写以下各栏</td><td colspan="4">如委托代理人填报,由代理人填写以下各栏</td><td>备注</td></tr>
<tr><td rowspan="3">会计主管
（签章）</td><td rowspan="3">纳税人
（公章）</td><td>代理人名称</td><td></td><td colspan="2" rowspan="2">代理人
（公章）</td><td rowspan="3"></td></tr>
<tr><td>代理人地址</td><td></td></tr>
<tr><td>经办人</td><td></td><td>电话</td><td></td></tr>
<tr><td colspan="7">以下由税务机关填写</td></tr>
<tr><td colspan="2">收到申报表日期</td><td colspan="2"></td><td colspan="2">接收人</td><td></td></tr>
</table>

资源税纳税申报表的填报方法：

资源税纳税申报表适用于开采应税矿产品或者生产盐的单位和个人申报缴纳资源税。表中各项目："产品名称"，按企业应税产品名称及收购未税矿产品名称据实填报；"课税单位"，按税法规定的数量单位填写，如吨、千立方米；"课税数量"，根据本期应税资源的销售数量、自用数量，按适用税率分别填列；"单位税额"，填写本地区适用定额率。

2. 资源税扣缴报告表

扣缴报告表填报内容与纳税申报表基本相同。其中，产品名称、课税单位、课税数量、单位税额均按收购未税矿产品的具体情况填写。

第七章　土地增值税的会计核算

第一节　土地增值税核算的基本规定

土地增值税是对转让国有土地使用权、地上建筑物及其附着物并取得收入的单位和个人所征收的一种税。征收土地增值税有利于合理配置资源，提高土地使用效率，抑制炒买炒卖土地投机获取暴利的行为，增加国家财政收入。

国务院于1993年12月13日制定颁布了《中华人民共和国土地增值税暂行条例》（以下简称《土地增值税暂行条例》），并于1994年1月1日起施行。随后财政部发布了《中华人民共和国土地增值税暂行条例实施细则》，明确实施细则从1995年1月27日起施行。

一、土地增值税的征税范围

根据《土地增值税暂行条例》及实施细则的规定，土地增值税的征税范围包括：

（一）转让国有土地使用权

国有土地是指按照国家法律规定属于国家所有的土地。根据《中华人民共和国宪法》和《中华人民共和国土地管理法》的规定，城市的土地属国家所有。农村和城市郊区的土地除由法律规定属于国家所有的以外，属于集体所有。国家为了公共利益，可以依照法律规定对集体土地实行征用，依法被征用后的土地属于国家所有。对于上述法律规定属于国家所有的土地，其土地使用权在转让时，按照《土地增值税暂行条例》，属于土地增值税的征税范围。而农村集体所有的土地，根据《中华人民共和国土地管理法》、《中华人民共和国城市房地产管理法》及国家的其他有关规定，是不得自行转让的，只有根据有关法律规定，由国家征用以后变为国家所有时，才能进行转让。集体土地的自行转让是一种非法行为，对于违法将集体土地转让给其他单位和个人的情况，应由有关部门处理、补办土地征用或出让手续变为国家所有之后，再纳入土地增值税的征税范围。

（二）地上的建筑物及其附着物

地上的建筑物是指建于土地上的一切建筑物，包括地上地下的各种附属设施。附着物是指附着于土地上的不能移动或一经移动即遭损坏的物品。土地使用权转让，其地上的建筑物、其他附着物的所有权随之转让，属于土地增值税的征税范围。

（三）土地增值税征税范围的具体规定

1. 以出售方式转让国有土地使用权、地上建筑物及附着物

以出售方式转让国有土地使用权、地上建筑物及附着物，有以下三种情况：

（1）出售国有土地使用权的，这种情况是指土地使用者通过出让方式，向政府缴纳了土地出让金，有偿受让土地使用权后，仅对土地进行通水、通电、通路和平整地面等土地开发，不进行房产开发，即将“生地变为熟地”，然后直接将空地出售出去。这属国有土地使用权有偿转让，属于土地增值税的征税范围。

（2）取得国有土地使用权后进行房屋开发建造然后出售的，即为一般所说的房地产开发。这种情况既发生了产权的转让，又取得了销售收入，属于土地增值税的征税范围。

（3）存量房地产买卖，这种情况是指已经建成并已投入使用的房地产，其房屋所有人将房屋产权和土地使用权一并转让给其他单位和个人。这种行为按照国家有关房地产法规的规定，应当到有关部门办理房产产权和土地使用权的转让变更手续。如原土地使用权属于无偿划拨的，还应到土地管理部门补交土地出让金。这种情况既发生了产权的转让，又取得了销售收入，属于土地增值税的征税范围。

2. 以继承、赠与方式转让房地产

以继承、赠与方式转让房地产的，没有取得相应的收入，属于无偿转让房地产行为，不属于土地增值税的征税范围。具体分以下两种情况：

（1）房地产的继承。房地产的继承是指房产的原产权所有人，即依照法律规定取得土地使用权的土地使用人死亡，由其继承人依法承受死者房产产权和土地使用权的民事法律行为。这种行为虽然发生了房地产的权属变更，但作为房产产权、土地使用权的原所有人（即被继承人）并没有因权属的转让而取得任何收入。因此，这种房地产的继承不属于土地增值税的征税范围。

（2）房地产的赠与。房地产的赠与是指房地产所有人、土地使用权所有人将自己所拥有的房地产无偿地交给其他人的民事法律行为。房地产的“赠与”仅指以下两种情况：

第一，房产所有人、土地使用权所有人将房屋产权、土地使用权赠与直系亲属或承担直接赡养义务的人。

第二，房产所有人、土地使用权所有人通过中国境内非营利的社会团体、国家机关将房屋产权、土地使用权赠与教育、民政和其他社会福利、公益事业的。

3. 房地产的出租

房地产的出租是指房地产的产权所有人、依照法律规定取得土地使用权的土地使用人，将房产、土地使用权租赁给承租人使用，由承租人向出租人支付租金的行为。房地产的出租虽然取得了收入，但没有发生房产产权、土地使用权的转让。因此，不属于土地增值税的征税范围。

4. 房地产的抵押

房地产的抵押是指房地产的产权所有人、依法取得土地使用权的土地使用人作为债务人或第三人向债权人提供不动产作为清偿债务的担保而不转移权属的法律行为。由于房产产权、土地使用权在抵押期间产权并没有发生权属的变更，房产的产权所有人、土地使用权人仍能对房地产行使占有、使用、收益等权利。房产的产权所有人、土地使用权人虽然在抵押期间取得了一定的收入，但实际上这些收入在抵押期满后要偿还给债权人。因此，对房地产的抵押，在抵押期间不征收土地增值税。但抵押期满后发生房地产权属转让的，应属于土地增值税的征税范围。

5. 房地产交换

房地产交换是指一方以房地产与另一方的房地产进行交换的行为。这种行为既发生了房产产权、土地使用权的转移，交换双方又取得了实物形态的收入，按照《土地增值税暂行条例》，属于土地增值税的征税范围。但对于个人之间互换自有居住用房地产的，经当地税务机关核实，可以免征土地增值税。

6. 以房地产进行投资、联营

投资、联营是指一方以土地（房地产）作价入股进行投资或作为联营条件，将房地产转让到被投资、联营企业的行为。按照土地增值税的有关规定，暂免征收土地增值税。但投资者将其股权转让的，属于土地增值税的征税范围。

7. 合作建房

合作建房是指一方出土地，另一方出资金，双方合作共建房屋的行为。如合作建成后按比例分房自用的，暂免征收土地增值税。如建成后转让的，属于土地增值税的征税范围。

国税发［2009］31号文规定，企业以本企业为主体联合其他企业、单位、个人合作或合资开发房地产项目，且该项目未成立独立法人公司的，也属于合作开发房地产项目。

8. 企业兼并转让房地产

企业兼并转让房地产是指在企业兼并中，被兼并企业将房地产转让到兼并企业中的行为。按规定，暂免征收土地增值税。

9. 房地产的代建房行为

房地产的代建房行为是指房地产开发公司代客户进行房地产的开发，开发完成后向客户收取代建收入的行为。房地产开发企业虽然取得了收入，但并未发生房地产权属转移，其收入属于劳务收入的性质。因此，不属于土地增值税的征税范围。

10. 房地产的重新评估

房地产的重新评估是指国有企业在清产核资时对房地产进行重新评估而可能发生增值的行为。这种房地产评估的增值，既没发生房地产权属的转移，房产产权、土地使用权人也未取得收入。因此，不属于土地增值税的征税范围。

11. 国家收回国有土地使用权、征用地上的建筑物及其附着物

国家收回国有土地使用权、征用地上的建筑物及其附着物而使房地产产权发生转让的，原房产所有人、土地使用权人也取得了一定的收入（补偿金），但根据《土地增值税暂行条例》的有关规定，可以免征土地增值税。

二、土地增值税税率

我国现行土地增值税适用四级超率累进税率。具体规定如表7-1所示。

表 7-1　　土地增值税税率表

级次	增值额与扣除金额的比例	税率（%）	速算扣除系数（%）
1	不超过 50%的部分	30	0
2	50%~100%的部分	40	5
3	100%~200%的部分	50	15
4	超过 200%的部分	60	35

三、土地增值税的计税依据

土地增值税的计税依据是转让房地产过程中所取得的增值额，即转让房地产取得的全部收入减去《土地增值税暂行条例》规定的扣除项目金额。其基本计算公式为：

增值额=收入总额-税法规定的扣除项目金额

（一）收入总额

根据《中华人民共和国土地增值税暂行条例》及其实施细则，纳税人转让房地产取得的收入额，应包括转让房地产的全部价款及相关的经济收益。从收入形式来看，包括货币收入、实物收入和其他收入。

1. 货币收入，是指纳税人转让房地产时取得的现金、银行存款、支票、银行本票等各种信用票据和国库券、金融债券、企业债券、股票等有价证券。

2. 实物收入，是指纳税人转让房地产而取得的各种实物形态的收入，如材料、房屋等。实物收入的实际价值难以确定，一般需要经过对这些实物形态的财产进行评估。

3. 其他收入，是指纳税人转让房地产而取得的除上述两项以外的其他收入，如专利权、商标权、专有技术使用权、土地使用权等。

（二）扣除项目金额

《土地增值税暂行条例》规定，扣除项目及其内容如下：

1. 取得土地使用权所支付的金额

取得土地使用权所支付的金额是指纳税人取得土地使用权所支付的地价款。如果是以协议、招标、拍卖等出让方式取得土地使用权的，地价款为纳税人所支付的土地出让金；如果是以行政划拨方式取得土地使用权的，地价款为按照国家有关规定补交的土地出让金；如果是以转让方式取得土地使用权的，地价款为向原土地使用权人实际支付的地价款。

另外，纳税人在取得土地使用权时按照国家统一规定缴纳有关费用，如按照规定缴纳的有关登记费用、过户手续费等。

2. 房地产开发成本

房地产开发成本是指纳税人房地产开发项目实际发生的成本，包括土地征用及拆迁补偿费、前期工程费、建筑安装工程费、基础设施费、公共配套设施费、开发间接费用等。

（1）土地征用及拆迁补偿费，包括土地征用费、耕地占用税、劳动力安置费及有关地上地下附作物拆迁补偿的净支出、安置动迁用房支出等。

（2）前期工程费，包括规划、设计、项目可行性研究和水文、地质、勘测、“三通一平”等支出。

（3）建筑安装工程，包括以出包方式支付给承包方的建筑安装工程费，以及自营方式所发生的建筑安装工程费。

（4）基础设施费，包括开发小区内道路、供水、供电、供气、排污、排洪、通信、照明、环卫、绿化等工程发生的支出。

（5）公共配套设施费，包括不能有偿转让的开发小区内公共配套设施发生的支出。

（6）开发间接费用，包括直接组织、管理开发项目发生的费用，如工资、职工福利费、折旧费、修理费、办公费、水电费、劳动保护费、周转房摊销等。

3. 房地产开发费用

房地产开发费用是指与房地产开发项目有关的销售费用、管理费用和财务费用。根据《土地增值税暂行条例》及实施细则的具体规定，房地产开发费用分为财务费用和其他房地产开发费用两个部分。其计算方法有以下两种情况：

（1）凡财务费用中的利息支出，能够按转让房地产项目计算分摊且能提供金融机构证明的，允许据实扣除（不包括超过贷款期限的利息部分和加罚的利息部分），但最高不得超过按商业银行同类同期贷款利率计算的金额。其他房地产开发费用，按取得土地使用权所支付的金额和房地产开发成本两项计算的金额之和的5%以内计算扣除。其计算公式为：

允许扣除的房地产开发费用＝准予扣除的利息+（取得土地使用权所支付的金额+计算的房地产开发成本）×5%以内

（2）凡财务费用中的利息支出，不能够按转让房地产项目计算分摊或不能提供金融机构证明的，财务费用和其他房地产开发费用不分别单独计算。房地产开发费用按取得土地使用权所支付的金额和计算的房地产开发成本两项之和的10%以内计算扣除。

允许扣除的房地产开发费用＝（取得土地使用权所支付的金额+计算的房地产开发成本）×10%以内

上述两项扣除的具体比例，由各省、自治区、直辖市人民政府在其范围规定。

4. 与转让房地产有关的税费

与转让房地产有关的税费是指转让房地产时应缴纳的营业税、城市维护建设税、印花税和教育费附加。

但房地产开发企业转让房地产时缴纳的印花税已记入其“管理费用”账户，在扣除房地产开发费用时已包括该部分内容，故房地产开发企业的印花税不再单独扣除。

非房地产开发企业转让房地产时缴纳的印花税，一般未包括在扣除的房地产开发费用中，故非房地产开发企业转让房地产时应缴纳的印花税可计算扣除。

5. 加计扣除项目

《中华人民共和国土地增值税条例实施细则》规定，对从事房地产开发的纳税人，可按取得土地使用权所支付的金额和房地产开发成本两项之和的20%计算扣除。其计算公式为：

加计扣除金额=（取得土地使用权所支付的金额+计算的房地产开发成本）×20%

但该项优惠政策只适用于从事房地产开发的纳税人，非房地产开发的纳税人不享受这条优惠规定。即使是房地产开发的纳税人，如果在房地产买卖过程中未进行开发的，也不享受该优惠政策。

6. 旧房及建筑物的评估价格

旧房及建筑物的评估价格是指在转让已使用的房屋及建筑物时，由政府批准设立的房地产评估机构评定的重置成本价乘以成新度折扣率后的价格。评估价格需经当地税务机关确认。根据财政部、国家税务总局的规定：转让旧房的，应按房屋及建筑物的评估价格、取得土地使用权所支付的地价款和按国家统一规定缴纳的有关费用及在转让环节缴纳的税金作为扣除项目金额地征土地增值税。对取得土地使用权时未支付地价款或不能提供已支付的地价款凭据的，不允许扣除取得土地使用权所支付的金额。

上述扣除范围的六项中，前五项用于新房地的转让，第六项用于旧房产的转让。

四、土地增值税的减免优惠

根据《土地增值税暂行条例》的规定，减免优惠包括以下几项具体规定：

（一）对建造普通标准住宅的减免优惠

纳税人建造普通标准住宅出售，增值额未超过扣除项目金额20%的，免征土地增值税。普通标准住宅是指按所在地一般民用住宅标准建造的居住用住宅。高级公寓、别墅、度假村等不属于普通标准住宅。普通标准住宅与其他住宅的具体划分界限，2005年5月31日以前由各省、自治区、直辖市人民政府规定。2005年6月1日起，普通标准住宅应同时满足：住宅小区建筑容积率在1.0以上；单套建筑面积在120平方米以下；实际成交价格低于同级别土地上住房平均交易价格1.2倍以下。各省、自治区、直辖市要根据实际情况，制定本地区享受优惠政策普通住房的具体标准，允许单套建筑面积和价格标准适当浮动，但向上浮动的比例不得超过上述标准的20%。纳税人建造普通标准住宅出售，增值额未超过扣除项目金额20%的，免征土地增值税；增值额超过扣除项目金额20%的，应就其全部增值额按规定计算缴纳土地增值税。

对于纳税人既建造普通标准住宅又搞其他房地产开发的，应分别核算各自的增值额，不分别核算增值额或不能准确核算增值额的，其建造的普通标准住宅不能适用上述的免税规定。

（二）对国家收回的房地产的减免税优惠

根据《土地增值税暂行条例》的规定，因国家建设需要依法征用、收回的房地产，免征土地增值税。因国家建设需要依法征用、收回的房地产，是指因城市实施规划、国家建设的需要而被政府批准征用的房产或收回的土地使用权。因城市实施规划、国家建设的需要而搬迁。如果纳税人自行转让原房地产的，比照有关规定免征土地增值税。

（三）对个人转让房地产的减免优惠

对个人销售住房暂免征收土地增值税。

第二节　土地增值税应纳税额的会计核算

一、会计科目的设置

根据《土地增值税暂行条例》及《中华人民共和国土地增值税暂行条例实施细则》，企业缴纳土地增值税的会计处理有以下规定：

(1) 缴纳土地增值税的企业应设置“应交税费”科目核算，并在“应交税费”科目下增设“应交土地增值税”明细科目进行核算。

(2) 转让国有土地使用权、地上建筑物及其附着物并取得收入的企业，按规定计算出应缴纳的土地增值税，分别按以下情况进行会计处理：

①主营房地产业务的企业，应由当期营业收入负担的土地增值税。

房地产开发企业，借记“营业税金及附加”科目，贷记“应交税费——应交土地增值税”科目。

外商投资房地产企业，借记“营业税金及附加”科目，贷记“应交税费——应交土地增值税”科目。

股份制房地产企业，借记“营业税金及附加”科目，贷记“应交税费——应交土地增值税”科目。

② 兼营房地产业务的企业，应由当期营业收入负担的土地增值税。

工业、农业、商业、运输业、邮电、施工企业，外商投资工业、农业、商业、交通、施工企业，借记“固定资产清理”科目，贷记“应交税费——应交土地增值税”科目。

③ 企业转让的国有土地使用权连同地上建筑物及其附着物一并在“固定资产清理”或“在建工程”等科目核算。转让时应缴纳的土地增值税，借记“固定资产清理”、“在建工程”等科目，贷记“应交税费——应交土地增值税”科目。

(3) 企业缴纳土地增值税时，借记“应交税费——应交土地增值税”科目，贷记“银行存款”科目。

(4) 企业在项目全部竣工决算前转让房地产取得的收入，按税法规定预缴的土地增值税，借记“应交税费——应交土地增值税”科目，贷记“银行存款”科目；待该房地产营业收入实现时，再按前第两条的有关规定进行会计处理；待项目全部竣工、办理结算后进行清算，若收到退回多缴的土地增值税时，借记“银行存款”等科目，贷记“应交税费——应交土地增值税”科目，交土地增值税时，做相反的会计分录。

预缴土地增值税的企业，“应交税费——应交土地增值税”科目的借方余额，包括有预缴的土地增值税。

(5) 为了提供土地增值税的计算依据，企业应将取得土地使用权时所支付的金额、开发土地和新建房及配套设施的成本、费用等，在有关会计科目或备查簿中详细登记。

二、土地增值税核算账户

土地增值税核算的账户应根据“应交税费——应交土地增值税”总账科目进行设置。其账户的基本格式如表7-2所示。

表7-2　　应交税费——应交土地增值税

时间	凭证	摘要	借方	贷方	余额

账户的贷方登记当期计算应缴纳的土地增值税额，借方登记当期预缴和当期已缴的土地增值税额。期末的贷方余额表示应缴而尚未缴纳的土地增值税税额，期末借方余额表示当期多缴或预缴的土地增值税税额。

三、主营房地产业务的企业应纳土地增值税的核算

主营房地产业务的企业，是指在企业的经营业务中以房地产经营业务为主，其房地产的营业收入在企业总收入中占有较大的比重，并且直接影响到企业的经济效益。主营房地产业务的企业，既有房地产开发企业，也有股份制企业、外商投资企业、对外经济合作企业等。根据房地产转让的不同形式，具体核算如下：

（一）开发房地产销售应纳土地增值税的核算

房地产转让业务中，新开发房地产业务的销售占有绝对比重。房地产开发业务的特点是周期较长，少则几个月，多则几年。按照土地增值税的有关规定，一般采取预缴和营业收入实现或项目全部竣工、办理结算后进行清算的征管办法。

【例7-1】　华能房地产开发公司主营房地产开发业务，某年度内开发房地产1万平方米对外销售，按签订的购销合同共计取得销售收入4 000万元。在开发过程中支付取得土地使用权的费用400万元；支付开发房地产的成本费1 200万元；支付开发房地产的借款利息支出160万元，并能提供金融机构的证明，利率未超过银行同类同期贷款利率的规定标准，当地政府规定其他房地产开发费用的扣除比例为5%；转让房地产应缴纳的营业税、城市维护建设税、教育费附加按规定计算；华能房地产开发公司按照当地主管税务机关的规定，在一至四季度分别预缴土地增值税60万元。房地产开发公司开发该房地产应缴纳的土地增值税及会计处理如下（营业税税率5%、城市维护建设税税率7%、教育费附加征收率3%）：

（1）每季度预缴土地增值税时：

借：应交税费——应交土地增值税　　600 000

　贷：银行存款　　600 000

（2）计算共计应缴纳的土地增值税税额：

第一步：计算应扣除的项目金额：

扣除项目金额=取得土地使用权所支付的金额+房地产开发成本+房地产开发费用+

转让地产有关的税金+加计扣除费用

房地产开发费用=1 600 000+（4 000 000+12 000 000）×5%=2 400 000（元）

应缴纳的营业税=40 000 000×5%=2 000 000（元）

应缴纳的城市维护建设税=2 000 000×7%=140 000（元）

应缴纳的教育费附加=2 000 000×3%=60 000（元）

加计扣除费用=（4 000 000+12 000 000）×20%=3 200 000（元）

合计扣除项目金额=4 000 000+12 000 000+2 400 000+2 200 000+3 200 000=23 800 000（元）

第二步：计算增值额：

增值额=收入总额-扣除项目金额

=40 000 000-23 800 000=16 200 000（元）

第三步：计算增值额占扣除项目金额的比例：

$$增值率=\frac{增值额}{扣除项目金额}\times 100\%$$

$$增值率=\frac{16\ 200\ 000}{23\ 800\ 000}\times 100\%=68\%$$

第四步：确定适用税率：该房地产转让应征收土地增值税的适用税率为40%。

第五步：计算应纳土地增值税额：

应纳土地增值税额=增值额×适用税率-扣除项目金额×速算扣除系数

应纳土地增值税=16 200 000×40%-23 800 000×5%

=6 480 000-1 190 000

=5 290 000（元）

（3）提取应缴土地增值税时：

借：营业税金及附加　　5 290 000

　贷：应交税费——应交土地增值税　　5 290 000

该年度华能房地产开发公司“应交税费——应交土地增值税”登记账户如表7-3所示。

表7-3　**应交税费——应交土地增值税**　单位：元

时间	凭证	摘要	借方	贷方	余额
略	略		600 000		
			600 000		
			600 000		
			600 000		
				5 290 000	
合计			2 400 000	5 290 000	贷方：2 890 000

(4) 年末结算华能公司应补缴土地增值税时：

应补交土地增值税＝5 290 000－2 400 000＝2 890 000（元）

上缴土地增值税时：

借：应交税费——应交土地增值税　　2 890 000

　贷：银行存款　　2 890 000

(二) 存量房地产转让应纳土地增值税的核算

存量房地产转让是指企业转让国有土地使用权，连同地上已使用建筑物及其附着物一并转让的行为，按规定应一并在“固定资产”科目进行核算。转让房地产取得的收入，记入“固定资产清理”科目的贷方；计算应缴纳的土地增值税，记入“固定资产清理”科目的借方。

【例 7-2】 某工业企业转让 10 年前建造的办公楼一栋，依据转让合同取得转让收入 2 400 万元，10 年前建造时的造价为 600 万元，转让时已使用 4 年。按转让时的建材及人工费用计算，建造同样的新房现需耗费 2 000 万元，该房还有六成新。由于办公楼所占土地面积的原使用权属于国家无偿划拨的，企业在转让办公楼时补缴土地出让金 400 万元。企业转让该存量房应缴纳的土地增值税及有关账务处理如下（营业税税率 5%、城建税税率 7%、教育费附加征收率 3%、契税税率 3%）：

(1) 转让时冲减固定资产和累计折旧：

借：固定资产清理　　3 200 000

　　累计折旧　　2 400 000

　贷：固定资产　　6 000 000

(2) 取得转让收入时：

借：银行存款　　24 000 000

　贷：固定资产清理　　24 000 000

(3) 支付土地出让金时：

借：固定资产清理　　4 000 000

　贷：银行存款　　4 000 000

(4) 计算应缴纳的营业税、城市维护建设税、教育费附加印花税、契税时：

应缴纳的营业税＝24 000 000×5%＝1 200 000（元）

应缴纳的城市维护建设税＝1 200 000×7%＝84 000（元）

应缴纳的教育费附加＝1 200 000×3%＝36 000（元）

应缴纳的印花税＝24 000 000×0. 5‰＝12 000（元）

应缴纳的契税＝4 000 000×3%＝120 000（元）

借：固定资产清理　　1 452 000

　贷：应交税费——应交营业税　　1 200 000

　　　应交税费——应交城市维护建设税　　84 000

　　　应交税费——应交教育费附加　　36 000

　　　　　　　——应交印花税　　12 000

　　　　　　　——应交契税　　120 000

（5）计算应缴纳的土地增值税：

第一步：计算增值额：

办公楼的评估价格＝20 000 000×60%＝12 000 000（元）

增值额＝24 000 000－12 000 000－4 000 000－1 452 000＝6 548 000（元）

第二步：计算增值额占扣除项目金额的比例：

6 548 000÷17 452 000＝37.52%

第三步：计算应纳土地增值税额：

增值额占扣除项目金额的比重在50%以内，适用税率为30%。

应纳土地增值税额＝6 548 000×30%＝1 964 400（元）

提取土地增值税时：

借：固定资产清理	1 964 400	
贷：应交税费——应交土地增值税		1 964 400

（6）上缴土地增值税时：

借：应交税费——应交土地增值税	1 964 400	
贷：银行存款		1 964 400

四、兼营房地产业务的企业应纳土地增值税的核算

兼营房地产业务的企业，是指虽然经营房地产业务，但不是以此为主，而是兼营或附带经营房地产业务的企业。

【例 7-3】 兼营房地产业务的某商业企业，本期以银行存款400万元购入1 000平方米进行房产开发。在开发过程中支付开发成本2 000万元；开发过程中借款利息不能提供金融机构的有效证明，当地政府规定开发费用的扣除率为8%。房地产开发完工，按签订的购销合同共计取得转让收入共计4 200万元。商业企业应纳土地增值税及有关会计处理如下（营业税税率5%、城建税税率7%、教育费附加征收率3%、印花税税率5‰）：

（1）计算扣除项目金额：

应缴纳的营业税＝4 200×5%＝210（万元）

应缴纳的城建税＝210×7%＝14.7（万元）

应缴纳的教育费附加＝210×3%＝6.3（万元）

应缴纳的印花税＝4 200×5/10 000＝2.1（万元）

扣除项目金额＝400+2 000+（400+2 000）×8%+210+14.7+6.3+2.1＝2 825.1（万元）

（2）计算增值额：

增值额＝4 200－2 825.1＝1 374.9（万元）

（3）增值额占扣除项目金额的比重：

1 374.9÷2 825.1＝49%

（4）计算应纳土地增值税额：

增值额占扣除项目金额的比重为49%，土地增值税的适用税率为30%。

应缴纳的土地增值税＝1 374.9×30%＝412.48（万元）

提取土地增值税时：

借：其他业务成本　　4 124 800

　贷：应交税费——应交土地增值税　　4 124 800

（5）上缴土地增值税时：

借：应交税费——应交土地增值税　　4 124 800

　贷：银行存款　　4 124 800

第三节　土地增值税的征收管理及纳税申报表

一、纳税申报时间

土地增值税的纳税人应在转让房地产合同签订后七日内，到房地产所在地主管税务机关办理纳税申报，并向税务机关提交房屋及建筑物产权、土地使用权证书，土地转让、房产买卖合同，房地产评估报告及其他与转让房地产有关的资料。纳税人因经常发生房地产转让而难以在每次转让后申报的，经税务机关审核同意后，可以定期进行纳税申报，具体期限由当地主管税务机关根据实际情况决定。

二、土地增值税的纳税地点

土地增值税的纳税人应向房地产所在地主管税务机关办理纳税申报，并在税务机关规定的期限内缴纳土地增值税。房地产所在地是指房地产的坐落地。如纳税人转让的房地产坐落在两个或两个以上地区的，应分别向房地产所在地税务机关申报纳税。

在实际工作中，纳税地点的确定又可分为以下两种情况：

1. 纳税人是法人的。当转让的房地产坐落地与其机构所在地或经营所在地一致时，则在办理税务登记的原管辖税务机关申报纳税即可；如果转让的房地产坐落地与其机构所在地或经营所在地不一致时，则应在房地产坐落地所管辖的税务机关申报纳税。

2. 纳税人是自然人的。当转让的房地产坐落地与其居住所在地一致时，则在住所所在地税务机关申报纳税；当转让的房地产坐落地与其居住所在地不一致时，在办理过户手续所在地的税务机关申报纳税。

三、房地产开发企业土地增值税清算

1. 土地增值税的清算条件

（1）符合下列情形之一的，纳税人应进行土地增值税的清算：

① 房地产开发项目全部竣工、完成销售的。

② 整体转让未竣工决算房地产开发项目的。

③ 直接转让土地使用权的。

（2）符合下列情形之一的，主管税务机关可要求纳税人进行土地增值税清算：

① 已竣工验收的房地产开发项目，已转让的房地产建筑面积占整个项目可售建筑面积的比例在85%以上，或该比例虽未超过85%，但剩余的可售建筑面积已经出租或自用的。

② 取得销售（预售）许可证满三年仍未销售完毕的。

③ 纳税人申请注销税务登记但未办理土地增值税清算手续的。

④ 省税务机关规定的其他情况。

2. 非直接销售和自用房地产的收入确定

（1）房地产开发企业将开发产品用于职工福利、奖励、对外投资、分配给股东或投资人、抵偿债务、换取其他单位和个人的非货币性资产等，发生所有权转移时应视同销售房地产，其收入按下列方法和顺序确认：

① 按本企业在同一地区、同一年度销售的同类房地产的平均价格确定。

② 由主管税务机关参照当地当年、同类房地产的市场价格或评估价值确定。

（2）房地产开发企业将开发的部分房地产转为企业自用或用于出租等商业用途时，如果产权未发生转移，不征收土地增值税，在税款清算时不列收入，不扣除相应的成本和费用。

3. 土地增值税的扣除项目

（1）房地产开发企业办理土地增值税清算时计算与清算项目有关的扣除项目金额，应根据《土地增值税暂行条例》第六条及实施细则第七条的规定执行。除另有规定外，扣除取得土地使用权所支付的金额、房地产开发成本、费用及与转让房地产有关的税金，需提供合法有效凭证；不能提供合法有效凭证的，不予扣除。

（2）房地产开发企业办理土地增值税清算所附送的前期工程费、建筑安装工程费、基础设施费、开发间接费用的凭证或资料不符合清算要求或不实的，地方税务机关可参照当地建设工程造价管理部门公布的建安造价定额资料，结合房屋结构、用途、区位等因素，核定上述四项开发成本的单位面积金额标准，并据以计算扣除。具体核定方法由省税务机关确定。

（3）房地产开发企业开发建造的与清算项目配套的居委会和派出所用房、会所、停车场（库）、物业管理场所、变电站、热力站、水厂、文体场馆、学校、幼儿园、托儿所、医院、邮电通信等公共设施，按以下原则处理：

① 建成后产权属于全体业主所有的，其成本、费用可以扣除。

② 建成后无偿移交给政府、公用事业单位用于非营利性社会公共事业的，其成本、

费用可以扣除。

③ 建成后有偿转让的，应计算收入，并准予扣除成本、费用。

（4）房地产开发企业销售已装修的房屋，其装修费用可以计入房地产开发成本。

房地产开发企业的预提费用，除另有规定外，不得扣除。

（5）属于多个房地产项目共同的成本费用，应按清算项目可售建筑面积占多个项目可售总建筑面积的比例或其他合理的方法，计算确定清算项目的扣除金额。

4. 土地增值税清算应报送的资料

符合上述第（2）条第1项规定的纳税人，需在满足清算条件之日起90日内到主管税务机关办理清算手续；符合上述第（2）条第2项规定的纳税人，须在主管税务机关限定的期限内办理清算手续。

纳税人办理土地增值税清算应报送以下资料：

（1）房地产开发企业清算土地增值税书面申请、土地增值税纳税申报表。

（2）项目竣工决算报表、取得土地使用权所支付的地价款凭证、国有土地使用权出让合同、银行贷款利息结算通知单、项目工程合同结算单、商品房购销合同统计表等与转让房地产的收入、成本和费用有关的证明资料。

（3）主管税务机关要求报送的其他与土地增值税清算有关的证明资料等。

纳税人委托税务中介机构审核鉴证的清算项目，还应报送中介机构出具的《土地增值税清算税款鉴证报告》。

5. 土地增值税清算项目的审核鉴证

税务中介机构受托对清算项目审核鉴证时，应按税务机关规定的格式对审核鉴证情况出具鉴证报告。对符合要求的鉴证报告，税务机关可以采信。

税务机关要对从事土地增值税清算鉴证工作的税务中介机构在准入条件、工作程序、鉴证内容、法律责任等方面提出明确要求，并做好必要的指导和管理工作。

6. 土地增值税的核定征收

房地产开发企业有下列情形之一的，税务机关可以参照与其开发规模和收入水平相近的当地企业的土地增值税税负情况，按不低于预征率的征收率核定征收土地增值税：

（1）依照法律、行政法规的规定应当设置但未设置账簿的。

（2）擅自销毁账簿或者拒不提供纳税资料的。

（3）虽设置账簿，但账目混乱或者成本资料、收入凭证、费用凭证残缺不全，难以确定转让收入或扣除项目金额的。

（4）符合土地增值税清算条件，未按照规定的期限办理清算手续，经税务机关责令限期清算，逾期仍不清算的。

（5）申报的计税依据明显偏低，又无正当理由的。

四、土地增值税的纳税申报表

土地增值税纳税申报表分为两种：一是适用于从事房地产开发的纳税人；二是适用

于非房地产开发的纳税人。

（一）土地增值税纳税申报表（一）

本表适用于房地产开发及转让的土地增值税的纳税人，包括转让已完成开发的房地产取得收入，或预售正在开发的房地产并取得预售收入。其格式如表 7-4 所示。

表 7-4　　　　土地增值税纳税申报表（一）

土地增值税纳税申报表

（从事房地产开发的纳税人适用）

填表日期：　　年　月　日

纳税人识别号 | | | | | | | | | | | | | | | |　　　　金额单位：元（列至角分）

纳税人名称		税款所属时期	
项　目		行　次	金　额
一、转让房地产收入总额　1=2+3		1	
其中	货币收入	2	
	实物收入及其他收入	3	
二、扣除项目金额合计　4=5+6+13+16+20		4	
1. 取得土地使用权所支付的金额		5	
2. 房地产开发成本　6=7+8+9+10+11+12		6	
其中	土地征用及拆迁补偿费	7	
	前期工程费	8	
	建筑安装工程费	9	
	基础设施费	10	
	公共配套设施费	11	
	开发间接费用	12	
3. 房地产开发费用　13=14+15		13	
其中	利息支出	14	
	其他房地产开发费用	15	
4. 与转让房地产有关的税金等　16=17+18+19		16	
其中	营业税	17	
	城市维护建设税	18	
	教育费附加	19	
5. 财政部规定的其他扣除项目		20	
三、增值额　21=1−4		21	

续表

项　目	行　次	金　额
四、增值额与扣除项目金额之比（%）22=21÷4	22	
五、适用税率（%）	23	
六、速算扣除系数（%）	24	
七、应缴土地增值税税额　25=21×23-4×24	25	
八、已缴土地增值税税额	26	
九、应补（退）土地增值税税额　27=25-26	27	

<table>
<tr><td colspan="2">如纳税人填报，由纳税人填写以下各栏</td><td colspan="3">如委托代理人填报，由代理人填写以下各栏</td><td>备注</td></tr>
<tr><td rowspan="3">会计主管
（签章）</td><td rowspan="3">纳税人
（公章）</td><td>代理人名称</td><td></td><td rowspan="2">代理人
（公章）</td><td rowspan="3"></td></tr>
<tr><td>代理人地址</td><td></td></tr>
<tr><td>经办人姓名</td><td></td><td>电话</td></tr>
<tr><td colspan="6">以下由税务机关填写</td></tr>
<tr><td colspan="2">收到申报表日期</td><td></td><td colspan="2">接收人</td><td></td></tr>
</table>

表7-4中各主要项目内容应根据土地增值税的基本计算单位计算填报，对同时转让两个或两个以上计税单位的房地产开发企业，应按每一基本计税单位填报一份申报表的原则操作。如果房地产企业同时兼有免税和征税项目单位，也应分别填报。具体填列方法为：

（1）"转让房地产收入总额"，为第1行至第3行的计算，包括转让房地产开发项目所取得的全部收入，即货币收入、实物收入和无形资产等其他形式的收入。

（2）"扣除项目金额合计"，为第4行至第20行的计算，具体包括：

①"取得土地使用权所支付的金额"，填写土地出让金及按国家规定缴纳的有关费用。

②"房地产开发成本"，填写实际发生的各项开发成本，如果开发成本同时包含两个或两个以上计税单位，应按一定比例分摊。

③"房地产开发费用"，其中，利息支出如符合税法规定可据实填写，如利息支出不符合单独计算列支的规定则本行数额为零。其他房地产开发费用，利息单独计算扣除的，按取得土地使用权所支付的价款和房地产开发成本合计数的5%计算扣除；利息不允许单独计算扣除的，以合计数10%以内计算扣除。

④"与房地产转让有关的税金"，按转让房地产时实际缴纳的营业税、城市维护建设税、教育费附加三项合计数填写。

⑤"财政部规定扣除的其他扣除项目"，填写按税法规定可根据取得土地使用权时支付的价款和房地产开发成本之和加计20%的金额扣除。

（3）"适用税率"，本行按项目所适用的最高一级税率填写。如果属于免税项目，税率为零。

（4）“速算扣除系数”，本行按填写适用税率所对应的数据填写。

（二）土地增值税纳税申报表（二）

本表适用于非从事房地产开发的纳税人向税务机关填报。其格式如表7-5所示。

表7-5　**土地增值税纳税申报表（二）**

（非从事房地产开发的纳税人适用）

填表日期：　　年　月　日

纳税人识别号 | | | | | | | | | | | | | | | |　　金额单位：元（列至角分）

纳税人名称			税款所属时期	
项　目		行　次	金　额	
一、转让房地产收入总额　1=2+3		1		
其中	货币收入	2		
	实物收入及其他收入	3		
二、扣除项目金额合计　4=5+6+9		4		
1. 取得土地使用权所支付的金额		5		
2. 旧房及建筑物的评估价格　6=7×8		6		
其中	旧房及建筑物的重置成本价	7		
	成新度折扣率	8		
3. 与转让房地产有关的税金等　9=10+11+12+13		9		
其中	营业税	10		
	城市维护建设税	11		
	印花税	12		
	教育费附加	13		
三、增值额　14=1−4		14		
四、增值额与扣除项目金额之比（%）15=14÷4		15		
五、适用税率（%）		16		
六、速算扣除系数（%）		17		
七、应缴土地增值税税额　18=14×16−4×17		18		
如纳税人填报，由纳税人填写以下各栏	如委托代理人填报，由代理人填写以下各栏			备注

续表

<table>
<tr><td colspan="4">项 目</td><td>行 次</td><td>金 额</td></tr>
<tr><td rowspan="3">会计主管

（签章）</td><td rowspan="3">纳税人

（公章）</td><td>代理人名称</td><td></td><td rowspan="2">代理人
（公章）</td><td rowspan="3"></td></tr>
<tr><td>代理人地址</td><td></td></tr>
<tr><td>经办人姓名</td><td></td><td>电话</td></tr>
<tr><td colspan="6">以下由税务机关填写</td></tr>
<tr><td colspan="2">收到申报表日期</td><td></td><td colspan="2">接收人</td><td></td></tr>
</table>

表7-5的填写方法与表7-4大体相同。不同之处有：

（1）“旧房及建筑物的评估价格”，是按重置成本法并经主管税务机关确认的评估旧房及建筑物的价格。其中：旧房及建筑物的重置成本价，是由政府批准设立的房地产评估机构评定的重置成本价，成新度折扣率是旧房及建筑物新旧程度折扣率。

（2）“与转让房地产有关的税金”，除营业税、城市维护建设税和教育费附加外，还包括与转让房地产有关的印花税。

第八章　房产税及土地增值税的会计核算

第一节　房产税的核算

一、房产税核算的基本规定

房产税是以房屋为课税对象，以房产的余值或租金收入为计税依据所征收的一种税。

（一）房产税的纳税人

按照《中华人民共和国房产税暂行条例》的规定，凡在中华人民共和国境内拥有房屋产权的单位和个人，均为房产税的纳税义务人。其中，产权属于全民所有的，其经营管理的单位为纳税义务人；产权出典的，承典人为纳税义务人；产权所有人、承典人不在房产所在地，或者产权未确定或租典纠纷未解决的，房产代管人或者使用人为纳税义务人。

（二）房产税的征税范围

房产税的征税范围为城市、县城、建制镇和工矿区的房屋。城市是指国务院批准设立的市，其征税范围为市区、郊区和市辖县县城，不包括农村；县城是指未设立建制镇的县人民政府所在地的地区；建制镇是指经省、自治区、直辖市人民政府批准设立的建制镇，其征税范围为镇人民政府所在地的地区，不包括镇政府所辖的行政村；工矿区是指工商业比较发达、人口比较集中，符合国务院规定的建制镇标准，但尚未设立建制镇的大中型工矿企业所在地。

加油站罩棚不属于房产，不征收房产税。

（三）房产税的税率

房产税采用比例税率，税率分为两档，即1.2%和12%。按照《中华人民共和国房产税暂行条例》的规定，以房产的余值为计税依据的，税率为1.2%；以租金收入为计税依据的，税率为12%。

（四）房产税的计税依据

房产税以房产的余值或房屋的租金收入为计税依据。具体规定如下：

1. 房产余值

房产余值是指纳税人按规定记载的房屋造价或原值，减除税法规定的10%~30%后的余额。房产的原值包括与房屋不可分割的各种附属设备或一般不单独计算价值的配套设施。如暖气、卫生、通风、照明、煤气、中央空调等设备。对房产原值扣出的比例，在规定的幅度内由省、自治区、直辖市人民政府确定。

对依照房产原值计税的房产，不论是否记载在会计账簿固定资产科目中，均应按照房屋原价计算缴纳房产税。房屋原价应根据国家有关会计制度规定进行核算。对纳税人未按国家会计制度规定核算并记载的，应按规定予以调整或重新评估。

2. 租金收入

房产的租金收入是指房屋产权所有人出租房产使用权所取得的报酬，包括货币收入和实物收入。对以劳务或其他形式为报酬抵付房租收入的，应根据当地同类房产的租金水平，确定其租金收入，并予以征税。

(五) 房产税的减免优惠

(1) 国家机关、人民团体、军队自用的房产免税

人民团体是指经国务院授权的政府部门批准设立或登记备案，并由国家拨付事业经费的各种社会团体。对这些单位自身的办公用房和公务用房免征房产税。但这些单位将房产用于出租或非本身业务用房，应按规定征收房产税。

(2) 国家财政部门拨付事业经费的单位自用的房产免税。

(3) 宗教寺庙、公园、名胜古迹自用的房产免税。

(4) 个人拥有的非营业用房产免税。

二、房产税应纳税额的会计核算

(一) 房产税核算的会计科目

企业按规定缴纳的房产税，应设置“应交税费——应交房产税”科目进行核算。由于房产税一般都是按季或半年交一次。因此，房产税在上缴前的每个月中要进行预提，将其分摊在各月的费用之中。每月企业预提房产税时，借记“管理费用——应交房产税”科目，贷记“应交税费——应交房产税”科目；上缴房产税时，借记“应交税费——应交房产税”科目，贷记“银行存款”科目。

企业应设置“应交税费——应交房产税”明细账户，将预提的房产税进行明细核算。在当地主管税务机关规定的期限内如实申报并上缴房产税款。

(二) 应纳房产税的计算和会计处理

【例 8-1】 某企业上年度 12 月 31 日，“固定资产”明细账中应税房屋原值为 1 200万元，从本年度 4 月 1 日起，将房产原值中的 200 万元房产租给其他单位使用，按合同规定每年收取租金 48 万元。当地政府规定，按房产原值扣除 20%后作为房产原值，以 1.2%的税率缴纳房产税；对出租的房屋，按租金收入 12%计算缴纳房产税。该企业经当地主管税务机关核定，房产税按年计算，分季上缴。该企业本年中第一、二季度应缴纳的房产税计算处理如下：

(1) 第一季度每月应缴纳的房产税：

年应纳税额＝12 000 000×（1−20%）×1.2%＝115 200（元）

月应纳税额＝115 200÷12＝9 600（元）

① 第一季度每月预提房产税时：

借：管理费用——应交房产税　　9 600

　贷：应交税费——应交房产税　　9 600

② 上缴第一季度房产税时：

借：应交税费——应交房产税　　28 800

　贷：银行存款　　28 800

(2) 第二季度每月应缴纳的房产税：

按房产余值计算：

年应纳税额＝（12 000 000−2 000 000）×（1−20%）×1.2%＝96 000（元）

每月应纳税额＝96 000÷12＝8 000（元）

按租金收入计算：

年应纳税额＝480 000×12%＝57 600（元）

月应纳税额＝57 600÷12＝4 800（元）

第二季度每月应纳税额＝8 000+4 800＝12 800（元）

① 第二季度每月预提房产税时：

借：管理费用——应交房产税　　12 800

　贷：应交税费——应交房产税　　12 800

② 上缴第二季度的房产税时：

借：应交税费——应交房产税　　38 400

　贷：银行存款　　38 400

三、房产税的征收管理及纳税申报表

房产税实行按年计征，分期缴纳的征收管理办法。具体的纳税期限由省、自治区、直辖市人民政府规定。

房产税在房产所在地的税务机关申报纳税。房产和纳税人不在同一地方时，应在房产坐落地的税务机关申报纳税。

纳税人因房产的实物或权利状态发生变化而依法终止房产税纳税义务的，其应纳税款的计算应截至房产的实物或权利状态发生变化的当月末。房产税的纳税申报表格式如表8-1所示。

房产税纳税申报的填列方法：

(1) 核查企业土地使用证标示的土地面积和实际占用的土地面积，并在此基础上核查土地实际所处的地区和用途，以确定征税与免税土地面积的数量和适用的单位税额。

（2）根据适用的单位税额计算应纳税额，按年计算，分期申报缴纳。

第二节　城镇土地使用税的核算

一、城镇土地使用税核算的基本规定

城镇土地使用税是对城市、县城、建制镇和工矿区范围内使用土地的单位和个人所征收的一种税。

（一）城镇土地使用税的纳税人

城镇土地使用税的纳税义务人是在我国境内使用土地的单位和个人。具体规定是拥有土地使用权的单位和个人缴纳。

拥有土地使用权的纳税人不在土地所在地的，由土地代管人或实际使用人缴纳；土地使用权未确定或权属纠纷未解决的，由实际使用人缴纳；土地使用权为多方共有的，由共有各方分别纳税。

（二）城镇土地使用税的征税范围

城镇土地使用税的征税范围为城市、县城、建制镇和工矿区。

城市是指经国务院批准设立的市，城市的征税范围包括市区和郊区；县城是指县人民政府所在地，县城的征税范围为县人民政府所在地的城镇；建制镇是指经过省、自治区、直辖市人民政府批准设立的建制镇，建制镇的征税范围为镇人民政府所在地；工矿区是指工商业比较发达，人口比较集中，符合国务院规定的建制镇标准，但尚未设立建制镇的大中型工矿企业所在地。工矿区的设立必须经省、自治区、直辖市人民政府批准。

公园、名胜古迹内的索道公司经营用地，应按规定缴纳城镇土地使用税。

（三）城镇土地使用税税率

城镇土地使用税采用定额税率。土地因地理位置不同而造成的土地级差收益也不同。因此，城镇土地使用税采用的是地区差别幅度税额。每平方米土地年税额为：

（1）大城市 1.5 元至 30 元。

（2）中等城市 1.2 元至 24 元。

（3）小城市 0.9 元至 18 元。

（4）县城、建制镇、工矿区 0.6 元至 12 元。

上述大、中、小城市的区分。

按照规定，市区与郊区非农业人口在 50 万以上的，为大城市；市区与郊区非农业人口在 20 万至 50 万的，为中等城市；市区与郊区非农业人口在 20 万以下的，为小城市。

（四）城镇土地使用税的计税依据

城镇土地使用税以纳税人实际占用的土地面积为计税依据，土地面积计量标准为平

方米，即税务机关根据纳税人实际占用的土地面积，按照规定的税额计算应纳税额，向纳税人征收土地使用税。

纳税人实际占用的土地面积按下列办法确定：

(1) 凡有由省、自治区、直辖市人民政府确定的单位组织测定土地面积的，以测定的面积为准。

(2) 尚未组织测量，但纳税人持有政府部门核发的土地使用证书的，以证书确认的土地面积为准。

(3) 尚未核发出土地使用证书的，应由纳税人申报土地面积，据以纳税，待核发土地使用证以后再做调整。

(五) 城镇土地使用税的减免优惠

(1) 国家机关、人民团体、军队自用的土地免税。自用土地是指这些单位本身的办公用地和业务用地。

(2) 由国家财政部门拨付事业经费的单位自用的土地免税。为了支持教育、卫生等事业的发展，对企业办的学校、医院、托儿所、幼儿园自用的土地，凡能够与企业其他用地明确区分开的，可以免税。具体的免税范围由省、自治区、直辖市人民政府确定。

(3) 宗教寺庙、公园、名胜古迹自用的土地免税。

(4) 市政街道、广场、绿化地带等公共用地免税。

(5) 直接用于农、林、牧、渔业的生产用地免税。

(6) 以开山填海整治的土地和改造的废弃土地，从使用的月份起，免缴土地使用税 5 年至 10 年。

(7) 由财政部另行规定免税的能源、交通、水利设施用地和其他用地免税。

二、城镇土地使用税应纳税额的会计核算

(一) 城镇土地使用税核算的会计科目

缴纳城镇土地使用税的企业，应设置“应交税费——应交城镇土地使用税”科目，对应缴纳的城镇土地使用税进行核算。纳税人根据当地主管税务机关核定的纳税期限，如实计算应纳税额并按期申报缴纳。企业计算或预交城镇土地使用税时，借记“管理费用——应交城镇土地使用税”科目，贷记“应交税费——应交城镇土地使用税”科目；企业上缴城镇土地使用税时，借记“应交税费——应交城镇土地使用税”科目，贷记“银行存款”科目。

(二) 应纳城镇土地使用税的计算和会计处理

【例 8-2】　某大型工业企业占用土地 40 000 平方米，其中企业自办子弟校占地 4 000 平方米、幼儿园占地 1 000 平方米。当地政府核定使用土地的单位税额为每平方米 3 元，该企业经当地主管税务机关核定，每半年上缴土地使用税一次。本年度企业应缴纳的土地使用税计算处理如下：

(1) 计算每月应缴纳的土地使用税：

全年应纳土地使用税＝（40 000－4 000－1 000）×3＝105 000（元）

每月应纳税额＝105 000÷12＝8 750（元）

借：管理费用——应交城镇土地使用税　　8 750

　贷：应交税费——应交城镇土地使用税　　8 750

（2）每半年上缴土地使用税时：

半年应纳税额＝8 750×6＝52 500（元）

借：应交税费——应交城镇土地使用税　　52 500

　贷：银行存款　　52 500

三、城镇土地使用税的征收管理及纳税申报表

（一）纳税期限

城镇土地使用税按年计征，分期缴纳。具体纳税期限（按月、按季或半年）由省、自治区、直辖市人民政府确定。

纳税人因土地的实物或权利状态发生变化而依法终止城镇土地使用税纳税义务的，其应纳税款的计算应截至土地的实物或权利状态发生变化的当月末。

（二）纳税地点

城镇土地使用税的纳税地点确定为土地所在地，由土地所在地的税务机关负责征收。纳税人使用的土地不属于同一县（市）范围内的，由纳税人分别向土地所在地的税务机关申报纳税。

（三）城镇土地使用税的纳税申报表（见表8-2）

表 8-2　　**城镇土地使用税纳税申报**

填表日期：　　年　月　日

纳税人识别号：| | | | | | | | | | | | | | | |　　金额单位：元（列至角分）

纳税人名称		税款所属时期	
房产坐落地点			

坐落地点	上期占地面积	本期增减	本期实际占地面积	法定免税面积	应税面积	土地等级		适用税额		全年应缴税额	缴纳次数	本期		
						Ⅰ	Ⅱ	Ⅰ	Ⅱ			每次应纳税额	已纳税额	应补（退）税额
1	2	3	4=2+3	5	6=4−5	7	8	9	10	11=6×9 或 10	12	13=11÷12	14	15=11−14
合计														

如纳税人填报，由纳税人填写以下各栏		如委托代理人填报，由代理人填写以下各栏				备注
会计主管（签章）	纳税人（公章）	代理人名称		代理人（公章）		
		代理人地址				
		经办人		电话		
以下由税务机关填写						
收到申报表日期		接收人				

城镇土地使用税纳税申报表的填列方法：

（1）“坐落地”，按土地证上标明的地占或实际位置分行填列。

（2）“上期占用面积”，为上期申报的实际占用土地面积（包括免税面积）。

（3）“本期增减”，反映实际占用的面积增加或减少数量。

第九章　印花税、车船税及契税的会计核算

第一节　印花税的核算

一、印花税核算的基本规定

印花税是对经济活动和经济交往中书立、领受的凭证所征收的一种税。《中华人民共和国印花税暂行条例》(以下简称《印花税暂行条例》）规定，在中华人民共和国境内书立、领受条例所列举凭证的单位和个人，均为印花税的纳税人。有关核算的基本规定如下：

（一）印花税的纳税人

《印花税暂行条例》规定，在中华人民共和国境内书立、领受条例所列举凭证的单位和个人，均为印花税的纳税义务人。根据不同纳税对象，具体规定如下：

1. 各类合同的纳税义务人

各类合同的纳税义务人为立合同的当事人。当事人是指对合同有直接权利和义务关系的单位和个人，不包括保人、证人、鉴定人。当事人的代理人有代理纳税的义务。如果一份合同由两方或两方以上当事人共同签订的，签订合同的各方都是纳税义务人。

2. 营业账簿的纳税义务人

营业账的纳税人为立账簿人，是指开立并使用营业账簿的单位和个人。如企业因生产的需要，设立了若干营业账簿，该企业为印花税的纳税义务人。

3. 产权转移书据的纳税义务人

产权转移书据的纳税义务人为立据人，是指书立产权转移书据的单位和个人。如果该产权转移书据是由两方或两方以上单位和个人共同书立的，各方都是纳税义务人。

4. 权利许可证照的纳税义务人

权利许可证照的纳税义务人为领受人，是指领取并持有该项凭证的单位和个人。

（二）印花税的征税范围

《印花税暂行条例》规定，应纳税凭证包括以下四大类，共计13个税目。

1. 合同或具有合同性质的凭证

该项目包括购销、加工承揽、建设工程勘察设计、建筑安装工程承包、财产租赁、货物运输、仓储保管、借款、财产保险、技术等合同、凭证，共计10个税目。

2. 产权转移书据

该项目包括财产所有权和版权、商标专用权、专利权、专有技术使用权等转移所书

立的转移书据。

3. 营业账簿

该项目包括单位和个人从事生产经营活动所设立的各种账册。

4. 权利许可证照

该项目包括房屋产权证、工商营业执照、商标注册证、专利证、土地使用证等证照。

（三）印花税税率

印花税税率采用比例税率和定额税率两种。

1. 比例税率

按照《印花税暂行条例》的规定，对载有金额的凭证，如各类合同、资金账簿等，都采用比例税率。因为这类凭证都已明确了记载的金额，金额多的多缴，金额少的少缴。这样，既保证了税收的收入，又体现了税收合理负担的原则。在印花税的13个税目中，采用比例税率的有11个税目和营业账簿这一税目中的资金账簿部分。

2. 定额税率

印花税的定额税是指按件定额贴花。根据《印花税暂行条例》的规定，对一些无法计算金额的凭证，每件按5元贴花。在印花税的13个税目中，适用定额税率按件贴花的有“权利许可证照”一个税目和“营业账簿”税目中的其他账簿部分。印花税税目、税率如表9-1所示。

表9-1　**印花税税目、税率表**

税　目	范　围	税　率	纳税人	说　明
1. 购销合同	包括供应、预购、采购、购销、结合及协作、调剂、补偿、易货等合同	按购销金额3‰贴花	立合同人	
2. 加工承揽合同	包括加工、定做、修缮、修理、印刷广告、测绘、测试等合同	按加工或承揽收入5‰贴花	立合同人	
3. 建设工程勘察设计合同	包括勘察、设计合同	按收取费用5‰贴花	立合同人	
4. 建筑安装工程承包合同	包括建筑、安装工程承包合同	按承包金额3‰贴花	立合同人	
5. 财产租赁合同	包括租赁房屋、船舶、飞机、机动车辆、机械、器具、设备等合同	按租赁金额1‰贴花。税额不足1元，按1元贴花	立合同人	
6. 货物运输合同	包括民用航空运输、铁路运输、海上运输、内河运输、公路运输和联运合同	按运收取的输费用5‰贴花	立合同人	单据作为合同使用的、按合同贴花

续表

税目	范围	税率	纳税人	说明
7. 仓储保管合同	包括仓储、保管合同	按仓储收取的保管费用1‰贴花	立合同人	仓单或栈单作为合同使用的，按合同贴花
8. 借款合同	银行及其他金融组织和借款人（不包括银行同业拆借）所签订的借款合同	按借款金额0.5‱贴花	立合同人	单据作为合同使用的，按合同贴花
9. 财产保险合同	包括财产、责任、保证、信用等保险合同	按收取的保险费收入1‰贴花	立合同人	单据作为合同使用的，按合同贴花
10. 技术合同	包括技术开发、转让、咨询、服务等合同	按所载金额3‱贴花	立合同人	
11. 产权转移书据	包括财产所有权和版权、商标专用权、专利权、专有技术使用权等转移书据，土地使用权出让合同、土地使用权转让合同、商品房销售合同	按所载金额5‱贴花	立据人	
12. 营业账簿	生产、经营用账册	记载资金的账簿，按实收资本和资本公积的合计金额5‱贴花。其他账簿按件贴花5元	立账簿人	
13. 权利、许可证照	包括政府部门发给的房屋产权证、工商营业执照、商标注册证、专利证、土地使用证	按件贴花5元	领受人	

对于企业集团内具有平等法律地位的主体之间自愿订立、明确双方购销关系、据以供货和结算、具有合同性质的凭证，应按规定征收印花税。对于企业集团内部执行计划使用的、不具有合同性质的凭证，不征收印花税。

（四）印花税的计税依据

印花税采取从价定率和从量定额两种计征方法，因此，印花税的计税依据分为计税金额和计税数量两种。

1. 计税金额

计税金额是指各类应税合同和资金账簿上所记载的金额。如甲、乙两企业签订一份购销合同，甲企业销售原材料100吨给乙企业，每吨材料单价为1 000元，共计金额100 000元。合同签订后，甲企业和乙企业分别以100 000元为计税依据，计算缴纳印花税。

2. 计税数量

计税数量是指应税的凭证数量。如领取的权利许可证照和企业的非资金账簿的件数。

3. 计税金额的有关具体规定

（1）借款合同的具体规定。凡是一项信贷业务既签订借款合同，又一次或分次填开借据的，只就借款合同所载金额计税贴花；凡是只开借据并作为合同使用的，应以借据所载金额计税，在借据上贴花；如果双方在口头上达成借贷协议，在借款时通过借据作凭证，应按每次借据所载金额计税贴花。

借贷双方签订的流动资金周转性借款合同，一般按年（期）签订，规定最高限额，借款人在规定的期限和最高限额内随借随还，对这类合同只就其规定的最高限额在签订时贴花一次，在限额内随借随还不签订新合同的，不再另贴印花。

借款方以财产作抵押，从贷款方取得一定数量的抵押贷款，这种借贷方式属于资金信贷方式，这类合同应按借款合同贴花；其后如果借款方无力偿还借款而将抵押财产转移给贷款方时，还应就双方书立的产权书据，按“产权转移书据”的有关规定计税贴花。

银行及其他金融机构经营的融资租赁业务，是一种以融物方式达到融资目的的业务，实际上是分期偿还的固定资金借款。对这类融资租赁合同，应按合同所载租金总额，暂按借款合同计税贴花。

贷方是由若干银行组成的银团，银团各方均承担一定的贷款数额，借款合同由借款方与银团各方共同书立，各执一份合同正本。对这类合同，借款方与贷款银团各方应分别在所执的合同正本上，按各自的借贷金额计税贴花。

基本建设贷款，先按年度用款计划分年签订借款合同，在最后一年按总概算签订借款总合同，总合同的借款金额包括各个分合同的借款金额。对这类基建借款合同，应按分合同分别贴花。对最后签订的总合同，只就借款总额扣除分合同借款金额后的余额计税贴花。

（2）资金账簿的具体规定。国家税务总局规定，从1994年1月1日起，以“实收资本”和“资本公积”两项的合计金额为计税金额。对实收资本和资本公积两项合计金额已计税贴花的部分，以后不再贴花。在以后年度中只对“实收资本”和“资本公积”两项金额增加的部分补贴印花。

（3）同一凭证载有多种经济事项的规定。在同一凭证上载有两项或两项以上经济业务，如分别记载金额的，应分别依适用税率计算应纳税额，然后相加按合计金额贴花。如未分别记载金额的，应按最高的一种适用税率计税贴花。

（4）加工承揽合同的具体规定。加工承揽业务中，由受托方提供原材料或辅助材料时，凡是在合同中分别记载加工费金额和原材料金额的，应分别按加工承揽合同、购销合同计税，两项税额相加后贴花；合同中未划分加工费金额与原材料金额的，应按全部金额，依照加工承揽合同计税贴花。

（5）对凭证只载明数量的规定。有些凭证只载明数量，而未载明金额。对这类凭证，按规定应先计算出计税依据后再计算应纳税额。对所载金额为外国货币的凭证，应按规定先折合成人民币后再计税贴花。

（6）对少数合同无法确定计税金额的具体规定。如有的技术转让合同中的转让收入，是按一定时期的销售收入的一定比例分成的；有的财产租赁合同只规定了单位时间的租金标准，没有租赁期限。对这类合同，如按合同结算时的实际金额计税，就改变了印花税在凭证书立时纳税的规定。因此，对这类合同采用两次纳税的办法，在签订时，先按每份合同定额贴花五元，结算时，再按实际金额和适用税率计税，补贴印花。

（7）合同不能兑现的具体规定。在日常经济生活中由于种种原因，有些合同不能兑现或不能完全兑现，还有一部分合同由于价格变化，兑现金额和合同所载金额有了差异。按照《印花税暂行条例》的规定，合同签订时应按规定贴花，履行贴花手续，违者要受到处罚。因此，不论合同是否兑现或是否按期兑现，已贴印花不得揭下重用，已缴纳的印花税款不得退税。

（五）印花税的减免优惠

根据《印花税暂行条例》及实施细则的规定，下列凭证免纳印花税：

（1）已缴纳印花税的凭证的副本或抄本。

（2）财产所有人将财产赠给政府、社会福利单位、学校所立的书据。

（3）国家指定的收购部门与村民委员会、农民个人书立的农副产品收购合同。

（4）无息、贴息贷款合同。

（5）外国政府或者国际金融组织向我国政府及国家金融机构提供优惠贷款所书立的合同。

（6）对房地产管理部门与个人签订的用于生活居住的租赁合同免税。

（7）对农牧业保险合同免税。对该类合同免税，是为了支持农村保险事业的发展，减轻农牧业生产的负担。

（8）对特殊货运凭证免税。

这类凭证有：

① 军事物资运输凭证，即附有军事运输命令或使用专用的军事物资运费结算凭证。

② 抢险救灾物资运输凭证，即附有县级以上（含县级）人民政府抢险救灾物资运输证明文件的运费结算凭证。

③ 新建铁路的工程临管线运输凭证，即新建铁路运输施工所需物料，使用工程临管线专用的运费结算凭证。

（9）企业改制过程中有关印花税征免规定。

① 资金账簿的印花税。实行公司制改造的企业在改制过程中成立的新企业（重新办理法人登记的），其新启用的资金账簿记载的资金或因企业建立资本纽带关系而增加的资金，凡原已贴花的部分可不再贴花，未贴花的部分和以后新增加的资金按规定贴花。

公司制改造包括国有企业依《公司法》整体改造成国有独资有限责任公司；企业通过增资扩股或者转让部分产权，实现他人对企业的参股，将企业改造成有限责任公司或股份有限公司；企业以其部分财产和相应债务与他人组建新公司；企业将债务留在原企业，而以其优质财产与他人组建的新公司。

以合并或分立方式成立的新企业，其新启用的资金账簿记载的资金，凡原已贴花的部分可不再贴花，未贴花的部分和以后新增加的资金按规定贴花。

合并包括吸收合并和新设合并。分立包括存续分立和新设分立。

企业债权转股权新增加的资金按规定贴花。

企业改制中经评估增加的资金按规定贴花。

企业其他会计科目记载的资金转为实收资本或资本公积的资金按规定贴花。

② 各类应税合同的印花税。企业改制前签订但尚未履行完的各类应税合同，改制后需要变更执行主体的，对仅改变执行主体、其余条款未做变动且改制前已贴花的，不再贴花。

③ 产权转移书据的印花税。企业因改制签订的产权转移书据免予贴花。

④ 股权分置试点改革转让的印花税。股权分置改革过程中因非流通股股东向流通股股东支付对价而发生的股权转让，暂免征收印花税。

(10) 对个人销售或购买住房暂免征收印花税。

二、印花税的会计核算

(一) 会计科目设置

企业缴纳的印花税，一般不通过“应交税费”科目核算，而是直接在“管理费用——应交印花税”科目中列支。如果一次购买印花税票或一次缴纳税额较大时，需要分期摊入成本费用的，可先通过“待摊费用”科目处理。企业购买印花税票时，借记“管理费用——应交印花税”科目或“待摊费用”科目，贷记“银行存款”科目或“现金”科目。

如纳税人缴纳印花税数额较大、贴花次数较频繁的，经当地主管税务机关批准可定期汇总缴纳。在此情况下，企业应缴纳的印花税可通过“应交税费——应交印花税”科目核算，在规定的期限内向税务机关填报《印花税纳税申报表》，并办理印花税的有关缴纳手续。

(二) 应纳印花税的计算和会计处理

【例 9-1】　某公司本期有关缴纳印花税的业务如下：

(1) 签订房屋出租合同数份，共计所载金额 100 000 元。

(2) 起用非资金账簿 16 本。

(3) 领受工商营业执照、商标注册证、土地使用权证、房产权证各一件。

(4) 订立财产保险合同一份，所载收取保费金额 200 000 元。

该公司印花税的计算和会计处理如下：

(1) 应纳印花税额的计算：

① 房屋出租合同所载金额应纳印花税额＝100 000×1‰＝100（元）

② 非资金账簿应纳印花税额＝16×5＝80（元）

③ 领受的权利许可证照应纳印花税＝5×4＝20（元）

④ 财产保险合同应纳印花税＝200 000×1‰＝200（元）

本期共计应缴纳印花税＝100+80+20+200＝400（元）

(2) 购买印花税票或上缴印花税时：

借：管理费用——应交印花税　　400

　贷：银行存款（或现金）　　400

三、印花税的征收管理及纳税申报表

(一) 印花税的征收管理

1. 印花税的纳税办法

印花税按照其税额的大小，分别采取自行贴花、汇贴或汇缴、委托代征三种纳税办法。

(1) 自行贴花的纳税办法

纳税人自行贴花的程序是：首先，纳税人对照《印花税税目税率表》，按照适用的税率计算出该凭证应纳的税额；其次，向当地税务机关或其他出售印花税票的处所，购买印花税票；最后，在应纳税凭证上一次贴足印花，并加以注销。

(2) 汇贴或汇缴的纳税办法

对同一类应税凭证需要频繁贴花的纳税义务人，可向主管税务机关提出书面申请，经批准后发给汇缴许可证，采用汇贴或汇缴的办法纳税。汇缴的期限由税务机关根据应纳税额的大小予以核定，但最长不得超过一个月。

对一份凭证应纳税额超过500元的，纳税人可向当地税务机关申请，用填开完税证或缴款书的办法纳税，不再贴花。

(3) 委托代征的纳税办法

印花税除了由纳税人自行缴纳外，凡通过国家有关部门发放、鉴证、公证或仲裁的应税凭证，可由税务机关委托这些部门代征，并发给代征单位代征委托书。在代征委托书中应规定代征的范围和税款存储、报解制度，以明确双方的权利和义务，税务机关应按规定支付给代征单位手续费。

2. 对违反印花税管理规定的处罚

为了加强印花税的稽查管理，依法处理违章案件，自2004年1月29日起，印花税纳税人有下列行为之一的，由税务机关根据情节轻重予以处罚：

(1) 在应纳税凭证上未贴或者少贴印花税票的或者已粘贴在应税凭证上的印花税票未注销或者未划销的，由税务机关追缴其不缴或者少缴的税款、滞纳金，并处不缴或者少缴的税款50%以上5倍以下的罚款。

(2) 已贴用的印花税票揭下重用造成未缴或少缴印花税的，由税务机关追缴其不缴或者少缴的税款、滞纳金，并处不缴或者少缴的税款50%以上5倍以下的罚款；构成犯罪的，依法追究刑事责任。

(3) 伪造印花税票的，由税务机关责令改正，处以2 000元以上1万元以下的罚款；情节严重的，处以1万元以上5万元以下的罚款，构成犯罪的，依法追究刑事责任。

(4) 按期汇总缴纳印花税的纳税人，超过税务机关核定的纳税期限，未缴或少缴印花税款的，由税务机关追缴其不缴或者少缴的税款、滞纳金，并处不缴或者少缴的税款50%以上5倍以下的罚款；情节严重的，同时撤销其汇缴许可证；构成犯罪的，依法追究刑事责任。

(5) 纳税人违反以下规定的，由税务机关责令限期改正，可处以2 000元以下的罚款；情节严重的，处以2 000元以上1万元以下的罚款。

① 凡汇总缴纳印花税的凭证，应加注税务机关指定的汇缴戳记、编号并装订成册，

将已贴印花或者缴款书的一联粘附册后，盖章注销，保存备查。

② 纳税人对纳税凭证应妥善保存。凭证的保存期限，凡国家已有明确规定的，按规定办；没有明确规定的其余凭证均应在履行完毕后保存一年。

（6）代售户对取得的税款逾期不缴或者挪作他用，或者违反合同将所领印花税票转托他人代售或者转至其他地区销售，或者未按规定详细提供领、售印花税票情况的，税务机关可视其情节轻重，给予警告或者取消其代售资格的处罚。

（二）印花税纳税申报表格式（见表9-2）

表9-2 **印花税纳税申报表**

填表日期：　　年　月　日

纳税人识别号 | | | | | | | | | | | | | | | |　　　　金额单位：元（列至角分）

纳税人名称		税款所属时期	

应税凭证名称	件数	计税金额	适用税率	应纳税额	已纳税额	应补（退）税额	购花贴花情况			
							上期结存	本期购进	本期贴花	本期结存
1	2	3	4	5＝2×4 或 5＝3×4	6	7＝5−6	8	9	10	11＝8+9−10

如纳税人填报，由纳税人填写以下各栏		如委托代理人填报，由代理人填写以下各栏				备注
会计主管 （签章）	纳税人 （公章）	代理人名称		代理人（公章）		
		代理人地址				
		经办人姓名		电话		
以下由税务机关填写						
收到申报表日期			接收人			

本表适用于各类应税凭证印花税的纳税申报，应将应税凭证申报与即时贴花完税的情况做全面综合的反映。具体填写方法为：

1. “应税凭证名称”，按应税凭证所适用的印花税税目填写。

2. “计税金额”，应填写印花税的计税依据，如货物运输合同，其金额要将装卸费剔除。

3. “已纳税额”，反映本月已贴花的税额，或以缴款书缴纳的印花税额。

4. “购花贴花情况”，反映企业购买印花税票自行完税贴花后结存的税票金额。

第二节 车船税的核算

一、车船税核算的基本规定

车船税是指对在中华人民共和国境内拥有并使用车船的单位和个人所征收的一种税。所谓“拥有”是指拥有车船的产权。

（一）车船税的征税范围

车船税的征税范围包括车辆和船舶两大类：

车辆包括机动车、非机动车。机动车包括乘人车、载货车、二轮摩托车、三轮摩托车；非机动车包括畜力车、人力车、自行车等。

船舶包括机动船舶、非机动船舶。机动船舶包括客货轮船、汽垫船、拖船等；非机动船包括驳船、木船、帆船、舢板等。

（二）车船税税率

车船税采用定额税率，即对征税的车船规定单位固定税额。车船税确定税额总的原则是：非机动车船的税负轻于机动车船；人力车的税负轻于畜力车；小吨位船舶的税负轻于大船舶。由于车辆与船舶的行使情况不同，车船税的税额也有所不同。车船税税目税额如表9-3所示。

表9-3 **车船税税目税额表**

税　目	计税单位	每年税额（元）	备　注
载客汽车	每辆	60~660	包括电车
载货汽车专项作业车	按自重每吨	16~120	包括半挂牵引车、挂车
三轮汽车低速货车	按自重每吨	24~120	
摩托车	每辆	36~180	
船舶	按净吨位每吨	3~6	拖船和非机动驳船分别按船舶税额的50%计算

1. 载客汽车

车船税税目税额表中的载额汽车，分为大型客车、中型客车、小型客车和微型客车四个子税目。其中，大型客车是指核定载客人数大于或者等于 20 人的载客汽车；中型客车是指核定载客人数大于 9 人且小于 20 人的载客汽车；小型客车是指核定载客人数小于或者等于 9 人的载客汽车；微型客车是指发动机汽缸总排气量小于或者等于 1 升的载客汽车。载客汽车各子税目的每年税额幅度为：

（1）大型客车，480~660 元。

（2）中型客车，420~660 元。

（3）小型客车，360~660 元。

（4）微型客车，60~480 元。

客货两用汽车按照载货汽车的计税单位和税额标准计征车船税。

2. 三轮汽车

《车船税税目税额表》中的三轮汽车，是指在车辆管理部门登记为三轮汽车或者三轮农用运输车的机动车。

3. 低速货车

《车船税税目税额表》中的低速货车，是指在车辆管理部门登记为低速货车或者四轮农用运输车的机动车。

4. 专项作业车

《车船税税目税额表》中的专项作业车，是指装置有专用设备或者器具，用于专项作业的机动车；轮式专用机械车是指具有装卸、挖掘、平整等设备的轮式自行机械。

专项作业车和轮式专用机械车计税单位为自重每吨，每年税额为 16~120 元。具体适用税额由省、自治区、直辖市人民政府参照载货汽车的税额标准在规定的幅度内确定。

5. 船舶

《车船税税目税额表》中的船舶，具体适用税额为：

（1）净吨位小于或者等于 200 吨的，每吨 3 元。

（2）净吨位为 201~2 000 吨的，每吨 4 元。

（3）净吨位为 2 001~10 000 吨的，每吨 5 元。

（4）净吨位在 10 001 吨及以上的，每吨 6 元。

（三）车船税的减免优惠

1. 法定减免

（1）非机动车船（不包括非机动驳船）。非机动车是指以人力或者畜力驱动的车辆，以及符合国家有关标准的残疾人机动轮椅车、电动自行车等车辆；非机动船是指自身没有动力装置，依靠外力驱动的船舶；非机动驳船是指在船舶管理部门登记为驳船的非机动船。

（2）拖拉机。拖拉机是指在农业（农业机械）部门登记为拖拉机的车辆。

（3）捕捞、养殖渔船。捕捞、养殖渔船是指在渔业船舶管理部门登记为捕捞船或者养殖船的渔业船舶。不包括在渔业船舶管理部门登记为捕捞船或者养殖船以外类型的渔业船舶。

（4）军队、武警专用的车船。军队、武警专用的车船是指按照规定在军队、武警车船管理部门登记，并领取军用牌照、武警牌照的车船。

（5）按照有关规定已经缴纳船舶吨税的船舶。

（6）依照我国有关法律和我国缔结或者参加的国际条约的规定应当予以免税的外国驻华使馆、领事馆和国际组织驻华机构及有关人员的车船。我国有关法律是指《中华人民共和国外交特权与豁免条例》、《中华人民共和国领事特权与豁免条例》。

外国驻华使馆、领事馆和国际组织驻华机构及其有关人员在办理免税事项时，应当向主管地方税务机关出具本机构或个人身份的证明文件和车船所有权证明文件，并申明免税的依据和理由。

2. 特定减免

省、自治区、直辖市人民政府可以根据当地实际情况，对城市、农村公共交通车船给予定期减税、免税。

二、车船税的会计核算

（一）车船税核算的会计科目

企业按规定缴纳的车船税，应设置“应交税费——应交车船税”科目进行核算。企业预提车船税时，借记“管理费用——应交车船税”科目，贷记“应交税费——应交车船税”科目；企业上缴车船税时，借记“应交税费——应交车船税”科目，贷记“银行存款”科目。

（二）车船税的计算和会计处理

【例9-2】 某公司本年度内拥有乘人车8辆，每辆年税额为240元；载货车10辆，每辆净吨位5吨，年每吨税额为60元；小轿车4辆，每辆年税额180元。该公司经当地主管税务机关核定，按季预缴车船税。公司应纳车船税的计算处理如下：

（1）每季预缴车船税的计算：

乘人车年应纳税额＝240×8＝1 920（元）

载货车年应纳税额＝60×10×5＝3 000（元）

小轿车年应纳税额＝180×4＝720（元）

公司每季应预交车船税＝（1 920+3 000+720）÷4＝1 410（元）

（2）每季预提车船税时：

借：管理费用——应交车船税　　1 410

　　贷：应交税费——应交车船税　　1 410

（3）每季上缴车船税时：

借：应交税费——应交车船税　　1 410

　贷：银行存款　　1 410

三、车船税的征收管理

车船税的纳税义务发生时间，为车船管理部门核发的车船登记证书或者行驶证书所记载日期的当月。纳税人未按照规定到车船管理部门办理应税车船登记手续的，以车船购置发票所载开具时间的当月作为车船税的纳税义务发生时间。对未办理车船登记手续且无法提供车船购置发票的，由主管地方税务机关核定纳税义务发生时间。

车船税按年申报缴纳。纳税年度，自公历1月1日起至12月31日止。具体申报纳税期限由省、自治区、直辖市人民政府确定。

第三节　契税的核算

契税是以所有权或使用权发生转移变动为征税对象，向承受人所征收的一种税。契税在我国历史悠久，最早起源于东晋的“古税”。中华人民共和国成立以后，废止了旧中国的契税。1950年4月政务院公布了《契税暂行条例》，沿用40多年，已不能适用经济发展的需要。1997年7月7日国务院发布了《中华人民共和国契税暂行条例》，并于1997年10月1日开始施行。现行契税实行一次性征收，并且普遍适用于内、外资企业和本国公民、外国公民。

一、契税核算的基本规定

（一）契税的纳税人

契税的纳税人是境内转移土地、房屋权属，承受的单位和个人。境内是指中华人民共和国税收行政管辖权范围内。土地、房屋权属是指土地使用权和房屋所有权。单位是指企业单位、事业单位、国家机关、军事单位和社会团体以及其他组织。个人是指个体经营者及其他个人，包括中国公民和外籍公民。

（二）契税的征税对象

契税的征税对象是境内转移土地、房屋权属。具体包括以下五项内容：

1. 国有土地使用权出让

国有土地使用权出让是指土地使用者向国家交付土地使用权出让费用，国家将国有土地使用权在一定年限内让与土地使用者的行为。

2. 土地使用权的转让

土地使用权的转让是指土地使用者以出售、赠与、交换或者其他方式将土地使用权转移给其他单位或个人的行为。土地使用权的转让不包括农村集体土地承包经营权的转移。

3. 房屋买卖

房屋买卖是指房屋所有者将其房屋出售，由承受者交付货币、实物、无形资产或者其他经济利益的行为。

4. 房屋赠与

房屋赠与是指房屋所有者将其房屋无偿转让给受赠者的行为。

5. 房屋交换

房屋交换是指房屋所有者之间互相交换房屋的行为。

另外，有以下特殊方式转移土地、房屋权属的，也将视同土地使用权转让、房屋买卖或者房屋赠与：一是以土地、房屋权属作价投资、入股；二是以土地、房屋权属抵债；三是获奖方式承受土地、房屋权属；四是以预购方式或者预付集资建房款方式承受土地、房屋。

（三）契税的税率

契税实行3%~5%的幅度比例税率。各省、自治区、直辖市人民政府可以在3%~5%的幅度范围内，按照本地区的实际情况自行决定。

（四）计税依据

契税的计税依据为不动产的价格。由于土地、房屋权属转移方式不同，计税依据有以下规定：

（1）国有土地使用权出让、土地使用权出售、房屋买卖，以成交价格为计税依据。成交价格是指土地、房屋权属转移合同确定的价格，包括承受者应交付的货币、实物、无形资产或者其他经济利益。

（2）土地使用权赠与、房屋赠与，由征收机关参照土地使用权出售、房屋买卖的市场价格核定。

（3）土地使用权交换、房屋交换，为所交换的土地使用权、房屋的价格差额。交换价格相等时，免征契税；交换价格不等时，由多缴付货币、实物、无形资产或者其他经济利益的一方缴纳契税。

（4）以划拨方式取得土地使用权，经批准转让房地产时，由房地产转让者补交契税。计税依据为补交的土地使用权出让费用或者土地收益。

另外，税法规定，成交价格明显低于市场价格并且无正当理由的，或者所交换土地使用权、房屋的价格的差额明显不合理并且无正当理由的，征收机关可以参照市场价格核定计税依据。

（五）契税的减免优惠

（1）国家机关、事业单位、社会团体、军事单位承受土地、房屋用于办公、教学、医疗、科研和军事设施的，免征契税。

（2）城镇职工按规定第一次购买公有住房，免征契税。该项规定仅限于第一次，并且是经县以上人民政府批准，在国家规定标准面积以内购买的公有住房。

（3）因不可抗力灭失住房而重新购买住房的，酌情减免。不可抗力是指自然灾害、战争等不能预见、不可避免，并不能克服的客观情况。

（4）土地、房屋被县级以上人民政府征用、占用后，重新承受土地、房屋权属的，由省级人民政府确定是否减免。

（5）承受荒山、荒沟、荒丘、荒滩土地使用权，并用于农、林、牧、渔业生产的，免征契税。

（6）经外交部确认，依照我国有关法律规定以及我国缔结或参加的双边或多边条约或协定，应当予以免税的外国驻华使馆、领事馆、联合国驻华机构及其外交代表、领事官员和其他外交人员承受土地、房屋权属。

（7）对个人首次购买90平方米及以下普通住房的，契税税率暂统一下调到1%，首次购房证明由住房所在地县（区）住房建设主管部门出具。

以上经批准减免税的纳税人改变有关土地、房屋的用途，不再属于减免税范围的，应当补缴已经减免的税款。纳税义务发生时间为改变有关土地、房屋用途的当天。

（六）应纳契税的计算

契税采用的是比例税率，当计税依据确定后，应纳税额的计算比较简单。其计算公式为：

应纳税额=计税依据×税率

应纳税额以人民币为计算单位，若以外币结算的，可按照纳税义务发生之日中国人民银行公布的人民币市场汇率中间价折合成人民币进行计算。

二、契税的会计核算

企业缴纳契税，设置“应交税费——应交契税”科目进行核算，该科目贷方反映企业应缴纳的税额，借方反映企业已缴纳的税额，期末贷方余额表示企业应缴而尚未缴纳的契税。企业计算提取应纳契税时，借记“固定资产”、“无形资产”、“管理费用”等科目，贷记“应交税费——应缴契税”科目。

【例9-3】　某公司购进厂房一栋，支付金额1 000万元，已办完各种相关手续。假定契税税率为4%，公司计算处理如下：

（1）公司应缴纳契税=1 000×4%=40（万元）

（2）公司缴纳的契税应计入其固定资产的价值中。会计处理为：

① 购房和计提税款时：

借：固定资产——厂房	10 400 000	
贷：银行存款		10 000 000
应交税费——应交契税		400 000

② 上缴契税时：

借：应交税费——应交契税　　400 000

　贷：银行存款　　400 000

三、契税的征收管理

纳税人在签订土地、房屋权属转移合同的当天，或者取得其他具有土地、房屋权属转移合同性质凭证的当天为纳税义务发生时间。取得其他具有土地、房屋权属转移合同性质凭证是指具有合同效力的契约、协议、和约、单据、确认书以及由省、自治区、直辖市人民政府确定的其他凭证。

纳税人应当自纳税义务发生之日起 10 日内，向土地、房屋所在地的契税征收机关办理纳税申报，并在契税征收机关核定的期限内缴纳税款，索取完税凭证。

纳税人出具契税完税凭证，土地管理部门、房产管理部门才能给予办理变更登记手续。

第十章　关税的核算

关税是各主权国家根据其本国的政治和经济的需要，对进出口的货物和物品所征收一种税。关税是国际通行的一个税种，各国为了维护其国家的主权和经济利益，都开征了关税。

我国在第十一届三中全会以来，为了适应对外贸易的客观发展，参与国际经济竞争，国务院于1987年3月7日发布了《中华人民共和国进出口关税条例》，1987年9月12日对其进行了修订发布，1992年3月18日国务院又对其进行了第二次修订发布，同时还修订并发布了从1993年12月31日起实施的《中华人民共和国海关进口税则》和《中华人民共和国海关出口税则》。从1996年4月1日起，又施行了新修订的进出口税则。

第一节　关税核算的基本规定

一、关税的类型

由于各国的政治、经济各不相同，关税制度的规定也各不相同。按照国际的通行做法，可将关税分为以下几种类型：

（一）以货物的流向为标准，可分为进口关税、出口关税和过境关税

1. 进口关税

进口关税是海关对进口货物或物品所征收的一种税。通常在外国货物或物品进入关境或国境时征收，或者外国货物从保税仓库提出运往国内市场时征收。现今世界各国的关税，主要是征收进口关税。一般的国家征收进口关税的目的在于保护国内市场和增加财政收入。如有的国家对工业制成品采用高税率政策，以削弱外国商品的竞争能力。

2. 出口关税

出口关税是海关对出口货物或物品所征收的一种税。经济发达的国家为了提高本国货物在国际市场的竞争能力，一般都不征收出口关税。大部分发展中国家出于增加财政收入保持垄断商品的垄断价格，保护本国资源或保证本国市场供应的考虑，还征收适量的出口关税，但有逐步减少的趋势。

3. 过境关税

过境关税也称“通过税”，是指对通过本国国境或关境输往第三国的外国商品所征收的一种税。过境税最早产生并流行于欧洲各国，征税的主要目的是增加国家的财政收入。由于过境货物对被通过国家的市场和生产并无任何影响，征收过境税不利于国家间

商品交往和流通，因此，目前绝大多数国家都不征收过境税。仅在外国货物通过时征收少量的准许费、签证费或统计费。

（二）以征税的目的为标准，可分为财政关税和保护关税

1. 财政关税

财政关税又称“收入关税”，是以增加国家财政收入为主要目的而征收的一种关税。在封建社会早、中期的关税大多属于此种类型。但随着社会生产力和经济的不断发展，财政关税的地位已被保护关税所代替。财政关税税率一般都低于保护关税的税率，否则就会阻碍进出口贸易的发展，达不到提高财政收入的目的。

2. 保护关税

保护关税是“财政关税”的对称，是指一个国家为保护本国经济发展为主要目的而征收的一种关税。保护关税以进口税为主，一般税率较高，通过征收高额进口税，使进口商品成本增大，以削弱其在进口国市场上的竞争能力。甚至能阻碍某些商品进口，以达到保护本国经济发展的目的。

（三）以进口货物的输出国的差别待遇为标准，可分为互惠关税、普惠关税、特惠关税、报复关税

1. 互惠关税

互惠关税是指两国在平等互利的基础上，协定相互给予优惠待遇的关税。根据两国签订的关税、贸易协定，一方对从对方进口的货物，给予免征关税或采用较低的进口关税率。

2. 普惠关税

普惠关税简称“普惠制”，是指在国际贸易中经济发达国家单方面对来自发展中国家制成品和半成品普遍给予优惠待遇的一种关税制度。实行普惠关税的目的是扩大发展中国家向经济发达国家出口制成品、半成品，增加发展中国家的财政收入，促进经济的发展。

3. 特惠关税

特惠关税是指两个或两个以上国家或地区缔约协定，单方提供或相互给予特定优惠关税待遇，其他国家不得享受的一种关税制度。

4. 报复关税

报复关税是指为报复他国对本国出口货物的关税歧视待遇而对相关国家进口货物征收的一种进口附加税。实行报复关税的范围常与对方实行歧视性关税的范围相当，一般在下列三种情况下采用：（1）认为他国对本国货物或由本国船只运输的货物所征关税不恰当时；（2）他国对另一些国家给予较本国为优惠的待遇时；（3）贸易条约或协定期届满，他国对续约或订新约提出不正当的要求时。一旦对方取消歧视待遇或撤回不正当要求，报复关税往往也随之取消。

二、关税的征税范围

关税的征税范围是进出我国国境的货物和物品。货物是指贸易性商品；物品是指入

境旅客随身携带的行李和物品，个人邮递物品，各种运输工具上的服务人员携带进口的自用物品、馈赠物品，以及通过其他方式进入我国境内的其他物品。关税的具体征税范围是按关税税则、税目的规定执行的。

关税税则又称海关税则，是指一国根据其经济政策和关税政策，通过一定的国家立法程序制定公布实施的、对进出口商品计征关税的规章和对进出口的应税与免税商品加以系统分类的一览表。海关凭以征收关税，是关税政策的具体体现。

关税税则一般包括以下内容：(1) 国家实施的该税则的法令，即该税则的实施细则以及使用税则的有关说明；(2) 税则的归类总规则，即说明该税中的商品归类的原则；(3) 各类、各章和税目的注释，说明它们各自应包括和不应包括的商品以及对一些商品的形态、功能、用途等方面的说明；(4) 税目表，包括商品分类目录和税率栏两大部分。

我国1985年颁布的《中华人民共和国海关进出口税则》是以《海关合作理事会税则商品分类目录》(简称CCCN) 为基础，同时结合中国进出口商品的实际情况编排的，其特点是对进出口货物按自然属性、加工程度和用途进行分类。截至1987年，全世界有150多个国家和地区采用了CCCN的税则分类方法。但是，由于CCCN在一些大国(如美国、加拿大、前苏联等) 并未采用，而且CCCN在设计时考虑的只是服务于海关征税的需要，不能同时满足海关、统计、贸易、运输、生产厂商及进出口商等各方面的需要，也不能完全满足科学技术发展的需要。因此，海关合作理事会在与其他一些国际合作组织讨论和协调的基础上，于1985年编制完成了《商品名称及编码协调制度》(以下简称HS)。HS将所有商品分为21大类，97章，由5019组税目构成，并包括归类总规则、类注释、章注释、目和子目注释、商品子目索引及归类意见汇编。

随着国家经济管理体制和经济政策的变化，各国的关税税则也在不断地进行调整和完善。我国的关税税则几乎每年都有不同程度的变化和调整，我国1992年公布的《中华人民共和国海关进出口税则》就是以HS为基础，结合我国进出口商品的实际情况而编制的。目前我国关税税则在经过大幅度调整后于1996年4月1日开始实施，全部应税商品共分21大类。

三、关税税率

(一) 税率制定的原则

我国关税税率，是根据促进和保护国内生产，调节对外经济往来和为国家建设积累资金等项基本政策制定的。根据这些基本政策制定关税税率时，应遵循以下各项原则：

(1) 对进口国家建设和人民生活必须是国内不能生产或供应不足的动植物良种、肥料、饲料、药剂、精密仪器、仪表、关键机器设备和粮食等，制定低税率或免税。

(2) 原材料的进口税率，一般比半成品、成品为低，特别是受自然条例制约、国内生产短期内不能迅速发展的原材料，其税率较低或更低。

(3) 国内不能生产的或质量不能过关的机器设备和仪器、仪表的零件、部件，其进口税率比整机为低，以利于国内产品质量和生产技术水平的提高。

（4）国内已能生产和非国计民生必须的物品，制定较高的税率，以限制进口。

（5）国内需要保护的产品和国内外差价大的商品，制定较高的税率，以保护国内产品与外国产品的竞争。

（6）为鼓励出口，对于一般出口商品不征出口税。但对国内外差价大，在国际市场上溶量有限，而又竞争性强的商品，以及需要限制出口的极少数原料和半成品，征收适当的出口税。

（二）进口货物的税率

在进出口税则列名的全部税目中，除规定免税的之外，都要征收进口关税。为了进一步扩大对外开放，促进对外贸易和国民经济的发展，鼓励企业参与国际竞争，1985年我国在很大范围内调整了税率。调低税率庇护税目有1151个，调高税率的有248个。1987年对少数进口货物进行了调整，1992年12月对3371个税目调低了税率。1993年12月又对2898个税目调低了税率。1994年1月又对农药、农药中间体等关系国内工农业生产的重要原料及部分重要机电产品的零部件等共234件商品降低关税税率，实行进口暂定税率。

根据江泽民同志在亚太经合组织大阪会议上所作的中国将从1996年起大幅度降低关税税率总水平的承诺，国务院决定从1996年4月1日起，将我国进口关税总水平降至23%，在原有的基础上下调了30%左右。同时，取消进口商品170余项配额许可证和进口控制措施。1997年10月1日，再次下调进口关税税率，降税涉及4874个税号商品的税率，占总税目的73.48%，使我国关税总水平由23%降至17%。

（三）出口税税率

出口关税税率没有普通和优惠之分，是一种差别比例税率。自1997年1月1日起，我国取消了生漆、生丝等14种商品的出口关税，继续保留了鳗鱼苗等35种商品的出口关税。

四、关税的完税价格

按照《中华人民共和国海关审定进出口货物完税价格办法》的规定，海关以进出口货物的实际成交价格为基础审定完税价格，实际成交价格是一般贸易项目下进口或出口货物的买方为购买该项货物向卖方实际支付或应当支付的价格。纳税人向海关申报的价格并不一定等于完税价格，只有经过海关审核并接受的申报价格才能作为完税价格。对于不真实或申报不准确的申报价格，海关有权不予接受，并可依照税法规定对有关进出口货物的申报价格进行调整或另行估定完税价格。

（一）进口货物完税价格的确定

按照我国1992年4月1日起实施的《中华人民共和国进出口关税条例》的规定，进口货物以海关审定的成交价格为基础的到岸价格为完税价格。到岸价格（CIF）包括货物的买价、货物运抵我国关境内输入地起卸前的包装、运输、保险和其他劳务等费用。

1. 成交价格的调整

进口货物成交价格中未包括下列费用的，应将其计入关税的完税价格：

（1）进口人为在境内制造、使用、出版、发行或播映为目的而向境外卖方支付的与该进口货物有关的专利、商标、著作权、专有技术、计算机软件等费用。

（2）货物成交过程中，进口人向卖方支付的佣金。

（3）进口前发生由买方支付的包装、运输、保险和其他劳务费用。

进口货物成交价格中已包括下列费用，且能单独分列的，可从完税价格中扣除：

（1）进口人向其境外代理人支付的买佣金。

（2）卖方付给买方的正常价格回扣。

（3）工业设施、机械设备类货物进口后发生的基建、安装、调试、技术指导等费用。

2. 进口货物运费和保险费的计算

以境外口岸离岸价格（FOB）成交的，应该另加该项货物从境外发货口岸或境外交货口岸运达我国境内目的口岸前实际支付的运费、保险费。计算公式为：

$$完税价格=\frac{\text{FOB（离岸价格）}+运费}{1-保险费率}$$

【例 10-1】　某进出口公司从美国进口一批货物 1 000 吨，进口时申报价格（FOB）为 US ＄60 000，运费每吨 US ＄30，保险费率 2%，外汇牌价为：US ＄100＝￥800。该批进口货物的完税价格计算如下：

（1）将申报的美元离岸价格折算成人民币：

60 000×8＝480 000（元）

（2）计算运费并将其折算成人民币：

1 000×30×8＝240 000（元）

（3）该批进口货物的完税价格为：

$$进口关税的完税价格=\frac{480\,000+240\,000}{1-2\%}=734\,693.88（元）$$

以运抵我国境内口岸的货价加运费价格成交的，应另加保险费。其计算公式为：

$$完税价格=\frac{货价+运费}{1-保险费率}$$

3. 特殊进口货物的完税价格

（1）国内电视台从境外购进或租用在国内播映的，内容为故事片、连续剧一类的录像制品，应按为获得使用、播映权而向外支付的版权费、租用费、播映费等确定完税价格。境外向国内电视台提供的电视广告制品，进口时应按照对外收取的广告费作为完税价格。

（2）受海关监管的减免税进口货物，在管理年限内，经海关批准出售、转让或移做他用时，按其使用年限折旧作为完税价格补税。其计算公式为：

$$完税价格=原进口到岸价\times\left(1-\frac{实际使用月份}{管理年限\times12}\right)$$

(3) 运往境外加工的货物，出境时向海关报明，并在海关规定期限内复运进境的，应当以加工后的货物进境时的到岸价格，与原出境货物或者与原出境货物相同的或类似的货物在进境时的到岸价格之间的差额，确定完税价格。

(4) 对于运往境外修理的机械器具、运输工具或者其他货物，出境时已向海关报明并在海关规定期限内复运进境的，应当以审查确定的修理费和料件费作为完税价格。

(5) 以租赁和租借方式进境的货物，以海关审查确定的货物的租金作为完税价格。

(6) 准予暂时进口的施工机械、工程车辆、供安装使用的仪器和工具、电视或电影摄制机械，以及盛装货物的容器，如果超过半年仍留在境内使用的，应自第七个月起，按月征收进口关税，其完税价格按原货进口时的到岸价格确定。

4. 进口货物海关估价的确定

进口货物的成交价格无法确定的，海关以下列价格为基础依次估定完税价格：

(1) 按该项货物的同一出口国或地区购进的成交价确定。

(2) 按该项货物的同一出口国或地区购进的类似进口货物的成交价格确定。

(3) 按进口货物的相同或类似货物在国内市场的批发价格，减去进口关税和进口环节其他税费以及进口后的正常运输、储存、营业费用及利润后的价格确定。

(二) 出口货物完税价格的确定

出口货物以海关审定的成交价格为基础的销售给境外的离岸价格（FOB 价格），扣除出口关税后作为完税价格。其基本计算公式为：

$$\text{完税价格}=\frac{\text{出口货物的离岸价格}}{1+\text{出口关税税率}}$$

出口货物成交价格中含有支付给国外的佣金，如与货物的离岸价格分列，应予扣除。如果未单独列明的，则不予扣除。出口货物在离岸价格以外，买方还另行支付包装费，应将其计入完税价格。

出口货物的离岸价格，应以该项货物运离关境前的最后一个口岸的离岸价格为实际离岸价格。如果该项货物从内地起运，则从内地口岸至最后出境口岸所支付的国内段运输费用应予扣除。

出口货物成交价格如为境外口岸的到岸价或货价加运费价格时，应先扣除运费、保险费后，再按规定公式计算完税价格。

五、关税的减免优惠

我国海关法规定，减免进出口关税的权限属于中央。在未经中央许可的情况下，各地海关不得擅自减免关税。关税的减免主要有法定减免、特定减免和临时减免三种类型。

(一) 法定减免

法定减免是指依照关税基本法规的规定，对列举的课税对象给予的减免规定。主要包括以下减免内容：

1. 下列货物经海关审查无讹，可以免税：

（1）关税税额在人民币50元以下的。

（2）无商业价值的广告品和货样。

（3）外国政府、国际组织无偿赠送的物资。

（4）进出境运输工具装载的途中必须的燃料。

2. 有下列情形之一的进口货物，海关可以酌情减免关税：

（1）在境外运输途中或者起卸时，遭受损害或者损失的。

（2）起卸后海关放行前，因不可抗力遭受损坏或者损失的。

（3）海关查验时已经破漏、损坏或者腐烂，经证明不是保管不慎造成的。

3. 为境外厂商加工、装配成品和为制造外销产品而进口的原材料、辅料、零件、部件、配套件和包装物料，海关按照实际加工出口的成品数量免征进口关税；或者对进口料、件先征进口关税，再按照实际加工出口的成品数量予以退税。

4. 经海关核准暂时进境或者暂时出境并在六个月内复运出境或者复运进境的货样、展览品、施工机械、工程车辆、工程船舶、供安装设备时使用的仪器和工具、电视或者电影摄制器械、盛装货物的容器以及剧团服装道具，在货物收发货人向海关缴纳相当于税款的保证金或者提供担保后，准予暂时免纳关税。

（二）特定减免

特定减免是指在关税基本法规确定的法定减免以外，由国务院或国务院授权的机关颁布法规、规章特别规定的减免税。如对进口科技教育用品和残疾人专用物品，外国驻华使领馆和有关国际机构及其人员所需物品减免关税等。

（三）临时减免

临时减免是指在以上两项减免税以外，对某个纳税人由于特殊原因临时给予的减免。临时减免一般必须在货物进出口前，向所在地海关提出书面申请，并随附必要的证明资料，经所在地海关审核后，转报海关总署或海关总署会同国家税务总局、财政部审核批准。

第二节　进口货物应纳关税的核算

一、工业企业进口货物应纳关税的核算

工业企业直接从国外进口原材料及其他设备，或者是通过外贸企业代理从国外进口原材料或其他设备，应缴纳的进口关税，不通过“应交税金——应交关税”科目核算，而是将其与进口原材料或设备的价款、国外运输费、保险费以及国内有关费用一并直接计入进口原材料或设备的采购成本。具体核算有以下几种情况：

（一）直接进口原材料

工业企业直接进口原材料，按照规定将应缴纳的关税借记“材料采购”科目，贷记“银行存款”等科目。

【例 10-2】 某工业企业本期进口一批甲材料，国外买价及运抵我国海关前的有关运输费、保险费等共计 US ＄100 000，当日人民币市场汇价为 US ＄100=￥800。甲材料的关税税率为 30%，材料已验收入库。企业进口甲材料及应缴纳的关税（代扣代缴的税金，此处不予考虑）会计处理如下：

（1）企业以人民币支付进口材料的价款和有关费用时：

借：材料采购——甲材料　　800 000

　贷：银行存款　　800 000

（2）计算并缴纳关税时：

应纳关税=800 000×30%=240 000（元）

借：材料采购——甲材料　　240 000

　贷：银行存款　　240 000

（3）进口甲材料验收入库时：

借：原材料——甲材料　　1 040 000

　贷：材料采购——甲材料　　1 040 000

（二）工业企业委托外贸企业代理进口原材料

工业企业委托外贸企业代理进口原材料时，除了应负担进口材料的价款、相关费用和关税外，还要支付代理进口业务的手续费。按照规定，支付的代理手续费也应计入进口材料的采购成本中。

【例 10-3】 某工业企业委托某外贸进出口公司从国外进口一批乙材料，该批进口材料入关前的买价和相关费用为 US ＄50 000，人民币市场汇价为 US ＄100=￥800，关税税率为 20%，另外，支付代理手续费为买价和相关费用的 4%。该工业企业已将有关全部款项支付给外贸公司，乙材料已验收入库。企业的有关会计处理如下：

（1）支付进口乙材料的买价和有关费用时：

借：材料采购——乙材料　　400 000

　贷：银行存款　　400 000

（2）支付应负担的进口关税时：

应纳关税=400 000×20%=80 000（元）

借：材料采购——乙材料　　80 000

　贷：银行存款　　80 000

（3）支付代理手续费时：

应支付手续费=400 000×4%=16 000（元）

借：材料采购——乙材料　　16 000

　贷：银行存款　　16 000

（4）进口乙材料验收入库时：

借：原材料——乙材料　　496 000

　贷：材料采购——乙材料　　496 000

（三）工业企业进口设备或固定资产

工业企业从国外引进设备或购进固定资产，如引进设备需要安装，其应负担的关税记入“在建工程——引进设备”科目；如外购的固定资产不需安装，将其应负担的关税记入“固定资产”科目。

【例 10-4】　某工业企业本期与某外商签订合同，引进机器专用设备一套，进入我国海关前的价款和相关费用为 US ＄ 300 000，人民币的汇价为 US ＄ 100＝￥800，设备已运抵企业正在安装，买价和相关费用的款项按合同规定两年后予以支付。该设备的关税税率为 20%，另外支付国内运杂费 20 000 元。企业应做会计处理如下：

（1）计算引进设备的价款时：

借：在建工程——引进设备　　2 400 000

　贷：长期应付款——外商　　2 400 000

（2）计算并支付关税时：

应纳关税＝2 400 000×20%＝480 000（元）

借：在建工程——引进设备　　480 000

　贷：银行存款　　480 000

（3）支付国内的运杂费时：

借：在建工程——引进设备　　20 000

　贷：银行存款　　20 000

二、商品流通企业进口货物应纳关税的核算

商品流通企业主要包括商业、粮食、外贸、物资、供销、医药商业、供销合作社等，按经营方式的不同，其进出口业务可分为自营进口和代理进口两大类。

（一）自营进口业务应纳关税的核算

按照规定，商品流通企业自营进出口业务应缴纳的关税，应设置“应交税金——进口关税”科目进行核算，同时，将应缴纳的关税计入进口商品的成本之中。计算应纳关税时，借记“商品采购”科目，贷记“应交税金——进口关税”科目；实际上缴进口关税时，借记“应交税金——进口关税”科目，贷记“银行存款”科目。

【例 10-5】　某外贸企业本期从国外自营进口商品一批，进口商品经海关审定的完税价格为 CIF（到岸价）US ＄ 60 000，人民币的汇价为 US ＄ 100＝￥800，关税税率为 30%，有关款项以人民币付清，商品已验收入库。外贸企业应做会计处理如下：

（1）支付进口商品的价款及有关费用时：

借：商品采购——进口商品　　480 000

　贷：银行存款　　480 000

（2）计算应纳进口关税时：

应纳进口关税 = 480 000×30% = 144 000（元）

借：商品采购——进口商品　　144 000

　贷：应交税金——进口关税　　144 000

（3）上缴进口关税时：

借：应交税金——进口关税　　144 000

　贷：银行存款　　144 000

（4）进口商品验收入库时：

借：库存商品——进口商品粮　　624 000

　贷：商品采购——进口商品　　624 000

（二）代理进口业务应纳关税的核算

受托代理进口业务，一般由委托方出具资金，受托方不垫付货款，受托方只向委托方收取一定的代理手续费。因此，代理进口业务应缴纳的关税由委托方负担，受托方向海关缴纳的关税，也只是代垫或代付，随后仍要从委托方收回。

受托代理方收到委托方给予的购货款时，借记“银行存款”科目，贷记“应付账款”科目；受托方计算应纳关税时，借记“应付账款”科目，贷记“应交税金——进口关税”科目。

以委托方的款项支付进口商品的价款和有关费用时，借记“应收账款”科目，贷记“银行存款”科目；向委托方收取代理手续费时，借记“应付账款”科目，贷记“代购代销收入”科目；将委托方多付的款项退回时，借记“应付账款”科目，贷记“银行存款”科目。

【例 10-6】　甲企业委托某进出口外贸公司进口商品一批，预付外贸公司货款 2 000 000元。该批进口商品我国口岸 CIF 价为 US ＄ 180 000，人民币市场汇价为US ＄ 100 = ¥800，关税税率为 20%，代理手续费按 CIF 价 3%收取，外贸公司将进口货物转交甲企业并办清相关款项结算手续。外贸公司应做会计处理如下：

（1）外贸公司收到甲企业预付款项时：

借：银行存款　　2 000 000

　贷：应付账款——甲企业　　2 000 000

（2）支付该批进口商品货款时：

借：应收账款——×××外商　　1 440 000

　贷：银行存款　　1 440 000

（3）计算并上缴应纳关税时：

应纳关税 = 1 440 000×20% = 288 000（元）

借：应付账款——甲企业　　288 000

　贷：应交税金——进口关税　　288 000

同时：

借：应交税金——进口关税　　288 000

　贷：银行存款　　288 000

（4）外贸公司将商品交付委托方并收取代理手续费时：

应收代理手续费 = 1 440 000×3% = 43 200（元）

借：应付账款——甲企业　　1 483 200

　贷：代购代销收入——代理手续费　　43 200

　　应收账款——×××外商　　1 440 000

（5）将甲企业多付的购货款退回时：

借：应付账款——甲企业　　228 800

　贷：银行存款　　228 800

第三节　出口货物应纳关税的核算

一、工业企业自营出口业务应纳关税的核算

工业企业出口销售产品与国内销售产品相同，取得的均为产品销售收入。因此，工业企业出口销售产品应缴纳的出口关税，应记入“营业税金及附加”科目进行核算。计算出口销售产品的应纳关税时，借记“营业税金及附加”科目，贷记“应交税金——出口关税”科目；上缴出口关税时，借记“应交税金——出口关税”科目，贷记“银行存款”科目。

【例 10-7】　某工业甲企业出口销售产品一批，国内港口 FOB 价为 US ＄300 000，人民币市场汇价为 US ＄100 = ￥800，产品出口关税税率为 20%，出口销售货款和出口关税已结算办理完毕。

（1）甲企业取得销售收入时：

借：银行存款　　2 400 000

　贷：产品销售收入——出口产品销售收入　　2 400 000

（2）计算并缴纳出口关税时：

$$应纳出口关税 = \frac{2\ 400\ 000}{1+20\%} \times 20\% = 400\ 000（元）$$

借：营业税金及附加　　400 000

　贷：应交税金——出口关税　　400 000

同时：

借：应交税金——出口关税　　400 000

　贷：银行存款　　400 000

工业企业自营出口业务应纳的出口关税，也可以不通过“应交税金——出口关税”科目核算，而直接在“银行存款”科目核算。如上例应缴纳的出口关税可做会计处理

如下：

借：营业税金及附加　　400 000

　贷：银行存款　　400 000

二、商品流通企业自营出口业务应纳关税的核算

商品流通企业自营出口业务，应缴纳的出口关税，应通过设置“应交税金——出口关税”科目和“营业税金及附加”科目核算。计算应缴纳的出口关税时，借记“营业税金及附加”科目，贷记“应交税金——出口关税”科目；上缴出口关税时，借记“应交税金——出口关税”科目，贷记“银行存款”科目。

【例10-8】 某外贸进出口公司本期自营出口商品一批，我国口岸FOB价格为US＄120 000，人民币市场汇价为US＄100=￥800，出口关税税率为20%，出口销售产品货款已收并按规定缴纳了出口关税。外贸公司应做会计处理如下：

（1）收到出口销售款时：

借：银行存款　　960 000

　贷：主营业务收入——出口销售收入　　960 000

（2）计算并缴纳出口关税时：

$$应纳出口关税=\frac{960\ 000}{1+20\%}\times 20\%=160\ 000（元）$$

借：营业税金及附加　　160 000

　贷：应交税金——出口关税　　160 000

上缴入库时：

借：应交税金——出口关税　　160 000

　贷：银行存款　　160 000

第四节　关税的征收管理

一、关税缴纳

关税缴纳是指关税的纳税人或他们的代理人应在规定的报关期限内向货物进（出）境地海关申报，经海关对实际货物进行查验后，根据货物的归类原则和完税价格计算应纳关税和进口环节代征税费，填发税款缴纳证。纳税义务人或他们的代理人应在海关填发税款缴纳证的次日起七日内，向指定银行缴纳，并由当地银行解缴中央金库。进口货物在完税后方可进入国内市场流通，出口货物完税后方可装船出口。为了方便货主，经货物收货人申请，海关批准，也可在指定地海关办理申报纳税手续，货物由进境地海关作为转关运输货物监管至指运地海关验收。出口货物，可申请由启运地海关办理申报纳税手续。

二、关税缓缴

关税缓缴是指经海关批准的纳税人将其部分或全部应缴税款的纳税期限延长的一种制度。这项关税制度是针对纳税人缺乏纳税资金或由于其他原因而造成的缴纳关税有困难，不能在关税缴纳期限内履行纳税义务等情况下实施的。按照中华人民共和国海关现行有关规定，关税缓缴仅适用于关税纳税义务人确有暂时的经济困难而不能按期缴纳关税的情况。

根据现行规定，申请缓纳关税的纳税义务人应于有关货物申报进口前或于申报进口之日起七日内（星期日或法定节假日除外），向主管海关提出书面申请，并递交关税缴纳计划和由其开户银行或其上级主管机关出具的纳税担保函件。经海关审核批准关税缓缴的纳税义务人，应按海关批准的关税缴纳计划如期缴纳关税，并按月支付10‰的利息。逾期不缴纳关税，构成关税滞纳的，除依法追缴外，由海关按照关税滞纳的规定征收滞纳金。关税滞纳金的计算是自缴纳期限期满之日的次日起，至缴清税款之日止，按日征收所欠税款的1‰计，其计算公式为：

关税滞纳金=滞纳税额×1‰×滞纳天数

三、关税追征和补征

关税的补征和追征是指关税的纳税义务人按海关核定的税额缴纳关税后，发现核定征收税额少于应征税额时，责令纳税义务人补缴所差税款。根据造成少征关税原因的不同，分为关税的追征和补征。

由于关税纳税义务人违反海关规定少缴税款而补税的，称为关税的追征。按我国海关的现行规定，进出口货物完税后，如发现少征或漏征税款，因收发货人或者他们的代理人违反规定而造成的少征或漏征，海关应当自缴纳税款或者货物放行之日起，三年内向收发货人或他们的代理人追征税款。

非因纳税义务人违反海关规定少缴税款而补税的，称为关税的补征。按照我国海关现行规定，进出口货物完税后，如发现少征或漏征税款，非收发货人或者他们的代理人等原因造成的，海关应当自缴纳税款或货物放行之日起，在一年内向收发货人和他们的代理人补征税款。

四、关税退还

关税的退还是关税纳税义务人按海关核定的税额缴纳关税后，因某种原因的出现，海关将已缴纳关税的部分或全部退还给关税纳税义务人的一种规定。

按照我国《进出口关税条例》的有关规定：有下列情形之一的，进出口货物的收发货人或者他们的代理人，可以自缴纳税款之日起一年内，书面声明理由，连同原纳税收据向海关申请退税，逾期不予受理。

1. 因海关误征，多缴纳税款的。

2. 海关核准免验的货物，在缴税后，发现有短缺情况，经海关审查认可的。

3. 已征出口关税的货物，因故未装运出口，申报退关，经海关查验属实的。

进出口货物的收发货人和他们的代理人，申请退还关税时，海关应当自受退税申请之日起，30 天内做出书面答复并通知退税申请人。

第十一章　企业所得税的核算

第一节　企业所得税核算的基本规定

企业所得税是以企业取得的生产经营所得和其他所得为征税对象所征收的一种税。它是规范和处理国家与企业分配关系的重要形式。

按照地域管辖权和居民管辖权的双重管辖权标准，我国将企业所得税的纳税人分为居民企业和非居民企业。在向中国政府缴纳所得税时，居民企业承担无限纳税义务，应将来源于中国境内、境外的所得作为征税对象。非居民企业承担有限纳税义务，非居民企业在中国境内设立机构、场所的，应当就其所设机构、场所取得的来源于中国境内的所得，以及发生在中国境外但与其所设机构、场所有实际联系的所得，缴纳企业所得税；在中国境内未设立机构、场所的，或者虽设立机构、场所但取得的所得与其所设机构、场所没有实际联系的，应就其来源于中国境内的所得缴纳企业所得税。

按照《中华人民共和国企业所得税法》(以下简称《企业所得税法》）的规定，企业所得税实行比例税率，分为两档：

1. 基本税率为25%。适用于居民企业和在中国境内设有机构、场所且所得与机构、场所有关联的非居民企业。现行企业所得税基本税率设定为25%，与世界各国比较还是偏低的。据有关资料介绍，全世界近160个实行企业所得税的国家（地区）平均税率为28.6%，我国周边18个国家（地区）的平均税率为26.7%。现行税率的确定，既考虑了我国财政承受能力，又考虑了企业负担水平。

2. 低税率为20%。适用于在中国境内未设立机构、场所的，或者虽设立机构、场所但取得的所得与其所设机构、场所没有实际联系的非居民企业。但在实际征税时适用10%的税率。

此外，我国还设置了两档优惠税率：（1）国家需要重点扶持的高新技术企业减按15%的税率征收企业所得税；（2）小型微利企业减按20%的税率征收企业所得税。为了实现新老税法的平稳过渡，对于老税法下享受低税率税收优惠的企业，在新税法施行后五年内逐步过渡到25%的法定税率，并继续执行西部大开发税收优惠政策。

应纳税所得额是企业所得税的计税依据，其正确计算与否直接关系到国家财政收入和企业的税收负担，并且同企业的成本、费用核算密切联系。计算公式为：

应纳税所得额=收入总额-不征税收入-免税收入-各项扣除-以前年度亏损

或：应纳税所得额=会计利润总额±纳税调整项目金额

其中，第二个公式在实务中运用得较多。因为企业所得税是按年计征，当每一纳税年度进行所得税汇算清缴时，企业的会计年度核算已经结束，因此，应纳税所得额的计算，一般都在企业会计利润总额的基础上进行调整后确定。纳税调整项目金额包括两个方面的内容：一是企业的财务会计处理和税收规定不一致的应予以调整的金额；二是企业按税法规定准予扣除的税收金额。

这样，应纳企业所得税额的计算公式为：

应纳税额=应纳税所得额×适用税率-减免税额-抵免税额

可见，应纳税所得额的确定是计算企业应纳企业所得税额的重心。应纳税所得额的计算以权责发生制为原则，属于当期的收入和费用，不论款项是否收付，均作为当期的收入和费用；不属于当期的收入和费用，即使款项已经在当期收付，均不作为当期的收入和费用。企业所得税法对应纳税所得额计算做了明确规定，主要内容包括以下几点。

一、收入总额

企业的收入总额包括以货币形式和非货币形式从各种来源取得的收入。纳税人以货币形式取得的收入包括现金、存款、应收账款、应收票据、准备持有至到期的债券投资以及债务的豁免等；以非货币形式取得的收入，包括固定资产、生物资产、无形资产、股权投资、存货、不准备持有至到期的债券投资、劳务以及有关权益等，这些非货币资产和劳务应当按照公允价值确定收入额。

（一）一般收入及确认

(1) 销售货物收入，是指企业销售商品、产品、原材料、包装物、低值易耗品以及其他存货取得的收入。

(2) 劳务收入，是指企业从事建筑安装、修理修配、交通运输、仓储租赁、金融保险、邮电通信、咨询经纪、文化体育、科学研究、技术服务、教育培训、餐饮住宿、中介代理、卫生保健、社区服务、旅游、娱乐、加工以及其他劳务服务活动取得的收入。

(3) 财产转让收入，是指企业转让固定资产、生物资产、无形资产、股权、债权等财产取得的收入。

(4) 股息、红利等权益性投资收益，是指企业因权益性投资从被投资方取得的收入。股息、红利等权益性投资收益，除国务院财政、税务主管部门另有规定外，按照被投资方做出利润分配决定的日期确认收入的实现。

(5) 利息收入，是指企业将资金提供他人使用但不构成权益性投资，或者因他人占用本企业资金取得的收入，包括存款利息、贷款利息、债券利息、欠款利息等收入。利息收入按照合同约定的债务人应付利息的日期确认收入的实现。

(6) 租金收入，是指企业提供固定资产、包装物或者其他有形资产的使用权取得的收入。租金收入按照合同约定的承租人应付租金的日期确认收入的实现。

(7) 特许权使用费收入，是指企业提供专利权、非专利技术、商标权、著作权以及其他特许权的使用权取得的收入。特许权使用费收入，按照合同约定的特许权使用人应付特许权使用费的日期确认收入的实现。

(8) 接受捐赠收入，是指企业接受的来自其他企业、组织或者个人无偿给予的货币性资产、非货币性资产。接受捐赠收入，按照实际收到捐赠资产的日期确认收入的实现。

(9) 其他收入，是指上述收入以外的其他收入，包括企业资产溢余收入、逾期未退包装物押金收入、确实无法偿付的应付款项、已作坏账损失处理后又收回的应收款项、债务重组收入、补贴收入、违约金收入、汇兑收益等。

(二) 特殊收入及确认

(1) 分期确认收入。以分期收款方式销售货物的，按合同约定的收款日期确认收入的实现；企业受托加工制造大型机械设备、船舶、飞机，以及从事建筑、安装、装配工程业务或者提供其他劳务等，若持续时间超过 12 个月，按纳税年度内完工进度或完成的工作量确认收入的实现。

(2) 采取产品分成方式取得的收入。按照产品的公允价值确定收入额，按照企业分得产品的日期确认收入的实现。

(3) 企业发生非货币性资产交换，以及将货物、财产、劳务用于捐赠、偿债、赞助、集资、广告、样品、职工福利或者利润分配等用途，应视同销售货物、转让财产或提供劳务。

(4) 企业以买一赠一等方式组合销售本企业商品的，“赠一”行为不属于捐赠，应将总销售额按各项商品的公允价值的比例来分摊确认各项销售收入。

(5) 根据《企业所得税法实施条例》第二十条的规定，对于供热企业取得的一次性入网费收入，按照合同约定的使用人支付一次性入网费的日期确认收入的实现；使用人提前付款或未约定付款日期的，以实际收到的一次性入网费的日期确认收入实现。

(三) 处置资产收入及确认

企业处置资产的过程中，如果资产所有权属在形式和实质上均发生改变，应视同销售确认收入，否则作为内部处置资产处理。

企业将资产移送他人，应按规定视同销售确定收入的有以下几种情况：(1) 用于市场推广或销售；(2) 用于交际应酬；(3) 用于职工奖励或福利；(4) 用于股息分配；(5) 用于对外捐赠；(6) 其他改变资产所有权属的用途。如果该资产属于企业自制的资产，应按企业同类资产同期对外销售价格确定销售收入；属于外购的资产，可按购入时的价格确定销售收入。

企业发生下列情形的处置资产，由于资产所有权属不发生改变，可作为内部处置资产，不视同销售确认收入，相关资产的计税基础延续计算，但将资产转移至境外的除外。

(1) 将资产用于生产、制造、加工另一产品。

（2）改变资产形状、结构或性能。

（3）改变资产用途，例如，将自建商品房转为自用或经营用途。

（4）将资产在总机构及其分支机构之间转移。

（5）上述两种或两种以上情形的混合。

（6）其他不改变资产所有权属的用途。

（四）销售收入和劳务收入确认的具体规定

1. 销售收入及确认

企业销售收入的确认，必须遵循权责发生制原则和实质重于形式原则。企业销售商品同时满足下列条件的，应确认收入的实现：

（1）商品销售合同已经签订，企业已将商品所有权相关的主要风险和报酬转移给购货方。

（2）企业对已售出的商品既没有保留通常与所有权相联系的继续管理权，也没有实施有效控制。

（3）收入的金额能够可靠地计量。

（4）已发生或将发生的销售方的成本能够可靠地核算。

在符合收入确认条件的基础上，采取下列商品销售方式的，其收入实现时间分别为：

（1）采用托收承付方式的，在办妥托收手续时确认收入。

（2）采取预收款方式的，在发出商品时确认收入。

（3）销售商品需要安装和检验的，在购买方接受商品以及安装和检验完毕时确认收入。如果安装程序比较简单，可在发出商品时确认收入。

（4）采用支付手续费方式委托代销的，在收到代销清单时确认收入。

采用售后回购方式销售商品，销售的商品按售价确认收入，回购的商品作为购进商品处理。如果有证据表明该项销售不符合销售收入确认条件，例如以销售商品方式进行融资，收到的款项应确认为负债，回购价格大于原售价的，差额应在回购期间确认为利息费用。

以旧换新销售商品，销售的商品应当按照销售商品收入确认条件确认收入，回收的商品作为购进商品处理。

商业折扣，应当按照扣除商业折扣后的金额确定销售商品收入；现金折扣，应当按扣除现金折扣前的金额确定销售商品收入，折扣额在实际发生时作为财务费用扣除；企业已经确认销售收入的售出商品发生销售折让或销售退回，应当在发生当期冲减当期商品销售收入。

2. 劳务收入及确认

企业在纳税期末，提供劳务交易的结果能够可靠估计的，应采用完工进度（完工百分比）法确认提供劳务收入。提供劳务交易的结果能够可靠估计，是指同时满足下列条件：

（1）收入的金额能够可靠地计量。

（2）交易的完工进度能够可靠地确定。

（3）交易中已发生和将发生的成本能够可靠地核算。

企业提供劳务完工进度的确定，可选用下列三种方法：（1）已完工作的测量；（2）已提供劳务占劳务总量的比例；（3）发生成本占总成本的比例。

每一纳税期末，企业应按照已收或应收的合同或协议价款确定劳务收入总额，当期劳务收入计算公式为：当期劳务收入=提供劳务收入总额×完工进度-以前纳税年度累计已确认提供劳务收入；同时，结转当期劳务成本，计算公式为：当期劳务成本=提供劳务估计总成本×完工进度-以前纳税年度累计已确认劳务成本。

具体而言，下列提供劳务满足收入确认条件的，应按规定确认收入：

（1）安装费，应根据安装完工进度确认收入。如果安装工作属于商品销售的附带条件，则安装费在确认商品销售实现时确认收入。

（2）宣传媒介的收费，应在相关广告或商业行为出现于公众面前时确认收入。广告制作费，应根据制作广告的完工进度确认收入。

（3）为特定客户开发软件的软件费，应根据开发的完工进度确认收入。

（4）包含在商品售价内可区分的服务费，在提供服务的期间分期确认收入。

（5）艺术表演、招待宴会和其他特殊活动的收费，在相关活动发生时确认收入。收费涉及几项活动的，预收的款项应合理分配于每项活动，分别确认收入。

（6）会员费。申请入会或加入会员，只允许取得会籍，所有其他服务或商品都要另行收费的，在取得该会员费时确认收入。申请入会或加入会员后，会员在会员期内不再另行付费，或者以低于非会员的价格销售商品或提供服务的，该会员费应在整个受益期内分期确认收入。

（7）属于提供设备和其他有形资产的特许权费，在交付资产或转移资产所有权时确认收入；属于提供初始及后续服务的特许权费，在提供服务时确认收入。

（8）长期为客户提供重复的劳务收取的劳务费，在相关劳务活动发生时确认收入。

二、不征税收入和免税收入

国家为了扶持和鼓励某些特殊的纳税人和特定的项目，或者避免因征税影响企业的正常经营，对企业取得的某些收入予以不征税或免税的特殊政策，以减轻企业负担，促进经济协调发展。

（一）不征税收入

（1）财政拨款。财政拨款是指各级人民政府对纳入预算管理的事业单位、社会团体等组织拨付的财政资金。对企业取得的国务院财政、税务主管部门规定专项用途并经国务院批准的财政性资金，以及对纳入预算管理的事业单位、社会团体等组织按预算收到的财政补助收入，准予作为不征税收入，在计算应纳税所得额时从收入总额中减除。

（2）依法收取并纳入财政管理的行政事业性收费、政府性基金。企业按规定缴纳的、由国务院或财政部批准设立的政府性基金，由国务院和省、自治区、直辖市人民政府及其财政、价格主管部门批准设立的行政事业性收费，准予在计算应纳税所得额时扣除。企业收取的各种基金、收费，应计税，但对企业按法律、法规及国务院有关规定收取并上缴财政的政府性基金和行政事业性收费，准予作为不征税收入，于上缴财政的当年将上缴部分从收入总额中减除。

（3）国务院规定的其他不征税收入。这包括财政补助、补贴、贷款贴息、直接减免的增值税和即征即退、先征后退、先征后返的各种税收（不包括企业按规定取得的出口退税款）以及其他各类财政专项资金。

值得注意的是，不征税收入用于支出所形成的费用或所形成的资产的折旧额、摊销额，均不得在计算应纳税所得额时扣除。

（二）免税收入

（1）国债利息收入。为鼓励企业积极购买国债，支援国家建设，税法规定，企业因购买国债获得的利息收入，免征企业所得税。

（2）符合条件的居民企业之间的股息、红利等权益性投资收益，是指居民企业直接投资于其他居民企业取得的投资收益，不包括连续持有居民企业公开发行并上市流通的股票不足12个月取得的投资收益。

（3）在中国境内设立机构、场所的非居民企业从居民企业取得与该机构、场所有实际联系的股息、红利等权益性投资收益，不包括连续持有居民企业公开发行并上市流通的股票不足12个月取得的投资收益。

（4）符合条件的非营利组织的收入，但一般不包括非营利组织从事营利性活动取得的收入。符合条件的非营利组织是指：

①依法履行非营利组织登记手续。

②从事公益性或者非营利性活动。

③取得的收入除用于与该组织有关的、合理的支出外，全部用于登记核定或者章程规定的公益性或者非营利性事业。

④财产及其孳生息不用于分配。

⑤按照登记核定或者章程规定，该组织注销后的剩余财产用于公益性或者非营利性目的，或者由登记管理机关转赠给与该组织性质、宗旨相同的组织，并向社会公告。

⑥投入人对投入该组织的财产不保留或者享有任何财产权利。

⑦工作人员工资福利开支控制在规定的比例内，不变相分配该组织的财产。

⑧国务院财政、税务主管部门规定的其他条件。

三、准予扣除的项目

（一）税前扣除的原则

企业申报的扣除项目和金额要真实、合法。真实是指能提供证明有关支出确属已经实际发生的适当凭据；合法是指符合国家税法的规定，若其他法规规定与税收法规规定不一致，以税收法规的规定为准。税前扣除一般应遵循以下原则：

(1) 权责发生制原则，即企业应在费用发生的所属期扣除，而不是实际支付时确认扣除。

(2) 配比原则，即企业发生的费用应与收入相配比。除特殊规定外，企业发生的费用不得提前或滞后申报扣除。

(3) 相关性原则，即企业可扣除的费用从性质和根源上必须与取得应税收入相关。

(4) 确定性原则，即企业可扣除的费用不论何时支付，其金额必须是确定的。

(5) 合理性原则，即企业可扣除费用的计算和分配方法应符合生产经营活动常规，应当是计入当期损益或者有关资产成本的必要和正常的支出。

(二) 扣除项目的范围

《企业所得税法》规定，准予在计算应纳税所得额时扣除的是企业实际发生的与取得收入有关的、合理的支出，包括成本、费用、税金、损失和其他支出。

(1) 成本，是指企业在生产经营活动中发生的销售成本、销货成本、业务支出以及其他耗费，即企业销售商品（产品、材料、下脚料、废料、废旧物资等）、提供劳务、转让固定资产、无形资产（包括技术转让）的成本。

(2) 费用，是指企业在生产经营活动中发生的销售费用、管理费用和财务费用。

(3) 税金，纳税人在生产、经营过程中，按照税法规定缴纳的消费税、营业税、城市维护建设税、资源税、土地增值税，准予扣除。教育费附加，视同税金扣除。

(4) 损失，是指企业在生产经营活动中发生的固定资产和存货的盘亏、毁损、报废损失，转让财产损失，呆账损失，坏账损失，自然灾害等不可抗力因素造成的损失以及其他损失。

企业发生的损失，减除责任人赔偿和保险赔款后的余额，依照国务院财政、税务主管部门的规定扣除。企业已经作为损失处理的资产，在以后纳税年度又全部收回或者部分收回时，应当计入当期收入。

(5) 扣除的其他支出。除成本、费用、税金、损失外，必须是企业在生产经营活动中发生的与生产经营活动有关的、合理的支出。

(三) 扣除项目及其标准

1. 工资、薪金支出

企业发生的合理的工资、薪金支出，准予据实扣除。工资、薪金支出是企业每一纳税年度支付给本企业任职或与其有雇佣关系的员工的所有现金或非现金形式的劳动报酬，包括基本工资、资金、津贴、补贴、年终加薪、加班工资，以及与任职或者受雇有关的其他支出。

2. 职工福利费、工会经费、职工教育经费

企业发生的职工福利费、工会经费、职工教育经费按标准扣除，未超过标准的按实

际数扣除，超过标准的只能按标准扣除。

（1）企业发生的职工福利费支出，不超过工资、薪金总额14%的部分准予扣除。

（2）企业拨缴的工会经费，不超过工资、薪金总额2%的部分准予扣除。

（3）除国务院财政、税务主管部门另有规定外，企业发生的职工教育经费支出，不超过工资、薪金总额2.5%的部分准予扣除，超过部分准予结转以后纳税年度扣除。

3. 社会保险费

（1）企业依照国务院有关主管部门或者省级人民政府规定的范围和标准为职工缴纳的“五险一金”，即基本养老保险费、基本医疗保险费、失业保险费、工伤保险费、生育保险费五种基本社会保险费和住房公积金，准予扣除。

（2）企业为投资者或者职工支付的补充养老保险费、补充医疗保险费，在国务院财政、税务主管部门规定的范围和标准内，准予扣除。

4. 利息费用

企业在生产、经营活动中发生的利息费用，按下列规定扣除：

（1）非金融企业向金融企业借款的利息支出、金融企业的各项存款利息支出和同业拆借利息支出、企业经批准发行债券的利息支出可据实扣除。

（2）非金融企业向非金融企业借款的利息支出，不超过按照金融企业同期同类贷款利率计算的数额的部分可据实扣除，超过部分不得扣除。

企业接受关联方债权性投资利息支出，税前扣除标准为：

（1）企业如果能够按照税法及其实施细则的有关规定提供相关资料，并证明相关交易活动符合独立交易原则，或者企业实际税负不高于境内关联方的，该企业支付给境内关联方的利息支出，在计算应纳税所得额时准予扣除。

（2）如果不满足第一条，则金融企业接受关联方债权性投资与其权益性投资比例不超过5∶1，其他企业接受关联方债权性投资与其权益性投资比例不超过2∶1，并且企业实际支付给关联方的利息支出在税法及其实施细则规定的扣除标准内的部分，准予扣除，超过部分不得在发生当期及以后年度扣除。

接受关联方债权性投资的企业同时从事金融业务和非金融业务的，其实际支付给关联方的利息支出，应按合理方法分开计算；没有按合理方法分开计算的，比照“其他企业”进行扣除。

5. 借款费用

（1）企业在生产经营活动中发生的合理的不需要资本化的借款费用，准予扣除。

（2）企业为购置、建造固定资产、无形资产和经过12个月以上的建造才能达到预定可销售状态的存货发生借款的，在有关资产购置、建造期间发生的合理的借款费用，应予以资本化，作为资本性支出计入有关资产的成本；有关资产交付使用后发生的借款利息，可在发生当期扣除。

6. 汇兑损失

企业在货币交易中，以及纳税年度终了时将人民币以外的货币性资产、负债按照期末即期人民币汇率中间价折算为人民币时产生的汇兑损失，除已经计入有关资产成本以及与向所有者进行利润分配相关的部分外，准予扣除。

7. 业务招待费

企业发生的与生产经营活动有关的业务招待费支出，按照发生额的60%扣除，但最高不得超过当年销售（营业）收入的5‰。

8. 广告费和业务宣传费

符合条件的广告费和业务宣传费支出，除国务院财政、税务主管部门另有规定外，不超过当年销售（营业）收入15%的部分，准予扣除；超过部分，准予结转以后纳税年度扣除。

企业应严格区分申报扣除的广告费支出与赞助支出。企业申报扣除的广告费支出，必须符合下列条件：广告是通过工商部门批准的专门机构制作的；已实际支付费用，并已取得相应发票；通过一定的媒体传播。

9. 环境保护专项资金

企业依照法律、行政法规有关规定提取的用于环境保护、生态恢复等方面的专项资金，准予扣除。提取后改变用途的，不得扣除。

10. 保险费

（1）企业依照国家有关规定为特殊工种职工支付的人身安全保险费和符合国务院财政、税务主管部门规定可以扣除的商业保险费，准予扣除。

（2）企业参加财产保险，按照规定缴纳的保险费，准予扣除。

（3）企业为投资者或者职工支付的商业保险费，不得扣除。

11. 租赁费

（1）以经营租赁方式租入固定资产发生的租赁费支出，按照租赁期限均匀扣除。

（2）以融资租赁方式租入固定资产发生的租赁费支出，按照规定构成融资租入固定资产价值的部分应当提取折旧费用，分期扣除。融资租赁是指与一项资产所有权有关的全部风险和报酬在实质上发生转移的一种租赁方式。

12. 劳动保护费

企业发生的合理的劳动保护支出，准予扣除。

13. 公益性捐赠支出

公益性捐赠，是指企业通过公益性社会团体或者县级以上人民政府及其部门，用于《中华人民共和国公益事业捐赠法》规定的公益事业的捐赠。

企业发生的公益性捐赠支出，不超过年度利润总额12%的部分，准予扣除。年度利润总额是指企业依照国家统一会计制度的规定计算的年度会计利润。

企事业单位、社会团体以及其他组织捐赠住房作为廉租住房的视同公益性捐赠按上述规定执行。

14. 有关资产的费用

企业转让各类固定资产发生的费用，允许扣除。企业按规定计算的固定资产折旧费、无形资产和递延资产的摊销费，准予扣除。

15. 总机构分摊的费用

非居民企业在中国境内设立的机构、场所，就其中国境外总机构发生的与该机构、场所生产经营有关的费用，能够提供总机构出具的费用汇集范围、定额、分配依据和方法等证明文件，并合理分摊的，准予扣除。

16. 资产损失

企业当期发生的固定资产和流动资产盘亏、毁损净损失，由其提供清查盘存资料经主管税务机关审核后，准予扣除；企业因存货盘亏、毁损、报废等原因不得从销项税额中抵扣的进项税额，应视同企业财产损失，准予与存货损失一起在所得税前按规定扣除。

17. 依照有关法律、行政法规和国家有关税法规定准予扣除的其他项目

如会员费、合理的会议费、差旅费、违约金、诉讼费用等。

（四）不得扣除的项目

在计算应纳税所得额时，下列支出不得扣除：

(1) 由企业税后利润承担的支出，包括向投资者支付的股息、红利等权益性投资收益款项和企业所得税税款。

(2) 不合法或违法支出，包括税收滞纳金、罚金、罚款和被没收财物的损失。

(3) 与企业生产经营无关或超标准的支出，包括赞助支出、超过规定标准的捐赠支出以及未经核定的准备金支出。

(4) 有可能涉及关联交易的支出，包括企业之间支付的管理费、企业内营业机构之间支付的租金和特许权使用费，以及非银行企业内营业机构之间支付的利息。

(5) 与取得收入无关的其他支出。

四、亏损弥补

亏损是企业依照《企业所得税法》及其实施细则的规定，将每一纳税年度的收入总额减除不征税收入、免税收入和各项扣除后小于零的数额。税法规定，企业某一纳税年度发生的亏损可以用下一年度的所得弥补，下一年度的所得不足以弥补的，可以逐年延续弥补，但最长不得超过五年。而且，企业在汇总计算缴纳企业所得税时，其境外营业机构的亏损不得抵减境内营业机构的盈利。

第二节　企业所得税核算的会计科目与报表

一、会计科目的设置

由于税收法规的规定与财务会计制度的规定在计算口径或计算时间上的差异，产生

了会计所得（即会计利润）与应税所得两个概念。会计所得是指按照财务会计制度的规定和计算方法在一定的期间内计算的所得。应税所得是指按照税收法规的规定和计算方法在一定期间内计算的所得。在一定的期间内两种所得往往不相等，税法规定，在缴纳所得税时，企业应当按照税收法规对税前会计所得进行调整，并按照调整后的数额（即应纳税所得额）申报纳税。在所得税会计的处理上设置以下会计科目：

（1）设置“应交税费——应交所得税”会计科目，该科目属于负债类科目。其贷方登记按税法规定计算出当期应缴纳的所得税额，借方登记已经缴纳的所得税额。期末余额在贷方表示当期应缴而尚未缴纳的所得税，期末余额在借方表示当期多缴纳的所得税。

（2）设置“所得税费用”科目，该科目属于损益类科目，核算应计入企业损益表中的所得税税额数。期末，将“所得税费用”科目的借方余额转入“本年利润”科目，以反映期末企业生产、经营所获得的净利润，结转后“所得税费用”科目应无余额。

（3）设置“递延所得税负债”科目，该科目属于负债类科目，核算资产负债表债务法下，企业应纳税暂时性差异所产生的递延所得税负债数额。期末余额在贷方，反映企业已确认的递延所得税负债。

（4）设置“递延所得税资产”科目，该科目属于资产类科目，核算资产负债表债务法下，企业可抵扣暂时性差异所产生的递延所得税资产数额。期末余额在借方，反映企业已确认的递延所得税资产。

（5）设置“资本公积——其他资本公积”明细科目，该科目属于所有者权益类科目，核算与直接计入所有者权益的交易或事项相关的递延所得税负债。

（6）设置“以前年度损益调整”科目，该科目属于损益类科目，核算企业本年度发生的调整以前年度损益的事项。“以前年度损益调整”科目的借方发生额，反映企业以前年度多计收益、少计费用，而调整本年度损益的数额；贷方发生额，反映企业以前年度少计收益、多计费用，而调整本年度损益的数额。期末，企业应将“以前年度损益调整”科目的余额转入“利润分配——未分配利润”科目，结转后该科目应无余额。调整企业以前年度损益影响企业缴纳所得税的，可视为当年损益，按照规定计算缴纳企业所得税并进行所得税会计处理。

二、企业所得税的纳税申报表

新企业所得税纳税申报表包括1个主表、11个附表以及1个核定征收企业所得税纳税申报表。

（一）企业所得税年度纳税申报表主表（见表11-1）

表 11-1　　**中华人民共和国企业所得税年度纳税申报表（A 类）**

税款所属期间：　年　月　日至　年　月　日

纳税人名称：

纳税人识别号：□□□□□□□□□□□□□□□□□□□□　　金额单位：元（列至角分）

类别	行 次	项 目	金 额
利润总额计算	1	一、营业收入（填附表一）	
	2	减：营业成本（填附表二）	
	3	营业税金及附加	
	4	销售费用（填附表二）	
	5	管理费用（填附表二）	
	6	财务费用（填附表二）	
	7	资产减值损失	
	8	加：公允价值变动收益	
	9	投资收益	
	10	二、营业利润	
	11	加：营业外收入（填附表一）	
	12	减：营业外支出（填附表二）	
	13	三、利润总额（10+11-12）	
应纳税所得额计算	14	加：纳税调整增加额（填附表三）	
	15	减：纳税调整减少额（填附表三）	
	16	其中：不征税收入	
	17	免税收入	
	18	减计收入	
	19	减、免税项目所得	
	20	加计扣除	
	21	抵扣应纳税所得额	
	22	加：境外应税所得弥补境内亏损	
	23	纳税调整后所得（13+14-15+22）	
	24	减：弥补以前年度亏损（填附表四）	
	25	应纳税所得额（23-24）	

续表

类别	行次	项目	金额
应纳税额计算	26	税率（25%）	
	27	应纳所得税额（25×26）	
	28	减：减免所得税额（填附表五）	
	29	减：抵免所得税额（填附表五）	
	30	应纳税额（27-28-29）	
	31	加：境外所得应纳所得税额（填附表六）	
	32	减：境外所得抵免所得税额（填附表六）	
	33	实际应纳所得税额（30+31-32）	
	34	减：本年累计实际已预缴的所得税额	
	35	其中：汇总纳税的总机构分摊预缴的税额	
	36	汇总纳税的总机构财政调库预缴的税额	
	37	汇总纳税的总机构所属分支机构分摊的预缴税额	
	38	合并纳税（母子体制）成员企业就地预缴比例	
	39	合并纳税企业就地预缴的所得税额	
	40	本年应补（退）的所得税额（33-34）	
附列资料	41	以前年度多缴的所得税额在本年抵减	
	42	以前年度应缴未缴在本年入库所得税额	

纳税人公章： 经办人： 申报日期：　年　月　日	代理申报中介机构公章： 经办人及执业证件号码： 代理申报日期：　年　月　日	主管税务机关受理专用章： 受理人： 受理日期：　年　月　日

（二）《中华人民共和国企业所得税年度纳税申报表（A类）》填报说明

1. 适用范围

本表适用于实行查账征收的企业所得税居民纳税人填报。

2. 填报依据及内容

根据《中华人民共和国企业所得税法》及其实施条例的规定计算填报，并依据企业会计制度、企业会计准则等编制的企业《利润表》以及纳税申报表相关附表的数据填报。

3. 有关项目填报说明

（1）表头项目

①“税款所属期间”：正常经营的纳税人，填报公历当年1月1日至12月31日；纳税人年度中间开业的，填报实际生产经营之日的当月1日至同年12月31日；纳税人

年度中间发生合并、分立、破产、停业等情况的，填报公历当年1月1日至实际停业或法院裁定并宣告破产之日的当月月末；纳税人年度中间开业且年度中间又发生合并、分立、破产、停业等情况的，填报实际生产经营之日的当月1日至实际停业或法院裁定并宣告破产之日的当月月末。

②“纳税人识别号”：填报税务机关统一核发的税务登记证号码。

③“纳税人名称”：填报税务登记证所载纳税人的全称。

（2）表体项目

本表是在企业会计利润总额的基础上，加减纳税调整额后计算出“纳税调整后所得”（应纳税所得额）。会计与税法的差异（包括收入类、扣除类、资产类等一次性和暂时性差异）通过纳税调整明细表集中体现。本表包括利润总额的计算、应纳税所得额的计算、应纳税额的计算和附列资料四个部分。

①“利润总额的计算”中的项目，适用《企业会计准则》的企业，其数据直接取自《利润表》；实行《企业会计制度》、《小企业会计制度》等会计制度的企业，其《利润表》中的项目与本表不一致的部分，应当按照本表要求对《利润表》中的项目进行调整后填报。

该部分的收入、成本费用明细项目，适用《企业会计准则》、《企业会计制度》或《小企业会计制度》的纳税人，通过附表一（1）《收入明细表》和附表二（1）《成本费用明细表》反映；适用《企业会计准则》、《金融企业会计制度》的纳税人填报附表一（2）《金融企业收入明细表》、附表二（2）《金融企业成本费用明细表》的相应栏次；适用《事业单位会计准则》、《民间非营利组织会计制度》的事业单位、社会团体、民办非企业单位、非营利组织，填报附表一（3）《事业单位、社会团体、民办非企业单位收入项目明细表》和附表一（3）《事业单位、社会团体、民办非企业单位支出项目明细表》。

②“应纳税所得额的计算”和“应纳税额的计算”中的项目，除根据主表逻辑关系计算出的指标外，其余数据来自附表。

③“附列资料”包括用于税源统计分析的上年度税款在本年入库金额。

（3）行次说明

① 第1行“营业收入”：填报纳税人主要经营业务和其他业务所确认的收入总额。本项目应根据“主营业务收入”和“其他业务收入”科目的发生额分析填列。一般企业通过附表一（1）《收入明细表》计算填列；金融企业通过附表一（2）《金融企业收入明细表》计算填列；事业单位、社会团体、民办非企业单位、非营利组织应填报附一（3）《事业单位、社会团体、民办非企业单位收入明细表》的“收入总额”，包括按税法规定的不征税收入。

② 第2行“营业成本”项目，填报纳税人经营主要业务和其他业务发生的实际成本总额。本项目应根据“主营业务成本”和“其他业务成本”科目的发生额分析填列。一般企业通过附表二（1）《成本费用明细表》计算填列；金融企业通过附表二（2）《金融企业成本费用明细表》计算填列；事业单位、社会团体、民办非企业单位、非营

利组织应按填报附表一（3）《事业单位、社会团体、民办非企业单位收入明细表》和附表二（3）《事业单位、社会团体、民办非企业单位支出明细表》分析填报。

③ 第3行“营业税金及附加”：填报纳税人经营业务应负担的营业税、消费税、城市维护建设税、资源税、土地增值税和教育费附加等。本项目应根据“营业税金及附加”科目的发生额分析填列。

④ 第4行“销售费用”：填报纳税人在销售商品过程中发生的包装费、广告费等费用和为销售本企业商品而专设的销售机构的职工薪酬、业务费等经营费用。本项目应根据“销售费用”科目的发生额分析填列。

⑤ 第5行“管理费用”：填报纳税人为组织和管理生产经营发生的管理费用。本项目应根据“管理费用”科目的发生额分析填列。

⑥ 第6行“财务费用”：填报纳税人为筹集生产经营所需资金等而发生的筹资费用。本项目应根据“财务费用”科目的发生额分析填列。

⑦ 第7行“资产减值损失”：填报纳税人各项资产发生的减值损失。本项目应根据“资产减值损失”科目的发生额分析填列。

⑧ 第8行“公允价值变动收益”：填报纳税人按照相关会计准则规定应当计入当期损益的资产或负债公允价值变动收益，如交易性金融资产当期公允价值的变动额。本项目应根据“公允价值变动损益”科目的发生额分析填列，如为损失，本项目以“-”号填列。

⑨ 第9行“投资收益”：填报纳税人以各种方式对外投资所取得的收益。本行应根据“投资收益”科目的发生额分析填列，如为损失，用“-”号填列。企业持有的交易性金融资产处置和出让时，处置收益部分应当自“公允价值变动损益”项目转出，列入本行，包括境外投资应纳税所得额。

⑩ 第10行“营业利润”：填报纳税人当期的营业利润。根据上述行次计算填列。

⑪ 第11行“营业外收入”：填报纳税人发生的与其经营活动无直接关系的各项收入。除事业单位、社会团体、民办非企业单位外，其他企业通过附表一（1）《收入明细表》相关行次计算填报；金融企业通过附表一（2）《金融企业收入明细表》相关行次计算填报。

⑫ 第12行“营业外支出”：填报纳税人发生的与其经营活动无直接关系的各项支出。一般企业通过附表二（1）《成本费用明细表》相关行次计算填报；金融企业通过附表二（2）《金融企业成本费用明细表》相关行次计算填报。

⑬ 第13行“利润总额”：填报纳税人当期的利润总额。根据上述行次计算填列。金额等于第10+11-12行。

⑭ 第14行“纳税调整增加额”：填报纳税人未计入利润总额的应税收入项目、税收不允许扣除的支出项目、超出税收规定扣除标准的支出金额，以及资产类应纳税调整的项目，包括房地产开发企业按本期预售收入计算的预计利润等。纳税人根据附表三《纳税调整项目明细表》“调增金额”列下计算填报。

⑮ 第15行“纳税调整减少额”：填报纳税人已计入利润总额，但税收规定可以暂

不确认为应税收入的项目，以及在以前年度进行了纳税调增，根据税收规定从以前年度结转过来在本期扣除的项目金额，包括不征税收入、免税收入、减计收入以及房地产开发企业已转销售收入的预售收入按规定计算的预计利润等。纳税人根据附表三《纳税调整项目明细表》“调减金额”列计算填报。

⑯ 第16行“其中：不征税收入”：填报纳税人计入营业收入或营业外收入中的属于税收规定的财政拨款、依法收取并纳入财政管理的行政事业性收费、政府性基金，以及国务院规定的其他不征税收入。

⑰ 第17行“其中：免税收入”：填报纳税人已并入利润总额中核算的符合税收规定免税条件的收入或收益，包括国债利息收入；符合条件的居民企业之间的股息、红利等权益性投资收益；在中国境内设立机构、场所的非居民企业从居民企业取得与该机构、场所有实际联系的股息、红利等权益性投资收益；符合条件的非营利组织的收入。本行应根据“主营业务收入”、“其他业务收入”和“投资净收益”科目的发生额分析填列。

⑱ 第18行“其中：减计收入”：填报纳税人以《资源综合利用企业所得税优惠目录》规定的资源作为主要原材料，生产销售国家非限制和禁止并符合国家和行业相关标准的产品按10%的规定比例减计的收入。

⑲ 第19行“其中：减、免税项目所得”：填报纳税人按照税收规定应单独核算的减征、免征项目的所得额。

⑳ 第20行“其中：加计扣除”：填报纳税人当年实际发生的开发新技术、新产品、新工艺发生的研究开发费用，以及安置残疾人员和国家鼓励安置的其他就业人员所支付的工资。符合税收规定条件的，计算应纳税所得额按一定比例的加计扣除金额。

㉑ 第21行“其中：抵扣应纳税所得额”：填报创业投资企业采取股权投资方式投资于未上市的中小高新技术企业两年以上的，可以按照其投资额的70%在股权持有满两年的当年抵扣该创业投资企业的应纳税所得额；当年不足抵扣的，可以在以后纳税年度结转抵扣。

㉒ 第22行“加：境外应税所得弥补境内亏损”：依据《境外所得计征企业所得税暂行管理办法》的规定，纳税人在计算缴纳企业所得税时，其境外营业机构的盈利可以弥补境内营业机构的亏损，即当“利润总额”加“纳税调整增加额”减“纳税调整减少额”为负数时，该行填报企业境外应税所得用于弥补境内亏损的部分，最大不得超过企业当年的全部境外应税所得；如为正数时，如以前年度无亏损额，本行填零；如以前年度有亏损额，取应弥补以前年度亏损额的最大值，最大值不得超过企业当年的全部境外应税所得。

㉓ 第23行“纳税调整后所得”：填报纳税人当期经过调整后的应纳税所得额。金额等于本表第13+14−15+22行。当本行为负数时，即为可结转以后年度弥补的亏损额（当年可弥补的所得额）；如为正数时，应继续计算应纳税所得额。

㉔ 第24行“弥补以前年度亏损”：填报纳税人按税收规定可在税前弥补的以前年度亏损额。金额等于附表四《企业所得税弥补亏损明细表》第6行第10列所示的金

额。但不得超过本表第 23 行“纳税调整后所得”。

㉕ 第 25 行“应纳税所得额”：金额等于本表第 23-24 行。本行不得为负数，本表第 23 行或者依上述顺序计算结果为负数，本行金额填零。

㉖ 第 26 行“税率”：填报税法规定的税率 25%。

㉗ 第 27 行“应纳所得税额”：金额等于本表第 25×26 行。

㉘ 第 28 行“减免所得税额”：填列纳税人按税收规定实际减免的企业所得税额。包括小型微利企业、国家需要重点扶持的高新技术企业、享受减免税优惠过渡政策的企业，其实际执行税率与法定税率的差额，以及经税务机关审批或备案的其他减免税优惠。金额等于附表五《税收优惠明细表》第 33 行。

㉙ 第 29 行“抵免所得税额”：填列纳税人购置用于环境保护、节能节水、安全生产等专用设备的投资额，其设备投资额的 10%可以从企业当年的应纳税额中抵免；当年不足抵免的，可以在以后五个纳税年度结转抵免。金额等于附表五《税收优惠明细表》第 40 行。

㉚ 第 30 行“应纳税额”：填报纳税人当期的应纳所得税额，根据上述有关的行次计算填列。金额等于本表第 27-28-29 行。

㉛ 第 31 行“境外所得应纳所得税额”：填报纳税人来源于中国境外的应纳税所得额（如分得的所得为税后利润应还原计算），按税法规定的税率（居民企业 25%）计算的应纳所得税额。金额等于附表六《境外所得税抵免计算明细表》第 10 列合计数。

㉜ 第 32 行“境外所得抵免所得税额”：填报纳税人来源于中国境外的所得，依照税法规定计算的应纳所得税额，即抵免限额。

企业已在境外缴纳的所得税额，小于抵免限额的，“境外所得抵免所得税额”按其在境外实际缴纳的所得税额填列；大于抵免限额的，按抵免限额填列，超过抵免限额的部分，可以在以后五个年度内，用每年度抵免限额抵免当年应抵税额后的余额进行抵补。

可用境外所得弥补境内亏损的纳税人，其境外所得应纳税额公式中“境外应纳税所得额”项目和境外所得税税款扣除限额公式中“来源于某外国的所得”项目，为境外所得，不含弥补境内亏损部分。

㉝ 第 33 行“实际应纳所得税额”：填报纳税人当期的实际应纳所得税额。金额等于本表第 30+31-32 行。

㉞ 第 34 行“本年累计实际已预缴的所得税额”：填报纳税人按照税收规定本年已在月（季）累计预缴的所得税额。

㉟ 第 35 行“其中：汇总纳税的总机构分摊预缴的税额”：填报汇总纳税的总机构 1 月份至 12 月份（或 1 季度至 4 季度）分摊的在当地入库预缴税额。附报《中华人民共和国汇总纳税分支机构分配表》。

㊱ 第 36 行“其中：汇总纳税的总机构财政调库预缴的税额”：填报汇总纳税的总机构 1 月份至 12 月份（或 1 季度至 4 季度）分摊的缴入财政调节入库的预缴税额。附报《中华人民共和国汇总纳税分支机构分配表》。

㊲ 第 37 行“其中：汇总纳税的总机构所属分支机构分摊的预缴税额”：填报分支机构就地分摊预缴的税额。附报《中华人民共和国汇总纳税分支机构分配表》。

㊳ 第 38 行“合并纳税（母子体制）成员企业就地预缴比例”：填报经国务院批准的实行合并纳税（母子体制）的成员企业按规定就地预缴的比例。

㊴ 第 39 行“合并纳税企业就地预缴的所得税额”：填报合并纳税的成员企业就地应预缴的所得税额”。根据“实际应纳税额”和“预缴比例”计算填列。金额等于本表第 33×38 行。

㊵ 第 40 行“本年应补（退）的所得税额”：填报纳税人当期应补（退）的所得税额。金额等于本表第 33-34 行。

㊶ 第 41 行“以前年度多缴的所得税在本年抵减额”：填报纳税人以前年度汇算清缴多缴的税款尚未办理退税的金额，且在本年抵缴的金额。

㊷ 第 42 行“上年度应缴未缴在本年入库所得额”：填报纳税人以前年度损益调整税款、上一年度第四季度或第 12 月份预缴税款和汇算清缴的税款，在本年入库金额。

4. 表内及表间关系

（1）第 1 行=附表一（1）第 2 行或附表一（2）第 1 行或附表一（3）第 3 行至 7 行合计。

（2）第 2 行=附表二（1）第 2 行或附表二（2）第 1 行或附表二（3）第 14 行。

（3）第 10 行=第 1-2-3-4-5-6-7+8+9 行。

（4）第 11 行=附表一（1）第 17 行或附表一（2）第 42 行或附表一（3）第 9 行

（5）第 12 行=附表二（1）第 16 行或附表二（2）第 45 行。

（6）第 13 行=第 10+11-12 行。

（7）第 14 行=附表三第 52 行第 3 列合计。

（8）第 15 行=附表三第 52 行第 4 列合计。

（9）第 16 行=附表三第 14 行第 4 列。

（10）第 17 行=附表五第 1 行。

（11）第 18 行=附表五第 6 行。

（12）第 19 行=附表五第 14 行。

（13）第 20 行=附表五第 9 行。

（14）第 21 行=附表五第 39 行。

（15）第 22 行=附表六第 7 列合计。（当第 13+14-15 行≥0 时，本行=0）

（16）第 23 行=第 13+14-15+22 行。（当第 13+14-15 行<0 时，则加 22 行的最大值）

（17）第 24 行=附表四第 6 行第 10 列。

（18）第 25 行=第 23-24 行（当本行<0 时，则先调整 21 行的数据，使其本行≥0；当 21 行=0 时，23-24 行≥0）。

（19）第 26 行填报 25%。

（20）第 27 行=第 25×26 行。

（21）第 28 行=附表五第 33 行。
（22）第 29 行=附表五第 40 行。
（23）第 30 行=第 27-28-29 行。
（24）第 31 行=附表六第 10 列合计。
（25）第 32 行=附表六第 14 列合计+第 16 列合计或附表六第 17 列合计。
（26）第 33 行=第 30+31-32 行。
（27）第 40 行=第 33-34 行。
（三）企业所得税年度纳税申报表附表（见表 11-2 至表 11-17）。

表 11-2　**附表一（1）收入明细表**

填报时间：　　年　月　日　　　　　　　　　　金额单位：元（列至角分）

行　次	项　　目	金　额
1	一、销售（营业）收入合计（2+13）	
2	（一）营业收入合计（3+8）	
3	1. 主营业务收入（4+5+6+7）	
4	（1）销售货物	
5	（2）提供劳务	
6	（3）让渡资产使用权	
7	（4）建造合同	
8	2. 其他业务收入（9+10+11+12）	
9	（1）材料销售收入	
10	（2）代购代销手续费收入	
11	（3）包装物出租收入	
12	（4）其他	
13	（二）视同销售收入（14+15+16）	
14	（1）非货币性交易视同销售收入	
15	（2）货物、财产、劳务视同销售收入	
16	（3）其他视同销售收入	
17	二、营业外收入（18+19+20+21+22+23+24+25+26）	
18	1. 固定资产盘盈	
19	2. 处置固定资产净收益	
20	3. 非货币性资产交易收益	
21	4. 出售无形资产收益	
22	5. 罚款净收入	

续表

行次	项目	金额
23	6. 债务重组收益	
24	7. 政府补助收入	
25	8. 捐赠收入	
26	9. 其他	

经办人（签章）：　　　　　　　　　　法定代表人（签章）：

1. 附表一（1）《收入明细表》填报说明

（1）适用范围

本表适用于执行《企业会计制度》、《小企业会计制度》、《企业会计准则》的企业，并实行查账征收的企业所得税居民纳税人填报。

（2）填报依据和内容

根据《中华人民共和国企业所得税法》及其实施条例以及企业会计制度、企业会计准则等核算"主营业务收入"、"其他业务收入"和"营业外收入"，以及根据税收规定应在当期确认收入的"视同销售收入"。

（3）有关项目填报说明

① 第1行"销售（营业）收入合计"：金额为本表第2+13行。本行数据作为计算业务招待费、广告费和业务宣传费支出扣除限额的计算基数。

② 第2行"营业收入合计"：金额为本表第3+8行。该行数额填入主表第1行。

③ 第3至7行"主营业务收入"：根据不同行业的业务性质分别填报纳税人在会计核算中的主营业务收入。对主要从事对外投资的纳税人，其投资所得就是主营业务收入。

第4行"销售货物"：填报从事工业制造、商品流通、农业生产以及其他商品销售企业的主营业务收入。

第5行"提供劳务"：填报从事提供旅游饮食服务、交通运输、邮政通信、对外经济合作等劳务、开展其他服务的纳税人取得的主营业务收入。

第6行"让渡资产使用权"：填报让渡无形资产使用权（如商标权、专利权、专有技术使用权、版权、专营权等）而取得的使用费收入以及以租赁业务为基本业务的出租固定资产、无形资产、投资性房地产在主营业务收入中核算取得的租金收入。

转让处置固定资产、出售无形资产（所有权的让渡）属于"营业外收入"，不在本行反映。

第7行"建造合同"：填报纳税人建造房屋、道路、桥梁、水坝等建筑物，以及船舶、飞机、大型机械设备等的主营业务收入。

④ 第 8 至 12 行：按照会计核算中“其他业务收入”的具体业务性质分别填报。

第 9 行“材料销售收入”：填报销售材料、下脚料、废料、废旧物资等收入。

第 10 行“代购代销手续费收入”：填报从事代购代销、受托代销商品收取的手续费收入。

专业从事代理业务的纳税人收取的手续费收入不在本行填列，而是作为主营业务收入填列到主营业务收入中。

第 11 行“包装物出租收入”：填报出租、出借包装物的租金和逾期未退包装物没收的押金。

第 12 行“其他”：填报在“其他业务收入”会计科目核算的、上述未列举的其他业务收入，不包括已在主营业务收入中反映的让渡资产使用权取得的收入。

⑤ 第 13 至 16 行：填报“视同销售的收入”。视同销售是指会计上不作为销售核算，而在税收上作为销售、确认收入计缴税金的销售货物、转让财产或提供劳务的行为。第 13 行数据填列附表三第 2 行第 3 列。

第 14 行“非货币性交易视同销售收入”：执行《企业会计制度》、《小企业会计制度》或《企业会计准则》的纳税人，填报不具有商业实质或交换涉及资产的公允价值均不能可靠计量的非货币性资产交换，按照税收规定应视同销售确认收入的金额。

第 15 行“货物、财产、劳务视同销售收入”：执行《企业会计制度》、《小企业会计制度》的纳税人，填报将货物、财产、劳务用于捐赠、偿债、赞助、集资、广告、样品、职工福利或者利润分配等用途的，按照税收规定应视同销售确认收入的金额。

⑥ 第 16 行“其他视同销售收入”：填报税收规定的上述货物、财产、劳务之外的其他视同销售收入金额。

⑦ 第 17 至 26 行“营业外收入”：填报在“营业外收入”会计科目核算的与其生产经营无直接关系的各项收入，并据此填报主表第 11 行。

第 18 行“固定资产盘盈”：执行《企业会计制度》、《小企业会计制度》的纳税人，填报纳税人在资产清查中发生的固定资产盘盈数额。

第 19 行“处置固定资产净收益”：填报纳税人因处置固定资产而取得的净收益。不包括纳税人在主营业务收入中核算的、正常销售固定资产类商品。

第 20 行“非货币性资产交易收益”：填报纳税人在非货币性资产交易行为中，执行《企业会计准则第 14 号——收入》具有商业实质且换出资产为固定资产、无形资产的纳税人，其换出资产公允价值和换出资产账面价值的差额计入营业外收入的；执行《企业会计制度》和《小企业会计制度》实现的与收到补价相对应的收益额，在本行填列。

第 21 行“出售无形资产收益”：填报纳税人因处置无形资产而取得的净收益。

第 22 行“罚款收入”：填报纳税人在日常经营管理活动中取得的罚款收入。

第 23 行“债务重组收益”：执行《企业会计准则第 12 号——债务重组》的纳税人，填报确认的债务重组利得。

第 24 行“政府补助收入”：填报纳税人从政府无偿取得的货币性资产或非货币性资产，包括实行会计制度下补贴收入核算的内容。

第25行“捐赠收入”：填报纳税人接受的来自其他企业、组织或者个人无偿给予的货币性资产、非货币性资产。

第26行“其他”：填报纳税人在“营业外收入”会计科目核算的、上述未列举的营业外收入。

（4）表内、表间关系

① 表内关系。

第1行=第2+13行。

第2行=第3+8行。

第3行=第4至7行合计。

第8行=第9至12行合计。

第13行=第14至16行合计。

第17行=第18至26行合计。

② 表间关系。

第1行=附表八第4行。

第2行=主表第1行。

第13行=附表三第2行第3列。

第17行=主表第11行。

表11-3　　**附表一（2）金融企业收入明细表**

填报时间：　　年　月　日　　　　金额单位：元（列至角分）

行次	项目	金额
1	一、营业收入（2+19+25+35）	
2	（一）银行业务收入（3+10+18）	
3	1. 银行业利息收入（4+5+6+7+8+9）	
4	（1）存放同业	
5	（2）存放中央银行	
6	（3）拆出资金	
7	（4）发放贷款及垫款	
8	（5）买入返售金融资产	
9	（6）其他	
10	2. 银行业手续费及佣金收入（11+12+13+14+15+16+17）	
11	（1）结算与清算手续费	

续表

行 次	项　　目	金　额
12	（2）代理业务手续费	
13	（3）信用承诺手续费及佣金	
14	（4）银行卡手续费	
15	（5）顾问和咨询费	
16	（6）托管及其他受托业务佣金	
17	（7）其他	
18	3. 其他业务收入	
19	（二）保险业务收入（20+24）	
20	1. 已赚保费（21-22-23）	
21	保费收入	
22	减：分出保费	
23	提取未到期责任准备金	
24	2. 其他业务收入	
25	（三）证券业务收入（26+33+34）	
26	1. 手续费及佣金收入（27+28+29+30+31+32）	
27	（1）证券承销业务收入	
28	（2）证券经纪业务收入	
29	（3）受托客户资产管理业务收入	
30	（4）代理兑付证券业务收入	
31	（5）代理保管证券业务收入	
32	（6）其他	
33	2. 利息净收入	
34	3. 其他业务收入	
35	（四）其他金融业务收入（36+37）	
36	1. 业务收入	
37	2. 其他业务收入	
38	二、视同销售收入（39+40+41）	
39	1. 非货币性资产交换	

续表

行次	项目	金额
40	2. 货物、财产、劳务视同销售收入	
41	3. 其他视同销售收入	
42	三、营业外收入（43+44+45+46+47+48）	
43	1. 固定资产盘盈	
44	2. 处置固定资产净收益	
45	3. 非货币性资产交易收益	
46	4. 出售无形资产收益	
47	5. 罚款净收入	
48	6. 其他	

经办人（签章）： 法定代表人（签章）：

2. 附表一（2）《金融企业收入明细表》填报说明

（1）适用范围

本表适用于执行《金融企业会计制度》、《企业会计准则》的商业银行、政策银行、保险公司、证券公司、信托投资公司、租赁公司、担保公司、财务公司、典当公司等金融企业，并实行查账征收的企业所得税居民纳税人填报。

（2）填报依据和内容

根据《中华人民共和国企业所得税法》及其实施条例和会计制度核算的有关明细科目分析填报，应准确归集收入分别填入相关项目。

（3）有关项目填报说明

① 第1行“营业收入”：填报纳税人提供金融商品服务所取得的收入。

② 第2行“银行业务收入”：填报纳税人从事银行业取得的业务收入。

③ 第3行“银行利息收入”：填报纳税人存贷款业务等确认各项利息收入，包括：存放同业、存放中央银行、发放贷款及垫款、买入返售金融资产等的利息收入。

④ 第4行“存放同业”：填报纳税人存放于境内、境外银行和非银行金融机构款项的利息收入。

⑤ 第5行“存放中央银行”：填报纳税人存放于中国人民银行的各种款项的利息收入。

⑥ 第6行“拆出资金”：填报纳税人拆借给境内、境外其他金融机构款项的利息收入。

⑦ 第8行“买入返售金融资产”：填报纳税人按照返售协议约定先买入再按固定价格返售的票据、证券、贷款等金融资产所融出资金的利息收入。

⑧ 第 9 行“其他”：填报纳税人除本表第 4 行至第 8 行以外的其他利息收入，包括债券投资利息等收入。

⑨ 第 10 行“银行业手续费及佣金收入”项目：填报纳税人在提供相关金融业务服务时向客户收取的费用。包括：汇款和结算手续费、银行卡手续费、代理手续费、顾问和咨询费、受托业务佣金等。

⑩ 第 21 行“保费收入”：填报纳税人从事保险业务确认的原保费收入和分保费收入。

⑪ 第 22 行“分出保费”：填报纳税人（再保险分出人）向保险接受人分出的保费。

⑫ 第 23 行“提取未到期责任准备金”：填报纳税人提取的非寿险原保险合同未到期责任准备金和再保险合同分保未到期责任准备金。

⑬ 第 25 行“证券业务收入”：填报纳税人从事证券营业收入、利息净收入和其他业务收入。金额等于第 26+33+34 行。

⑭ 第 26 行“手续费及佣金收入”：填报纳税人承销、代理兑付等业务实现的手续费收入和发生的各项手续费、佣金等，包括证券承销业务、证券经纪业务、客户资产管理业务、代理兑付证券、代理保管证券、证券委托管理资产手续费等收入。金额等于第 27 至 32 行合计。

⑮ 第 33 行“利息净收入”：填报纳税人从事证券业务取得的利息净收入。

⑯ 第 34 行“其他业务收入”：填报纳税人取得的投资收益、汇兑收益等。

⑰ 第 35 行“其他金融业务收入”：填报纳税人核算的除上述金融业务外取得的收入，包括业务收入和其他业务收入。金额等于第 36+37 行。

⑱ 第 38 行“视同销售收入”：填报纳税人发生非货币性资产交换，会计核算不作收入，按税收规定视同销售取得的收入。

⑲ 第 39 行“非货币性资产交换”：执行《企业会计准则》的纳税人填报不具有商业实质或交换涉及资产的公允价值均不能可靠计量的非货币性资产交换，按照税收规定应视同销售确认收入的金额。

⑳ 第 40 行“货物、财产、劳务视同销售收入”：执行《企业会计准则》的纳税人不填报。

㉑ 第 41 行“其他视同销售收入”：填报税收规定的上述未列举的其他视同销售收入金额。

㉒ 第 42 行“营业外收入”：填报在“营业外收入”会计科目核算的与其营业无直接关系的各项收入。金额等于第 43 至 48 行合计。并据此填报主表第 11 行。

㉓ 第 43 行“固定资产盘盈”：填报纳税人在资产清查中发生的、计入营业外收入中核算的固定资产盘盈数额。

㉔ 第 44 行“处置固定资产净收益”：填报纳税人因处置固定资产而取得的净收益。不包括纳税人在主营业务收入中核算的、正常销售固定资产类商品。

㉕ 第 45 行“非货币性资产交易收益”：填报纳税人在非货币性资产交易行为中，

执行《企业会计准则第 14 号——收入》，具有商业实质且换出资产为固定资产、无形资产的，其换出资产公允价值和换出资产账面价值的差额计入营业外收入的。

㉖ 第 46 行“出售无形资产收益”：填报纳税人因处置无形资产而取得的净收益。

㉗ 第 47 行“罚款净收入”：填报纳税人在日常经营管理活动中取得的罚款收入。

㉘ 第 48 行“其他”：填报纳税人在“营业外收入”会计科目核算的、上述未列举的营业外收入。

（4）表内、表间关系

① 表内关系。

第 1 行=第 2+19+25+35 行。

第 2 行=第 3+10+18 行。

第 3 行=第 4 至 9 行合计。

第 10 行=第 11 至 17 行合计。

第 19 行=第 20+24 行。

第 20 行=第 21−22−23 行。

第 25 行=第 26+33+34 行。

第 26 行=第 27 至 32 行合计。

第 35 行=第 36+37 行。

第 38 行=第 39 至 41 行合计。

第 42 行=第 43 至 48 行合计。

② 表间关系。

第 1 行=主表第 1 行。

第 1+38 行=附表八第 4 行。

第 38 行=附表三第 2 行第 3 列。

第 42 行=主表第 11 行。

表 11-4 **附表一（3）事业单位、社会团体、民办非企业单位收入明细表**

填报时间： 年 月 日 金额单位：元（列至角分）

行 次	项 目	金 额
1	一、收入总额（2+3+…+9）	
2	财政补助收入	
3	上级补助收入	
4	拨入专款	
5	事业收入	
6	经营收入	

续表

行 次	项 目	金 额
7	附属单位缴款	
8	投资收益	
9	其他收入	
10	二、不征税收入总额（11+12+13+14）	
11	财政拨款	
12	行政事业性收费	
13	政府性基金	
14	其他	
15	三、应纳税收入总额（1-10）	
16	四、应纳税收入总额占全部收入总额比重（15÷1）	

经办人（签章）： 法定代表人（签章）：

3. 附表一（3）《事业单位、社会团体、民办非企业单位收入明细表》填报说明

（1）适用范围

本表适用于执行《事业单位会计准则》、《民间非营利组织会计制度》并实行查账征收企业所得税的事业单位、社会团体、民办非企业单位填报。

（2）填报依据和内容

根据《中华人民共和国企业所得税法》及其实施条例以及会计制度核算收入，并据以填报主表第1行“营业收入”、第9行“投资收益”、第16行“不征税收入”。

（3）有关项目填报说明

① 第1至9行：填报纳税人的所有收入项目。

② 第1行“收入总额”：填报纳税人的收入总额（包括不征税收入和免税收入）。金额为第2至第9行的合计数。

③ 第2至9行：按税收规定的权责发生制原则调整后的金额填报。

④ 第2行“财政补助收入”：填报纳税人直接从财政部门取得的和通过主管部门从财政部门取得的各类事业经费，包括正常经费和专项资金。来源于会计科目“财政补助收入”。

⑤ 第3至7行：累计金额填报主表第1行“营业收入”，据以作为计算业务招待费、广告费和业务宣传费支出扣除限额的计算基数。

⑥ 第3行“上级补助收入”：填报纳税人通过主管部门从财政部门取得的非财政补助收入。来源于会计科目“上级补助收入”。

⑦ 第4行“拨入专款”：填报纳税人从财政部门取得的和通过主管部门从财政部门

取得的专项资金。

⑧ 第 5 行"事业收入"：填报纳税人开展专业业务活动及其辅助活动取得的收入。来源于会计科目"事业收入"。

⑨ 第 6 行"经营收入"：填报纳税人开展除专业业务活动及其辅助活动以外取得的收入。来源于会计科目"事业收入"。

⑩ 第 7 行"附属单位缴款"：填报纳税人附属独立核算单位按有关规定上缴的收入。包括附属事业单位上缴的收入和附属的企业上缴的利润等。来源于会计科目"附属单位缴款"。

⑪ 第 8 行"投资收益"：填报纳税人取得的债权性投资的利息收入、权益性投资的股息红利收入和投资转让净收入。

⑫ 第 9 行"其他收入"：填报除第 2 至 8 行以外的收入。如捐赠收入、固定资产出租、盘盈收入、处置固定资产净收益、无形资产转让、非货币性资产交易收益、罚款净收入、其他单位对本单位的补助以及其他零星杂项收入等。来源于会计科目"其他收入"。

⑬ 第 10 行"不征税收入总额"：金额等于本表第 11+12+13+14 行，据以填报主表第 16 行"不征税收入"和附表三第 14 行第 4 列。

⑭ 第 11 行"财政拨款"：填报各级人民政府对纳入预算管理的事业单位、社会团体等组织拨付的财政资金，但国务院和国务院财政、税务主管部门另有规定的除外。

⑮ 第 12 行"行政事业性收费"：填报依照法律行政法规等有关规定，按照国务院规定程序批准，在实施社会公共管理，以及在向公民、法人或者其他组织提供特定公共服务过程中，向特定对象收取并纳入财政管理的费用。

⑯ 第 13 行"政府性基金"：填报纳税人依照法律、行政法规等有关规定，代政府收取的具有专项用途的财政资金。

⑰ 第 14 行"其他"：填报纳税人取得的，由国务院财政、税务主管部门规定专项用途并经国务院批准的财政性资金。

⑱ 第 15 行"应纳税收入总额"：金额等于第 1−10 行。

⑲ 第 16 行"应纳税收入总额占全部收入总额的比重"：数额等于第 15÷1 行。"应纳税收入总额占全部收入总额的比重"适用范围：准予扣除的全部支出项目金额采用分摊比例法的单位，用第 16 行"应纳税收入总额占全部收入总额的比重"计算应纳税收入应分摊的成本、费用和损失金额。计算公式：

应纳税收入总额应分摊的成本、费用和损失金额=支出总额×第 16 行"应纳税收入总额占全部收入总额的比重"。

（4）表内、表间关系

① 表内关系。

第 1 行=第 2 至 9 行合计。

第 10 行=第 11 至 14 行合计。

第 15 行=第 1−10 行。

第 16 行=第 15÷1 行。

② 表间关系。

第 3+4+5+6+7 行 = 主表第 1 行。

第 8 行 = 主表第 9 行。

第 10 行 = 主表第 16 行 = 附表三第 14 行第 4 列。

表 11-5　**附表二（1）成本费用明细表**

填报时间：　　年　月　日　　　　　　　　　　　　　金额单位：元（列至角分）

行 次	项　目	金 额
1	一、销售（营业）成本合计（2+7+12）	
2	（一）主营业务成本（3+4+5+6）	
3	（1）销售货物成本	
4	（2）提供劳务成本	
5	（3）让渡资产使用权成本	
6	（4）建造合同成本	
7	（二）其他业务成本（8+9+10+11）	
8	（1）材料销售成本	
9	（2）代购代销费用	
10	（3）包装物出租成本	
11	（4）其他	
12	（三）视同销售成本（13+14+15）	
13	（1）非货币性交易视同销售成本	
14	（2）货物、财产、劳务视同销售成本	
15	（3）其他视同销售成本	
16	二、营业外支出（17+18+⋯+24）	
17	1. 固定资产盘亏	
18	2. 处置固定资产净损失	
19	3. 出售无形资产损失	
20	4. 债务重组损失	
21	5. 罚款支出	
22	6. 非常损失	
23	7. 捐赠支出	

续表

行次	项目	金额
24	8. 其他	
25	三、期间费用（26+27+28）	
26	1. 销售（营业）费用	
27	2. 管理费用	
28	3. 财务费用	

经办人（签章）：　　　　法定代表人（签章）：

4. 附表二（1）《成本费用明细表》填报说明

（1）适用范围

本表适用于执行《企业会计制度》、《小企业会计制度》、《企业会计准则》的企业，并实行查账征收的企业所得税居民纳税人填报。

（2）填报依据和内容

根据《中华人民共和国企业所得税法》及其实施条例以及会计制度核算的“主营业务成本”、“其他业务支出”和“营业外支出”，以及根据税收规定应在当期确认收入对应的“视同销售成本”。

（3）有关项目填报说明

① 第1行“销售（营业）成本合计”：填报纳税人根据会计制度核算的“主营业务成本”、“其他业务支出”，并据以填入主表第2行。第1行=第2+7+12行。

② 第2至6行“主营业务成本”：纳税人根据不同行业的业务性质分别填报在会计核算中的主营业务成本。第2行=第3至6行合计。本表第3至6行的数据，分别与附表一（1）《收入明细表》的“主营业务收入”对应行次的数据配比。

③ 第7至11行“其他业务支出”：按照会计核算中“其他业务支出”的具体业务性质分别填报。第7行=第8至11行合计。本表第8至11行的数据，分别与附表一（1）《收入明细表》的“其他业务收入”对应行次的数据配比。第11行“其他”项目，填报纳税人按照会计制度应在“其他业务支出”中核算的其他成本费用支出。

④ 第12至15行“视同销售确认的成本”：填报纳税人按税收规定计算的与视同销售收入对应的成本，第12行=第13至15行合计。本表第13至15行的数据，分别与附表一（1）《收入明细表》的“视同销售收入”对应行次的数据配比。每一笔被确认为视同销售的经济事项，在确认计算应税收入的同时，均有与此收入相配比的应税成本。本表第12行数据填列附表三第21行第4列。

⑤ 第16至24行“营业外支出”：填报纳税人按照会计制度在“营业外支出”中核

算的有关项目。第 16 行=第 17 至 24 行合计，并据以填入主表第 12 行。

第 17 行"固定资产盘亏"：填报纳税人按照会计制度规定在营业外支出中核算的固定资产盘亏数额。

第 18 行"处置固定资产净损失"：填报纳税人按照会计制度规定在营业外支出中核算的处置固定资产净损失数额。

第 19 行"出售无形资产损失"：填报纳税人按照会计制度规定在营业外支出中核算的出售无形资产损失的数额。

第 20 行"债务重组损失"：填报纳税人执行《企业会计准则——债务重组》确认的债务重组损失。

第 22 行"非常损失"：填报纳税人按照会计制度规定在营业外支出中核算的各项非正常的财产损失（包括流动资产损失、坏账损失等）。

第 23 行"捐赠支出"：填报纳税人实际发生的捐赠支出数。

第 24 行"其他"：填报纳税人按照会计制度核算的在会计账务记录的其他支出。其中执行《企业会计制度》的企业包括当年增提的各项准备金等；执行《企业会计准则第 8 号——资产减值》的企业计提的各项减值准备不在此行反映。

⑥ 第 25 至 28 行"期间费用"：填报纳税人按照会计制度核算的销售（营业）费用、管理费用和财务费用。第 25 行=第 26 至 28 行合计。

第 26 行"销售（营业）费用"：填报纳税人按照会计制度核算的销售（营业）费用，并据以填入主表第 4 行。

第 27 行"管理费用"：填报纳税人按照会计制度核算的管理费用，并据以填入主表第 5 行。

第 28 行"财务费用"：填报纳税人按照会计制度核算的财务费用，并据以填入主表第 6 行。

（4）表内、表间关系

① 表内关系。

第 1 行=第 2+7+12 行。

第 7 行=第 8 至 11 行合计。

第 12 行=第 13 至 15 行合计。

第 16 行=第 17 至 24 行合计。

第 25 行=第 26 至 28 行合计。

② 表间关系。

第 2+7 行=主表第 2 行。

第 12 行=附表三第 21 行第 4 列。

第 16 行=主表第 12 行。

第 26 行=主表第 4 行。

第 27 行=主表第 5 行。

第 28 行=主表第 6 行。

表 11-6　　　　附表二（2）金融企业成本费用明细表

填报时间：　　年　　月　　日　　　　　　　　金额单位：元（列至角分）

行次	项目	金额
1	一、营业成本（2+17+31+38）	
2	（一）银行业务成本（3+11+15+16）	
3	1. 银行利息支出（4+5+…+10）	
4	（1）同业存放	
5	（2）向中央银行借款	
6	（3）拆入资金	
7	（4）吸收存款	
8	（5）卖出回购金融资产	
9	（6）发行债券	
10	（7）其他	
11	2. 银行手续费及佣金支出（12+13+14）	
12	（1）手续费支出	
13	（2）佣金支出	
14	（3）其他	
15	3. 业务及管理费	
16	4. 其他业务成本	
17	（二）保险业务支出（18+30）	
18	1. 业务支出（19+20-21+22-23+24+25+26+27-28+29）	
19	（1）退保金	
20	（2）赔付支出	
21	减：摊回赔付支出	
22	（3）提取保险责任准备金	
23	减：摊回保险责任准备金	
24	（4）保单红利支出	
25	（5）分保费用	
26	（6）手续费及佣金支出	
27	（7）业务及管理费	
28	减：摊回分保费用	
29	（8）其他	

续表

行次	项目	金额
30	2. 其他业务成本	
31	（三）证券业务支出（32+36+37）	
32	1. 证券手续费支出（33+34+35）	
33	（1）证券经纪业务支出	
34	（2）佣金	
35	（3）其他	
36	2. 业务及管理费	
37	3. 其他业务成本	
38	（四）其他金融业务支出（39+40）	
39	1. 业务支出	
40	2. 其他业务成本	
41	二、视同销售应确认成本（42+43+44）	
42	1. 非货币性资产交换成本	
43	2. 货物、财产、劳务视同销售成本	
44	3. 其他视同销售成本	
45	三、营业外支出（46+47+48+49+50）	
46	1. 固定资产盘亏	
47	2. 处置固定资产净损失	
48	3. 非货币性资产交易损失	
49	4. 出售无形资产损失	
50	5. 其他	

经办人（签章）： 法定代表人（签章）：

5. 附表二（2）《金融企业成本费用明细表》填报说明

（1）适用范围

本表适用于执行《金融企业会计制度》或《企业会计准则》并实行查账征收企业所得税的商业银行、政策银行、保险公司、证券公司、信托投资公司、租赁公司、担保公司、财务公司、典当公司等金融企业填报。

（2）填报依据和内容

根据《中华人民共和国企业所得税法》及其实施条例和会计核算的有关明细科目分析填报，应准确归集成本费用，分别填入相关项目。

（3）有关项目填报说明

① 第 1 行"营业成本"：填报金融企业提供金融商品服务所发生的成本费用。金额等于第 2+17+31+38 行。

② 第 3 行"银行利息支出"：填报纳税人经营存贷款业务等发生的利息支出，包括：同业存放、向中央银行借款、吸收存款、卖出回购金融资产、发行债券和其他业务利息支出。

③ 第 11 行"银行手续费及佣金支出"：填报纳税人发生的与其经营业务活动相关的各项手续费、佣金等支出。

④ 第 17 行"保险业务支出"：填报纳税人发生的赔付支出、提取保险责任准备金、手续费支出、分保费用、退保金、保户红利支出业务及管理费等支出总额，扣减摊回赔付支出、摊回保险责任准备金、摊回分保费用等项目后的支出总额。

⑤ 第 19 行"退保金"：填报纳税人寿险原保险合同提前解除时按照约定应当退还投保人的保单现金价值。

⑥ 第 20 行"赔付支出"：填报纳税人支付的原保险合同赔付款项和再保险赔付款项。

⑦ 第 21 行"摊回赔付支出"：填报纳税人向再保险接受人摊回的赔付成本。

⑧ 第 22 行"提取保险责任准备金"：填报纳税人提取的原保险合同保险责任准备金，包括提取的未决赔款准备金、寿险责任准备金、长期健康险责任准备金。

⑨ 第 23 行"摊回保险责任准备金"：填报纳税人从事再保险业务向再保险接受人摊回的保险责任准备金，包括未决赔款准备金、寿险责任准备金、长期健康险责任准备金。

⑩ 第 24 行"保单红利支出"：填报纳税人按原保险合同约定支付给投保人的红利。

⑪ 第 25 行"分保费用"：填报纳税人向再保险分出人支付的分保费用。

⑫ 第 26 行"手续费及佣金支出"：填报纳税人发生的与其经营活动相关的手续费、佣金支出。

⑬ 第 28 行"摊回分保费用"：填报纳税人向再保险接受人摊回的分保费用。

⑭ 第 31 行"证券业务支出"：填报纳税人核算的证券手续费支出和证券其他业务支出。金额等于本表第 32+36+37 行。

⑮ 第 32 行"证券手续费支出"：填报纳税人代理承销、兑付和买卖证券等业务发生的各项手续费、风险结算金、承销业务直接相关的各项费用及佣金支出。

⑯ 第 38 行"其他金融业务支出"：填报纳税人核算的除上述金融业务外与其他金融业务收入对应的其他业务支出，包括业务支出和其他业务支出。金额等于本表第 39+40 行。

⑰ 第 41 行"视同销售应确认成本"：填报纳税人发生的与税收规定视同销售收入有关的成本费用。金额等于本表第 42 至 44 行合计。

⑱ 第 45 行"营业外支出"：填报纳税人发生的各项营业外支出，包括非流动资产处置损失、非货币性资产交换损失、债务重组损失、捐赠支出、非常损失、盘亏损失等。金额等于本表第 46 至 50 行合计。

(4) 表内、表间关系

① 表内关系。

第1行=第2+17+31+38行。

第2行=第3+11+15+16行。

第3行=第4至10行合计。

第11行=第12至14行合计。

第17行=第18+30行。

第18行=第19+20−21+22−23+24+25+26+27−28+29行。

第31行=第32+36+37行。

第32行=第33至35行合计。

第38行=第39+40行。

第41行=第42至44行合计。

第45行=第46至50行合计。

② 表间关系。

第1行=主表第2行。

第41行=附表三第21行第4列。

第45行=主表第12行。

表11-7　　附表二（3）事业单位、社会团体、民办非企业单位支出明细表

填报时间：　年　月　日　　　　　　　　金额单位：元（列至角分）

行次	项目	金额
1	一、支出总额（2+3+…+10）	
2	拨出经费	
3	上缴上级支出	
4	拨出专款	
5	专款支出	
6	事业支出	
7	经营支出	
8	对附属单位补助	
9	结转自筹基建	
10	其他支出	
11	二、不准扣除的支出总额	
12	（1）税收规定不允许扣除的支出项目金额	
13	（2）按分摊比例计算的支出项目金额	
14	三、准予扣除的支出总额	

经办人（签章）：　　　　　　　　法定代表人（签章）：

6. 附表二（3）《事业单位、社会团体、民办非企业单位支出明细表》填报说明

（1）适用范围

本表适用于执行《事业单位会计准则》、《民间非营利组织会计制度》，并实行查账征收企业所得税的事业单位、社会团体、民办非企业单位填报。

（2）填报依据和内容

根据《中华人民共和国企业所得税法》及其实施条例以及会计制度核算所有支出项目及税收规定准予扣除的支出项目，并据以填报主表第2行“营业成本”。

（3）有关项目填报说明

① 本表第1至10行：填报纳税人的所有支出项目。

② 第1行“支出总额”：填报纳税人的支出总额（含不征税收入形成的支出）。金额等于第2至10行合计。

③ 第2至10行：填报按税收规定的权责发生制原则调整后的金额。

④ 第3行“上缴上级支出”：填报实行收入上缴办法的事业单位按照规定的定额或者比例上缴上级单位的支出，来源于会计科目“上缴上级支出”。

⑤ 第4行“拨出专款”：填报按照规定或批准的项目拨出，具有专项用途的资金，来源于会计科目“拨出专款”。

⑥ 第5行“专款支出”，填报国家财政、主管部门或上级单位拨入的指定项目或用途并需要单独报账的专项资金的实际支出数，来源于会计科目“专款支出”。

⑦ 第6行“事业支出”：填报纳税人开展专业业务活动及其辅助活动发生的支出，包括工资、补助工资、职工福利费、社会保障费、助学金，公务费、业务费、设备购置费、修缮费和其他费用，来源于会计科目“事业支出”。

⑧ 第7行“经营支出”：填报纳税人在专业业务活动及其辅助活动之外开展非独立核算经营活动发生的支出，来源于会计科目“经营支出”。

⑨ 第8行“对附属单位补助”：填报纳税人用财政补助收入之外的收入对附属单位补助发生的支出，来源于会计科目“附属单位补助”。

⑩ 第9行“结转自筹基建”：填报纳税人达到基建额度的支出，来源于会计科目“在建工程”。

⑪ 第10行“其他支出”：填报上述第2行至第9行之外的支出，包括非常损失、捐赠支出、赔偿金、违约金等。

⑫ 第11行“不准扣除的支出总额”：填报税收规定的不允许税前扣除的项目，包括企业的不征税收入用于支出所形成的费用或者财产，不得扣除或者计算对应的折旧、摊销扣除。具体分三种方式填报：

税收规定不允许扣除的支出项目金额：据实核算支出项目的，根据实际发生额填报。

采取按分摊比例计算支出项目金额：填报金额=第1行×（1−应纳税收入总额占全部收入总额的比例）。

采取据实核算又按分摊比例计算支出项目金额：填报金额=（第1-12行）×（1-应纳税收入总额占全部收入总额比例）。

⑬第14行“准予扣除的支出总额”：金额等于第1-11行。据此填报主表第2行“营业成本”。

（4）表内、表间关系

① 表内关系。

第1行=第2至10行合计。

第14行=第1-11行。

② 表间关系。第14行=主表第2行。

表11-8　附表三纳税调整项目明细表

填报时间：　　年　　月　　日　　　　　　　　　　　　　金额单位：元（列至角分）

行次	项　目	账载金额	税收金额	调增金额	调减金额
		1	2	3	4
1	一、收入类调整项目	*	*		
2	1. 视同销售收入（填写附表一）	*	*		*
3	2. 接受捐赠收入	*			*
4	3. 不符合税收规定的销售折扣和折让				*
5	4. 未按权责发生制原则确认的收入				
6	5. 按权益法核算长期股权投资对初始投资成本调整确认收益	*	*	*	
7	6. 按权益法核算的长期股权投资持有期间的投资损益	*	*		
8	7. 特殊重组				
9	8. 一般重组				
10	9. 公允价值变动净收益（填写附表七）	*	*		
11	10. 确认为递延收益的政府补助				
12	11. 境外应税所得（填写附表六）	*	*	*	
13	12. 不允许扣除的境外投资损失	*	*		*
14	13. 不征税收入（填写附表一［3］）	*	*	*	
15	14. 免税收入（填写附表五）	*	*	*	
16	15. 减计收入（填写附表五）	*	*	*	
17	16. 减、免税项目所得（填写附表五）	*	*	*	
18	17. 抵扣应纳税所得额（填写附表五）	*	*	*	

续表

行次	项目	账载金额	税收金额	调增金额	调减金额
		1	2	3	4
19	18. 其他				
20	二、扣除类调整项目	*	*		
21	1. 视同销售成本（填写附表二）	*	*	*	
22	2. 工资薪金支出				
23	3. 职工福利费支出				
24	4. 职工教育经费支出				
25	5. 工会经费支出				
26	6. 业务招待费支出				*
27	7. 广告费和业务宣传费支出（填写附表八）	*	*		
28	8. 捐赠支出				*
29	9. 利息支出				
30	10. 住房公积金				*
31	11. 罚金、罚款和被没收财物的损失		*		*
32	12. 税收滞纳金		*		*
33	13. 赞助支出		*		*
34	14. 各类基本社会保障性缴款				
35	15. 补充养老保险、补充医疗保险				
36	16. 与未实现融资收益相关在当期确认的财务费用				
37	17. 与取得收入无关的支出		*		*
38	18. 不征税收入用于支出所形成的费用		*		*
39	19. 加计扣除（填写附表五）	*	*	*	
40	20. 其他				
41	三、资产类调整项目	*	*		
42	1. 财产损失				
43	2. 固定资产折旧（填写附表九）	*	*		
44	3. 生产性生物资产折旧（填写附表九）	*	*		
45	4. 长期待摊费用的摊销（填写附表九）	*	*		
46	5. 无形资产摊销（填写附表九）	*	*		
47	6. 投资转让、处置所得（填写附表十一）	*	*		

续表

行次	项　目	账载金额	税收金额	调增金额	调减金额
		1	2	3	4
48	7. 油气勘探投资（填写附表九）				
49	8. 油气开发投资（填写附表九）				
50	9. 其他				
51	四、准备金调整项目（填写附表十）	*	*		
52	五、房地产企业预售收入计算的预计利润	*	*		
53	六、特别纳税调整应税所得	*	*		*
54	七、其他	*	*		
55	合计	*	*		

注：1. 标有＊的行次为执行新会计准则的企业填列，标有#的行次为除执行新会计准则以外的企业填列。

2. 没有标注的行次，无论执行何种会计核算办法，有差异就填报相应行次，打＊号不可填列。

3. 有二级附表的项目只填调增、调减金额，账载金额、税收金额不再填写。

经办人（签章）：　　　　　　　　　　法定代表人（签章）：

7. 附表三《纳税调整项目明细表》填报说明

（1）适用范围

本表适用于实行查账征收的企业所得税居民纳税人填报。

（2）填报依据和内容

根据《中华人民共和国企业所得税法》第二十一条的规定："在计算应纳税所得额时，企业财务、会计处理办法与税收法律、行政法规的规定不一致的，应当依照税收法律、行政法规的规定计算。"填报纳税人会计制度核算与税收规定不一致的，应进行纳税调整增加、减少项目的金额。

（3）有关项目填报说明

本表纳税调整项目按照"收入类项目"、"扣除类项目"、"资产类调整项目"、"准备金调整项目"、"房地产企业预售收入计算的预计利润"、"其他"六个大项分类填报汇总，并计算出纳税"调增金额"和"调减金额"的合计数。

数据栏分别设置"账载金额"、"税收金额"、"调增金额"、"调减金额"四个栏次。"账载金额"是指纳税人在计算主表"利润总额"时，按照会计核算计入利润总额的项目金额。"税收金额"是指纳税人在计算主表"应纳税所得额"时，按照税收规定计入应纳税所得额的项目金额。

“收入类调整项目”：“税收金额”扣减“账载金额”后的余额为正，填报在“调增金额”，余额如为负数，填报在“调减金额”。其中第 4 行“不符合税收规定的销售折扣和折让”除外，按“扣除类调整项目”的规则处理。

“扣除类调整项目”、“资产类调整项目”：“账载金额”扣减“税收金额”后的余额为正，填报在“调增金额”，余额如为负数，将其绝对值填报在“调减金额”。

“其他”填报其他项目的“调增金额”、“调减金额”。

采用按分摊比例计算支出项目方式的事业单位、社会团体、民办非企业单位纳税人，“调增金额”、“调减金额”须按分摊比例后的金额填报。

本表打 * 号的栏次均不填报。

(4) 收入类调整项目

① 第 1 行“一、收入类调整项目”：填报收入类调整项目第 2 至 19 行的合计数。第 1 列“账载金额”、第 2 列“税收金额”不填报。

② 第 2 行“视同销售收入”：填报会计上不作为销售核算，而在税收上应作应税收入缴纳企业所得税的收入。

事业单位、社会团体、民办非企业单位分析填报第 3 列“调增金额”。

金融企业第 3 列“调增金额”取自附表一 (2)《金融企业收入明细表》第 38 行。

其他企业第 3 列“调增金额”取自附表一 (1)《收入明细表》第 13 行。

第 1 列“账载金额”、第 2 列“税收金额”和第 4 列“调减金额”不填。

③ 第 3 行“接受捐赠收入”：第 2 列“税收金额”填报执行企业会计制度的纳税人接受捐赠纳入资本公积核算应进行纳税调整的收入。第 3 列“调增金额”等于第 2 列“税收金额”。第 1 列“账载金额”和第 4 列“调减金额”不填。

④ 第 4 行“不符合税收规定的销售折扣和折让”：填报不符合税收规定的销售折扣和折让应进行纳税调整的金额。第 1 列“账载金额”填报纳税人销售货物给购货方的销售折扣和折让金额。第 2 列“税收金额”填报按照税收规定可以税前扣除的销售折扣和折让。第 3 列“调增金额”填报第 1 列与第 2 列的差额。第 4 列“调减金额”不填。

⑤ 第 5 行“未按权责发生制原则确认的收入”：填报会计上按照权责发生制原则确认收入，计税时按照收付实现制确认的收入，如分期收款销售商品销售收入的确认、税收规定按收付实现制确认的收入、持续时间超过 12 个月的收入的确认、利息收入的确认、租金收入的确认等企业财务会计处理办法与税收规定不一致应进行纳税调整产生的时间性差异的项目数据。

第 1 列“账载金额”填报会计核算确认的收入；第 2 列“税收金额”填报按税收规定确认的应纳税收入或可抵减收入；第 3 列“调增金额”填报按会计核算与税收规定确认的应纳税暂时性差异；第 4 列“调减金额”填报按会计核算与税收规定确认的可抵减暂时性差异。

⑥ 第 6 行“按权益法核算长期股权投资对初始投资成本调整确认收益”：第 4 列“调减金额”取自附表十一《股权投资所得（损失）明细表》第 5 列“权益法核算对

初始投资成本调整产生的收益”的“合计”行的绝对值。第1列“账载金额”、第2列“税收金额”和第3列“调增金额”不填。

⑦ 第7行“按权益法核算的长期股权投资持有期间的投资损益”：第3列“调增金额”、第4列“调减金额”根据附表十一《股权投资所得（损失）明细表》分析填列。第1列“账载金额”和第2列“税收金额”不填。

⑧ 第8行“特殊重组”：填报非同一控制下的企业合并、免税改组产生的企业财务会计处理与税收规定不一致应进行纳税调整的金额。

第1列“账载金额”填报会计核算的账面金额；第2列“税收金额”填报税收规定的收入金额；第3列“调增金额”填报按照税收规定应纳税调整增加的金额；第4列“调减金额”填报按照税收规定应纳税调整减少的金额。

⑨ 第9行“一般重组”：填报同一控制下的企业合并产生的企业财务会计处理办法与税收规定不一致应进行纳税调整的数据。

第1列“账载金额”填报会计核算的账面金额；第2列“税收金额”填报税收规定的收入金额；第3列“调增金额”填报按照税收规定应纳税调整增加的金额；第4列“调减金额”填报按照税收规定应纳税调整减少的金额。

⑩ 第10行“公允价值变动净收益”：第3列“调增金额”或第4列“调减金额”取自附表七《以公允价值计量资产纳税调整表》第10行“合计”第5列“纳税调整额（纳税调减以“-”表示）”。附表七第5列“纳税调整额”第10行“合计”数为正数时，附表三第10行“公允价值变动净收益”第3列“调增金额”取自附表七第10行第5列；为负数时，附表三第10行第4列“调减金额”取自附表七第10行第5列的负数的绝对值。第1列“账载金额”、第2列“税收金额”不填。

⑪ 第11行“确认为递延收益的政府补助”：填报纳税人收到不属于税收规定的不征税收入、免税收入以外的其他政府补助，会计上计入递延收益，税收规定应计入应纳税所得额征收企业所得税而产生的差异应进行纳税调整的数据。

第1列“账载金额”填报会计核算的账面金额；第2列“税收金额”填报税收规定的收入金额；第3列“调增金额”填报按照税收规定应纳税调整增加的金额；第4列“调减金额”填报按照税收规定应纳税调整减少的金额。

⑫ 第12行“境外应税所得”：第4列“调减金额”取自附表六《境外所得税抵扣计算明细表》第2列“境外所得”合计行。第1列“账载金额”、第2列“税收金额”和第3列“调增金额”不填。

⑬ 第13行“不允许扣除的境外投资损失”：第3列“调增金额”填报境外投资除合并、撤销、依法清算外形成的损失。第1列“账载金额”、第2列“税收金额”和第4列“调减金额”不填。

⑭ 第14行“不征税收入”：第4列“调减金额”取自附表一（3）《事业单位、社会团体、民办非企业单位收入项目明细表》第12行“不征税收入总额”。第1列“账载金额”、第2列“税收金额”和第3列“调增金额”不填。

⑮ 第15行“免税收入”：第4列“调减金额”取自附表五《税收优惠明细表》第

1行“免税收入”金额栏数据。第1列“账载金额”、第2列“税收金额”和第3列“调增金额”不填。

⑯ 第16行“减计收入”：第4列“调减金额”取自附表五《税收优惠明细表》第6行“减计收入”金额栏数据。第1列“账载金额”、第2列“税收金额”和第3列“调增金额”不填。

⑰ 第17行“减、免税项目所得”：第4列“调减金额”取自附表五《税收优惠明细表》第14行“减免所得额合计”金额栏数据。第1列“账载金额”、第2列“税收金额”和第3列“调增金额”不填。

⑱ 第18行“抵扣应纳税所得额”：第4列“调减金额”取自附表五《税收优惠明细表》第39行“创业投资企业抵扣应纳税所得额”金额栏数据。第1列“账载金额”、第2列“税收金额”和第3列“调增金额”不填。

⑲ 第19行“其他”填报会计与税收有差异需要纳税调整的其他收入类项目金额。

(5) 扣除类调整项目

① 第20行“二、扣除类调整项目”：填报扣除类调整项目第21至40行的合计数。第1列“账载金额”、第2列“税收金额”不填报。

② 第21行“视同销售成本”：第2列“税收金额”填报视同销售收入相对应的成本费用。

事业单位、社会团体、民办非企业单位分析填报第4列“调减金额”。

金融企业第4列“调减金额”取自附表二（2）《金融企业成本费用明细表》第41行。

一般企业第4列“调减金额”取自附表二（1）《成本费用明细表》第12行。

第1列“账载金额”、第2列“税收金额”和第3列“调增金额”不填。

③ 第22行“工资薪金支出”：第1列“账载金额”填报企业计入“应付职工薪酬”和直接计入成本费用的职工工资、奖金、津贴和补贴；第2列“税收金额”填报税收允许扣除的工资薪金额，对工效挂钩企业需对当年实际发放的职工薪酬中应计入当年的部分予以填报，对非工效挂钩企业即为账载金额，本数据作为计算职工福利费、职工教育经费、工会经费的基数；第3列“调增金额”、第4列“调减金额”需分析填列。

④ 第23行“职工福利费支出”：第1列“账载金额”填报企业计入“应付职工薪酬”和直接计入成本费用的职工福利费；第2列“税收金额”填报税收规定允许扣除的职工福利费，金额小于或等于第22行“工资薪金支出”第2列“税收金额”×14%；如本行第1列≥第2列，第1列减去第2列的差额填入本行第3列“调增金额”，如本行第1列<第2列，则第3列不填；第4列“调减金额”填报继续执行“工效挂钩”的企业按规定应纳税调减的金额等。

⑤ 第24行“职工教育经费支出”：第1列“账载金额”填报企业计入“应付职工薪酬”和直接计入成本费用的职工教育经费；第2列“税收金额”填报税收规定允许

扣除的职工教育经费，金额小于等于第 22 行“工资薪金支出”第 2 列“税收金额”×2.5%，或国务院财政、税务主管部门另有规定的金额；如本行第 1 列≥第 2 列，第 1 列减去第 2 列的差额填入本行第 3 列“调增金额”，如本行第 1 列<第 2 列，则第 3 列不填；第 4 列“调减金额”填报继续执行“工效挂钩”的企业按规定应纳税调减的金额等。

⑥ 第 25 行“工会经费支出”：第 1 列“账载金额”填报企业计入“应付职工薪酬”和直接计入成本费用的工会经费；第 2 列“税收金额”填报税收规定允许扣除的工会经费，金额等于第 22 行“工资薪金支出”第 2 列“税收金额”×2%减去没有工会专用凭据列支的工会经费后的余额，如本行第 1 列≥第 2 列，第 1 列减去第 2 列的差额填入本行第 3 列“调增金额”，如本行第 1 列<第 2 列，则第 3 列不填；第 4 列“调减金额”填报继续执行工效挂钩的企业按规定应纳税调减的金额等。

⑦ 第 26 行“业务招待费支出”：第 1 列“账载金额”填报企业发生的业务招待费；第 2 列“税收金额”经比较后填列，即比较“本行第 1 列×60%”与“附表一（1）《收入明细表》第 1 行×5‰”或“附表一（2）《金融企业收入明细表》第（1+38）行×5‰”或“主表第 1 行×5‰”两数，小者填入本行第 2 列；如本行第 1 列≥第 2 列，本行第 1 列减去第 2 列的余额填入本行第 3 列“调增金额”；第 4 列“调减金额”不填。

⑧ 第 27 行“广告费与业务宣传费支出”：第 3 列“调增金额”取自附表八《广告费和业务宣传费跨年度纳税调整表》第 7 行“本年广告费和业务宣传费支出纳税调整额”，第 4 列“调减金额”取自附表八《广告费和业务宣传费跨年度纳税调整表》第 10 行“本年扣除的以前年度结转额”。第 1 列“账载金额”和第 2 列“税收金额”不填。

⑨ 第 28 行“捐赠支出”：第 1 列“账载金额”填报企业实际发生的所有捐赠。第 2 列“税收金额”填报按税收规定可以税前扣除的捐赠限额；如本行第 1 列≥第 2 列，第 1 列减去第 2 列的差额填入本行第 3 列“调增金额”，如本行第 1 列<第 2 列，则第 3 列不填；第 4 列“调减金额”不填。

⑩ 第 29 行“利息支出”：第 1 列“账载金额”填报企业向非金融企业借款计入财务费用的利息支出；第 2 列“税收金额”填报企业向非金融企业借款按照金融企业同期同类贷款利率计算的数额的部分；其中，纳税人从关联方取得的借款，符合税收规定债权性投资和权益性投资比例的，再根据金融企业同期同类贷款利率计算填报；如本行第 1 列≥第 2 列，第 1 列减去第 2 列的差额填入本行第 3 列“调增金额”，如本行第 1 列<第 2 列，第 2 列减去第 1 列的差额填入本行第 4 列“调减金额”。

⑪ 第 30 行“住房公积金”：第 1 列“账载金额”填报本纳税年度实际发生的住房公积金；第 2 列“税收金额”填报按税收规定允许税前扣除的住房公积金；如本行第 1 列≥第 2 列，第 1 列减去第 2 列的差额填入本行第 3 列“调增金额”，如本行第 1 列<第 2 列，则第 3 列不填；第 4 列“调减金额”不填。

⑫ 第 31 行“罚金、罚款和被没收财物的损失”：第 1 列“账载金额”填报本纳税

年度实际发生的罚金、罚款和被罚没财物的损失，不包括纳税人按照经济合同规定支付的违约金（包括银行罚息）、罚款和诉讼费；第3列“调增金额”等于第1列；第2列“税收金额”和第4列“调减金额”不填。

⑬ 第32行“税收滞纳金”：第1列“账载金额”填报本纳税年度实际发生的税收滞纳金。第3列“调增金额”等于第1列；第2列“税收金额”和第4列“调减金额”不填。

⑭ 第33行“赞助支出”：第1列“账载金额”填报本纳税年度实际发生，且不符合税收规定的公益性捐赠范围的捐赠，包括直接向受赠人的捐赠、各种赞助支出。第3列“调增金额”等于第1列；第2列“税收金额”和第4列“调减金额”不填。

广告性的赞助支出按广告费和业务宣传费的规定处理，在第27行“广告费与业务宣传费支出”中填报。

⑮ 第34行“各类基本社会保障性缴款”：第1列“账载金额”填报本纳税年度实际发生的各类基本社会保障性缴款，包括基本医疗保险费、基本养老保险费、失业保险费、工伤保险费和生育保险费；第2列“税收金额”填报按税收规定允许扣除的金额；本行第1列≥第2列，第1列减去第2列的差额填入本行第3列“调增金额”，如本行第1列<第2列，则第3列不填；第4列“调减金额”填报会计核算中未列入当期费用，按税收规定允许当期扣除的金额。

⑯ 第35行“补充养老保险、补充医疗保险”：第1列“账载金额”填报本纳税年度实际发生的补充性质的社会保障性缴款；第2列“税收金额”填报按税收规定允许扣除的金额；如本行第1列≥第2列，第1列减去第2列的差额填入本行第3列“调增金额”，如本行第1列<第2列，则第3列不填；第4列“调减金额”填报会计核算中未列入当期费用，按税收规定允许当期扣除的金额。

⑰ 第36行“与未实现融资收益相关在当期确认的财务费用”：第1列“账载金额”填报纳税人采取分期收款销售商品时，按会计准则规定应收的合同或协议价款与其公允价值之间的差额，分期摊销冲减财务费用的金额。第4列“调减金额”和第3列“调增金额”需分析填列。

⑱ 第37行“与取得收入无关的支出”：第1列“账载金额”填报本纳税年度实际发生与取得收入无关的支出；第3列“调增金额”等于第1列；第2列“税收金额”和第4列“调减金额”不填。

⑲ 第38行“不征税收入用于支出所形成的费用”：第1列“账载金额”填报本年度实际发生的与不征税收入相关的支出；第3列“调增金额”等于第1列；第2列“税收金额”和第4列“调减金额”不填。

⑳ 第39行“加计扣除”：第4列“调减金额”取自附表五《税收优惠明细表》第9行“加计扣除额合计”金额栏数据。第1列“账载金额”、第2列“税收金额”和第3列“调增金额”不填。

㉑ 第40行“其他”填报会计与税收有差异需要纳税调整的其他扣除类项目金额，如分期收款销售方式下应结转的存货成本、一般重组和特殊重组的相关扣除项目

调整。

（6）资产类调整项目

① 第 41 行“资产类调整项目”：填报资产类调整项目第 42 行至第 48 行的合计数。第 1 列“账载金额”、第 2 列“税收金额”不填报。

② 第 42 行“财产损失”：第 1 列“账载金额”填报本纳税年度实际发生的需报税务机关审批的财产损失金额，以及固定资产、无形资产转让、处置所得（损失）和金融资产转让、处置所得等损失金额；第 2 列“税收金额”填报税务机关审批的本纳税年度财产损失金额，以及按照税收规定计算的固定资产、无形资产转让、处置所得（损失）和金融资产转让、处置所得等损失金额，长期股权投资除外；如本行第 1 列≥第 2 列，第 1 列减去第 2 列的差额填入本行第 3 列“调增金额”；如本行第 1 列<第 2 列，第 1 列减去第 2 列的差额的绝对值填入第 4 列“调减金额”。

③ 第 43 行“固定资产折旧”：第 3 列“调增金额”填报附表九《资产折旧、摊销纳税调整明细表》第 1 行“固定资产”第 7 列“纳税调整额”的正数；第 4 列“调减金额”填报附表九《资产折旧、摊销纳税调整明细表》第 1 行“固定资产”第 7 列“纳税调整额”负数的绝对值。第 1 列“账载金额”、第 2 列“税收金额”不填。

④ 第 44 行“生产性生物资产折旧”：第 3 列“调增金额”填报附表九《资产折旧、摊销纳税调整明细表》第 7 行“生产性生物资产”第 7 列“纳税调整额”的正数；第 4 列“调减金额”填报附表九《资产折旧、摊销纳税调整明细表》第 7 行“生产性生物资产”第 7 列“纳税调整额”的负数的绝对值。第 1 列“账载金额”、第 2 列“税收金额”不填。

⑤ 第 45 行“长期待摊费用”：第 3 列“调增金额”填报附表九《资产折旧、摊销纳税调整明细表》第 10 行“长期待摊费用”第 7 列“纳税调整额”的正数；第 4 列“调减金额”填报附表九《资产折旧、摊销纳税调整明细表》第 10 行“长期待摊费用”第 7 列“纳税调整额”的负数的绝对值。第 1 列“账载金额”、第 2 列“税收金额”不填。

⑥ 第 46 行“无形资产摊销”：第 3 列“调增金额”填报附表九《资产折旧、摊销纳税调整明细表》第 15 行“无形资产”第 7 列“纳税调整额”的正数；第 4 列“调减金额”填报附表九《资产折旧、摊销纳税调整明细表》第 15 行“无形资产”第 7 列“纳税调整额”的负数的绝对值。第 1 列“账载金额”、第 2 列“税收金额”不填。

⑦ 第 47 行“投资转让、处置所得”：第 3 列“调增金额”和第 4 列“调减金额”需分析附表十一《股权投资所得（损失）明细表》后填列。第 1 列“账载金额”、第 2 列“税收金额”不填。

⑧ 第 48 行“油气勘探投资”：第 3 列填报附表九《资产折旧、摊销纳税调整明细表》第 16 行“油气勘探投资”第 7 列“纳税调整额”的正数；第 4 列“调减金额”填报附表九《资产折旧、摊销纳税调整明细表》第 16 行“油气勘探投资”第 7 列“纳税调整额”负数的绝对值。第 1 列“账载金额”、第 2 列“税收金额”不填。

⑨ 第 49 行“油气开发投资”：第 3 列填报附表九《资产折旧、摊销纳税调整明细

表》第17行“油气开发投资”第7列“纳税调整额”的正数；第4列“调减金额”填报附表九《资产折旧、摊销纳税调整明细表》第17行“油气开发投资”第7列“纳税调整额”负数的绝对值。第1列“账载金额”、第2列“税收金额”不填。

⑩ 第50行“其他”填报会计与税收有差异需要纳税调整的其他资产类项目金额。

（7）准备金调整项目

第51行“准备金调整项目”：第3列“调增金额”填报附表十《资产减值准备项目调整明细表》第16行“合计”第5列“纳税调整额”的正数；第4列“调减金额”填报附表十《资产减值准备项目调整明细表》第16行“合计”第5列“纳税调整额”的负数的绝对值。第1列“账载金额”、第2列“税收金额”不填。

（8）房地产企业预售收入计算的预计利润

第52行“房地产企业预售收入计算的预计利润”：第3列“调增金额”填报从事房地产业务的纳税人本期取得的预售收入，按照税收规定的预计利润率计算的预计利润；第4列“调减金额”填报本期将预售收入转为销售收入，其结转的预售收入已按税收规定的预计利润率计算的预计利润转回数。第1列“账载金额”、第2列“税收金额”不填。

（9）特别纳税调整应税所得

第53行“特别纳税调整应税所得”：第3列“调增金额”填报纳税人按特别纳税调整规定，自行调增的当年应税所得。第1列“账载金额”、第2列“税收金额”、第4列“调减金额”不填。

（10）其他

第54行“其他”：其他会计与税收存在差异的项目，第1列“账载金额”、第2列“税收金额”不填报。

（11）表内及表间关系

调增金额栏、调减金额栏大于或等于0。

第55行“合计”：调增金额、调减金额分别等于第1、20、41、51、52、53、54行之和。

① 表内关系。

第1行=第2至19行合计。

第20行=第21至40行合计。

第41行=第42至50行合计。

② 表间关系。

一般企业：第2行第3列=附表一（1）第13行。金融企业：第2行第3列=附表一（2）第38行。

第6行第4列=附表十一第5列“合计”行的绝对值。

第12行第4列=附表六“合计”行第2列的绝对值。

附表七第10行第5列为正数时：

第10行第3列=附表七第10行第5列。

附表七第10行第5列为负数时：

第10行第4列=附表七第10行第5列负数的绝对值。

第14行第4列=附表一（3）第10行。

第15行第4列=附表五第1行。

第16行第4列=附表五第6行。

第17行第4列=附表五第14行。

第18行第4列=附表五第39行。

当主表第23行为负数时：第23行负数的绝对值大于附表三第18行第4列，则附表三第18行第4列=附表五第39行=0；第23行负数的绝对值小于附表三第18行第4列，则附表三第18行第4列=附表五第39行=主表23行负数绝对值

一般企业：第21行第4列=附表二（1）第12行。金融企业：第21行第4列=附表二（2）第41行。

第27行第3列=附表八第7行。

第27行第4列=附表八第10行。

第39行第4列=附表五第9行。

附表九第1行第7列为正数时：

第43行第3列=附表九第1行第7列。

附表九第1行第7列为负数时：

第43行第4列=附表九第1行第7列负数的绝对值。

附表九第7行第7列为正数时：

第44行第3列=附表九第7行第7列。

附表九第7行第7列为负数时：

第44行第4列=附表九第7行第7列负数的绝对值。

附表九第10行第7列为正数时：

第45行第3列=附表九第10行第7列。

附表九第10行第7列为负数时：

第45行第4列=附表九第10行第7列负数的绝对值。

附表九第15行第7列为正数时：

第46行第3列=附表九第15行第7列。

附表九第15行第7列为负数时：

第46行第4列=附表九第15行第7列负数的绝对值。

附表九第16行第7列为正数时：

第48行第3列=附表九第16行第7列。

附表九第16行第7列为负数时：

第48行第4列=附表九第16行第7列负数的绝对值。

附表九第17行第7列为正数时：

第49行第3列=附表九第17行第7列。

附表九第17行第7列为负数时：

第49行第4列=附表九第17行第7列负数的绝对值。

附表十第17行第5列合计数为正数时：

第51行第3列=附表十第17行第5列。

附表十第17行第5列合计数为负数时：

第51行第4列=附表十第17行第5列的绝对值。

第55行第3列=主表第14行。

第55行第4列=主表第15行。

表11-9　　**附表四企业所得税弥补亏损明细表**

填报时间：　　年　　月　　日　　　　　　　　　　　　金额单位：元（列至角分）

行次	项目	年度	盈利额或亏损额	合并分立企业转入可弥补亏损额	当年可弥补的所得额	以前年度亏损弥补额					本年度实际弥补的以前年度亏损额	可结转以后年度弥补的亏损额
						前四年度	前三年度	前二年度	前一年度	合计		
		1	2	3	4	5	6	7	8	9	10	11
1	第一年											*
2	第二年					*						
3	第三年					*	*					
4	第四年					*	*	*				
5	第五年					*	*	*	*			
6	第六年					*	*	*	*	*		
7	可结转以后年度弥补的亏损额合计											

经办人（签章）：　　　　　　　　　　法定代表人（签章）：

8. 附表四《企业所得税弥补亏损明细表》填报说明

（1）适用范围

本表适用于实行查账征收的企业所得税居民纳税人。

（2）填报依据和内容

依据《中华人民共和国企业所得税法》及其实施条例，填报本年及本年度纳税申报前五年度发生的尚未弥补的亏损额。本表反映纳税调整后所得为正数，按规定可弥补以前年度结转的亏损额。

(3) 有关项目填报说明

① 第1列"年度"：填报公历年份。第1至5行依次从6行往前推5年，第6行为本申报年度。

② 第2列"盈利额或亏损额"：填报主表的第23行"纳税调整后所得"的数据(亏损额以"—"表示)。

③ 第3列"合并分立企业转入可弥补亏损额"：填报按税收规定可以并入的合并、分立企业的亏损额（以"—"表示)。

④ 第4列"当年可弥补的所得额"：金额等于第2+3列。

⑤ 第9列"以前年度亏损弥补额"：金额等于第5至8列（第4列为正数的不填）合计。

⑥ 第10列第1至5行"本年度实际弥补的以前年度亏损额"：分析填报主表第23行数据，用于依次弥补前五年度的尚未弥补的亏损额，第1至5行累计数不得大于主表第23行。第10列小于或等于第4列负数的绝对值-第9列。

⑦ 第6行第10列"本年度实际弥补的以前年度亏损额"：金额等于第1至5行第10列的合计数（6行10列的合计数≤6行4列的合计数)。

⑧ 第11列第2至6行"可结转以后年度弥补的亏损额"：填报前五年度的亏损额被本年主表中第24行数据依次弥补后，各年度仍未弥补完的亏损额，以及本年度尚未弥补的亏损额。第11列=第4列的绝对值-第9列-第10列（第四列大于0的行次不填报)。

⑨ 第7行第11列"可结转以后年度弥补的亏损额合计"：填报第2至6行第11列的合计数。

(4) 表间关系

第6行第10列=主表第24行。

表11-10 **附表五税收优惠明细表**

填报时间：　　年　　月　　日　　　　　　　　金额单位：元（列至角分）

行次	项目	金额
1	一、免税收入（2+3+4+5）	
2	1. 国债利息收入	
3	2. 符合条件的居民企业之间的股息、红利等权益性投资收益	

续表

行次	项目	金额
4	3. 符合条件的非营利组织的收入	
5	4. 其他	
6	二、减计收入（7+8）	
7	1. 企业综合利用资源，生产符合国家产业政策规定的产品所取得的收入	
8	2. 其他	
9	三、加计扣除额合计（10+11+12+13）	
10	1. 开发新技术、新产品、新工艺发生的研究开发费用	
11	2. 安置残疾人员所支付的工资	
12	3. 国家鼓励安置的其他就业人员支付的工资	
13	4. 其他	
14	四、减免所得额合计（15+25+29+30+31+32）	
15	（一）免税所得（16+17+…+24）	
16	1. 蔬菜、谷物、薯类、油料、豆类、棉花、麻类、糖料、水果、坚果的种植	
17	2. 农作物新品种的选育	
18	3. 中药材的种植	
19	4. 林木的培育和种植	
20	5. 牲畜、家禽的饲养	
21	6. 林产品的采集	
22	7. 灌溉、农产品初加工、兽医、农技推广、农机作业和维修等农、林、牧、渔服务业项目	
23	8. 远洋捕捞	
24	9. 其他	
25	（二）减税所得（26+27+28）	
26	1. 花卉、茶以及其他饮料作物和香料作物的种植	
27	2. 海水养殖、内陆养殖	

续表

行 次	项　目	金 额
28	3. 其他	
29	（三）从事国家重点扶持的公共基础设施项目投资经营的所得	
30	（四）从事符合条件的环境保护、节能节水项目的所得	
31	（五）符合条件的技术转让所得	
32	（六）其他	
33	五、减免税合计（34+35+36+37+38）	
34	（一）符合条件的小型微利企业	
35	（二）国家需要重点扶持的高新技术企业	
36	（三）民族自治地方的企业应缴纳的企业所得税中属于地方分享的部分	
37	（四）过渡期税收优惠	
38	（五）其他	
39	六、创业投资企业抵扣的应纳税所得额	
40	七、抵免所得税额合计（41+42+43+44）	
41	（一）企业购置用于环境保护专用设备的投资额抵免的税额	
42	（二）企业购置用于节能节水专用设备的投资额抵免的税额	
43	（三）企业购置用于安全生产专用设备的投资额抵免的税额	
44	（四）其他	
45	企业从业人数（全年平均人数）	
46	资产总额（全年平均数）	
47	所属行业（工业企业、其他企业）	

经办人（签章）：　　　　　　　　　　法定代表人（签章）：

9. 附表五《税收优惠明细表》填报说明

（1）适用范围

本表适用于实行查账征收的企业所得税居民纳税人填报。

（2）填报依据和内容

根据《中华人民共和国企业所得税法》及其实施条例，填报本纳税年度发生的免税收入、减计收入、加计扣除、减免所得额、减免税和抵免税额。有关项目的填报说明如下：

（3）免税收入

① 第 2 行“国债利息收入”：填报纳税人持有国务院财政部门发行的国债取得的利息收入。

② 第 3 行“符合条件的居民企业之间的股息、红利等权益性投资收益”：填报居民企业直接投资于另一居民企业所取得的投资收益，不包括连续持有居民企业公开发行并上市流通的股票不足 12 个月取得的投资收益。

③ 第 4 行“符合条件的非营利组织的收入”：填报符合条件的非营利组织的收入，不包括从事营利性活动所取得的收入。

④ 第 5 行“其他”：填报国务院根据税法授权制定的其他免税收入税收优惠政策。

（4）减计收入

① 第 7 行“企业综合利用资源，生产符合国家产业政策规定的产品所取得的收入”：填报纳税人以《资源综合利用企业所得税优惠目录》内的资源作为主要原材料，生产非国家限定并符合国家和行业相关标准的产品所取得的收入，减按 90% 计入收入总额。本行填报政策规定减计 10% 收入的部分。

② 第 8 行“其他”：填报国务院根据税法授权制定的其他减计收入税收优惠政策。

（5）加计扣除额合计

① 第 10 行“开发新技术、新产品、新工艺发生的研究开发费用”：填报纳税人为开发新技术、新产品、新工艺发生的研究开发费用，未形成无形资产计入当期损益的，在按规定实行 100% 扣除基础上，按研究开发费用的 50% 加计扣除的金额。

② 第 11 行“安置残疾人员所支付的工资”：填报纳税人安置残疾人员的，在支付给残疾职工工资据实扣除的基础上，按照支付给残疾职工工资的 100% 加计扣除额。

③ 第 12 行“国家鼓励安置的其他就业人员支付的工资”：填报国务院根据税法授权制定的其他就业人员支付工资优惠政策。

④ 第 13 行“其他”：填报国务院根据税法授权制定的其他加计扣除税收优惠政策。

（6）减免所得额合计

① 第 16 行“蔬菜、谷物、薯类、油料、豆类、棉花、麻类、糖料、水果、坚果的种植”：填报纳税人种植蔬菜、谷物、薯类、油料、豆类、棉花、麻类、糖料、水果、坚果取得的免征企业所得税项目的所得额。

② 第 17 行“农作物新品种的选育”：填报纳税人从事农作物新品种的选育免征企业所得税项目的所得额。

③ 第 18 行“中药材的种植”：填报纳税人从事中药材的种植免征企业所得税项目的所得额。

④ 第 19 行“林木的培育和种植”：填报纳税人从事林木的培育和种植免征企业所得税项目的所得额。

⑤ 第 20 行“牲畜、家禽的饲养”：填报纳税人从事牲畜、家禽的饲养免征企业所得税项目的所得额。

⑥ 第 21 行“林产品的采集”：填报纳税人从事采集林产品免征企业所得税项目的所得额。

⑦ 第 22 行“灌溉、农产品初加工、兽医、农技推广、农机作业和维修等农、林、牧、渔服务业项目”：填报纳税人从事灌溉、农产品初加工、兽医、农技推广、农机作业和维修等农、林、牧、渔服务业免征企业所得税项目的所得额。

⑧ 第 23 行“远洋捕捞”：填报纳税人从事远洋捕捞免征企业所得税的所得额。

⑨ 第 24 行“其他”：填报国务院根据税法授权制定的其他免税所得税收优惠政策。

⑩ 第 26 行“花卉、茶以及其他饮料作物和香料作物的种植”：填报纳税人从事花卉、茶以及其他饮料作物和香料作物种植减半征收企业所得税项目的所得额。

⑪ 第 27 行“海水养殖、内陆养殖”：填报纳税人从事海水养殖、内陆养殖减半征收企业所得税项目的所得额。

⑫ 第 28 行“其他”：填报国务院根据税法授权制定的其他减税所得税收优惠政策。

⑬ 第 29 行“从事国家重点扶持的公共基础设施项目投资经营的所得”：填报纳税人从事《公共基础设施项目企业所得税优惠目录》规定的港口码头、机场、铁路、公路、城市公共交通、电力、水利等项目的投资经营的所得。不包括企业承包经营、承包建设和内部自建自用该项目的所得。

⑭ 第 30 行“从事符合条件的环境保护、节能节水项目的所得”：填报纳税人从事公共污水处理、公共垃圾处理、沼气综合开发利用、节能减排技术改造、海水淡化等项目所得。

⑮ 第 31 行“符合条件的技术转让所得”：填报居民企业技术转让所得（技术转让所得不超过 500 万元的部分，免征企业所得税；超过 500 万元的部分，减半征收企业所得税）。

⑯ 第 32 行“其他”：填报国务院根据税法授权制定的其他税收优惠政策。

（7）减免税合计

① 第 34 行“符合规定条件的小型微利企业”：填报纳税人从事国家非限制和禁止行业并符合规定条件的小型微利企业享受优惠税率减征的企业所得税税额。

② 第 35 行“国家需要重点扶持的高新技术企业”：填报纳税人从事国家需要重点扶持拥有核心自主知识产权等条件的高新技术企业享受减征企业所得税税额。

③ 第 36 行“民族自治地方的企业应缴纳的企业所得税中属于地方分享的部分”：填报纳税人经民族自治地方所在省、自治区、直辖市人民政府批准，减征或者免征民族自治地方的企业缴纳的企业所得税中属于地方分享的企业所得税税额。

④ 第 37 行“过渡期税收优惠”：填报纳税人符合国务院规定以及经国务院批准给予过渡期税收优惠政策。

⑤ 第 38 行“其他：填报国务院根据税法授权制定的其他税收优惠政策。

（8）第 39 行“创业投资企业抵扣的应纳税所得额”

填报创业投资企业采取股权投资方式投资于未上市的中小高新技术企业两年以上的，可以按照其投资额的70%在股权持有满两年的当年抵扣该创业投资企业的应纳税所得额；当年不足抵扣的，可以在以后纳税年度结转抵扣。

（9）抵免所得税额合计

① 第41至43行，填报纳税人购置并实际使用《环境保护专用设备企业所得税优惠目录》、《节能节水专用设备企业所得税优惠目录》和《安全生产专用设备企业所得税优惠目录》规定的环境保护、节能节水、安全生产等专用设备的，投资额的10%从企业当年的应纳税额中抵免的企业所得税税额。当年不足抵免的，可以在以后五个纳税年度结转抵免。

② 第44行“其他”：填报国务院根据税法授权制定的其他税收优惠政策。

（10）减免税附列资料

① 第45行“企业从业人数”项目，填报纳税人全年平均从业人员，按照纳税人年初和年末的从业人员平均计算，用于判断是否为税收规定的小型微利企业。

② 第46行“资产总额”项目，填报纳税人全年资产总额平均数，按照纳税人年初和年末的资产总额平均计算，用于判断是否为税收规定的小型微利企业。

③ 第47行“所属行业（工业企业其他企业）”项目，填报纳税人所属的行业，用于判断是否为税收规定的小型微利企业。

（11）表内及表间关系

① 表内关系。

第1行=第2至5行合计。

第6行=第7+8行。

第9行=第10至13行合计。

第14行=第15+25+29+30+31+32行。

第15行=第16至24行合计。

第25行=第26至28行合计。

第33行=第34至38行合计。

第40行=第41至44行合计。

② 表间关系。

第1行=附表三第15行第4列=主表第17行。

第6行=附表三第16行第4列=主表第18行。

第9行=附表三第39行第4列=主表第20行。

第14行=附表三第17行第4列=主表第19行。

第39行=附表三第18行第4列。

第33行=主表第28行。

第40行=主表第29行。

表 11-11

附表六境外所得税抵免计算明细表

填报时间：　　年　　月　　日　　　　金额单位：元(列至角分)

国家或地区	境外所得	境外所得换算含税所得	弥补以前年度亏损	免税所得	弥补亏损前境外应税所得额	可弥补境内亏损	境外应纳税所得额	税率	境外所得应纳税额	境外所得可抵免税额	境外所得税款抵免限额	本年可抵免的境外所得税款	未超过境外所得税款抵免限额的余额	本年可抵免以前年度所得税额	前五年境外所得已缴税款未抵免余额	定率抵免
1	2	3	4	5	6(3-4-5)	7	8(6-7)	9	10(8×9)	11	12	13	14(12-13)	15	16	17
			*	*									*	*	*	
			*	*									*	*	*	
			*	*									*	*	*	
			*	*									*	*	*	
合计																

经办人(签章)：　　　　法定代表人(签章)：

10. 附表六《境外所得税抵免计算明细表》填报说明

（1）适用范围

本表适用于实行查账征收的企业所得税居民纳税人填报。

（2）填报依据和内容

根据《中华人民共和国企业所得税法》及其实施条例，填报纳税人本年度发生的来源于不同国家或地区的境外所得按照我国税收法律、法规的规定应缴纳和抵免的所得税额。

（3）各项目填报说明

① 第1列“国家或地区”：填报境外所得来源的国家或地区的名称。来源于同一国家或地区的境外所得可合并到一行填报。

② 第2列“境外所得”：填报来自境外的收入总额（包括生产经营所得和其他所得），扣除按税收规定允许扣除的境外发生的成本费用后的金额。

③ 第3列“境外所得换算含税收入的所得”：填报第2列境外所得换算成包含在境外缴纳企业所得税的所得。

境外所得换算含税收入的所得＝适用所在国家地区所得税税率的境外所得÷(1-适用所在国家地区所得税税率）+适用所在国家预提所得税率的境外所得÷（1-适用所在国家预提所得税率）

④ 第4列“弥补以前年度亏损”：填报境外所得按税收规定弥补以前年度境外亏损额。

⑤ 第5列“免税所得”：填报按照税收规定予以免税的境外所得。

⑥ 第6列“弥补亏损前境外应税所得额”：填报境外所得弥补境内亏损前的应税所得额。第6列＝第3-4-5列

⑦ 第7列“可弥补境内亏损”：填报境外所得按税收规定弥补境内亏损额。

⑧ 第8列“境外应纳税所得额”：填报弥补亏损前境外应纳税所得额扣除可弥补境内亏损后的金额。

⑨ 第9列“税率”：填报纳税人境内税法规定的税率25%。

⑩ 第10列“境外所得应纳税额”：填报境外应纳税所得额与境内税法规定税率的乘积。

⑪ 第11列“境外所得可抵免税额”。实行分国不分项限额抵免的纳税人填报第10至16列。本列填报从境外子公司取得的所得在所在国家或地区缴纳的企业所得税额，可分为直接抵免和间接抵免。子公司从境外取得的所得在所在国家或地区缴纳的企业所得税额为直接抵免税额；从境外二级子公司取得的所得在所在国家或地区缴纳的企业所得税额为间接抵免税额。二级子公司可抵免税额＝（纳税人分得的所得÷同一纳税年度子公司税后应分配总额）×（子公司分得的所得÷同一纳税年度二级子公司税后应分配

总额）×二级子公司同一纳税年度已缴所得税。

⑫ 第 12 列“境外所得税款抵免限额”。抵免限额=中国境内、境外所得依照企业所得税法和条例的规定计算的应纳税总额×来源于某国（地区）的应纳税所得额÷中国境内、境外应纳税所得总额。

⑬ 第 13 列“本年可抵免的境外所得税款”：填报本年来源于境外的所得已缴纳所得税，在本年度允许抵免的金额。

⑭ 第 14 列“未超过境外所得税款抵免限额的余额”：填报本年度在抵免限额内抵免完所得税后，可用于抵免以前年度结转的待抵免的所得税额。

⑮ 第 15 列“本年可抵免以前年度税额”：填报本年可抵免以前年度未抵免完毕结转到本年度抵免的企业所得税。

⑯ 第 16 列“前五年境外所得已缴税款未抵免余额”：填报可结转以后年度抵免的境外所得未抵免余额。

⑰ 第 17 列“定率抵免”。本列适用于实行定率抵免境外所得税款的纳税人，填报此列的纳税人不填报第 11 至 16 列。

（4）表内及表间关系

① 表内关系。

第 6 列=第 3-4-5 列。

第 8 列=第 6-7 列。

第 10 列=第 8×9 列。

第 14 列=第 12-13 列。

第 7 列各行金额≤同一行次的第 6 列。当某行第 6 列≤0 时，同一行次的第 7 列为 0。

第 13 列“本年可抵免的境外所得税款”。第 12 列某行≤同一行次的第 11 列，第 13 列=第 12 列；当第 12 列某行≥同一行次的第 11 列，第 13 列=第 11 列。

第 14 列“超过境外所得税款抵免限额的余额”各行=同一行的第 12-13 列，当计算出的值≤0 时，本列该行为 0；当计算出的值≥0 时，第 14 列=第 15 列。

第 15 列“本年可抵免以前年度所得税额”各行<同一行次的第 14 列；第 13 列合计行+第 15 列合计行=主表第 32 行。

② 表间关系。

第 2 列合计行=附表三第 12 行第 4 列。

第 7 列合计行=主表第 22 行。

第 10 列合计行=主表第 31 行。

第 13 列合计行+第 15 列合计行=主表第 32 行。

第 17 列合计行=主表第 32 行。

表 11-12　　**附表七以公允价值计量资产纳税调整表**

填报时间：　　年　月　日　　　　　　　　　　金额单位：元（列至角分）

行次	资产种类	期初金额		期末金额		纳税调整额（纳税调减以"—"表示）
		账载金额（公允价值）	计税基础	账载金额（公允价值）	计税基础	
		1	2	3	4	5
1	一、公允价值计量且其变动计入当期损益的金融资产					
2	1. 交易性金融资产					
3	2. 衍生金融工具					
4	3. 其他以公允价值计量的金融资产					
5	二、公允价值计量且其变动计入当期损益的金融负债					
6	1. 交易性金融负债					
7	2. 衍生金融工具					
8	3. 其他以公允价值计量的金融负债					
9	三、投资性房地产					
10	合计					

经办人（签章）：　　　　　　　　　　法定代表人（签章）：

11. 附表七《以公允价值计量资产纳税调整表》填报说明

（1）适用范围

本表适用于实行查账征收的企业所得税居民纳税人填报。

（2）填报依据和内容

根据《中华人民共和国企业所得税法》及其实施条例以及企业会计准则、企业会计制度填报，主要包括以公允价值计量且其变动计入当期损益的金融资产、金融负债以及投资性房地产的公允价值、计税基础以及会计与税收差异。

（3）各项目填报说明

① 第 1 列、第 3 列"账载金额（公允价值）"：填报纳税人所有的按照公允价值计量且其变动计入当期损益的金融资产、金融负债以及投资性房地产根据会计准则核算的期初、期末金额。

② 第 2 列、第 4 列"计税基础"：填报纳税人所有的按照公允价值计量且其变动计

入当期损益的金融资产、金融负债以及投资性房地产按照税收规定可以税前扣除的金额。

③ 第5列“纳税调整额”=（第4列-第2列）-（第3列-第1列）。

（4）表间关系

第10行第5列为正数时：

第10行第5列=附表三第10行第3列。

第10行第5列为负数时：

第10行第5列负数的绝对值=附表三第10行第4列。

表11-13　**附表八广告费和业务宣传费跨年度纳税调整表**

填报时间：　　年　　月　　日　　　　金额单位：元（列至角分）

行次	项目	金额
1	本年度广告费和业务宣传费支出	
2	其中：不允许扣除的广告费和业务宣传费支出	
3	本年度符合条件的广告费和业务宣传费支出（1-2）	
4	本年计算广告费和业务宣传费扣除限额的销售（营业）收入	
5	税收规定的扣除率	
6	本年广告费和业务宣传费扣除限额（4×5）	
7	本年广告费和业务宣传费支出纳税调整额（3≤6，本行=2行；3>6，本行=1-6）	
8	本年结转以后年度扣除额（3>6，本行=3-6；3≤6，本行=0）	
9	加：以前年度累计结转扣除额	
10	减：本年扣除的以前年度结转额	
11	累计结转以后年度扣除额（8+9-10）	

经办人（签章）：　　　　法定代表人（签章）：

12. 附表八《广告费和业务宣传费跨年度纳税调整表》填报说明

（1）适用范围

本表适用于实行查账征收的企业所得税居民纳税人填报。

（2）填报依据和内容

根据《中华人民共和国企业所得税法》及其实施条例的规定以及企业会计制度填报。本表填报纳税人本年发生的全部广告费和业务宣传费支出的有关情况、按税收规定可扣除额、本年结转以后年度扣除额及以前年度累计结转扣除额等。

(3) 有关项目填报说明

① 第1行"本年度广告费和业务宣传费支出"：填报纳税人本期实际发生的广告费和业务宣传费用。

② 第2行"不允许扣除的广告费和业务宣传费支出"：填报税收规定不允许扣除的广告费和业务宣传费支出。

③ 第3行"本年度符合条件的广告费和业务宣传费支出"：根据本表第1行和第2行计算填报，第3行=第1-2行。

④ 第4行"本年计算广告费和业务宣传费扣除限额的销售（营业）收入"：

一般企业：填报附表一（1）第1行的"销售（营业）收入合计"数额。

金融企业：填报附表一（2）第1行"营业收入"+第38行"按税法规定视同销售的收入"。

事业单位、社会团体、民办非企业单位：填报主表第1行"营业收入"。

⑤ 第5行"税收规定的扣除率"：《中华人民共和国企业所得税法实施条例》和相关税收规定的扣除率。

⑥ 第6行"本年广告费和业务宣传费扣除限额"：根据本表计算结果填报，第6行=第4×5行。

⑦ 第7行"本年广告费和业务宣传费支出纳税调整额"：根据本表计算结果填报。当本年允许税前扣除的广告费和业务宣传费实际发生额小于或等于本年扣除限额时，本行=第2行；当本年允许税前扣除的广告费和业务宣传费实际发生额大于本年扣除限额时，本行=第1-6行。

⑧ 第8行"本年结转以后年度扣除额"：当本年允许税前扣除的广告费和业务宣传费实际发生额大于本年扣除限额时，直接将差额填入本行；当本年允许税前扣除的广告费和业务宣传费实际发生额小于或等于本年扣除限额时，本行填0。

⑨ 第9行"加：以前年度累计结转扣除额"：填报以前年度发生的、允许税前扣除但未扣除，需要结转扣除的广告费和业务宣传费。

⑩ 第10行"减：本年扣除的以前年度结转额"：根据本表计算结果填报，当本年允许税前扣除的广告费和业务宣传费实际发生额大于或等于本年扣除限额时，本行=0。当本年允许税前扣除的广告费和业务宣传费实际发生额小于本年扣除限额时，其差额如果小于或者等于第9行"以前年度累计结转扣除额"，直接将差额填入本行；其差额如果大于第9行"以前年度累计结转扣除额"，本行=第9行。

⑪ 第11行"累计结转以后年度扣除额"：根据本表计算结果填报，本行=第8+9-10行。

(4) 表间关系

第7行=附表三第27行第3列。

第10行=附表三第27行第4列。

表 11-14　　**附表九资产折旧、摊销纳税调整明细表**

填报日期：　年　　月　　日　　　　　　　　　　金额单位：元（列至角分）

行次	资产类别	资产原值		折旧、摊销年限	本期折旧、摊销额			纳税调整额
		账载金额	计税基础	会计	税收	会计	税收	
		1	2	3	4	5	6	7
1	一、固定资产			*				
2	1. 房屋建筑物							
3	2. 飞机、火车、轮船、机器、机械和其他生产设备							
4	3. 与生产经营有关的器具、工具、家具							
5	4. 飞机、火车、轮船以外的运输工具							
6	5. 电子设备							
7	二、生产性生物资产			*				
8	1. 林木类							
9	2. 畜类							
10	三、长期待摊费用			*				
11	1. 已足额提取折旧的固定资产的改建支出							
12	2. 租入固定资产的改建支出							
13	3. 固定资产大修理支出							
14	4. 其他长期待摊费用							
15	四、无形资产							
16	五、油气勘探投资							
17	六、油气开发投资							
18	合计			*				

经办人（签章）：　　　　　　　　　　法定代表人（签章）：

13. 附表九《资产折旧、摊销纳税调整表》填报说明

（1）适用范围

本表适用于实行查账征收的企业所得税居民纳税人填报。

(2) 填报依据和内容

根据《中华人民共和国企业所得税法》及其实施条例以及企业会计制度、会计准则核算的资产折旧、摊销，会计与税收核算有差异的固定资产、无形资产、生产性生物资产和长期待摊费用，并据以填报附表三《纳税调整项目明细表》第43行至第46行。

(3) 各项目填报说明

① 第1列“账载金额”：填报纳税人按照会计准则、会计制度应提取折旧、摊销的资产原值（或历史成本）。

② 第2列“计税基础”，填报纳税人按照税收规定据以计算折旧、摊销的资产价值。

③ 第3列：填报纳税人按照会计制度、会计准则提取折旧、进行摊销的年限。

④ 第4列：填报纳税人按照税收规定提取折旧、进行摊销的年限。

⑤ 第5列：填报纳税人按照会计核算的资产账面价值、资产折旧、摊销年限及资产折旧、摊销率计算的资产折旧、摊销额。

⑥ 第6列：填报纳税人按照税收规定的资产计税基础、资产折旧、摊销年限及资产折旧、摊销率计算的资产折旧、摊销额。

⑦ 第7列=第5-6列，正数为调增额，负数为调减额。

(4) 表间关系

① 第1行第7列为正数时：

第1行第7列=附表三第43行第3列；

第1行第7列为负数时：

第1行第7列负数的绝对值=附表三第43行第4列。

② 第7行第7列为正数时：

第7行第7列=附表三第44行第3列；

第7行第7列为负数时：

第7行第7列负数的绝对值=附表三第44行第4列。

③ 第10行第7列为正数时：

第10行第7列=附表三第45行第3列；

第10行第7列为负数时：

第10行第7列负数的绝对值=附表三第45行第4列。

④ 第15行第7列为正数时：

第15行第7列=附表三第46行第3列；

第15行第7列为负数时：

第15行第7列负数的绝对值=附表三第46行第4列。

⑤ 第16行第7列为正数时：

第16行第7列=附表三第48行第3列；

第16行第7列为负数时：

第16行第7列负数的绝对值=附表三第48行第4列。

⑥ 第 17 行第 7 列为正数时：

第 17 行第 7 列 = 附表三第 49 行第 3 列；

第 17 行第 7 列为负数时：

第 17 行第 7 列负数的绝对值 = 附表三第 49 行第 4 列。

表 11-15　**附表十资产减值准备项目调整明细表**

填报日期：　年　月　日　　　　金额单位：元（列至角分）

行次	准备金类别	期初余额	本期转回额	本期计提额	期末余额	纳税调整额
		1	2	3	4	5
1	坏（呆）账准备					
2	存货跌价准备					
3	＊其中：消耗性生物资产减值准备					
4	＊持有至到期投资减值准备					
5	＊可供出售金融资产减值					
6	#短期投资跌价准备					
7	长期股权投资减值准备					
8	＊投资性房地产减值准备					
9	固定资产减值准备					
10	在建工程（工程物资）减值准备					
11	＊生产性生物资产减值准备					
12	无形资产减值准备					
13	商誉减值准备					
14	贷款损失准备					
15	矿区权益减值					
16	其他					
17	合计					

注：表中＊项目为执行新会计准则企业专用；表中加 # 项目为执行企业会计制度、小企业会计制度的企业专用。

经办人（签章）：　　　　法定代表人（签章）：

14. 附表十《资产减值准备项目调整明细表》填报说明

（1）适用范围

本表适用于实行查账征收的企业所得税居民纳税人填报。

（2）填报依据和内容

根据《中华人民共和国企业所得税法》及其实施条例以及企业会计制度、会计准则计提的各项资产减值准备、风险准备等准备金支出以及会计核算与税收差异，据以填报附表三《纳税调整明细表》第49行。

（3）各项目填报说明

① 第1列“期初余额”：填报纳税人按照会计制度、会计准则等核算的各项准备金期初数。

② 第2列“本期转回额”：填报纳税人按照会计制度、会计准则等核算因价值恢复、资产转让等原因转回的准备金本期转回数。

③ 第3列“本期计提额”：填报纳税人按照会计制度、会计准则等核算的因资产减值发生的准备金本期计提数。其中“可供出售金融资产减值”填报可供出售金融资产发生减值时，减值额扣除原直接计入所有者权益中的因公允价值上升的变动增值额后，计入当期损益的数额。

④ 第4列“期末余额”：填报纳税人按照会计制度、会计准则等核算的准备金期末数。

⑤ 第5列“纳税调整额”：金额等于第3列“本期计提额”－第2列“本期转回额”。如为正数，则为调增额；如为负数，则为调减额。

（4）表间关系

第17行第5列如为正数：

第17行第5列＝附表三第51行第3列；

第17行第5列如为负数：

第17行第5列＝附表三第51行第4列。

15. 附表十一《长期股权投资所得（损失）明细表》填报说明

（1）适用范围

本表适用于实行查账征收的企业所得税居民纳税人填报。

（2）填报依据

根据《中华人民共和国企业所得税法》及其实施条例以及企业会计制度、企业会计准则核算的长期股权投资初始成本、持有收益、处置收益，以及上述业务会计核算与税收的差异调整情况，据以填报附表三《纳税调整表》相关项目。

（3）有关项目填报说明

纳税人应按被投资方逐项填报，同时填列以前年度结转投资损失本年度弥补情况。

① 第2列“期初投资额”：填报年初此项投资余额。

② 第3列“本年度增（减）投资额”：填报本年度内此项投资额增减变化。

③ 第4列“初始投资成本”：填报纳税人取得该长期股权投资支付的货币性资产、非货币性资产的公允价值及支付的相关税费。

④ 第5列“权益法核算对初始投资成本调整产生的收益”：填报纳税人在权益法核算下，初始投资成本小于取得投资时应享有被投资单位可辨认净资产公允价值份额的，两者之间的差额计入取得投资当期的营业外收入的金额。此列合计数填入调整表中的第6行第4列。

⑤ 第6列“会计核算投资收益”：填报纳税人在持有长期股权投资期间会计上核算的投资收益。

⑥ 第7列“会计投资损益”：填报纳税人按照会计准则计算的投资损益，不包括投资转让所得。

⑦ 第8、9列“税收确认的股息红利”：填报纳税人在本年度取得的税收确认的股息红利，符合免税条件的填入第8列“免税收入”，否则填入第9列“全额征收收入”。

⑧ 第11列“投资转让净收入”：填报纳税人因收回、转让或清算处置股权投资时，转让收入扣除相关税费后的金额。

⑨ 第12列“投资转让的会计成本”：填报纳税人收回、转让或清算处置股权投资时，会计核算的投资转让成本。

⑩ 第13列“投资转让的税收成本”：填报纳税人按税收规定计算的投资转让成本。

⑪ 第14列“会计上确认的转让所得或损失”：填报纳税人按会计核算确认的长期股权投资转让所得或损失，所得以正数反映，损失以负数反映。

⑫ 第15列“按税法计算的投资转让所得或损失”：如为正数，为本期发生的股权投资转让所得；如为负数，为本期发生的股权投资转让损失。纳税人收回、转让或清算处置股权投资发生的股权投资损失，可以在税前扣除，但在每一纳税年度扣除的股权投资损失，不得超过当年实现的股权投资收益和投资转让所得，超过部分可按规定向以后年度结转扣除。

（4）投资损失补充资料填报说明

本部分主要反映投资转让损失历年弥补情况。如“按税收计算投资转让所得或损失”与“税收确认的股息红利”合计数大于零，可弥补以前年度投资损失。

①“年度”：分别填报本年度前五年自然年度。

②“当年度结转金额”：填报当年投资转让损失需结转以后年度弥补的金额。

③“已弥补金额”：填报已经用历年投资收益弥补的金额。

④“本年度弥补金额”：填报本年投资所得（损失）合计数为正数时，可按顺序弥补以前年度投资损失。

⑤“以前年度结转在本年度税前扣除的股权投资转让损失”：填报本年度弥补金额合计数+第一年结填入附三表中“投资转让所得、处置所得”调减项目中。

（5）表间关系

第5列“合计”行=附表三第6行第4列。

表 11-17　　附表十二企业所得税纳税申报表（适用于核定征收企业）

税款所属期间：　　年　月至　　年　月

纳税人识别码 | | | | | | | | | | | | | | |　　金额单位：元（列至角分）

纳税人名称			
纳税申报栏			
项目	行次	本期数	累计数
收入总额	1		
成本费用	2		
应税所得率	3		
应纳税所得额	4		
适用税率	5		
应缴所得税额（4×5）	6		
减：实际已预缴的所得税额	7		
应补（退）的所得税额（8=6-7）	8		
纳税人公章： 经办人（签章）： 申报日期：年　月　日			主管税务机关受理专用章： 受理人： 受理日期：　　年　月　日

备注：本表一式三份，主管税务机关受理后退还纳税人保存一份，由主管税务机关留存两份。

16. 附表十二《企业所得税纳税申报表（适用于核定征收企业）》填报说明

一、运用范围

本表为按照核定征收办法（包括核定应税所得率和核定税额征收方式）缴纳企业所得税的纳税人在季度（月）和年度申报缴纳企业所得税时使用。

二、具体项目填报说明

1. 第 1 行“收入总额”：填报当期取得的各项收入的合计金额（按照收入总额核定应税所得率的纳税人填报）。

2. 第 2 行“成本费用”：填报计入当期的成本费用的合计金额（按照成本费用核定应税所得率的纳税人填报）。

3. 第 3 行“应税所得率”：填报主管税务机关核定的应税所得率。

4. 第 4 行“应纳税所得额”。

（1）按照收入总额核定应税所得率的纳税人，计算公式为：应纳税所得额＝收入总额×应税所得率。

（2）按照成本费用核定应税所得率的纳税人，计算公式为：应纳税所得额=成本费用支出额÷（1-应税所得率）×应税所得率

5. 第5行“适用税率”：根据第4行“应纳税所得额”金额确定的适用税率或者所得税政策规定的适用税率。

6. 第7行“实际已预缴的所得税额”：填报当年累计已预缴的企业所得税额。

7. 实行核定应纳所得税额的纳税人，可填第6行、第7行、第8行。其中，第6行填报主管税务机关核定的当期累计应纳所得税额。

第三节　所得税会计核算

一、所得税核算的一般程序

我国所得税会计的发展历程见证了税法与会计准则的分离。1994年以前，税法与会计制度在收入、费用、利润等方面的确认与计量基本一致。1994年以后，两者之间产生了较大差异。1994年财政部专门公布了《企业所得税会计处理暂行办法》，对所得税会计处理方法进行如下规定：一是企业可以选择采用“应付税款法”或“纳税影响会计法”，采用“纳税影响会计法”的企业，可以选择采用“递延法”或“债务法”；二是明确了所得税的性质是一项费用，可以在计算净利润时扣除；三是企业采用“纳税影响会计法”核算时，要确认时间性差异对未来纳税的影响，并反映于资产负债表中。2006年新会计准则的颁布，进一步明确了我国所得税会计处理实行“资产负债表债务法”。至此，我国所得税会计核算基本上与国际接轨。

在“资产负债表债务法”下，企业一般应于每一资产负债表日进行所得税的核算。企业合并等特殊交易或事项发生时，在确认因交易或事项取得的资产、负债时也应确认相关的所得税影响。所得税核算一般程序如图11-1所示。

（1）按照相关会计准则确定资产负债表中除递延所得税资产和递延所得税负债以外的其他资产和负债项目的账面价值。资产、负债的账面价值，是指企业按照相关会计准则的规定进行核算后在资产负债表中列示的金额。对于计提了减值准备的各项资产，是指其账面余额减去已计提的减值准备后的金额。例如，企业持有的应收账款账面余额为1 000万元，企业对该应收账款计提了50万元的坏账准备，其账面价值为950万元。

（2）以税收法规为基础，确定资产负债表中有关资产、负债项目的计税基础。应予说明的是，计税基础是会计上的定义，但其确定应当遵循税法的规定进行。

（3）比较资产、负债的账面价值与计税基础，对于两者之间存在差异的，分析其性质，除准则中规定的特殊情况外，将差异分为应纳税暂时性差异和可抵扣暂时性差异，乘以适用所得税税率，分别得到资产负债表日递延所得税负债和递延所得税资产的应有金额，与期初递延所得税资产和递延所得税负债的余额相比，确定当期应予进一步确认的递延所得税资产和递延所得税负债金额或应予转销的金额，作为递延所得税。

（4）按照税法的规定计算确定当期应纳税所得额，将应纳税所得额乘以适用的所

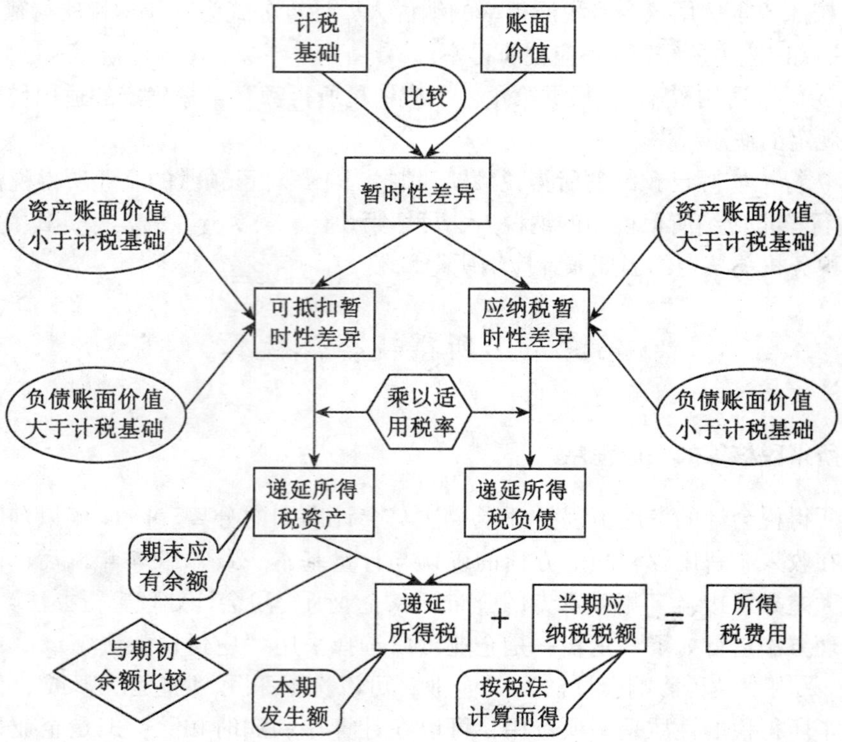

图 11-1　所得税核算程序图

得税税率计算的结果确认为当期应缴所得税。

(5) 将当期应交所得税和递延所得税之和确认为利润表中的所得税费用。

二、资产负债的计税基础

所得税会计的关键在于确定资产、负债的计税基础。在确定资产、负债的计税基础时，应严格遵循税法中关于资产的税务处理以及税前准予扣除的费用等的规定进行。下面介绍资产、负债计税基础确定的一般方法，以及几种主要的资产、负债计税基础的确定。

(一) 资产的计税基础

资产的计税基础，是指企业收回资产账面价值过程中，计算应纳税所得额时按照税法规定可以从应税经济利益中抵扣的金额，也即某一项资产在未来期间计税时按照税法规定可以税前扣除的金额。

一般地，资产在初始确认时，其计税基础为取得成本，也就是说，企业为取得某项资产支付的成本在未来期间准予税前扣除；在资产持续持有的过程中，其计税基础是资产的取得成本减去以前期间按税法规定已经税前扣除的金额后的余额。如固定资产在某一资产负债表日的计税基础是其取得成本扣除按照税法规定已在以前期间税前扣除的累计折旧额后的金额。

1. 固定资产

以各种方式取得的固定资产，初始确认时，其账面价值一般等于计税基础。固定资产在持有期间进行后续计量时，就折旧方法、折旧年限、净残值以及固定资产减值准备的提取等方面的处理，会计与税法的规定存在差异，由此可能造成固定资产的账面价值与计税基础的差异。

（1）折旧方法。会计准则规定，企业应当根据与固定资产有关的经济利益的预期实现方式合理选择折旧方法，可以选用的折旧方法包括年限平均法、工作量法、双倍余额递减法和年数总和法。《企业所得税法》中则强调固定资产应按照直线法计提折旧，同时，在企业所得税税收优惠政策中规定：技术进步、产品更新换代较快的固定资产和常年处于强震动、高腐蚀状态的固定资产，可以采取双倍余额递减法或年数总和法的加速折旧方法。

（2）折旧年限。会计处理时固定资产折旧年限是企业根据固定资产的性质和使用情况合理确定的，并且企业至少应于每年年度终了，对固定资产使用寿命进行复核。税法则就每一类固定资产的最低折旧年限做出具体规定：房屋、建筑物，为 20 年；飞机、火车、轮船、机器、机械和其他生产设备，为 10 年；与生产经营活动有关的器具、工具、家具等，为 5 年；飞机、火车、轮船以外的运输工具，为 4 年；电子设备，为 3 年。

（3）净残值。会计处理中企业应根据固定资产所处的经济环境、技术环境等，按照一定的程序，确定净残值，报有关方面备案。每年年末，对净残值应进行复核与调整。税法规定企业应根据固定资产的性质和使用情况，合理确定固定资产的预计净残值，并且一经确定，不得变更。

（4）固定资产减值准备。在持有固定资产的期间内，会计上可以对固定资产计提减值准备，但税法规定企业计提的资产减值准备在发生实质性损失前不允许税前扣除。

例如，某企业于 2006 年 12 月 22 日取得的某项生产用固定资产，原价为 750 万元，预计使用年限为 10 年，采用年限平均法计提折旧，净残值为零。税法规定，该类固定资产由于技术进步、产品更新换代快，采用加速折旧法计提折旧，该企业在计税时采用双倍余额递减法，净残值为零。2008 年 12 月 31 日，企业估计该项固定资产的可收回金额为 550 万元。2008 年资产负债表，该项固定资产的账面余额 = 750 − 750 ÷ 10 × 2 = 600 万元，大于其可收回金额 550 万元，两者之间的差额应计提 50 万元的固定资产减值准备。财务处理如下：

借：资产减值损失——固定资产减值损失　　500 000

　贷：固定资产减值准备　　500 000

2008 年 12 月 31 日，该项固定资产的账面价值调整为 550 万元。其计税基础 = 750 − 750×20% −（750 − 750×20%）×20% = 480 万元。该项固定资产的账面价值 550 万元与其计税基础 480 万元之间产生 70 万元的差额，将对企业未来应纳企业所得税额产生影响。

2. 无形资产

除内部研究开发形成的无形资产以外，其他方式（外购、接受捐赠等）取得的无形资产，初始确认时入账价值与计税成本之间一般不存在差异。

（1）内部研究开发形成的无形资产。会计准则规定，开发阶段符合资本化条件以后至达到预定用途前发生的支出应予资本化，其他支出应予费用化计入损益；税法规定，自行开发的无形资产，以开发过程中符合资本化条件后至达到预定用途前发生的支出为计税基础，此外税法中还有加计扣除的规定，企业为开发新技术、新产品、新工艺发生的研究开发费用，按照无形资产成本的150%摊销。

从无形资产初始确认时账面价值和计税基础的定义上看，两者的界定一致，不存在差异。但是对于享受税收优惠的研究开发支出，其计税基础应在账面价值的基础上多50%，产生账面价值与计税基础在初始确认时的差异。不过，如果该无形资产的确认不是产生于合并交易，同时在确认时既不影响会计利润（损益）也不影响应纳税所得额，则不需确认有关暂时性差异的所得税影响。

例如，某企业某年为开发新工艺的研发支出计1 000万元，其中研究阶段的支出为400万元，开发阶段符合资本化条件后至达到预定用途前发生的支出为600万元。假定开发形成的无形资产在当年年末已达到预定用途，则年末所形成无形资产的账面价值为600万元，所形成无形资产在未来期间可予税前扣除的金额为900万元（600×150%），其计税基础为900万元，形成暂时性差异300万元。但是，如果该无形资产的确认不是在合并交易时产生，同时在确认时不影响损益、不影响应纳税所得额，则不需确认300万元的暂时性差异。

（2）使用寿命不确定的无形资产。会计上根据无形资产的使用寿命，将无形资产区分为使用寿命有限的无形资产与使用寿命不确定的无形资产。对于使用寿命不确定的无形资产，不要求摊销，但持有期间每年应进行减值测试。税法规定，企业取得的无形资产（除外购商誉），其成本均应在不得低于10年的期限内采用直线法进行摊销，并且按照税法规定确定的摊销额允许税前扣除，因此该类无形资产账面价值与计税基础会存在差异。

（3）无形资产减值准备。会计准则规定，企业可以计提无形资产减值准备，税法规定计提的减值准备在转变为实质性损失前不允许税前扣除，从而可能造成无形资产账面价值与计税基础的差异。

3. 以公允价值计量且其变动计入当期损益的金融资产以及企业持有的可供出售金融资产

会计准则规定，上述两种金融资产在某一会计期末的账面价值是其在该时点的公允价值。税法规定，该类金融资产持有期间市价的波动在计税时不予考虑，即在某一会计期末其计税基础仍为取得成本，在公允价值变动的情况下，该类金融资产账面价值与计税基础之间会产生差异。

例如，2008年9月10日，某公司自公开市场取得一项基金投资，支付价款1 000万元，作为可供出售金融资产核算。2008年12月31日，该投资的市价为1 500万元。按照会计准则规定，该项金融资产在会计期末账面价值为1 500万元。但其计税基础等于取得时的成本1 000万元，产生500万元的暂时性差异。

4. 其他资产

（1）投资性房地产。企业持有的投资性房地产在后续计量时，可以采用两种模式，一种是成本模式，其账面价值与计税基础的确定与固定资产、无形资产相同；另一种是公允价值模式，其计税基础的确定类似于以公允价值计量且其变动计入当期损益的金融资产。

例如，某公司2004年12月建成一套房屋，成本为600万元，预计使用年限20年，按照年限平均法计提折旧，预计净残值为零。2008年1月1日将其对外出租，成为投资性房地产。该公司采用公允价值模式对该投资性房地产进行后续计量。假定税法规定的折旧方法、折旧年限及净残值与会计规定相同。该项投资性房地产在2008年12月31日公允价值为650万元。则在2008年资产负债表日，该投资性房地产账面价值为650万元，计税基础$=600-600\div20\times4=480$万元。该项投资性房地产的账面价值与计税基础之间产生170万元的暂时性差异，会增加企业未来期间的应纳税所得额。对于账面价值的调整，财务处理如下：

借：投资性房地产——公允价值变动　　1 700 000

　贷：公允价值变动损益　　1 700 000

（2）其他计提了减值准备的资产。会计上确认计提的减值准备（如存货跌价准备、坏账准备等），税法规定在发生实质性损失之前，减值准备不允许税前扣除，造成资产的账面价值与计税基础的差异。

（二）负债的计税基础

负债的计税基础=账面价值-未来期间按照税法规定可予税前扣除的金额

一般地，负债的确认与偿还既不影响企业损益，也不影响应纳税所得额，因此未来期间计算应纳税所得额时可予税前抵扣的金额为零，根据公式，计税基础=账面价值。但是，某些情况除外。

1. 预计负债

会计准则规定，企业对于预计提供售后服务将发生的支出在满足有关确认条件时，销售当期确认为费用，同时确认预计负债。如果税法规定，与销售产品相关的支出应于未来实际发生时扣除，则该预计负债未来期间可税前扣除的金额等于账面价值，计税基础为零；如果税法规定，费用支出按照权责发生制原则确定，则未来期间可税前扣除的金额为零，计税基础等于账面价值。

对于税法规定其支出无论是否实际发生均不允许税前扣除的预计负债，如债务担保，其未来期间按照税法规定可予扣除的金额为零，账面价值等于计税基础。

2. 预收账款

会计处理中预收账款因不符合收入确认条件，一般确认为负债。税法中对于收入的确认原则与会计基本相同，但在某些情况下，税法规定，会计上未确认为收入的预收款项，应确认为应税收入，计入当期应纳税所得额。那么，该预收账款当期作为收入计税，未来期间可全额税前扣除，其计税基础为零。

3. 应付职工薪酬

会计准则规定，企业为获得职工提供的服务给予的各种形式的报酬以及其他相关支出均应在未支付之前确认为负债。税法中对于合理的职工薪酬允许税前扣除，超过部分应进行纳税调整。但是，超过部分在未来期间也不能税前扣除，即未来期间税前扣除的金额为零，因此，应付职工薪酬的计税基础=账面价值，不形成暂时性差异，超过部分实质上形成永久性差异。

4. 其他负债

企业应缴未缴的罚款和滞纳金等，按照会计规定确认为费用，同时确认为负债。而税法规定，罚款和滞纳金不得在税前扣除，即未来期间可予税前扣除的金额为零，计税基础等于账面价值。其他交易或事项产生的负债，计税基础的确定应当按照适用税法的相关规定确定。

三、暂时性差异

资产、负债的账面价值与其计税基础不同所产生的差额形成暂时性差异。根据暂时性差异对未来期间应纳税所得额的影响，分为应纳税暂时性差异和可抵扣暂时性差异。

（一）应纳税暂时性差异

应纳税暂时性差异，是指在确定未来收回资产或清偿负债期间的应纳税所得额时，将导致产生应税金额的暂时性差异，即在未来期间转回该暂时性差异，会进一步增加转回期间的应纳税所得额。应纳税暂时性差异通常产生于以下两种情况：

（1）资产的账面价值>计税基础。资产的账面价值代表企业在持续使用或最终出售该项资产时将取得的经济利益的总和，计税基础代表资产在未来期间可予税前扣除的金额。资产的账面价值大于计税基础，表明该项资产未来期间产生的经济利益不能全部予以税前抵扣，两者间的差额需要缴税，产生应纳税暂时性差异。

（2）负债的账面价值<计税基础。负债的账面价值代表企业预计在未来期间清偿该负债时的经济利益流出，而计税基础代表账面价值在扣除未来期间允许税前扣除的金额之后的差额。两者之间的时间性差异，实质上是税法规定与该项负债相关的费用支出在未来期间可以税前扣除的金额。负债的账面价值小于其计税基础，表明该项负债在未来期间可以税前抵扣的金额为负数，即增加未来期间的应纳税所得额和应缴所得税额，产生应纳税暂时性差异。

（二）可抵扣暂时性差异

可抵扣暂时性差异，是指在确定未来收回资产或清偿负债期间的应纳税所得额时，将导致产生可抵扣金额的暂时性差异。该差异在未来期间转回时会减少转回期间的应纳税所得额。对应地，可抵扣暂时性差异一般产生于以下两种情况：

（1）资产的账面价值<计税基础。

（2）负债的账面价值>计税基础，负债产生的暂时性差异实质上就是按照税法规定就该项负债可以在未来期间税前扣除的金额。

（三）特殊项目产生的暂时性差异

（1）未作为资产、负债确认的项目所产生的暂时性差异。某些项目虽然不是资产负债表中的资产或负债，但按照税法规定能够确定其计税基础，这时我们可以将其账面价值确认为零，账面价值与计税基础之间的差异形成暂时性差异。例如，企业发生的符合条件的广告费和业务宣传费支出，会计上在发生时计入当期损益，不形成资产负债表中的资产或负债，税法则规定不超过当年销售收入15%的部分准予扣除，超过部分准予在以后纳税年度结转扣除。该类费用结转以后纳税年度扣除的部分，将会增加未来期间准予税前扣除的金额，形成可抵扣暂时性差异。

（2）亏损及税款抵减产生的暂时性差异。税法规定可以结转以后年度弥补的亏损及税款抵减，虽然也不是由资产、负债的账面价值与计税基础不同产生的，但同样会减少未来期间的应纳税所得额，形成可抵扣暂时性差异。

四、递延所得税负债及递延所得税资产

应纳税暂时性差异会增加未来期间的应纳税所得额，在发生当期，应当确认为递延所得税负债；可抵扣暂时性差异会减少未来期间的应纳税所得额，在发生当期，应当确认为递延所得税资产。不过，确认因可抵扣暂时性差异产生的递延所得税资产应以未来期间可能取得的应纳税所得额为限。在可抵扣暂时性差异转回的未来期间内，企业无法产生足够的应纳税所得额的，不应确认递延所得税资产。资产负债表日，应当根据适用税法规定，以相关暂时性差异转回期间的适用税率计量。适用税率变动的情况下，应对原已确认的递延所得税资产及递延所得税负债的金额进行调整，调整金额应确认为税率变化当期的所得税费用或收益。下面我们通过一个例题进行说明。

例如，某公司于2003年12月底外购一台机器设备，成本为600 000元，预计使用年限5年，预计净残值为0。会计上按直线法计提折旧，计税时因该设备符合税法规定的税收优惠条件采用双倍余额计提折旧，税法规定的使用年限与净残值均与会计相同，该公司各会计期间均未对固定资产计提减值准备。

不考虑其他事项会计与税收的差异，该公司因固定资产账面价值与计税基础不同应予确认的递延所得税情况如表11-18所示。

表11-18　　**该公司递延所得税情况**　　单位：元

	2004年	2005年	2006年	2007年	2008年
实际成本	600 000	600 000	600 000	600 000	600 000
折旧累计（会计）	120 000	240 000	360 000	480 000	600 000
账面价值	480 000	360 000	240 000	120 000	0
折旧累计（税收）	240 000	384 000	470 400	535 200	600 000
计税基础	360 000	216 000	129 600	25 000	0
暂时性差异	120 000	144 000	110 400	95 000	0
适用税率	25%	25%	25%	25%	25%
递延所得税负债余额	30 000	36 000	27 600	23 750	0

（1）2 004年资产负债表日，账面价值＝实际成本－会计折旧＝600 000－120 000＝480 000元，计税基础＝实际成本－税法规定的折旧额＝600 000－240 000＝360 000元，

账面价值大于计税基础，两者之间产生的 120 000 元应纳税暂时性差异，确认递延所得税负债 120 000×25%＝30 000 元，账务处理：

借：所得税费用　　30 000

　贷：递延所得税负债　　30 000

（2）2 005 年资产负债表日，账面价值 360 000 元，计税基础 216 000 元，两者之间产生 144 000 元的应纳税暂时性差异，确认递延所得税负债 36 000 元，但递延所得税负债的期初余额为 30 000 元，当期只需进一步确认递延所得税负债 6 000 元，账务处理如下：

借：所得税费用　　6 000

　贷：递延所得税负债　　6 000

（3）2006 年资产负债表日，账面价值 240 000 元，计税基础 129 600 元，账面价值大于计税基础，产生 110 400 元的应纳税暂时性差异，应确认递延所得税负债 27 600 元，但递延所得税负债的期初余额为 36 000 元，当期应转回原已确认的递延所得税负债 8 400 元，账务处理如下：

借：递延所得税负债　　8 400

　贷：所得税费用　　8 400

（4）2007 年资产负债表日，账面价值 120 000 元，计税基础 25 000 元，应纳税暂时性差异 95 000 元，确认递延所得税负债 23 750 元，但递延所得税负债的期初余额为 27 600 元，当期应转回原已确认的递延所得税负债 3 850 元，账务处理如下：

借：递延所得税负债　　3 850

　贷：所得税费用　　3 850

（5）2008 年资产负债表日，账面价值及计税基础均为零，两者之间不存在暂时性差异，原已确认的与该项资产相关的递延所得税负债应予全额转回，账务处理如下：

借：递延所得税负债　　23 750

　贷：所得税费用　　23 750

五、所得税费用

在资产负债表债务法下，利润表中的“所得税费用”包括当期所得税和递延所得税两个部分。公式表示为：

所得税费用＝当期所得税+递延所得税

递延所得税＝（递延所得税负债的期末余额－递延所得税负债的期初余额）－（递延所得税资产的期末余额－递延所得税资产的期初余额）

当期所得税，即当期应缴所得税额，是企业按照税法规定计算确定的针对当期发生的交易和事项，应缴纳给税务部门的所得税金额。递延所得税是按照所得税准则规定当期应予确认的递延所得税资产和递延所得税负债金额，但不包括计入所有者权益的交易或事项的所得税影响。

企业因确认递延所得税资产和递延所得税负债产生的递延所得税，一般应记入“所得税费用”，但有两种情况除外：一是某项交易或事项按照会计准则规定应计入所有者权益的，由该交易或事项产生的递延所得税资产或递延所得税负债及其变化也应计入所有者权益，对利润表中的所得税费用不产生影响；二是企业合并中取得的资产、负债，与之相关的递延所得税的确认影响合并中产生的商誉或计入当期损益的金额，也不影响所得税费用。

对于第一种情况，举个简单的例子：某公司持有某项可供出售金融资产，成本为100万元，会计期末公允价值为120万元，该企业适用的所得税税率为25%。假设递延所得税资产和递延所得税负债不存在期初余额。

会计期末，应确认20万元的公允价值变动，账务处理如下：

借：可供出售金融资产　　200 000

　贷：资本公积——其他资本公积　　200 000

应纳税暂时性差异20万元，应确认递延所得税负债50 000元，账务处理如下：

借：资本公积——其他资本公积　　50 000

　贷：递延所得税负债　　50 000

对于整个所得税会计处理程序，我们通过一个综合例题予以说明。

某公司2008年度利润总额为1 500万元，该公司适用的所得税税率为25%。递延所得税资产的期初余额为25万元，递延所得税负债期初余额为50万元。本年度发生的交易和事项中，会计处理与税收处理存在差异的有5项：

(1) 本年度1月份开始计提折旧的一项固定资产，成本为600万元，使用年限5年，净残值为0。会计上按双倍余额递减法计提折旧，不符合固定资产折旧的税收优惠条件。税法规定的使用年限及净残值与会计规定相同。

(2) 期末对持有的存货计提了50万元的存货跌价准备，未经核定。

(3) 取得作为交易性金融资产核算的股票投资成本为500万元，12月31日公允价值为800万元。

(4) 向关联企业捐赠现金100万元。

(5) 违反有关规定应支付罚款50万元。

分析：

(1) 计算2008年应缴所得税。税法规定，以公允价值计量且其变动计入当期损益的金融资产持有期间市价变动不计入应纳税所得额，企业向关联方的捐赠、罚款、未经核定的准备金支出不允许税前扣除。

应纳税所得额＝1 500+120+50−300+100+50＝1 520（万元）

应缴所得税＝1 520×25%＝380（万元）

(2) 确认暂时性差异。2008年资产负债表日，固定资产账面价值360万元，计税基础480万元，产生120万元的可抵扣暂时性差异；计提存货跌价准备，产生50万元的可抵扣暂时性差异；交易性金融资产账面价值800万元，计税基础500万元，两者之间存在300万元的应纳税暂时性差异；向关联企业捐赠现金涉及损益，在资产负债表债务法下，不考虑暂时性差异；应付未付的罚款在"其他应付款"会计科目中核算，由于罚款在税前不得扣除，账面价值＝计税基础，暂时性差异为0。综合起来，应纳税暂时性差异300万元，可抵扣暂时性差异170万元。

（3）确认当期递延所得税资产和递延所得税负债。

递延所得税资产余额＝170×25%＝42.5（万元）

当期递延所得税资产＝42.5－25＝17.5（万元）

递延所得税负债余额＝300×25%＝75（万元）

当期递延所得税负债＝75－50＝25（万元）

递延所得税＝25－17.5＝7.5（万元）

（4）利润表中应确认的所得税费用＝380+7.5＝387.5（万元），确认所得税费用的账务处理如下：

借：所得税费用	3 875 000	
递延所得税资产	175 000	
贷：应交税费——应交所得税		3 800 000
递延所得税负债		250 000

第四节　特殊事项的税务处理

近年来，随着《企业会计制度》及相关会计准则（以下简称“会计制度及相关准则”）的陆续发布实施，有关会计要素的确认和计量原则发生了一些变化，同时，新企业所得税法的公布实施，使得会计制度及相关准则中就收益、费用和损失的确认、计量标准与企业所得税法规的规定产生了某些差异。这些差异，要求纳税人在缴税的过程中进行纳税调整。会计制度及相关准则就有关收益、费用或损失的确认、计量标准与税法规定的差异，处理原则为：企业在会计核算时，应当按照会计制度及相关准则的规定对各项会计要素进行确认、计量、记录和报告，按照会计制度及相关准则规定的确认、计量标准与税法不一致的，不得调整会计账簿记录和会计报表相关项目的金额。企业在计算当期应缴所得税时，应在按照会计制度及相关准则计算的利润总额（即“利润表”中的“利润总额”，下同）的基础上，加上或减去会计制度及相关准则与税法规定就某项收益、费用或损失确认和计量等的差异后，调整为应纳税所得额，并据以计算当期应缴所得税。

一、或有事项的税务处理

（一）或有事项概述

或有事项，是指过去的交易或者事项形成的，其结果须由某些未来事项的发生或不发生才能决定的不确定事项。常见的或有事项有：未决诉讼、未决仲裁、债务担保、产品质量保证（含产品安全保证）、亏损合同、重组义务、承诺、环境污染治理等。

1. 或有事项的基本特征

（1）或有事项是过去的交易或事项形成的一种状况。

（2）或有事项的结果具有不确定性。

（3）或有事项的结果需由未来发生的事项决定。

（4）影响或有事项结果的不确定因素不能由企业控制。

2. 会计上或有事项的确认

或有事项的确认所涉及的问题是，与或有事项相关的义务应在什么条件时确认为负债。根据相关规定，如果与或有事项相关的义务同时符合以下条件，企业应将其确认为负债：

（1）该义务是企业承担的现时义务而非潜在义务。

（2）该义务的履行很可能导致经济利益流出企业。“很可能”指发生的可能性为“大于50%但小于或等于95%”。与可能性相关的含义还有：“基本确定”指发生的可能性为“大于95%但小于100%”；“可能”指发生的可能性为“大于5%但小于或等于50%”；“极小可能”指发生的可能性为“大于0但小于或等于5%”。

（3）该义务的金额能够可靠地计量。这句话的含义是指因或有事项产生的现时义务的金额能够合理地估计。

（二）或有事项的会计处理与税务处理

1. 或有事项的会计处理

《或有事项准则》规定，与或有事项相关的义务符合确认为负债的条件时，应当将其确认为预计负债，并按清偿该负债所需支出的最佳估计数进行初始计量，企业因履行或有事项所形成的义务，还可能从第三方或其他方获得补偿。因此，或有事项的会计处理主要涉及两个问题：

（1）最佳估计数的确定。所需支出存在一个连续范围，且该范围内各种结果发生的可能性相同的，最佳估计数应当按照该范围内的中间值确定。其他情况下，最佳估计数应当依下列情况处理：①或有事项涉及单个项目的，按照最可能发生金额确定；②或有事项涉及多个项目的，按照各种可能结果及相关概率计算确定。

（2）预期可获得补偿的处理。会计制度规定，如果清偿因或有事项而确认的负债所需支出全部或部分预期由第三方或其他方补偿，则补偿金额只能在基本确定能收到时，作为资产单独确认，且确认的补偿金额不应超过所确认负债的账面价值。可能获得补偿的情况通常有：①发生交通事故等情况时，企业通常可以从保险公司获得合理的赔偿；②在某些索赔中，企业可以通过反诉的方式对索赔人或第三方提出赔偿要求；③在债务担保业务中，企业在履行担保义务的同时，通常可以向被担保企业提出追偿要求。

会计上确认或有事项时，可以借记“管理费用——诉讼费”、“管理费用——赔偿支出”、“销售费用——产品质量保证”、“营业外支出——罚息支出”、“营业外支出——赔偿支出”等科目，贷记“预计负债——未决诉讼”、“预计负债——产品质量保证”等科目。

2. 或有事项的税务处理

税法规定，税前扣除项目应遵循真实合法的原则，估计的、尚未发生的损失、支出不能在税前扣除，因此，对纳税人按会计准则确认的预计负债，应相应调整所得税，借记“所得税费用”科目，贷记“应交税费——应交所得税”科目。

【例11-1】 2007年11月10日，某银行批准甲房地产公司的贷款（无担保、无抵押）申请，同意向其贷款1 000万元，期限1年，年利率8%。2008年11月10日，甲房地产公司的借款到期。甲房地产公司具有还款能力，但因与该银行存在其他经济纠纷，未按时归还借款。该银行遂与甲房地产公司协商，但没有达成协议。2008 年 12 月 22 日，该银行向法院提起诉讼。截至 2008 年 12 月 31 日，法院尚未对该银行提起的诉讼进行审理。如无特殊情况，甲公司很可能败诉。为此，甲公司不仅需偿还贷款本金和利息，还需支付罚息、诉讼费等费用。假定甲公司预计要支付的罚息、诉讼费等费用估计数为 27 万元，其中支付的诉讼费为 5 万元。2008 年 12 月 31 日，甲公司应确认一项预计负债 27 万元，同时在附注中进行披露。有关账务处理如下：

（1）会计处理：

借：管理费用——诉讼费　　50 000

　　营业外支出——罚息支出　　220 000

　贷：预计负债——未决诉讼　　270 000

（2）税务处理：计提的预计负债不得在税前扣除，应调增所得税 27×25%＝6.75（万元）。

借：所得税费用　　67 500

　贷：应交税费——应交所得税　　67 500

【例 11-2】　乙公司为空调生产和销售企业。某年度销售柜式空调 10 000 台，每台售价 1 万元。该公司对消费者的服务质量承诺如下：空调售出后 5 年内如出现非意外事件造成的空调故障和质量问题，甲公司免费负责保修（含零部件更换）。根据以往的经验，发生的保修费一般为销售额的 1%至 1.8%之间。甲公司该年度实际发生的维修费用为 120 万元，该公司“预计负债——产品质量保证”科目上年度年末无余额。

（1）会计处理。发生产品质量保证费用（维修费）时：

借：预计负债——产品质量保证　　1 200 000

　贷：银行存款（或原材料等）　　1 200 000

该年度应确认的产品质量保证负债金额＝10 000×1×（1%＋1.8%）÷2＝140（万元）

借：销售费用——产品质量保证　　1 400 000

　贷：预计负债——产品质量保证　　1 400 000

（2）税务处理。应调增所得税＝（预计负债期末余额－预计负债期初余额）×适用税率，预计负债期末余额为 140－120＝20（万元），期初余额为零，故应调增所得税 20×25%＝5（万元）。

借：所得税费用　　50 000

　贷：应交税费——应交所得税　　50 000

二、债务重组的税务处理

（一）债务重组概述

债务重组，是指在债务人发生财务困难的情况下，债权人按照其与债务人达成的协议或者法院的裁定做出让步的事项。债务重组的定义表明只有债务人发生财务困难时，债权人才会考虑做出让步。债务重组主要有以下四种方式：（1）以资产清偿债务；（2）债务转为资本；（3）修改其他债务条件，如减少债务人部分债务本金或减免应付未付的利息、降低利率等；(4) 以上三种方式的组合。

(二) 债务重组的会计处理与税务处理

对于债务重组的会计处理，从债务人角度看，债务人应将重组债务的账面价值超过清偿债务的现金、转让的非现金资产的公允价值、所转让股份的公允价值、重组后债务账面价值的部分，确认为债务重组利得，记入“营业外收入”，并且相关重组债务在满足金融负债终止确认条件时终止确认。

从债权人角度看：(1) 债务人以现金清偿债务的，债权人应将重组债权的账面余额与收到的现金之间的差额确认为债务重组损失，记入“营业外支出”；(2) 债务人转让非现金资产清偿债务的，债权人应将重组债权的账面余额与受让的非现金资产公允价值之间的差额确认为债务重组损失，记入“营业外支出”；(3) 债务人将债务转为资本的，债权人应将重组债权的账面价值与受让股权的公允价值之间的差额确认为债务重组损失，记入“营业外支出”；(4) 修改其他债务条件的，当不附或有条件时，债权人以重组债权的账面余额与重组后债权账面价值之间的差额确认为债务重组损失，记入“营业外支出”。当附加或有条件时，只有在或有应收金额实际发生时，才计入当期损益。

注意区别两个概念：账面价值和账面余额。账面价值，是指某科目的账面余额减去相关备抵项目后的净额；账面余额是指某科目的账面实际余额，不扣除作为该科目备抵的项目。备抵项目指累计折旧、坏账准备、各类资产的减值准备等。

为了加强对企业债务重组业务的所得税管理，国家税务总局于 2003 年发布了第 6 号令《企业债务重组业务所得税处理办法》，规定从 2003 年 3 月 1 日起执行。其中，债务重组的定义、方式、税务处理和会计准则基本一致，差别在于会计处理淡化公允价值，突出账面价值，强调在债务重组日以账面价值为入账基准。税法处理中重视收入和所得的确认，使用计税成本来确定债务重组中非货币性资产的税收属性。

下面我们对债务重组的几种方式，分别比较说明每种方式下的会计处理和税务处理。

1. 以资产清偿债务

税法规定，在债务重组业务中，债务人应当将重组债务的计税成本与支付的现金金额或非现金资产的公允价值（包括与转让非现金资产相关的税费）的差额，确认为债务重组所得，计入企业当期的应纳税所得额；债权人应当将重组债权的计税成本与收到的现金或非现金资产的公允价值之间的差额，确认为当期的债务重组损失，冲减应纳税所得额。如果债务重组所得数额较大，超过当年应纳税所得额的 20%，一次性纳税有困难的，经主管税务机关核准，可以在不超过五个纳税年度的期间内均匀计入各年度的应纳税所得额。

以现金清偿债务的过程中，会计和税法的规定基本一致。债务人按照应付债务的计税成本（即债务的账面余额）账面余额借记“应付账款——×公司”，按照支付的现金贷记“银行存款”或“库存现金”，将重组债务的账面余额与支付的现金之间的差额记入“营业外收入”。债权人借记“银行存款”或“库存现金”、“营业外支出——债务重组损失”、“坏账准备”，贷记“应收账款”。

【例 11-3】 2008 年 3 月，甲企业因购进商品而欠乙企业货款及税款合计 110 万元。因乙公司发生财务困难不能按时支付货款，于 2008 年 4 月 10 日经协商，乙企业同意甲企业支付 100 万元货款，余款不再偿还。甲企业随即用银行存款支付了 100 万元货款。乙企业已对该项应收账款计提 8 万元的坏账准备。

(1) 甲公司的会计处理及纳税调整：

借：应付账款——乙企业	1 100 000	
贷：银行存款		1 000 000
营业外收入——债务重组利得		100 000

甲公司应将 10 万元债务重组所得计入当年应纳税所得额，因会计和税法的规定一致，不用进行纳税调整。

(2) 乙公司的会计处理及纳税调整：

借：银行存款	1 000 000	
坏账准备	80 000	
营业外支出——债务重组损失	20 000	
贷：应收账款——甲企业		1 100 000

乙公司将重组债权的计税成本（账面价值）与收到的现金之间的差额 2 万元，在报经主管税务机关批准后，确认为当期的债务重组损失，冲减应纳税所得额。由于新企业所得税法规定，企业实际发生的坏账在报主管税务机关批准后才可扣除，因此，在年终进行纳税申报时，还需对坏账准备的金额进行纳税调整。

债务人以非现金资产清偿债务，应区分不同种类的非现金资产进行会计处理：

① 以库存材料、商品抵偿债务。债务人可将该业务分为两项业务：一是视同正常销售业务进行会计核算，二是以取得的货款清偿债务。借记“应付账款”，贷记“主营业务收入”、“应交税费——应交增值税（销项税额）”、“营业外收入——债务重组利得”，同时，按成本结转存货。注意，“主营业务收入”的入账金额为该存货的公允价值。

债权人应按材料或商品的公允价值借记“库存商品”，按可抵扣的增值税额借记“应交税费——应交增值税（进项税额）”，按计提的坏账准备金额借记“坏账准备”，按债务账面价值和收到存货的公允价值及相关税费的差额借记“营业外支出——债务重组损失”，按应收账款的账面余额贷记“应收账款”科目。

② 以固定资产抵偿债务。债务人应先将固定资产进行清理，借记“固定资产清理”、“累计折旧”科目，贷记“固定资产”科目；再按债务账面价值转销债务，将债务账面价值扣除固定资产净值和清理费用（减去残值收入）等之后的余额确认为损益，借记“应付账款”、科目，贷记“固定资产清理”、“营业外收入——债务重组利得”等科目。债权人借记“固定资产”、“坏账准备”、“营业外支出——债务重组损失”等科目，贷记“应收账款”科目。

③ 以无形资产清偿债务的，债务人应按债务账面价值转销债务，同时按无形资产的账面净值结转无形资产，将债务账面价值扣除无形资产账面净值与相关税费之和后的余额确认为当期损益。借记“应付账款”科目，贷记“无形资产”、“应交税费——应

交营业税”、“营业外收入——债务重组利得”等科目。债权人借记“无形资产”、“坏账准备”等科目，贷记“应收账款”等科目。

④ 以金融资产抵偿债务。债务人应将相关金融资产的公允价值与其账面价值的差额，作为转让金融资产的损益处理，相关金融资产的公允价值与债务的账面价值的差额，作为债务重组利得。借记“应付账款”、“投资损益”（转让金融资产为损失时），贷记“交易性金融资产”、“营业外收入——债务重组利得”、“投资损益”（转让金融资产为利得时）。

债务人以非现金资产清偿债务的税务处理，应分解为按公允价值转让非现金资产，再以与非现金资产公允价值相当的金额偿还债务两项经济业务进行所得税处理，债务人应确认有关资产的转让所得（或损失），即一方面对偿债资产视同销售或转让，另一方面为避免重复计算应税所得，依规定按其公允价值计算抵债金额和重组所得。债权人取得的非现金资产，应按该有关资产的公允价值与相关税费确定其计税成本，据以计算可在企业所得税前扣除的固定资产折旧费用、无形资产摊销费用或结转商品销售成本等。

【例 11-4】　甲企业因购买原材料而欠乙企业的货款及税款合计 120 万元。由于甲企业资金周转发生困难，不能按时支付该笔欠款。后经协商，甲企业以其产品偿还债务。该产品的销售价格 100 万元，实际成本 80 万元。甲企业为一般纳税人企业，增值税税率 17%。不考虑其他税费。

(1) 甲企业的会计处理：

借：应付账款——乙企业	1 200 000	
贷：主营业务收入		1 000 000
应交税费——应交增值税（销项税额）		170 000
营业外收入——债务重组利得		30 000
借：主营业务成本	800 000	
贷：库存商品		800 000

在企业所得税处理上，甲企业一方面确认资产转让所得 100-80=20（万元）；另一方面按规定确认实现债务重组所得 120-（100+17）= 3（万元）。会计处理与税务处理相同，无需做纳税调整。

(2) 乙企业的会计处理：

借：库存商品	1 000 000	
应交税费——应交增值税（进项税额）	170 000	
营业外支出——债务重组损失	30 000	
贷：应收账款——甲企业		12 000 000

乙企业取得甲企业的产品，其计税成本为不含税的公允价值 100 万元。在债务重组日，乙企业债务重组损失 3 万元，冲减当期应纳税所得额，不用做纳税调整。

2. 以债务转化为资本方式清偿债务

以债务转为资本方式清偿债务，债务人和债权人的会计处理分别为：

① 债务人。债务人应将债权人因放弃债权而享有股份的面值（股权份额）确认为股本（实收资本），贷记“股本”或“实收资本”科目，股份（股权份额）的公允价

值与股本（实收资本）之间的差额确认为资本公积，贷记“资本公积——股本溢价”科目。重组债务账面价值与股份的公允价值之间的差额作为债务重组利得，记入‘营业外收入”科目。

② 债权人。债权人应将重组债权的账面余额与因放弃债权而享有的股权的公允价值之间的差额，先冲减已提取的减值准备，差额确认为债务重组损失。债权人放弃债权而享有的股权应按公允价值计量，借记“长期股权投资”。

《企业债务重组业务所得税处理办法》规定，以债务转换为资本方式进行的债务重组中，债务人应将重组债务账面价值与债权人因放弃债权而享有的股权公允价值的差额，确认为债务重组所得，计入当期应纳税所得；债权人应将享有的股权公允价值确认为该项投资的计税成本。

【例 11-5】 甲企业为股份有限公司，因购买一批商品而应付乙企业货款及税款合计 200 万元。由于甲企业无法按时支付该笔欠款，双方达成协议，甲企业以其增发的普通股 90 万股偿还该笔债务，该股每股市价 2 元，面值 1 元，不考虑其他税费。乙企业对该笔应收账款计提了 1 万元的坏账准备。假定乙企业将债权转为股权后，长期股权投资按照成本法核算。

（1）甲企业的会计处理：

借：应付账款——乙企业	2 000 000	
贷：股本		900 000
资本公积——股本溢价		900 000
营业外收入——债务重组利得		200 000

在企业所得税处理上，股本溢价不征收企业所得税，甲企业应确认的债务重组所得为 20 万元，应并入当期所得征税。

（2）乙企业的会计处理：

借：长期股权投资	1 800 000	
坏账准备	10 000	
营业外支出——债务重组损失	190 000	
贷：应收账款——甲企业		2 000 000

乙企业应确认的债务重组损失 19 万元，可以在税前扣除。冲减的坏账准备将在期末对该项目进行纳税调整时一并处理。

3. 修改其他债务条件的债务重组

修改其他债务条件进行债务重组，应分别两种情况进行会计处理：

① 不附或有条件的债务重组，债务人应将修改条件后债务的公允价值作为重组后债务的入账价值，重组债务的账面价值与重组后债务的账面价值之间的差额计入债务重组利得；债权人以重组债权的账面价值与重组后债权账面价值之间的差额确认为债务重组损失，记入“营业外支出”科目。

② 附或有条件的债务重组，对于债务人，修改后的债务条款涉及或有应付金额，且符合或有事项中有关预计负债确认条件的，债务人应先将或有应付金额确认为预计负债。重组债务的账面价值与重组后债务的入账价值及预计负债之和的差额，记入“营

业外收入——债务重组利得”科目；对于债权人，修改后的债务条款涉及或有应收金额，根据会计谨慎性原则，不应当确认该或有资产，只有或有应收金额实际发生时，才计入当期损益。

在税务处理上，《企业债务重组业务所得税处理办法》规定，以修改其他债务条件进行债务重组的，债务人应将重组债务的计税成本减记至未来应付金额，减记的金额确认为当期债务重组所得。债权人应将债权的计税成本减记至未来应收金额，减记的金额确认为当期债务重组损失。可以看出，不附或有条件的债务重组，重组利得或损失的税务处理与会计处理基本一致；附或有条件的债务重组，对于债务人而言，会计上确认债务重组利得时可以扣除预计负债的金额，而税法中根据税前扣除的确定性原则，预计负债只有在实际发生时才能据实扣除，因此重组后债务的账面价值与计税基础之间会形成暂时性差异。

【例 11-6】　2004 年 6 月 30 日，甲公司从某银行取得年利率为 8%、两年期的贷款 100 万元，现因甲公司发生财务困难，于 2006 年 12 月 31 日进行债务重组，银行同意延长贷款到期日至 2008 年 12 月 31 日，利息按年支付，利率改为 6%，免除积欠利息 20 万元，本金降至 90 万元。但重组协议中附有一条件：债务重组后，如果甲公司自 2007 年起有盈利，则利率回复至 8%；若无盈利，仍为 6%。

（1）在债务重组日，甲公司重组债务的账面价值 = 100×（1+8%×2.5）= 120（万元），会计处理如下：

借：长期借款——某银行　　1 200 000
　贷：长期借款——债务重组　　900 000
　　　预计负债　　36 000
　　　营业外收入——债务重组利得　　264 000

在企业所得税处理上，甲公司债务重组所得 = 重组债务计税基础 - 重组后债务计税基础 = 120 - 90 = 30（万元），因此，2006 年计税时应调增应纳税所得 30 - 26.4 = 3.6（万元）。

2007 年 12 月 31 日支付利息时：

借：财务费用　　54 000
　贷：银行存款　　54 000

设 2008 年 12 月 31 日偿还本金及利息：

借：财务费用　　54 000
　　长期借款——债务重组　　900 000
　贷：银行存款　　954 000

2007 年和 2008 年的财务费用据实扣除，不需做纳税调整。

（2）假设甲公司自 2007 年开始一直盈利，甲公司每年应按 8% 的利率支付利息 72 000元，2007 年 12 月 31 日，会计处理如下：

借：财务费用　　54 000
　　预计负债　　18 000
　贷：银行存款　　72 000

2008 年 12 月 31 日，按 8%的利率还本付息，其会计处理为：

借：长期借款——债务重组　900 000

　　财务费用　54 000

　　预计负债　18 000

　贷：银行存款　972 000

2007 年和 2008 年甲公司的财务费用据实扣除，不需做纳税调整。因或有支出已成为实际支出，可以据实扣除，因此，甲公司 2007 年和 2008 年应分别调减应纳税所得额 1.8 万元。

（3）假设甲企业一直处于亏损状态，甲公司到期按 6%利率支付银行利息，2007 年 12 月 31 日，其会计处理如下：

借：财务费用　54 000

　贷：银行存款　54 000

借：预计负债　18 000

　贷：营业外收入——债务重组利得　18 000

2008 年 12 月 31 日，按 6%的利率还本付息，其会计处理为：

借：长期借款——债务重组　900 000

　　财务费用　54 000

　　预计负债　18 000

　贷：银行存款　954 000

　　　营业外收入——债务重组利得　18 000

2007 年和 2008 年甲公司的财务费用据实扣除，不需做纳税调整。因甲公司在债务重组日计提的预计负债没有在税前扣除，调增了应纳税所得额，故在 2007 年和 2008 年转回预计负债时，应分别调减应纳税所得额 1.8 万元。

4. 混合重组方式

混合重组方式，主要有以下五种情况：

① 以现金、非现金资产两种方式的组合清偿某项债务。

② 以现金、非现金资产、债务转为资本方式的组合清偿某项债务。

③ 以现金、债务转为资本两种方式的组合清偿某项债务。

④ 以非现金资产、债务转为资本两种方式的组合清偿某项债务。

⑤ 以现金、非现金资产、债务转为资本等方式清偿某项债务的一部分，并对该项债务的另一部分以修改其他债务条件进行债务重组。

对于混合重组方式，在会计处理上应说明两点：

① 债务人和债权人在进行账务处理时，应依据债务清偿的顺序。一般情况下，应先考虑以现金清偿，然后是以非现金资产清偿或以债务转为资本方式清偿，最后是修改其他债务条件。债务人按照这一顺序依次冲减重组债务的账面价值，债权人也按照收到的现金、受让非现金资产的公允价值、因放弃债权而享有股权的公允价值的顺序依次冲减重组债权的账面价值，会计处理方法与单项债务重组的处理方法一致。

② 存在以非现金资产、债务转为资本清偿债务的，债权人应考虑采用两者的公允价值相对比例确定各自的入账价值；如果非现金资产或股权不止一项，则需再按同样的方法确定各项非现金资产或股权的入账价值。如果重组协议本身已经明确规定了非现金资产或股权的清偿债务金额或比例，就按协议规定进行账务处理。

混合重组方式下的税务处理基本方法不变。混合重组方式下应按照以上顺序进行纳税处理，同时就每一类偿债资产冲减重组债务和重组债权的计税成本，再分别适用《企业债务重组业务所得税处理办法》中的相应规定。

【例 11-7】　甲公司因为现金流量严重不足，不能按时支付所欠乙企业的贷款 400 万元。与乙公司达成协议，于 2008 年 5 月 31 日进行债务重组，甲公司以银行存款支付 20 万元，以其用做固定资产的一台设备偿还 80 万元的债务，其余部分转为乙公司对甲公司的投资，甲公司普通股面值 10 元，以 200 000 股进行抵偿，该股票每股市价 13 元。该设备原值为 120 万元，已提折旧 50 万元，公允价值 75 万元，乙企业接受该设备后也作为固定资产用。假定乙企业未对该项债权计提坏账准备，且不考虑双方相关交易费用。

（1）甲企业的会计处理：

借：固定资产清理	700 000	
累计折旧	500 000	
贷：固定资产		1 200 000
借：应付账款——乙企业	4 000 000	
贷：银行存款		200 000
固定资产清理		750 000
实收资本		2 000 000
资本公积——股本溢价		600 000
营业外收入——债务重组利得		450 000
借：固定资产清理	50 000	
贷：营业外收入——处置固定资产利得		50 000

在企业所得税处理上，甲企业应确认设备转让所得：75－（120－50）＝5（万元）。同时，应确认甲企业的债务重组所得：400－（20+75+260）＝45（万元）。两者金额之和 50 万元计入应纳税所得额。

（2）乙企业的会计处理：

借：银行存款	200 000	
固定资产	750 000	
长期股权投资	2 600 000	
营业外支出——债务重组损失	450 000	
贷：应收账款——甲企业		4 000 000

在企业所得税处理上，乙企业的债务重组损失：400－（20+260+75）＝45（万元），会计核算也确认了这笔债务重组损失，因此，无需调整当期的应纳税所得额。

三、非货币性资产交换的税务处理

（一）非货币性资产交换概述

非货币性资产交换，是指交易双方主要以存货、固定资产、无形资产和长期股权投资等非货币性资产进行的交换。该交换不涉及或只涉及少量的货币性资产（即补价）。

非货币性交换主要有以下几个特点：

（1）非货币性资产交换的交易对象主要是非货币性资产。

非货币性资产，是指货币性资产以外的资产。所谓货币性资产，是指企业将以固定或可确定金额的货币收取的资产，包括现金、银行存款、应收账款和应收票据以及准备持有至到期的债券投资等。货币性资产以外的资产为非货币性资产。

（2）非货币性交换是以非货币性资产进行交换的行为。非货币性交换是一种互惠转让，即企业以换出资产为代价换入资产。

（3）非货币性交换有时也可能涉及少量的货币性资产。

非货币性交换中的一方有可能支付或收到一定金额的货币性资产，此时收到或支付的货币性资产称为补价。这里所称的“少量的货币性资产”，是指补价占整个资产交换金额的比例必须低于25%。即支付的货币性资产占换入资产公允价值（或占换出资产公允价值与支付的货币性资产之和）的比例低于25%（不含25%）。若该比例大于或等于25%，均适用《收入准则》，按照货币性资产交换处理。

（二）非货币性资产交换的会计处理与税务处理

1. 非货币性资产交换的会计处理

（1）采用公允价值模式计量

非货币性资产交换采用公允价值模式计量必须具备两个条件：一是具有商业实质，即换入资产的未来现金流量在风险、时间和金额方面与换出资产显著不同，换入、换出资产预计未来现金流量现值不同，其差额与换入、换出资产的公允价值比较是重大的。在关联方交易中，很可能导致发生的非货币性资产交换不具有商业实质；二是换入资产或换出资产的公允价值能够可靠计量。

非货币性资产交换的会计处理中，最关键的是关于换入资产入账价值的确定：

① 不涉及补价时，应当以换出资产的公允价值和应支付的相关税费作为换入资产的成本，除非有确凿证据表明换入资产的公允价值比换出资产公允价值更加可靠。换出资产公允价值与其账面价值之间如果有差额，计入当期损益。会计上应视换出资产的类别不同而区别处理：换出资产为存货的，视同销售处理，按公允价值确认销售收入，结转销售成本；换出资产为固定资产、无形资产的，换出资产公允价值和账面价值的差额，计入营业外收入或营业外支出；换出资产为长期股权投资、可供出售金融资产的，换出资产公允价值和账面价值的差额，计入投资收益。换入资产与换出资产涉及相关税费的，按有关税收规定计算确定。

② 涉及补价时，分两种情况：

支付补价方：

换入资产入账价值=换出资产公允价值+补价+应支付的相关税费

换入资产的公允价值=换出资产公允价值+补价

换入资产入账价值与换出资产账面价值、补价以及应支付的相关税费之和的差额，计入当期损益。

收到补价方：

换入资产入账价值=换出资产公允价值-补价+应支付的相关税费

换入资产入账价值加收到的补价之和与换出资产账面价值加应支付的相关税费之和的差额，计入当期损益。

（2）采用账面价值模式计量

如果非货币性资产交换不满足采用公允价值模式计量必须具备的两个条件，则应当以换出资产账面价值加上应支付的相关税费确定换入资产的成本，无论是否支付补价，均不确认损益。

① 不涉及补价时，应当以换出资产的账面价值和应支付的相关税费作为换入资产的成本。

② 涉及补价时，分两种情况：

支付补价方：

换入资产入账价值=换出资产账面价值+补价+应支付的相关税费

收到补价方：

换入资产入账价值=换出资产账面价值-补价+应支付的相关税费

（3）涉及多项非货币性资产交换

涉及多项非货币性资产交换的，企业首先应判断是否符合公允价值计量的两个条件。对于资产交换具有商业实质、换入资产和换出资产的公允价值均能够可靠计量或者换入资产、换出资产中只有一方资产的公允价值能够可靠计量的，换入资产的成本都是按照公允价值模式计量。在同时换入多项资产的情况下，应当按照各项换入资产的公允价值占换入资产公允价值总额的比例，对换入资产的总成本进行分配，确定各项换入资产的成本。当换入资产的公允价值不能可靠计量时，应按照各项换入资产的原账面价值占换入资产原账面价值总额的比例，对按照换出资产公允价值总额确定的换入资产总成本进行分配，以确定各项换入资产的成本；其他不符合公允价值计量条件的情况，按照账面价值计量。

2. 非货币性资产交换的税务处理

非货币性资产交换的税务处理，在流转税方面，随着换出资产的类别不同而各有差别：

① 如果纳税人以自产、外购或委托加工的货物进行易货贸易或对外投资，则视同销售，按同期或最近时期同类存货的加权平均价格，如果无同期或最近时期售价，按组成计税价格，计算缴纳增值税。如果用于交换或投资的货物属于应缴消费税的消费品，还需缴纳消费税，但计算消费税时，应按最高售价计税。

② 当纳税人以使用过的机器设备等动产进行实物交换时，如果交易价格（公允价值）低于原值，可免征增值税；反之，则应按4%的征收率计征增值税并减征50%。

③ 以无形资产、不动产、投资性房地产进行非货币性资产交换时，应当视同销售，

计算缴纳营业税、土地增值税。

④ 增值税一般纳税人换入存货或设备，取得增值税专用发票，符合抵扣条件的，可以依法抵扣进项税额。

在所得税方面，《企业所得税法实施条例》第25条规定，除国务院财政、税务主管部门另有规定外，企业发生非货币性资产交换，应当视同销售货物、转让财产。第58条、62条、66条、71条和72条规定，以非现金资产交换方式取得的固定资产、生物资产、无形资产、投资资产和存货，以该资产的公允价值和支付的相关税费为计税基础（成本）。可以看出，非货币性资产交换按照公允价值计量时，资产转让的计税收入和换入资产入账价值的确定在税收处理和会计处理上一致。

【例11-8】 甲企业是一设备生产厂家，经协商，以自己生产的1台设备换入乙企业生产的A产品一批。该设备的市场价格为20万元，生产成本12万元。该批A产品的市场价格为24万元，生产成本18万元。同时，甲企业向乙企业支付银行存款4万元。甲企业将换入的A产品作为存货，乙企业将换入的设备作为固定资产。假设甲企业和乙企业均未对存货计提存货跌价准备，甲、乙企业各自开具增值税专用发票。

① 甲企业的会计处理：

$$\frac{4}{4+20}\times 100\% = 16.67\% < 25\%$$

可以判定此项交易属于非货币性资产交换。

借：库存商品——A产品	233 200	
应交税费——应交增值税（进项税额）	40 800	
贷：主营业务收入——某设备		200 000
应交税费——应交增值税（销项税额）		34 000
银行存款		40 000
借：主营业务成本	120 000	
贷：库存商品——某设备		120 000

甲企业做会计处理时应注意：该交易无论是否开具增值税发票，均应计算增值税销项税额，而只有当乙公司开来增值税专用发票时，甲企业才能抵扣增值税进项税额。视同销售确认8万元的净收益计入当期应纳税所得额，无需做纳税调整。

② 乙企业的会计处理：

$$\frac{4}{4+24}\times 100\% = 14.29\% < 25\%$$

对乙企业来说，此项交易也是非货币性资产交换。

借：固定资产——某设备	206 800	
银行存款	40 000	
应交税费——应交增值税（进项税额）	34 000	
贷：主营业务收入——A产品		240 000
应交税费——应交增值税（销项税额）		40 800

借：主营业务成本　　　　180 000

　贷：库存商品——A 产品　　　　180 000

同理，乙企业也无需做纳税调整。

四、关联企业往来业务的会计处理与税务处理

会计准则中公布的《关联方披露准则》主要是为了明确关联方关系的认定、交易类型以及相关信息披露，为会计报表使用者提供更为可靠的信息；《企业所得税法》及其实施条例在第六章"特别纳税调整"中专门对关联方关系的认定、关联方交易的原则、纳税调整等问题进行说明，目的是防止纳税人利用关联交易避税。

（一）关联方关系的认定

《关联方披露准则》规定：一方控制、共同控制另一方或对另一方施加重大影响，以及两方或两方以上同受一方控制、共同控制或施加重大影响的，构成关联方。关联方关系往往存在于控制或被控制、共同控制或被共同控制、施加重大影响或被施加重大影响的各方之间。在判断是否存在关联方关系时，应遵循实质重于形式的原则。

《企业所得税法实施条例》第 109 条规定，关联方是指与企业有下列关联关系之一的企业、其他组织或者个人：

1. 在资金、经营、购销等方面存在直接或者间接的控制关系。
2. 直接或者间接地同为第三者控制。
3. 在利益上相关联的其他关系。

税法与会计准则对关联方关系的认定既有相同的地方，又有不同之处。差异主要在于：(1) 对"控制"的理解及认定标准不同；(2) 税收意义上的"关联方"没有包括主要投资者个人（除存在控制关系的）、关键管理人员或与其关系密切的家庭成员，但是包括在经营、购销等方面存在直接或间接控制关系的企业、其他组织和个人，会计上的关联方则相反；(3) 会计准则中的关联方关系强调"财务管理权"，而税法则从反避税的角度强调与关联方有业务往来的资金、经营、购销方面。

（二）关联方交易的确认及纳税调整

会计准则规定，关联方交易是指关联方之间转移资源、劳务或义务的行为，而不论是否收取价款。关联方的交易类型主要有：购买或销售商品、购买或销售除商品以外的其他资产、提供或接受劳务、担保、提供资金、租赁、代理、研究与开发项目的转移、许可协议、代表企业或由企业代表另一方进行债务结算、关键管理人员薪酬，等等。

税法中没有对关联方交易做出具体界定，但《企业所得税法》第 41 条对给出了关联交易的税务处理原则，规定"企业与其关联方之间的业务往来，不符合独立交易原则而减少企业或者其关联方应纳税收入或所得额的，税务机关有权按照合理方法调整"。独立交易原则，是指没有关联关系的交易各方，按照公平成交价格和营业常规进行业务往来遵循的原则。合理方法包括：

1. 可比非受控价格法，是指按照没有关联关系的交易各方进行相同或者类似业务往来的价格进行定价的方法。

2. 再销售价格法，是指按照从关联方购进商品再销售给没有关联关系的交易方的

价格，减除相同或者类似业务的销售毛利进行定价的方法。

3. 成本加成法，是指按照成本加合理的费用和利润进行定价的方法。

4. 交易净利润法，是指按照没有关联关系的交易各方进行相同或者类似业务往来取得的净利润水平确定利润的方法。

5. 利润分割法，是指将企业与其关联方的合并利润或者亏损在各方之间采用合理标准进行分配的方法。

6. 其他符合独立交易原则的方法。

税务机关在具体选择纳税调整方法时，可参考下列标准：（1）方法的运用应满足方法本身对可比性条件的要求；（2）同等信息资料条件下，没有其他更适当的方法；（3）方法的运用能够被税务机关和纳税人所接受。

此外，借鉴国际经验，《企业所得税法》中还增列了“预约定价安排”的内容，企业可以向税务机关提出与其关联方之间业务往来的定价原则和计算方法，税务机关与企业协商、确定后，达成预约定价安排。借鉴国际反避税立法经验，增加了成本分摊协议、一般反避税、防止资本弱化、防止避税地避税、补征税款加收利息等内容。

（三）关联方的披露

会计准则要求，企业应在财务报表中披露所有关联方关系及交易的相关信息，包括：

1. 企业无论是否发生关联方交易，均应在附注中披露与该企业之间存在控制关系的母公司和子公司有关的信息。

2. 企业与关联方发生关联方交易的，应在附注中披露该关联方关系的性质、交易类型及交易要素。

3. 对外提供合并财务报表的，不予披露已经包括在合并范围内各企业之间的交易。

《企业所得税法》第43、44条规定，企业向税务机关报送年度企业所得税纳税申报表时，应当就其与关联方之间的业务往来，附送年度关联业务往来报告表。而且，税务机关在进行关联业务调查时，企业及其关联方，以及与关联业务调查有关的其他企业，应当按照规定提供相关资料。企业不提供与其关联方之间的业务往来资料，或者提供虚假、不完整资料，未能真实反映其关联业务往来情况的，税务机关有权依法核定其应纳税所得额。

五、取得境外所得的税务处理

国家对企业来自境外所得依法征收所得税时，允许企业将其已在境外缴纳的所得税税额从其应向本国缴纳的所得税税额中扣除，是避免国际上对同一所得重复征税的一项重要措施。

为实施“走出去”战略，提高我国企业国际竞争力，新企业所得税法保留了现行对境外所得直接负担的税收采取抵免法。规定下列境外所得实行税额抵免：（1）居民企业来源于中国境外的应税所得；（2）居民企业从其直接或间接控制的外国企业分得的来源于中国境外的股息、红利等权益性投资收益，外国企业在境外实际缴纳的所得税税额中属于该项所得负担的部分；（3）非居民企业在中国境内设立机构、场所，取得发生在中国境外但与该机构、场所有实际联系的所得。

对于来源于境外的股息、红利负担的税收，引入了间接抵免方式，规定居民企业直接持有或间接持有外国企业20%以上股份，可以实行间接抵免。从国际惯例看，实行间接抵免一般要求以居民企业对外国公司有实质性股权参与为前提。如美国、加拿大、英国、澳大利亚、墨西哥等规定，本国公司直接或间接拥有外国公司10%以上有表决权的股票；日本、西班牙规定的比例为25%以上。

已在境外缴纳的所得税税额，可以从其当期应纳税额中抵免；超过抵免限额的部分，可以在以后五个年度内，用每年度抵免限额抵免当年应抵税额后的余额进行抵补。

抵免限额应当分国（地区）不分项计算，其计算公式是：

$$扣除限额=境内、外所得按税法计算的应纳税总额\times\frac{来源于某外国所得}{中国境内、境外所得总额}$$

【例11-9】 某外商投资企业2008年度来源于中国境内的应纳税所得额为200万元，适用25%的企业所得税税率。该企业在A国设有分支机构（我国与A国已经缔结避免双重征税协定），来源于A国分支机构的应纳税所得额为60万元，A国税率为20%；来源于B国直接控股公司的股息为90万元，该企业在B国公司的控股比例为25%，B国预提所得税税率为10%，企业所得税税率为30%，税后利润全部分配。计算该企业在我国应缴纳的企业所得税税额。

（1）A国所得的扣除限额=60×25%=15（万元），已纳税额60×20%=12（万元），低于扣除限额15万元，可全额扣除。

（2）对B国直接控股公司控股比例为25%，超过20%，采用间接抵免法。税后股息为90万元，税前股息为90/（1-10%）=100（万元）。B国企业所得税税率为30%，税后利润全部分配，故税前利润=100/（1-30%）=142.86（万元），在B国已纳税额=142.86×30%=42.86（万元）。

B国所得抵免限额=142.86×25%=35.71（万元），在B国缴纳的所得税为42.86万元，高于扣除限额，其超过扣除限额的部分不能扣除。

（3）应纳税额=（200+60+142.86）×25%-12-35.71=53（万元）

六、永久性差异的税务处理

永久性差异是指企业在一定会计期间，由于会计制度和税法在计算收益、费用或损失时口径不同，所产生的税前会计利润与应税所得之间的差异。这种差额在本期发生，并不能在以后各期转回。在现行所得税会计中，由于采用“资产负债表债务法”核算，只确认暂时性差异对未来纳税的影响，所以没有专门提及永久性差异的会计处理。但是，税法和会计在某些事项的处理方面确实存在“永久性”差异，这种差异在未来一段期间并不能转回，而只能在当期确认。例如，某企业2008年度应付未付的职工薪酬1 000万元，合理的职工薪酬为800万元，会计上在“应付职工薪酬”科目确认1 000万元，税法上可抵扣的工资薪金为800万元，会计处理和税务处理存在200万元的差异。按照所得税会计准则，“应付职工薪酬”作为一项负债，其账面价值和计税基础有200万元的差异，但是由于该差异在未来期间并不能转回，也即200万元并不能在未来继续抵扣，故暂时性差异为零，事实上，这200万元的差异就是永久性差异。具体来说，根据永久性差异对应纳税所得额的影响，我们将某些项目列示如表11-19所示。

表11-19　　**受永久性差异影响的各项目**

调增项目	调减项目
(1) 税收滞纳金、罚款（会计：营业外支出） (2) 赞助支出（会计：营业外支出） (3) 商业保险费（会计：管理费用） (4) 非金融企业向非金融企业的借款利息支出超标部分（会计：财务费用） (5)“三费”超标部分 (6) 业务招待费超标部分 (7) 公益救济性捐赠超标部分	(1) 国债利息收入 (2) 居民企业之间的权益性投资收益 (3) 持有居民企业公开发行并上市流通的股票12个月以上取得的投资收益 (4) 转让技术所有权收入 (5) 研发费用

【例11-10】　龙华公司（居民企业）2009年度经营成果如表11-20所示，适用企业所得税税率为25%。设该年度内未预缴企业所得税。

表11-20　　**利　润　表**

单位：龙华公司　　2009年度　　单位：元

项　目	行次	本月数	本年累计数
一、主营业务收入	1	略	8 800 000
减：主营业务成本	4		7 490 000
主营业务税金及附加	5		324 000
二、主营业务利润（亏损以“-”号填列）	10		986 000
加：其他业务利润（亏损以“-”号填列）	11		50 000
减：营业费用	14		86 000
管理费用	15		140 000
财务费用	16		90 000
三、营业利润（亏损以“-”号填列）	18		720 000
加：投资收益（亏损以“-”号填列）	19		120 000
补贴收入	22		
营业外收入	23		40 000
减：营业外支出	25		80 000
四、利润总额（亏损总额以“-”.号填列）	27		800 000
减：所得税（按税法计算）	28		206 812. 5
五：净利润（净亏损以“-”号填列）	30		593 187. 5

该公司财务人员根据企业所得税法规的有关规定进行税务会计核算时，发现其有关

财务核算的项目中包括以下核算内容：

（1）管理费用项目中，列支的业务招待费用超标准 12 000 元。

（2）财务费用项目中，列支的借款利息支出超标准 15 000 元。

（3）投资收益项目中，从其他居民企业分回的股息 50 000 元，购买的国债利息收入 20 000 元。

（4）营业外支出项目中，列支有非公益、救济捐赠支出 20 000 元、非广告性赞助支出 10 000 元、缴纳的税收滞纳金 5 000 元。

（5）发生的职工福利费、工会经费、职工教育经费超标准 35 250 元。

该公司应缴纳入库的企业所得税按税法规定计算处理如下：

（1）纳税调整增加额（永久性差异）为：

12 000+15 000+20 000+10 000+5 000+30 000+5 250＝97 250（元）

（2）纳税调整减少额（永久性差异）为：

50 000+20 000＝70 000（元）

（3）应纳税所得额＝会计利润±按税法规定调整项目金额

800 000+97 250−70 000＝827 250（元）

（4）公司应纳所得税额＝827 250×25%＝206 812. 5（元）

会计处理：

借：所得税费用　　206 812. 5

　贷：应交税费——应交所得税　　206 812. 5

公司转销所得税费用时：

借：本年利润　　206 812. 5

　贷：所得税费用　　206 812. 5

公司上缴所得税时：

借：应交税费——应交所得税　　206 812. 5

　贷：银行存款　　206 812. 5

该年度公司实现的净利润为：800 000−206 812. 5＝593 187. 5（元），利润表中的所得税和净利润项目金额也做相应调整。

七、所得税调整的税务处理

（一）调整账务的意义

调整账务是指依据国家税收法规的规定和财务会计核算的基本原理，对企业财务核算影响纳税的有关账务进行必要的调整。调整账务一般有两种情况：一是由于税前会计利润与纳税所得之间存在计算标准和计算口径不同对纳税的影响；二是由于企业在财务核算处理上难免会出现差错对纳税的影响。

调账的根本意义在于按照国家税收法规和财务制度的规定，真实地反映企业生产、经营成果，正确履行纳税义务，为下期核算和征纳税款创造良好条件。如果企业的错账不进行必要的调整和纠正，一方面会使企业的经营成果失去真实性，另一方面以前的错账还会导致新的错账和错漏税的发生，为日后企业的财务核算和税务稽查工作增加不必要的难度和麻烦。

（二）调整账务的基本原则

调整账务应根据各企业的具体情况来进行，以保证调账的正确性、科学性和实效性。调账既要对企业财务核算错误对纳税的影响进行纠正，又要利于加强企业财务管理。在调账过程中应遵循以下原则：

1. 与税收法规相一致的原则

调账必须依据税收法规和财务制度的规定来进行，但在纳税问题上财务制度规定与税收法规不一致的，必须按照税收法规的规定来执行。

2. 与会计核算原理相符合的原则

调账是对财务核算错误以及错误对纳税的影响进行调整。在做新的调整账务处理时，既要符合税收法规和财务制度的规定，又要符合财务会计核算的基本原理。会计科目的运用和会计分录的处理，既要利于真实反映企业的经营成果，又要利于企业正确履行纳税义务。同时，还要保持企业上下期之间会计核算的连续性和整体性。

3. 准确性原则

准确性原则是指调账过程中要实事求是、真实地反映和纠正企业的错账情况。直接费用调减的要反映利润的增加，直接费用调增的要反映利润的减少。间接费用的调减或调增，不能直接反映利润的增加或者减少的，应按一定的分摊方法进行分配。

（三）调账的基本方法

由于各企业处于不同的行业，执行着不同的财务会计制度，再加上各企业的错误千差万别。因此，具体的调账方法也各不相同。调账结果是否正确，可以进行检验，其方法是将调整的账务处理与原错误的账务处理进行合并，合并后的会计处理是各业务内容发生时的正确的账务处理，即调账正确。

调账的具体方法，根据所处的时段不同可以分为两大类：

第一类：年度内（企业未进行决算以前）的调账方法。

年度内调账也称为平时调账，由于企业核算过程中产生的错误对经营成果和纳税的影响，直接涉及当期损益，不递延到以后各期。因此，年度内调账比较简单，主要的方法有：

1. 红字更正法

“红字更正法”是采取先用红字冲销错误的原会计分录，再重新编制正确会计分录的一种调账方法。该方法主要适用于错账所反映的会计科目的对应关系有误的会计事项。平时企业的财务主管人员和税务机关的稽查人员，随时发现错误可要求会计人员随时进行调账。调账时要说明理由，注意冲销错误会计分录与编制正确会计分录的对应衔接关系。

2. 补充登记法

“补充登记法”是采用相同会计分录或转账会计分录直接进行补充登记纠正错账的一种调账方法。主要适用于错账所涉及的会计科目之间对应关系没有错误，只是在数据上有误的会计事项。

【例 11-11】　某企业本期应摊销的无形资产费用为 2 000 元，假定摊销的会计处理实际只计了 1 200 元。账务处理为：

借：管理费用　　1 200

　贷：无形资产　　1 200

当该错误的账务处理被发现后，可用“补充登记法”进行调账，将原来少记费用的 800 元进行补充调整。会计处理为：

借：管理费用　　800

　贷：无形资产　　800

假定原会计处理数据记载为 2 200 元，按照规定多摊记费用 200 元。这种情况下，将 200 元以红字补充登记即可。

第二类：年终（或次年）的调账方法。

年终是指当年已经结束，企业在财务会计处理上已做了决算，相关会计事项和会计实务已经做了处理。如再用平时的调账方法，将会更改决算的全部账务处理及相关的报表资料，以及影响相关的会计实务，实际上再按平时的调账处理已不可能。因此，年终或次年的调账具有其特殊性。调整上年度或以往年度的错账要从实际出发，区别不同情况处理。凡具有递延性的错账都必须调整，所谓递延性错账是指直接与下期财务核算和征税有密切联系，并影响到下期核算成果和征税的错账。如原材料、在产品、产成品、待摊费用结存以及固定资产折旧等错账，都涉及下期的财务核算和征税问题。

按照规定，调整上年度或以往年度的账务处理，凡直接与损益有关的错账，均通过“以前年度损益调整”科目进行调整，实际上是将属于上年度或以往年度的损益转入本年度进行核算；凡与损益未有直接关系的错账，以其相对应的科目进行调整；只与税收核算有关，而财务核算处理是正确的，直接调整应纳税所得额，不调账。举例说明如下：

【例 11-12】　某市龙华公司为综合生产、经营公司，甲产品增值税率为 17%，消费税率为 10%，营业税率为 3%，企业所得税税率为 25%，公司已按其财务核算的结果缴纳了上年度的各种税费。本年度 3 月对其检查时，发现上年度有关生产、经营业务处理为：

（1）少计经营收入

少计经营收入是指企业有意隐瞒经营成果或少缴纳税款，将收入记入“往来”账户、“基金”账户，或直接冲减“费用”账户等。

① 上年度 10 月 5 日，销售甲产品一批给某使用单位，开具普通发票，取得收入 23 400元存入银行。公司会计处理为：

借：银行存款　　23 400

　贷：应付账款　　23 400

公司将销售收入直接计入应付账款，影响了增值税、消费税、城建税、教育费附加、经营成果及所得税，虚增了应付账款。计算调账如下：

应补缴增值税＝23 400÷（1+17%）×17%＝3 400（元）

应补缴消费税＝23 400÷（1+17%）×10%＝2 000（元）

应补缴城建税＝（3 400+2 000）×7%＝378（元）

应补缴教育费附加＝（3 400+2 000）×3%＝162（元）

影响经营成果＝23 400−3 400−2 000−378−162＝17 460（元）

调账会计处理：

借：应付账款　23 400

　贷：应交税费——应交增值税（销项税额）　3 400

　　应交税费——应交消费税　2 000

　　应交税费——应交城建税　378

　　其他应交款——应交教育费附加　162

　　以前年度损益调整　17 460

② 上年度 11 月 8 日，取得交通运输营业收入 6 000 元存入银行。公司会计处理为：

借：银行存款　6 000

　贷：应付职工薪酬　6 000

公司将营业收入直接计入应付职工薪酬，影响了营业税、城建税、教育费附加、经营成果及所得税，虚增了应付职工薪酬。计算调账如下：

应补缴营业税＝6 000×3%＝180（元）

应补缴城建税＝180×7%＝12. 6（元）

应补缴教育费附加＝180×3%＝5. 4（元）

影响经营成果＝6 000−180−12. 6−5. 4＝5 802（元）

调账会计处理：

借：应付职工薪酬　6 000

　贷：应交税费——应交营业税　180

　　应交税费——应交城建税　12. 6

　　其他应交款——应交教育费附加　5. 4

　　以前年度损益调整　5 802

③ 上年度 12 月 4 日，取得建筑安装费营业收入 8 000 元存入银行，公司会计处理为：

借：银行存款　8 000

　贷：管理费用　8 000

公司将营业收入直接冲减管理费用，影响了营业税、城建税、教育费附加经营成果的真实性，计算调账如下：

应补缴营业税＝8 000×3%＝240（元）

应补缴城建税＝240×7%＝16. 8（元）

应补缴教育费附加＝240×3%＝7. 2（元）

影响经营成果＝8 000−240−16. 8−7. 2＝7 736（元）

调账会计处理：

借：管理费用　　8 000

　贷：应交税费——应交营业税　　240

　　　　　　　——应交城建税　　16.8

　　　其他应交款——应交教育费附加　　7.2

　　　　　　　　——以前年度损益调整　　7 736

（2）多列期间费用

① 上年度8月20日，公司支付建造办公楼的借款利息费用10 000元，公司会计处理为：

借：财务费用——借款利息　　10 000

　贷：银行存款　　10 000

公司将应由工程负担的利息费用计入财务费用，影响了经营成果。调账处理如下：

借：在建工程（或固定资产）　　10 000

　贷：以前年度损益调整　　10 000

② 上年度12月25日，发生三笔支出，工会为职工购电影票支付现金500元，以银行存款为公司技术员支付培训费1 000元，去医院看望住院职工以现金买礼品60元。公司会计处理为：

借：管理费用　　1 560

　贷：银行存款　　1 000

　　　库存现金　　560

公司在发生“三费”时，会计处理应为：

借：应付职工薪酬——职工福利　　60

　　　　　　　　——工会经费　　500

　　　　　　　　——职工教育经费　　1 000

　贷：银行存款　　1 000

　　　库存现金　　560

待分配“三费”金额时，记入“管理费用”等费用类账户，因此，如果该年度已经分配“三费”金额，则直接将由职工福利费、职工教育费、职工工会经费负担的费用计入管理费用，不会影响经营成果；如果该年度没有分配，则会多列费用。

（3）多计成本费用

① 上年度12月15日，公司建造职工宿舍领用甲原材料20 000元，生产车间领用乙原材料30 000元。公司会计处理为：

借：生产成本　　50 000

　贷：原材料——甲材料　　20 000

　　　　　　——乙材料　　30 000

经核查，宿舍领用的甲材料应从生产成本中转出；生产车间领用的乙原材料多结转材料费用金额1 500元，分别由期末在产品、完工产品各负担60%、40%。因公司多计的乙材料费用对上年度的损益无直接关系，不涉及“以前年度损益调整”科目，直接调整相对应的材料科目即可。计算调账处理如下：

在产品负担的多转乙材料费用=1 500×60%=900（元）

完工产品负担的多转乙材料费用=1 500×40%=600（元）

调账会计处理：

借：在建工程	20 000	
原材料——乙材料	1 500	
贷：生产成本		17 994.02
应交税费——应交增值税（进项税额转出）		2 905.98
库存商品		600

②以①中生产车间领用乙材料为例，多转的乙材料费用1 500元，假定由在产品负担30%、完工产品负担20%、销售产品成本负担50%。计算调账处理如下：

在产品负担的多转材料费用=1 500×30%=450（元）

完工产品负担的多转材料费用=1 500×20%=300（元）

销售产品成本负担的多转材料费用=1 500×50%=750（元）

销售产品成本负担的多转材料费用，影响到上年度的经营成果及所得税。

调账会计处理：

借：原材料——乙材料	1 500	
贷：生产成本		450
库存商品		300
以前年度损益调整		750

（4）纳税调整项目

假定龙华公司上年度有关纳税调整项目有：

① 全年业务招待费用支出超标准20 000元。

② 实发工资总额超标准60 000元，职工福利费、工会经费、职工教育经费共计超标准11 100元。

③“营业外支出”账户中列支有：对外直接捐赠10 000元；超过公益、救济捐赠标准的有5 000元；上缴工商部门的罚款3 000元；上缴税收滞纳金2 000元。

④ 全年取得购买国债利息收入50 000元。

以上各项目，由于税法规定与财务会计制度规定的计算标准不同，涉及税收的调整，财务会计处理本身无误。因此，不做账务调整，只调整应纳税所得额。

调整应纳税所得额=20 000+60 000+11 100+10 000+5 000+3 000+2 000−50 000=61 100（元）

综合检查结果：

（1）应补缴增值税=3 400+2 905.98=6 305.98（元）

（2）应补缴消费税=2 000（元）

（3）应补缴营业税=180+240=420（元）

（4）应补城建税＝378+12.6+16.8＝407.4（元）

（5）应补缴教育费附加＝162+5.4+7.2＝174.6（元）

（6）应补缴企业所得税：

① 调账增加所得额＝17 460+5 802+10 000+7 736+750＝41 748（元）

② 纳税调整增加所得额＝61 100（元）

③ 应补缴所得税＝（41 748+61 100）×25%＝25 712（元）

④ 计算应缴所得税时：

借：以前年度损益调整　　25 712

　贷：应交税费——应交所得税　　25 712

⑤ 上缴所得税时：

借：应交税费——应交所得税　　25 712

　贷：银行存款　　25 712

⑥ 将“以前年度损益调整”账户的贷方余额转入“利润分配——未分配利润”账户：

贷方余额＝41 748－25 712＝16 036（元）

借：以前年度损益调整　　16 036

　贷：利润分配——未分配利润　　16 036

⑦ 以前年度税后净收益计提10%盈余公积时：

借：利润分配——未分配利润　　1 603.6

　贷：盈余公积　　1 603.6

上述所补所得税，补税时间在本年度，实际税款应属于上年度。对上年度的以前年度损益调整金额，转入未分配利润后，已构成企业未分配利润总额，与检查年度的损益没有关系。

第十二章　个人所得税的核算

第一节　个人所得税核算的基本规定

个人所得税是对中国境内有住所或者无住所而在境内居住满一年的个人，从中国境内、境外取得的所得，以及对在中国境内无住所又不居住或者无住所而在境内居住不满一年的个人，从中国境内取得的所得征收的一种税。

一、纳税义务人

个人所得税的纳税义务人，包括中国公民和外籍人员。我国《个人所得税法》规定，纳税义务按照时间和住所两个标准，可分为居民纳税人和非居民纳税人。

（一）居民纳税义务人

居民纳税义务人负有无限纳税义务，对其取得的境内、境外的全部所得缴纳个人所得税。居民纳税义务人是指在中国境内有住所或者无住所而在中国境内居住满一年的个人。

在中国境内有住所的个人，是针对其户籍、家庭、经济利益关系等而言，指在中国境内习惯性居住的个人。因学习、工作、探亲、旅游等原因，一个纳税年度或者几个纳税年度不在中国境内居住，但这些原因消除后仍要回到中国境内居住的，仍然是中国居民纳税义务人。

境内居住满一年，是指外籍人员在一个纳税年度（即公历 1 月 1 日起至 12 月 31 日止）内，在中国境内居住满 365 天。在一个纳税年度内，一次临时离境不超过 30 日或者多次累计不超过 90 日，不扣除其在华居住的天数。

（二）非居民纳税义务人

非居民纳税义务人，是指在中国境内无住所又不居住，或无住所且居住不满一年的个人，主要包括外籍人员、华侨或我国香港地区、澳门地区、台湾地区同胞。

二、个人所得税的征税对象

个人所得税的征税对象是个人取得的各种应税所得。按照我国《个人所得税法》的规定，具体的征税项目如下：

1. 工资、薪金所得

工资、薪金所得，是指个人因任职或者受雇而取得的工资、薪金、奖金、年终加薪、劳动分红、津贴、补贴（国家另有规定的除外）以及与任职或者受雇有关的其他所得。

2. 个体工商户的生产、经营所得

个体工商户的生产、经营所得主要包括：

（1）个体工商户从事工业、手工业、建筑业、交通运输业、商业、饮食业、服务业、修理业及其他行业取得的所得。

（2）个人经政府有关部门批准，取得执照，从事办学、医疗、咨询以及其他有偿活动的所得。

（3）上述个体工商户和个人取得的与生产、经营有关的各项应税所得。

（4）个人因从事彩票代销业务而取得所得，应按照“个体工商户的生产、经营所得”项目计征个人所得税。

（5）其他个人从事个体工商生产、经营取得的所得。

3. 对企事业单位的承包经营、承租经营的所得

对企事业单位的承包经营、承租经营所得，是指个人承包经营或者承租经营以及转租、转包取得的所得，还包括个人按月或者按次取得的工资、薪金性质的所得。在实际承包、承租过程中，经营形式较多，分配方式也不尽相同，但大体可以分为两大类：

第一类：个人对企事业单位承包、承租经营后，工商登记改变为个体工商户。这类承包、承租经营，实际已属于个体工商业户生产、经营所得的性质。按照个体工商户的生产、经营所得征税即可，不再征收企业所得税。

第二类：个人对企事业单位承包、承租经营后，工商登记仍为企业的，应按照企业所得税的有关规定先征收企业所得税后，再按照具体承包、承租的分配方式征收个人所得税。具体承包、承租的分配方式大概有两种：一种是承包人、承租人对经营成果不拥有所有权，仅按照合同（或协议）规定取得一定的所得，这种所得属于非独立劳动性质的所得，应按工资、薪金所得项目的规定征收个人所得税；另一种是承包人、承租人按照合同（或协议）规定只向发包人或者出租人缴纳一定的费用，经营成果归自己所有，这种所得应按照承包、承租经营所得的规定计征个人所得税。

4. 劳务报酬所得

劳务报酬所得，是指个人独立从事各种非雇佣性质的各种劳务所取得的所得，主要内容包括：从事设计、装潢、安装、制图、化验、测试、医疗、法律、会计、咨询、讲学、新闻、广播、翻译、审稿、书画、雕刻、影视、录音、录像、演出、表演、广告、展览、技术服务、介绍服务、经纪服务、代办服务以及其他劳务取得的所得。

5. 稿酬所得

稿酬所得，是指个人因其作品以图书、报刊形式出版、发表而取得的所得。

6. 特许权使用费所得

特许权使用费所得，是指个人提供专利权、商标权、著作权、非专利技术以及其他特许权的使用权取得的所得。提供著作权的使用权取得的所得，不包括稿酬所得。

7. 利息、股息、红利所得

利息、股息、红利所得，是指个人拥有债权、股权而取得的利息、股息、红利所得。

利息是指个人拥有债权而取得的利息，包括存款利息、贷款利息和各种债券的利

息。除国家规定的储蓄存款利息、国债利息和国家发行的金融债券利息外，其他的利息所得均应按照税法缴纳个人所得税。

股息是指公司按照一定的比率对每股发放的息金；红利是指公司按照股份分配的超过股息部分的利润。

8. 财产租赁所得

财产租赁所得，是指个人出租建筑物、土地使用权、机器设备、车船以及其他财产取得的所得。财产租赁所得中，不包括对该项财产购买的价款。如果租金中包含不属于租金的分期支付的财产价款，计算缴纳税款时应将其扣除。

9. 财产转让所得

财产转让所得，是指个人转让有价证券、股权、建筑物、土地使用权、机器设备、车船以及其他财产取得的所得。

10. 偶然所得

偶然所得，是指个人得奖、中奖、中彩以及其他偶然性质的所得。除了税法规定的得奖、中奖、中彩等所得外，其他偶然性质的所得是否征税，则需要税务机关具体认定。

11. 经国务院财政部门确定征税的其他所得

除上述列举的各项个人应税所得外，其他确有必要征税的个人所得，由国务院财政部门确定。个人取得的所得，难以界定应纳税所得项目的，由主管税务机关确定。

三、个人所得税税率

按照我国《个人所得税法》及有关的规定，个人所得税的税率按照不同的所得项目分为一般规定和特殊规定。

（一）个人所得税税率的一般规定

1. 工资、薪金所得，适用九级超额累进税率，税率为5%~45%，如表12-1所示。

表12-1 **工资、薪金个人所得税税率表**

级数	全月应纳税所得额（含税）	全月应纳税所得额（不含税）	税率（%）	扣除数
1	不超过500元的部分	不超过475元的部分	5	0
2	500~2 000元的部分	475~1 825元的部分	10	25
3	2 000~5 000元的部分	1 825~4 375元的部分	15	125
4	5 000~20 000元的部分	4 375~16 375元的部分	20	375
5	20 000~40 000元的部分	16 375~31 375元的部分	25	1 375
6	40 000~60 000元的部分	31 375~45 375元的部分	30	3 375
7	60 000~80 000元的部分	45 375~58 375元的部分	35	6 375
8	80 000~100 000元的部分	58 375~70 375元的部分	40	10 375
9	超过100 000元以上的部分	超过70 375元的部分	45	15 375

注：表中的应纳税所得额，是指每月的工、薪收入总额，减除按税法规定的费用后的余额。

2. 个体工商户生产、经营所得和对企事业单位的承包经营、承租经营所得，适用五级超额累进税率，税率为5%~35%，如表12-2所示。

表12-2　　个体工商户和承包、承租个人所得税税率

级数	应纳税所得额（含税）	应纳税所得额（不含税）	税率（%）	扣除数
1	5 000元部分	4 750元的部分	5	0
2	5 000~10 000元的部分	4 750~9 250元的部分	10	250
3	10 000~30 000元的部分	9 250~25 250元的部分	20	1 250
4	30 000~50 000元的部分	25 250~39 250元的部分	30	4 250
5	超过50 000元的部分	超过39 250元的部分	35	6 750

注：表中的应纳税所得额，是指一个纳税年度的收入总额，减除按税法规定的费用后的余额。

3. 劳务所得、稿酬所得、特许权使用费所得、财产租赁所得、财产转让所得、利息、股息、红利所得、偶然所得和其他所得，适用比例税率，税率为20%。

（二）个人所得税税率的特殊规定

1. 稿酬所得，按照20%的税率计算出应纳税额后，再按其应纳税额减征30%，故稿酬所得的实际税负为14%。

2. 承包、承租人对企业经营成果不拥有所有权，仅按合同规定取得一定所得的，其所得按照工资、薪金所得项目征税，适用5%~45%的九级超额累进税率。

承包、承租人按照合同规定，只向发包方或者出租方缴纳一定费用后，经营成果归其所有的，按对企事业单位的承包经营、承租经营所得项目征税，适用5%~35%的五级超额累进税率。

3. 劳务报酬所得。劳务报酬所得，适用比例税率。一次取得劳务报酬，其应纳税所得额不超过20 000元的部分，税率为20%；一次取得劳务报酬，其应纳税所得额大于20 000元小于50 000元的部分，按其应纳税额加征五成，其实际税率为30%；一次取得劳务报酬，其应纳税所得额超过50 000元的部分，按其应纳税额加征十成，其实际税率为40%，如表12-3所示。

表12-3　　劳务报酬个人所得税税率

级数	应纳税所得额（含税不含费用）	应纳税所得额（不含税含费用）	税率（%）	扣除数
1	不超过20 000元的部分	不超过16 000元的部分	20	0
2	20 000~50 000元的部分	16 000~37 000元的部分	30	2 000
3	超过50 000元的部分	超过37 000元的部分	40	7 000

注：表中应纳税所得额，是指每次收入额，减除按规定的费用后的余额。

四、个人所得税的减免优惠

我国《个人所得税法》及财政部、国家税务总局等的规定，对个人所得项目给予了许多免税、减税的优惠。

(一) 法定免税项目

1. 省级人民政府、国务院各部委和中国人民解放军军以上单位，以及外国组织颁发的科学、教育、技术、文化、卫生、体育、环境保护等方面的奖金。

2. 国债和国家发行的金融债券利息。

3. 按照国家统一规定发放的津贴、补贴。国家统一规定发放的津贴、补贴，是指按照国务院规定发给的政府特殊津贴和国务院规定免纳个人所得税的津贴、补贴。

4. 福利费、抚恤金、救济金。福利费，是指根据国家有关规定，从企业、事业单位、国家机关、社会团体提留的福利费或者工会经费中支付给个人的生活补助费；救济金是指国家民政部门支付给个人的生活困难补助费。

5. 保险赔款。

6. 军人的转业费、复员费。

7. 按照国家统一规定发给干部、职工的安家费、退职费、退休工资、离休工资、离休生活补助费。

8. 依照我国有关法律规定应予免税的各国驻华使馆、领事馆的外交代表、领事官员和其他人员的所得。

9. 中国政府参加的国际公约以及签订的协议中规定免税的所得。

10. 关于发给见义勇为者的奖金问题。对乡、镇（含乡、镇）以上人民政府或经县（含县）以上人民政府主管部门批准成立的有机构、有章程的见义勇为基金或者类似性质组织，奖励见义勇为者的奖金或奖品，经主管税务机关核准，免征个人所得税。

11. 企业和个人按照省级以上人民政府规定的比例提取并缴付的住房公积金、医疗保险金、基本养老保险金、失业保险金，不计入个人当期的工资、薪金收入，免予征收个人所得税。超过规定的比例缴付的部分计征个人所得税。个人领取原提存的住房公积金、医疗保险金、基本养老保险金时，免予征收个人所得税。

12. 对个人取得的教育储蓄存款利息所得以及国务院财政部门确定的其他专项储蓄存款或者储蓄性专项基金存款的利息所得，免征个人所得税。

13. 储蓄机构内从事代扣代缴工作的办税人员取得的扣缴利息税手续费所得，免征个人所得税。

14. 经国务院财政部门批准的免税所得。

(二) 经批准可以减征个人所得税的项目

1. 残疾、孤老人员和烈属的所得。

2. 因严重自然灾害造成重大损失的。

3. 其他经国务院财政部门批准减税的。

(三) 暂免征收个人所得税的项目

1. 外籍个人以非现金形式或实报实销形式取得的住房补贴、伙食补贴、搬迁费、洗衣费。

2. 外籍个人按合理标准取得的境内、境外出差补贴。

3. 外籍个人取得的探亲费、语言训练费、子女教育费等，经当地税务机关审核批准为合理的部分。

4. 个人举报、协查各种违法、犯罪行为而获得的奖金。

5. 个人办理代扣代缴税款手续费，按规定取得的扣缴手续费。

6. 个人转让达五年以上，并且是唯一的家庭生活用房取得的所得。

7. 达到离休、退休年龄，但确因工作需要，适当延长离退休年龄的高级专家（指享受国家发放的政府特殊津贴的专家、学者），其在延长离退休期间的工资、薪金所得，视同退休工资、离休工资免征个人所得税。

8. 外籍个人从外商投资企业取得的股息、红利所得。

9. 符合下列条件之一的外籍专家取得的工资、薪金所得。

（1）根据世界银行专项贷款协议由世界银行直接派住我国工作的外国专家。

（2）联合国组织直接派住我国工作的专家。

（3）为联合国援助项目来华工作的专家。

（4）援助国派住我国专为该国无偿援助项目工作的专家。

（5）通过两国政府签订的文化交流项目来华工作两年以内的文教专家，其工资、薪金所得由该国负担的。

（6）通过我国大专院校国际交流项目来华工作两年以内的文教专家，其工资、薪金所得由该国负担的。

（7）通过民间科研协定来华工作的专家，其工资、薪金所得由该国政府机构负担的。

（四）在中国境内无住所，但在中国境内居住不满一年或者满一年以上、不到五年的纳税人的减免税优惠

1. 在中国境内无住所，而在一个纳税年度内在中国境内连续或累计工作不超过90日，或者在税收协定规定的期间内在中国境内连续或累计居住不超过183日的个人，由中国境外雇主支付并且不是由该雇主设在中国境内机构负担的工资、薪金所得，免于缴纳个人所得税。仅就其实际在中国境内工作期间由中国境内企业或个人雇主支付或者由中国境内机构负担的工资、薪金所得，缴纳个人所得税。

2. 在中国境内无住所，但在一个纳税年度中在中国境内连续或累计工作超过90日，或在税收协定规定的期间内连续或累计居住超过183日但不满一年的个人，其实际在中国境内工作期间取得的由中国境内企业或个人雇主支付和由境外企业或个人雇主支付的工资、薪金所得，均应缴纳个人所得税。

至于其在中国境外工作期间取得的工资、薪金所得，除担任中国境内企业董事和高层管理人员在境外履行职务由境内企业支付董事费或工资、薪金所得需纳税外，不缴纳个人所得税。

3. 在中国境内无住所，但居住一年以上五年以下的个人，其来源于中国境外的所得，经主管税务机关批准，可以只就由中国境内公司、企业以及其他经济组织或者个人

支付的部分缴纳个人所得税；居住超过五年的个人，从第六年起，应当就其来源于中国境外的全部所得缴纳个人所得税。

个人在中国境内是否居住满五年，自 1994 年 1 月 1 日起计算。居住满五年，是指个人在中国境内连续居住满五年，即在连续五年中的每一纳税年度内均居住满一年。

如该个人在第六年起以后的某一纳税年度内在境内居住不足 90 天，从再次居住满一年的年度起重新计算五年期限。

★在中国境内无住所，在中国境内具体居住时间所取得的所得，是否缴纳个人所得税，如表 12-4 所示。

表 12-4　　**在中国境内无住所的纳税人个人所得税的征税范围**

在境内居住的时间	来源于中国境内		来源于中国境外	
	境内公司支付并负担	境外公司支付并负担	境内公司支付并负担	境外公司支付并负担
居住时间≤90 天	征	不征	不征	不征
90 天<居住时间≤1 年	征	征	不征	不征
1 年<居住时间≤5 年	征	征	征	不征
5 年<居住时间	征	征	征	征

五、境外个人所得已纳税额的扣除

为了避免重复征税，我国《个人所得税法》规定，纳税义务人从中国境外取得的所得，对该所得在境外已缴纳的税款，准予其在境内应纳税额中扣除已在境外缴纳的个人所得税税额。但扣除额不得超过该纳税义务人境外所得依照我国税法规定计算的应纳税额。有关具体规定如下：

1. 税法所指的已在境外缴纳的个人所得税税额，是指纳税义务人从中国境外取得的所得，依照该所得来源国或地区的法律应当缴纳并且实际已经缴纳的税额。

2. 税法所指的依照本法规定计算的应纳税额，是指纳税义务人从中国境外取得的所得，区别不同国家或地区和不同的应纳税项目，依照我国税法规定的费用扣除标准和适用税率计算的应纳税额；同一国家或地区内不同应税项目，依照我国税法计算的应纳税之和，为该国家或地区的扣除限额。

3. 纳税义务人在中国境外一个国家或地区实际已缴纳的个人所得税税额，低于依照我国规定计算出的该国或地区扣除限额的，应在中国缴纳差额部分的税款；超过该国家或地区扣除限额的，其超过部分不得在本纳税年度的应纳税额中扣除，但可以在以后纳税年度的该国家或地区扣除限额的余额中补扣，补扣期限最长不得超过五年。

六、个人所得税的征收管理

按照我国《个人所得税法》的规定，个人所得税有自行申报纳税和代扣代缴两种征管办法。

（一）自行申报纳税

自行申报纳税，是由纳税人自行在税法规定的纳税期限内，向税务机关申报其取得的应税所得项目和数额，如实填写个人所得税纳税申报表，并按照税法规定计算应纳税额，据此缴纳个人所得税的一种方法。

1. 自行申报纳税的主要范围

（1）从两处或者两处以上取得工资、薪金所得的。

（2）取得应纳税所得，没有扣缴义务人的。

（3）分次取得属于一次劳务所得、稿酬所得、特许权使用费所得、财产租赁所得的。

（4）取得应纳税所得，扣缴义务人未按规定扣缴税款的。

（5）税收主管部门规定必须自行申报纳税的。

2. 自行申报纳税的期限

按照税法的规定，除特殊情况外，纳税人应在取得应纳税所得的次月七日内向主管税务机关申报所得并缴纳税款。具体规定如下：

（1）账册健全的个体工商户的生产、经营所得的应纳税款，按年计算、分月预缴，由纳税人在次月七日内预缴，年度终了后三个月内汇算清缴，多退少补。账册不健全的个体工商户的生产、经营所得的应纳税款，由各地税务机关依据征管法及实施细则的有关规定，自行确定征收方式。

（2）纳税人年终一次性取得承包经营、承租经营所得的，自取得收入之日起 30 日内申报纳税；在一年内分次取得承包经营、承租经营所得的，应在取得每次所得后的七日内申报预缴，年度终了后三个月内汇算清缴，多退少补。

（3）从中国境外取得所得的纳税人，其来源于中国境外的应纳税所得，如在境外以纳税年度计算缴纳个人所得税的，应在所得来源国的纳税年度终了，结清税款后的 30 天内，向中国主管税务机关申报纳税；如在取得境外所得时结清税款的，或者在境外按所得来源国税法规定免予缴纳个人所得税的，应在次年 1 月 1 日起 30 日内向中国主管税务机关申报纳税。

3. 自行申报纳税的申报方式

纳税人可采用本人申报、委托他人申报、邮寄申报等方式，在规定的申报期限内申报纳税。邮寄申报纳税的，以寄出地的邮戳日期为实际申报日期。

纳税人确有困难，不能按期办理纳税申报的，经主管税务机关核准，可以延期申报。

纳税期限的最后一日是法定休假日的，以休假日的次日为期限最后一日。

4. 自行申报纳税的申报地点

申报地点一般应为收入来源地的主管税务机关。纳税人从两处或者两处以上取得工资、薪金所得的，可选择并固定在其中一地税务机关申报纳税；从境外取得所得的，应向境内户籍所在地或经常居住地税务机关申报纳税。纳税人要求变更申报纳税地点的，需经原主管税务机关批准。

（二）代扣代缴

代扣代缴，是指按照税法规定负有扣缴税款义务的单位或者个人，在向个人支付应纳税所得额时，先计算出应纳税额，从其所得中扣除，同时向税务机关报送扣缴个人所得税报告表，并将税款缴入国库的一种源泉扣缴征收方法。

1. 扣缴义务人及代扣代缴的范围

凡支付个人应纳税所得的企业（公司）、事业单位、机关、社会团体、军队、驻华机构、个体工商户、个人独资企业和合伙企业等单位或者个人，为个人所得税的扣缴义务人。

扣缴义务人向个人支付下列所得，应代扣代缴个人所得税：

（1）工资、薪金所得。

（2）对企事业单位的承包经营、承租经营所得。

（3）劳务报酬所得。

（4）稿酬所得。

（5）特许权使用费所得。

（6）利息、股息、红利所得。

（7）财产租赁所得。

（8）财产转让所得。

（9）偶然所得。

（10）经国务院财政部门确定征税的其他所得。

扣缴义务人向个人支付应纳税所得（包括现金支付、汇拨支付、转账支付、实物和有价证券等其他形式的支付），不论纳税人是否属于本单位人员，均应代扣代缴其应纳的个人所得税税款。

2. 扣缴义务人的义务及应承担的责任

（1）扣缴义务人应指定支付应纳税所得的财务会计部门或其他有关部门的人员为办税人员，由办税人员具体办理个人所得税的代扣代缴工作。

代扣代缴义务人的有关领导要对代扣代缴工作提供方便，支持办税人员履行义务；办税人员发生变动时，应将名单及时报告主管税务机关。

（2）扣缴义务人的法定代表人（或单位主要负责人）、财会部门的负责人及具体办理代扣代缴税款的有关人员，共同对依法履行代扣代缴义务负法律责任。

（3）同一扣缴义务人的不同部门支付应纳税所得时，应报办税人员汇总。

（4）扣缴义务人在代扣税款时，必须向纳税人开具税务机关统一印制的代扣代缴税款凭证，并详细注明纳税人姓名、工作单位、家庭住址和居民身份证或护照号码等个人情况。

对工资、股息、红利等所得，因纳税人众多，不易一一开具代扣代收税款凭证的，经主管税务机关同意，可以不开具代扣代收税款凭证，但应通过一定形式告知纳税人已扣缴的税款。

纳税人为了持有完税依据，向扣缴义务人索取代扣代收税款凭证的，扣缴义务人不得拒绝。

扣缴义务人应主动向税务机关申领代扣代收税款凭证，据以向纳税人扣税。非正式扣税凭证，纳税人可以拒绝。

（5）扣缴义务人对纳税人的应扣未扣的税款，其应纳税款仍然由纳税人缴纳，扣缴义务人应承担应扣未扣税款50%以上至3倍的罚款。

（6）扣缴义务人应设立代扣代缴税款账簿，正确反映个人所得税的扣缴情况，并如实填写《扣缴个人所得税报告表》及其他有关资料。

3. 代扣代缴期限

扣缴义务人每月所扣的税款，应当在次月七日内缴入国库，并向主管税务机关报送《扣缴个人所得税报告表》、代扣代收税款凭证和包括每一纳税人姓名、单位、职务、收入、税款等内容的支付个人收入明细表，以及税务机关要求报送的其他有关资料。《支付个人收入明细表》如表12-5所示。

表12-5　**支付个人收入明细表**

姓名	身份证或护照号码	收入额	收入项目					备注
			工资薪金	承包承租	劳务报酬	利息、股息、红利	其他各项	
1	2		4	5	6	7	8	9
合计								

扣缴义务人违反税法规定不报送或者报送虚假纳税资料的，一经查实，其未在支付个人收入明细表中反映的向个人支付的款项，在计算扣缴义务人应纳税所得额时不得作为成本、费用扣除。

扣缴义务人因有特殊困难不能按期报送《扣缴个人所得税报告表》及其他有关资料的，经县级税务机关批准，可以延期申报。

第二节　个人所得税的计算

一、工资、薪金所得应纳税额的计算

工资、薪金所得应缴纳个人所得税计算征收的有关规定：

（一）计征期限

按照税法的规定，工资、薪金所得按月计征。但对于特殊行业（采掘业、远洋运输业、远洋捕捞业），可以按月预缴，年终进行汇算，多退少补。

（二）费用扣除标准

工资、薪金所得，以每月收入额减除费用2 000元后的余额，为应纳税所得额。但

对于在中国境内无住所而在中国境内取得工资、薪金所得的纳税义务人和在中国境内有住所而在中国境外取得工资、薪金所得的纳税义务人，在每月工资、薪金所得减除2 000元费用的基础上，再减除附加减除费用2 800元。附加减除费用的适用范围是：

1. 在中国境内的外商投资企业和外国企业中工作，取得工资、薪金所得的外籍人员。

2. 应聘在中国境内的企业、事业单位、社会团体、国家机关中工作取得工资、薪金所得的外籍专家。

3. 在中国境内有住所而在中国境外任职或者受雇取得工资、薪金所得的个人。

4. 取得工资、薪金所得的华侨和中国香港、澳门、台湾地区同胞。

5. 财政部确定的取得工资、薪金所得的其他人员。

（三）应纳税额的计算

计算应纳税额的基本公式：

应纳税所得额＝月工资、薪金收入－2 000元（或者4 800元）

应纳税额＝应纳税所得额×适用税率－速算扣除数

1. 一般情况下取得工资、薪金所得应纳税额的计算

【例12-1】 某经理为中国公民，某年8月份在境内取得工资收入2 500元人民币。该月应缴纳工薪个人所得税为：

应纳税所得额＝2 500－2 000＝500（元）

应纳税额＝500×5%＝25（元）

【例12-2】 一外商投资企业中工作的外籍专家，某年12月份在境内取得工资收入12 000元人民币。该月应缴纳工薪个人所得税为：

应纳税所得额＝12 000－（2 000+2 800）＝7 200（元）

应纳税额＝7 200×20%－375＝1 065（元）

2. 雇主为其雇员负担个人所得税额的计算

在实际工作中，有的雇主（单位或个人）常常为纳税人负担税款，即支付给纳税人的报酬（包括工资、薪金、劳务报酬等所得）是不含税的净所得或称为税后所得，纳税人的应纳税额由雇主代为缴纳。这种情况下，就不能以纳税人实际取得的收入直接乘以适用税率计算应纳税额，否则就会缩小税基，降低适用税率。正确的方法是，将纳税人的不含税收入换算为应纳税所得额，即含税收入，然后再计算应纳税额。具体分两种情况处理：

（1）雇主全额为雇员负担税款。应将雇员取得的不含税收入换算成应纳税所得额后，计算单位或个人应当代付的税款。计算公式为：

① 应纳税所得额＝（不含税收入额－费用扣除标准－速算扣除数）÷（1－税率）

② 应纳税额＝应纳税所得额×适用税率－速算扣除数

在上式中，公式①中的税率，是指不含税所得额按不含税级距对应的税率，如表12-6所示；公式②中的税率，是指应纳税所得额按含税级距对应的税率，如表12-1所示。对此，在计算过程中应特别注意，不能混淆。

表 12-6　　**工资、薪金不含税收入适用税率表**

级数	不含税收入级距	税率（%）	速算扣除数（元）
1	不超过475元的部分	5	0
2	475～1 825元的部分	10	25
3	1 825～4 375元的部分	15	125
4	4 375～16 375元的部分	20	375
5	16 375～31 375元的部分	25	1 375
6	31 375～45 375元的部分	30	3 375
7	45 375～58 375元的部分	35	6 375
8	58 375～70 375元的部分	40	10 375
9	超过70 375元的部分	45	15 375

【例 12-3】　境内某公司代其雇员（中国居民）缴纳个人所得税。2010 年 10 月支付给陈某的不含税工资为 4 000 元人民币。计算该公司为陈某代付的个人所得税。

解：由于陈某的工资收入为不含税收入，应换算为含税的应纳税所得额后，再计算应代付的个人所得税。

代付个人所得税的应纳税所得额＝（4 000－2 000－125）÷（1－15%）＝2 205.88（元）

应代付的个人所得税＝2 205.88×15%－125＝205.88（元）

（2）雇主为其雇员负担部分税款。可分为定额负担部分税款和定率负担部分税款两种情形。

第一种：雇主为其雇员定额负担部分税款的，应将雇员取得的工资、薪金所得换算成应纳税所得额后，计算单位应当代扣代缴的税款。计算公式为：

① 应纳税所得额＝雇员取得的工资＋雇主代雇员负担的税款－费用扣除标准

② 应纳税额＝应纳税所得额×适用税率－速算扣除数

第二种：雇主为其雇员定率负担部分税款，是指雇主为雇员负担一定比例的工资应纳的税款或负担一定比例的实际应纳税款。当发生这种情况时，应将公式①中“雇员取得的工资”替换为“未含雇主负担的税款的收入额”，同时，将公式②中的“适用税率”和“速算扣除数”分别乘以雇主为雇员负担税款的比例，从而将未含雇主负担的税款的收入额换算成应纳税所得额，计算单位应当代扣代缴的税款。计算公式为：

应纳税所得额＝（未含雇主负担的税款的收入额－费用扣除标准－速算扣除数×负担比例）÷（1－税率×负担比例）

应纳税额＝应纳税所得额×适用税率－速算扣除数

【例 12-4】　某外商投资企业雇员（外国居民）某月工资收入为 12 000 元，雇主负担其工资所得30%部分的税款。计算该纳税人当月应纳的个人所得税。

解：(1) 应纳税所得额＝(12 000－4 800－375×30%)÷(1－20%×30%)＝7 539.89(元)

(2) 应纳税额＝7 539.89×20%－375＝1 132.98(元)

3. 对个人取得全年一次性奖金等计算征收个人所得税的方法

全年一次性奖金是指行政机关、企事业单位等扣缴义务人根据其全年经济效益和对雇员全年工作业绩的综合考核情况，向雇员发放的一次性奖金。一次性奖金也包括年终加薪、实行年薪制和绩效工资办法的单位根据考核情况兑现的年薪和绩效工资。

纳税人取得全年一次性奖金，单独作为一个月工资、薪金所得计算纳税，由扣缴义务人发放时代扣代缴：

(1) 先将雇员当月内取得的全年一次性奖金，除以12个月，按其商数确定适用税率和速算扣除数。

如果在发放年终一次性奖金的当月，雇员当月工资薪金所得低于税法规定的费用扣除额，应将全年一次性奖金减除“雇员当月工资薪金所得与费用扣除额的差额”后的余额，按上述办法确定全年一次性奖金的适用税率和速算扣除数。

(2) 将雇员个人当月内取得的全年一次性奖金，按上述第1条确定的适用税率和速算扣除数计算征税，计算公式如下：

① 如果雇员当月工资薪金所得高于(或等于)税法规定的费用扣除额，适用公式为：

应纳税额＝雇员当月取得全年一次性奖金×适用税率－速算扣除数

② 如果雇员当月工资薪金所得低于税法规定的费用扣除额，适用公式为：

应纳税额＝(雇员当月取得全年一次性奖金－雇员当月工资薪金所得与费用扣除额的差额)×适用税率－速算扣除数

(3) 在一个纳税年度内，对每一个纳税人，该计税办法只允许采用一次。

(4) 雇员取得除全年一次性奖金以外的其他各种名目奖金，如半年奖、季度奖、加班奖、先进奖、考勤奖等，一律与当月工资、薪金收入合并，按税法规定缴纳个人所得税。

(5) 对无住所个人取得前述第5条中的各种名目奖金，如果该个人当月在我国境内没有纳税义务，或者该个人由于出入境原因导致当月在我国工作时间不满一个月，仍按照《国家税务总局关于在我国境内无住所的个人取得奖金征税问题的通知》(国税发[1996]183号)计算纳税。

【例12-5】 假定中国公民李某2006年在我国境内1月至12月每月的绩效工资为1 500元，12月31日又一次性领取年终奖金(兑现的绩效工资)18 100元。请计算马某取得该笔奖金应缴纳的个人所得税(速算扣除数见表12-1)。

(1) 该笔奖金适用的税率和速算扣除数为：

按12个月分摊后，每月的奖金＝[18 100－(1 600－1 500)]÷12＝1 500(元)，根据工资、薪金九级超额累进税率的规定，适用的税率和速算扣除数分别为10%、25元。

(2) 应缴纳个人所得税为：

应纳税额=（奖金收入-当月工资与1 600元的差额）×适用的税率-速算扣除数

=［18 100-（1 600-1 500）］×10%-25

=18 000×10%-25

=1 800-25

=1 775（元）

4. 取得不含税全年一次性奖金收入个人所得税的计算方法

（1）按照不含税的全年一次性奖金收入除以12的商数，查找相应适用税率A和速算扣除数A。

（2）含税的全年一次性奖金收入=（不含税的全年一次性奖金收入-速算扣除数A）÷（1-适用税率A）。

（3）按含税的全年一次性奖金收入除以12的商数，重新查找适用税率B和速算扣除数B。

（4）应纳税额=含税的全年一次性奖金收入×适用税率B-速算扣除数B。

（5）如果纳税人取得不含税全年一次性奖金收入的当月工资薪金所得，低于税法规定的费用扣除额，应先将不含税全年一次性奖金减去当月工资薪金所得低于税法规定费用扣除额的差额部分后，再按照上述第一条规定处理。

（6）根据企业所得税和个人所得税的现行规定，企业所得税的纳税人、个人独资和合伙企业、个体工商户为个人支付的个人所得税款，不得在所得税前扣除。

【例12-6】　张某为中国公民，2006年1月至12月工资均为2 000元，假定12月31日取得不含税全年一次性奖金收入22 800元。请计算张某取得的全年一次性奖金应缴纳多少个人所得税？

解：（1）由于12月的工资已超过扣除费用标准，可直接用不含税奖金除以12的商来确定适用税率和速算扣除数。

每月的不含税奖金=22 800÷12=1 900（元），适用税率和速算扣除数分别为10%和25元。

（2）含税的全年一次性奖金收入=（22 800-25）÷（1-10%）=25 305.56（元）

（3）以含税的全年一次性奖金收入除以12的商来确定适用税率和速算扣除数。每月的含税奖金=25 305.56÷12=2 108.80（元），适用税率和速算扣除数分别为15%和125元。

（4）张某的不含税全年一次性奖金应缴纳的个人所得税=25 305.56×15%-125=3 670.83（元）

5. 取得不满一个月的工资、薪金所得应纳税额的计算

在中国境内无住所的个人，凡在中国境内不满一个月并仅就不满一个月期限的工资、薪金申报纳税的，均应按全月工资、薪金所得计算实际应纳税额。其计算公式为：

应纳税额=（当月工资、薪金应纳税所得额×适用税率-速算扣除数）×（当月实际在中国天数÷当月天数）

如果属于上述情况的个人取得的是日工资、薪金，应以日工资、薪金乘以当月天数换算成月工资、薪金后，按上述公式计算应纳税额。

【例 12-7】 日本某公司派其雇员大佐来我国某企业安装、调试电器生产线，大佐于 2010 年 1 月 1 日来华，工作时间为 8 个月，但其中 8 月份仅在我国居住 20 天。其工资由日方企业支付，月工资合人民币 40 000 元。计算大佐 8 月份在我国应缴纳的个人所得税。

解：(1) 应纳税所得额 = 40 000－2 000－2 800 = 35 200（元）

(2) 应纳税所得额 =（35 200×25%－1 375）×20÷31 = 4 790. 32（元）

6. 对个人因解除劳动合同取得经济补偿金的计税方法

根据《财政部、国家税务总局关于个人与用人单位解除劳动关系取得的一次性补偿收入征免个人所得税问题的通知》和《国家税务总局关于国有企业职工因解除劳动合同取得一次性补偿收入征免个人所得税问题的通知》精神，自 2001 年 10 月 1 日起，按以下规定处理：

(1) 企业依照国家有关法律规定宣告破产，企业职工从该破产企业取得的一次性安置费收入，免征个人所得税。

(2) 个人因与用人单位解除劳动关系而取得的一次性补偿收入（包括用人单位发放的经济补偿金、生活补助费和其他补助费用），其收入在当地上年职工平均工资三倍数额以内的部分，免征个人所得税；超过三倍数额部分的一次性补偿收入，可视为一次取得数月的工资、薪金收入，允许在一定期限内平均计算。方法为：以超过三倍数额部分的一次性补偿收入，除以个人在本企业的工作年限数（超过 12 年的按 12 年计算），以其商数作为个人的月工资、薪金收入，按照税法规定计算缴纳个人所得税。个人在解除劳动合同后又再次任职、受雇的，已纳税的一次性补偿收入不再与再次任职、受雇的工资薪金所得合并计算补缴个人所得税。

(3) 个人领取一次性补偿收入时，按照国家和地方政府规定的比例实际缴纳的住房公积金、医疗保险费、基本养老保险费、失业保险费，可以在计征其一次性补偿收入的个人所得税时予以扣除。

7. 特定行业取得工资、薪金应纳税额的计算

对于采掘业、远洋运输业和远洋捕捞业的职工取得的工资、薪金所得，可按月预缴，年度终了后 30 日内，合计全年工资、薪金所得，再按 12 个月平均并计算实际应缴纳的税款，多退少补。全年应纳税额的计算公式为：

全年应纳税额 = [（全年工资、薪金收入÷12－费用扣除标准）×适用税率－速算扣除数] ×12

【例 12-8】 某纳税人为远洋运输职工，全年的工资收入为 54 000 元，1 月至 12 月份已预缴个人所得税 2 620 元。年终应补（退）的个人所得税为：

全年应纳税额 = [（54 000÷12－2 000）×15%－125] ×12 = 3 000（元）

年终应补个人所得税 = 3 000－2 620 = 380（元）

8. 在外商投资企业、外国企业和驻华机构工作的中方人员取得的工资、薪金所得应纳税额的计算

按照税法的规定，在外商投资企业、外国企业和驻华机构工作的中方工作人员，取得的工资、薪金收入，凡是由雇佣单位和派遣单位分别支付的，支付单位应按税法规定

代扣代缴个人所得税。扣缴税款规定：只由雇佣单位在支付工资、薪金时，按税法规定减除费用后，计算应扣缴的个人所得税；派遣单位支付工资、薪金不再减除费用，以支付金额直接确定税率，计算应扣缴个人所得税。

同时，税法规定，纳税义务人应以每月全部工资、薪金收入减除规定费用后的余额为应纳税所得额，计算应缴纳的税款。因此，该纳税义务人在月终应持两处支付单位提供的原始明细工资、薪金单和完税凭证原件，选择并固定到一地税务机关申报每月工资、薪金收入，汇算清缴其工资、薪金收入的个人所得税。

【例 12-9】 赵某为派遣单位派往境内某外国公司工作的中方工作人员，某年 12 月份该外国公司支付给赵某薪金 10 000 元人民币，同月，派出单位又发给赵某工资 1 000元人民币。外国公司、派遣单位扣缴个人所得税和赵某实际应缴纳个人所得税为：

（1）外国公司扣缴个人所得税为：

代扣代缴税额＝（每月收入额－2 000）×适用税率－速算扣除数

＝（10 000－2 000）×20%－375＝1225（元）

（2）派遣单位应扣缴的个人所得税为：

代扣代缴税额＝每月收入额×适用税率－速算扣除数

＝1 000×10%－25＝75（元）

（3）赵某本月实际应缴纳个人所得税为：

实际应纳税额＝（全月收入总额－2 000）×适用税率－速算扣除数

＝（10 000+1 000－2 000）×20%－375＝1 425（元）

（4）赵某自行申报纳税时，应补缴个人所得税为：

应补缴税额＝1 425－1 225－75＝125（元）

★对派往外商投资企业、外国企业和外国驻华机构工作的中方人员，从雇佣单位取得的工资、薪金收入需上缴一部分给派遣单位的，能提供有效合同和有关凭证，在纳税人实际申报缴纳个人所得税时，可以扣除其实际上缴的部分，按其余额计算征收个人所得税。

9. 对退职人员一次取得较高退职费收入的计税方法

个人取得的不符合《国务院关于工人退休、退职的暂行办法》规定的退职条件和退职费标准的退职费收入，不属于免税“退职费”的范围，应按照工资、薪金所得在领取所得的当月计算缴纳个人所得税。但是，考虑到作为雇主给予退职人员经济补偿的退职费，通常一次性发给，数额较大，以及退职人员有可能在一段时间内没有固定收入等实际情况，依照税法有关工资、薪金所得计算征税的规定，对退职人员一次取得较高退职费收入的，可视为其一次取得数月的工资、薪金收入，并以原每月工资、薪金收入总额为标准，划分为若干月份的工资、薪金收入后，计算应纳税所得额和应纳税额。按照上述方法划分超过了六个月工资、薪金收入的，应按六个月平均划分计算。

个人取得全部退职费收入的应纳税额，应由其原雇主在支付退职费时负责代扣代缴。个人退职后六个月又再次任职、受雇的，对于个人已缴纳个人所得税的退职费收入，不再与再次任职、受雇取得的工资、薪金所得合并计算补缴个人所得税。

10. 对非居民个人不同纳税义务计算应纳税额的适用公式

自2004年7月1日起，以前的规定与以下规定不一致的，以以下规定为准：

（1）在中国境内无住所而在一个纳税年度中在中国境内连续或累计居住不超过90日或在税收协定规定的期间在中国境内连续或累计居住不超过183日的个人，负有纳税义务的，应适用下述公式：

应纳税额=（当月境内外工资薪金应纳税所得额×适用税率-速算扣除数）×当月境内支付工资÷当月境内外支付工资总额×当月境内工作天数÷当月天数

（2）在中国境内无住所而在一个纳税年度中在中国境内连续或累计居住超过90日或在税收协定规定的期间在中国境内连续或累计居住超过183日但不满一年的个人，负有纳税义务的，应适用下述公式：

应纳税额=（当月境内外工资薪金应纳税所得额×适用税率-速算扣除数）×当月境内工作天数÷当月天数

（3）在中国境内无住所但在境内居住满1年而不超过5年的个人，其在中国境内工作期间取得的由中国境内企业或个人雇主支付和由中国境外企业或个人雇主支付的工资薪金，均应申报缴纳个人所得税；其在实施条例第三条所说临时离境工作期间的工资薪金所得，仅就由中国境内企业或个人雇主支付的部分申报纳税，凡是该中国境内企业、机构属于采取核定利润方法计征企业所得税或没有营业收入而不征收企业所得税的，在该中国境内企业、机构任职、受雇的个人取得的工资薪金，不论是否在中国境内企业、机构会计账簿中有记载，均应视为由其任职的中国境内企业、机构支付。

上述个人，在一个月中既有在中国境内工作期间的工资薪金所得，也有在临时离境期间由境内企业或个人雇主支付的工资薪金所得的，应合并计算当月应纳税款，并按税法规定的期限申报缴纳。在中国境内无住所但在境内居住满1年而不超过5年的个人，负有纳税义务的应适用下述公式：

应纳税额=（当月境内外工资薪金应纳税所得额×适用税率-速算扣除数）×（1-当月境外支付工资÷当月境内外支付工资总额×当月境外工作天数÷当月天数）

如果上款所述各类个人取得的是日工资薪金或者不满一个月工资薪金，仍应以日工资薪金乘以当月天数换算成月工资薪金后，按照上述公式计算其应纳税额。

11. 单位对离退休人员发放退休工资以外的奖金补贴

离退休人员除按规定领取离退休工资或养老金外，另从原任职单位取得的各类补贴、奖金、实物，不属于《中华人民共和国个人所得税法》第四条规定可以免税的退休工资、离休工资、离休生活补助费。

根据《中华人民共和国个人所得税法》及其实施条例的有关规定，离退休人员从原任职单位取得的各类补贴、奖金、实物，应在减除费用扣除标准后，按“工资、薪金所得”应税项目缴纳个人所得税。

12. 高级专家延长离休退休期间取得的工资、薪金所得

高级专家延长离休退休期间取得的工资薪金所得，其免征个人所得税政策口径按下列标准执行：

（1）对高级专家从其劳动人事关系所在单位取得的，单位按国家有关规定向职工统一发放的工资、薪金、奖金、津贴、补贴等收入，视同离休、退休工资，免征个人所

得税。

（2）对除上述第（1）项所述收入以外各种名目的津贴、补贴收入等，以及高级专家从其劳动人事关系所在单位之外的其他地方取得的培训费、讲课费、顾问费、稿酬等各种收入，依法计征个人所得税。

高级专家是指：

（1）享受国家发放的政府特殊津贴的专家、学者。

（2）中国科学院、中国工程院院士。

高级专家从两处以上取得应税工资、薪金所得以及具有税法规定应当自行纳税申报的其他情形的，应在税法规定的期限内自行向主管税务机关办理纳税申报。

二、个体工商户、个人独资企业和合伙企业经营所得应纳税额的计算

个体工商户应缴纳个人所得税计算征收的有关规定：

（一）计征期限

按照税法的规定，个体工商户应缴纳的个人所得税按年计征，按主管税务机关规定的期限预缴，年终汇算，多退少补。如生产、经营的期限不到一个纳税年度的，在汇算其应纳税额时，应将其所得换算成年度所得后，按照适用税率计算出年度应纳税额，再将其年度应纳税额换算成实际应纳税额。

（二）费用扣除标准

个体工商户业主的费用扣除标准和雇员的工资扣除标准，由各省、自治区、直辖市税务机关确定。具体规定如下：

1. 准予在所得税前列支的其他项目及列支标准

（1）个体工商户、个人独资企业和合伙企业在生产经营中的借款利息支出，未超过中国人民银行规定的同类、同期贷款利率计算的数额部分，准予扣除。

（2）个体工商户、个人独资企业和合伙企业拨缴的工会经费、发生的职工福利费、职工教育经费支出分别在工资薪金总额2%、14%、2.5%的标准内据实扣除。

（3）个体工商户、个人独资企业和合伙企业发生的与生产经营有关的修理费用，可以据实扣除。修理费用发生不均衡或数额较大的，应分期扣除。

（4）个体工商户、个人独资企业和合伙企业按规定缴纳的工商管理费、个体劳动者协会会费、摊位费，按实际发生数扣除。缴纳的其他规费，其扣除项目和扣除标准，由省、自治区、直辖市地方税务局根据当地实际情况确定。

（5）个体工商户、个人独资企业和合伙企业每一纳税年度发生的广告费和业务宣传费用不超过当年销售（营业）收入15%的部分，可据实扣除；超过的部分，准予在以后纳税年度结转扣除。

（6）个体工商户、个人独资企业和合伙企业向其从业人员实际支付的合理的工资、薪金支出，允许在税前据实扣除。

（7）个体工商户、个人独资企业和合伙企业在生产经营过程中发生的固定资产和流动资产盘亏即毁损净损失，由个体工商户、个人独资企业和合伙企业提供清查盘存资料，经主管税务机关审核后，可以在当期扣除。

(8) 个体工商户、个人独资企业和合伙企业在生产经营过程中发生的以外币结算的往来款项增减变动时，由于汇率变动而发生的人民币的差额，作为汇兑损益，计入当期所得或在当期扣除。

(9) 个体工商户、个人独资企业和合伙企业发生的与生产经营有关的无法收回的账款（包括因债务人破产或死亡，以其破产财产或者遗产清偿后，仍然不能收回的应收账款，或者因债务人逾期未履行还债义务超过三年仍然不能收回的应收账款），应由其提供有效证明，报经主管税务机关审核后，按实际发生数扣除。

(10) 个体工商户、个人独资企业和合伙企业每一纳税年度发生的与其生产经营业务直接相关的业务招待费支出，按照发生额的60%扣除，但最高不得超过当年销售（营业）收入的5‰。

(11) 对个体工商户业主、个人独资企业和合伙企业投资者的生产经营所得依法计征个人所得税时，个体工商户业主、个人独资企业和合伙企业投资者本人的费用扣除标准统一确定为24 000元/年（2 000元/月）。

(12) 个体工商户、个人独资企业和合伙企业在生产经营过程中发生的与家庭生活混用的费用，由主管税务机关核定分摊比例，据此计算确定的生产经营过程中发生的费用，准予扣除。

(13) 个体工商户、个人独资企业和合伙企业的年度经营亏损，经申报主管税务机关审核后，允许用下一年度的经营所得弥补。下一年度所得不足以弥补的，允许逐年延续弥补，但最长不得超过五年。

(14) 个体工商户、个人独资企业和合伙企业购入低值易耗品的支出，原则上一次摊销，但一次性购入价值较大的，应分期摊销。分期摊销的价值标准和期限由各省、自治区、直辖市地方税务局确定。

2. 不得在所得税前列支的项目

(1) 资本性支出，包括：购置和建造固定资产、无形资产以及其他资产的支出，对外投资的支出。

(2) 被没收的财物、支付的罚款。

(3) 缴纳的个人所得税、固定资产投资方向调节税，以及各自税收的滞纳金、罚金和罚款。

(4) 各自的赞助支出。

(5) 自然灾害或者意外事故损失有赔偿的部分。

(6) 分配给投资者的股利。

(7) 用于个人和家庭的支出。

(8) 个体工商户、个人独资企业和合伙企业业主的工资支出。

(9) 与生产经营无关的其他支出。

(10) 国家税务总局规定不准扣除的其他支出。

注意：个体工商户或个人专营种植业、养殖业、饲养业、捕捞业，已按规定征收了农业税、牧业税的，不再计算征收个人所得税。不属于农业税、牧业税征税范围的，对其所得应计征个人所得税。兼营上述四业并单独核算的，原则上比照上述规定征税，对应征收个人所得税的，应与其他生产、经营所得合并征收个人所得税；对于四业所得不能单独核算的，应就其全部所得计征个人所得税。

个体工商户与企业联营而分得的利润，按利息、股息、红利所得项目单独计算征收个人所得税；取得与生产、经营活动无关的其他各项应税所得，应分别适用各应税项目的规定计算征收个人所得税。

（三）合伙企业应纳税所得的确定

合伙企业以每一个合伙人为纳税义务人。合伙企业合伙人是自然人的，缴纳个人所得税；合伙人是法人和其他组织的，缴纳企业所得税。

1. 合伙企业生产经营所得和其他所得采取“先分后税”的原则。

2. 合伙企业的生产经营所得和其他所得，包括合伙企业分配给所有合伙人的所得和企业当年留存的所得（利润）。

3. 合伙企业的合伙人按照下列原则确定应纳税所得额：

（1）合伙企业的合伙人以合伙企业的生产经营所得和其他所得，按照合伙协议约定的分配比例确定应纳税所得额。

（2）合伙协议未约定或者约定不明确的，以全部生产经营所得和其他所得，按照合伙人协商决定的分配比例确定应纳税所得额。

（3）协商不成的，以全部生产经营所得和其他所得，按照合伙人实缴出资比例确定应纳税所得额。

（4）无法确定出资比例的，以全部生产经营所得和其他所得，按照合伙人数量平均计算每个合伙人的应纳税所得额。

合伙协议不得约定将全部利润分配给部分合伙人。

4. 合伙企业的合伙人是法人和其他组织的，合伙人在计算其缴纳企业所得税时，不得用合伙企业的亏损抵减其盈利。

（四）以企业资金为个人购房

1. 根据《中华人民共和国个人所得税法》和《财政部　国家税务总局关于规范个人投资者个人所得税征收管理的通知》（财税［2003］158号）的有关规定，符合以下情形的房屋或其他财产，不论所有权人是否将财产无偿或有偿交付企业使用，其实质均为企业对个人进行了实物性质的分配，应依法计征个人所得税。

（1）企业出资购买房屋及其他财产，将所有权登记为投资者个人、投资者家庭成员或企业其他人员的。

（2）企业投资者个人、投资者家庭成员或企业其他人员向企业借款用于购买房屋及其他财产，将所有权登记为投资者个人、投资者家庭成员或企业其他人员且借款年度终了后未归还借款的。

2. 对个人独资企业、合伙企业的个人投资者或其家庭成员取得的上述所得，视为企业对个人投资者的利润分配，按照“个体工商户的生产、经营所得”项目计征个人所得税。

对除个人独资企业、合伙企业以外其他企业的个人投资者或其家庭成员取得的上述所得，视为企业对个人投资者的红利分配，按照利息、股息、红利所得项目计征个人所得税；对企业其他人员取得的上述所得，按照工资、薪金所得项目计征个人所得税。

（五）应纳税额的计算

计算应纳税额的基本公式：

应纳税所得额=年生产、经营收入总额-成本、费用、税金、损失

应纳税额=应纳税所得额×适用税率-速算扣除数

【例 12-10】 某装饰个体工商户、个人独资企业和合伙企业 2010 年度取得营业收入 584 000 元，支付成本、费用共计 476 000 元，上缴税金及附加 32 000 元，1 月至 12 月每月预缴个人所得税 1 000 元。根据所给数据计算该个体工商户、个人独资企业和合伙企业年终应补或退多少个人所得税？

（1）全年应纳税所得额=584 000-476 000-32 000=76 000（元）

（2）全年应缴纳个人所得税=76 000×35%-6 750=19 850（元）

（3）年终应补缴个人所得税=19 850-1 000×12=7 850（元）

三、对企事业单位承包、承租经营所得应纳个人所得税的计算

承包、承租经营所得应纳个人所得税计算征收的有关规定：

（一）计征期限

税法规定，对企事业单位承包、承租经营所得，以每一纳税年度的收入总额，减除必要费用后的余额为应纳税所得额。收入总额是指纳税人按照承包经营、承租经营合同规定分得的经营利润和工资、薪金性质的所得。个人的承包、承租经营所得，既有工资、薪金性质，又含生产、经营性质，但考虑到个人按承包、承租经营合同规定分到的是经营利润，涉及的生产、经营成本费用已经扣除，所以税法规定，“减除必要费用”是指按月减除 2 000 元，实际减除的是相当于个人的生计及其他费用。

在一个纳税年度中，承包经营或者承租经营期限不足一年的，以其实际经营期为纳税年度。

（二）应纳税额的计算

应纳税额计算的基本公式：

应纳税所得额=个人承包、承租经营收入总额-每月 2 000 元

应纳税额=应纳税所得额×适用税率-速算扣除数

【例 12-11】 王某 2010 年度承包本单位某项工程，按规定扣除有关税费后，年终取得与承包有关的利润 30 000 元（假定经营成果归承包者所有）。另外，在承包期间每月领取工资 1 000 元。计算王某 2010 年度应缴纳多少个人所得税？

年应纳税所得额=30 000+1 000×12-2 000×12=18 000（元）

2010 年度应纳个人所得税=18 000×20%-1 250=2 350（元）

四、劳务报酬所得应纳税额的计算

劳务报酬所得应纳税额计算征收的有关规定：

（一）计征方法

劳务报酬所得按次计征，以纳税人每次收入定额或定率减除规定费用后的余额为应

纳税所得额。劳务报酬所得因其一般具有不固定性、不经常性，不便于按月计算，所以，规定凡属于一次性收入的，以取得该项收入为一次，按次确定应纳税所得额；凡属于同一项目连续性收入的，以一个月内取得的收入为一次，据以确定应纳税所得额。考虑属地管辖与时间划定有交叉的特殊情况，统一规定以县（含县级市、区）为一地，其管辖内的一个月内的劳务服务为一次；当月跨县地域的，则应分别计算。

上述劳务报酬所得中的“同一项目”，是指劳务报酬所得列举的29项具体劳务项目中的某一单项，如果个人兼有不同的劳务报酬所得，应当分别按不同的项目所得定额或定率减除费用。

此外，获得劳务报酬所得的纳税人从其收入中支付给中介人和相关人员的报酬，在定率扣除20%的费用后，一律不再扣除。对中介人和相关人员取得的报酬，应分别计征个人所得税。

（二）费用扣除标准

劳务报酬所得每次收入不超过4 000元的，定额减除费用800元；每次收入在4 000元以上的，定率减除20%的费用。

（三）应纳税额的计算

1. 取得劳务报酬所得自行申报或代扣代缴应纳税额计算的基本公式：

（1）每次收入额不超过4 000元的：

应纳税所得额=每次收入额-800元

（2）每次收入额在4 000元以上的：

应纳税所得额=每次收入额×（1-20%）

（3）应纳税额=应纳税所得额×适用税率-速算扣除数

【例12-12】　某歌星某年8月参加营业性演出，一次取得出场报酬80 000元，计算该歌星本次劳务报酬所得应缴纳多少个人所得税？

应纳税所得额=80 000×（1-20%）=64 000（元）

应纳税额=64 000×40%-7 000=18 600（元）

2. 单位或个人为纳税义务人的劳务报酬所得代付税款的计算公式：

（1）不含税收入额为3 360元（即含税收入4 000元）以下的：

应纳税所得额=（不含税收入额-800）÷（1-税率）

（2）不含税收入额为3 360元（即含税收入4 000元）以上的：

$$应纳税所得额=\frac{（不含税收入额-速算扣除数）×（1-20\%）}{1-税率×（1-20\%）}$$

（3）应纳税额=应纳税所得额×适用税率-速算扣除数

★公式（1）、（2）中的税率，是按不含税所得及其级距对应的税率；公式（3）中的税率，是按含税级距及对应的税率（见表12-3）。

五、稿酬所得应纳税额的计算

稿酬所得应缴纳个人所得税计算征收的有关规定：

（一）计征方法

稿酬所得按次征收，以每次出版、发表取得的收入为一次。具体规定为：

1. 同一作品再版取得的所得，应视为另一次稿酬所得计算征收个人所得税。

2. 同一作品先在报刊上连载，然后再出版，或先出版，再在报刊上连载的，应视为两次稿酬所得征税。连载作为一次，出版作为一次。

3. 同一作品在报刊上连载取得收入的，以连载完成后取得的所有收入合并为一次，计算征收个人所得税。

4. 同一作品在出版和发表时，以预付稿酬或分次支付稿酬等形式取得的稿酬收入，应合并计算为一次。

5. 同一作品出版、发表后，因增加印数而追加稿酬的，应与以前出版、发表时取得的稿酬合并计算为一次，计算征收个人所得税。

6. 几人合并出版、发表著作取得稿酬分发给个人的，以每个人为纳税义务人分别计算征收个人所得税。

(二) 费用扣除标准和计算公式

1. 每次收入不足 4 000 元的：

应纳税所得额=每次收入额-800 元

2. 每次收入在 4 000 元以上的：

应纳税所得额=每次收入额×（1-20%）

3. 应纳税额=应纳税所得额×20%×（1-30%）

【例 12-13】 某作家出版一本小说，取得稿酬收入 30 000 元，计算该次稿酬收入应缴纳多少个人所得税？

应纳税所得额=30 000×（1-20%）= 24 000（元）

应纳税额=24 000×20%×（1-30%）= 3 360（元）

六、利息、股息、红利所得和偶然所得应纳税额的计算

(一) 利息、股息、红利所得和偶然所得

利息、股息、红利所得和偶然所得按次计征个人所得税。以每次取得的收入额为应纳税所得额，不扣除任何费用。

根据《对储蓄存款利息所得征收个人所得税的实施办法》，从 1999 年 11 月 1 日起开始征收个人所得税。具体规定是：

1. 个人储蓄存款取得的利息，是指个人从中华人民共和国境内的储蓄机构取得的人民币、外币储蓄存款利息。储蓄机构，是指经中国人民银行及其分支机构批准的商业银行、城市信用合作社和农村信用合作社办理储蓄业务的机构以及邮政企业依法办理储蓄业务的机构。

2. 征收个人所得税的计税依据，为纳税人每次取得的人民币、外币储蓄存款利息。储蓄存款 1999 年 10 月 31 日前孳生的利息所得，不征收个人所得税；在 1999 年 11 月 1 日（含 1 日）后孳生的利息所得，按实施办法的规定征收个人所得税。

自 2008 年 10 月 9 日起，对储蓄存款利息所得暂免征收个人所得税。即储蓄存款在 1999 年 10 月 31 日前孳生的利息所得，不征收个人所得税；储蓄存款在 1999 年 11 月 1 日至 2007 年 8 月 14 日孳生的利息所得，按照 20%的比例税率征收个人所得税；储蓄存

款在2007年8月15日至2008年10月8日孳生的利息所得，按照5%的比例税率征收个人所得税；储蓄存款在2008年10月9日后（含10月9日）孳生的利息所得，暂免征收个人所得税。

对个人取得的教育储蓄存款利息所得以及国务院财政部门确定的其他专项储蓄存款或者储蓄性专项基金（住房公积金、医疗保险金、基本养老保险金、失业保险基金）存款的利息所得免征个人所得税。

教育储蓄存款，是指个人按照国家有关规定在指定银行开户，存入规定数额资金，用于教育目的的专项储蓄。

3. 在计征管理方面，由国家税务局征收管理，以结付利息的储蓄机构实行代扣代缴。扣缴义务人代扣税款，应当在给储户的利息结付单上注明。

（二）应纳税额的计算方法

利息、股息、红利所得适用20%的比例税率。其应纳税额的计算公式为：

应纳税额=应纳税所得额（每次收入额）×适用税率

【例12-14】　某储户2007年12月18日存入一年定期人民币2万元，年利息率3.78%，存款到期日即2008年12月18日把存款及利息取出。利息及利息税计算如下：

（1）应结付利息额=20 000×3.78%=756（元）

（2）2007年8月14日前、后产生的利息各有6个月，应缴纳的利息个人所得税额=756×6÷12×20%+756×6÷12×5%=94.5（元）

七、特许权使用费所得应纳税额的计算

特许权使用费所得按次计征。每次收入不足4 000元的，减除费用800元后的余额为应纳税所得额；每次收入在4 000元以上的，按比例扣除20%的费用后的余额为应纳税所得额。应纳税额的计算公式为：

应纳税额=应纳税所得额×20%

八、财产租赁所得应纳税额的计算

财产租赁所得按次征收，以一个月内取得的租赁收入为一次。每次所得不足4 000元的，定额减除费用800元后的余额为应纳税所得额；每次所得在4 000元以上的，定率减除20%的费用后的余额为应纳税所得额。

每次所得，是指每月的收入减除国家规定的有关税费和纳税人出租财产实际开支的修缮费。允许扣除的修缮费用，以每800元为限，一次扣除不完的，准予下一次扣除，直至扣完为止。有关计算公式为：

每次所得=每次（月）收入-有关税费-有关修缮费用

每次所得不足4 000元的：

应纳税所得额=每次所得-800元

每次所得在4 000元以上的：

应纳税所得额=每次所得×（1-20%）

★应纳税额=应纳税所得额×20%

【例 12-15】 郑某于 2010 年 1 月将其自有的四间 150 平方米的房屋出租给张某作为商店使用，租期一年。郑某每月取得租金收入 1 500 元，全年租金收入 18 000 元，每月缴纳其他税费 82.5 元。

财产租赁收入以每月内取得的收入为一次，因此，郑某每月及全年应纳税额为：

每月应纳税额=（1 500-82.5-800）×20%=123.5（元）

全年应纳税额=123.5×12=1 482（元）

上例中，如果当年 12 月份因下水道堵塞找人修理，发生修理费用 400 元，有维修部门的正式收据，则 12 月份的应纳税额为：

应纳税额=（1 500-82.5-400-800）×20%=43.5（元）

全年应纳税额=123.5×11+43.5=1 402（元）

房地产开发企业与商店购买者个人签订协议规定，房地产开发企业按优惠价格出售其开发的商店给购买者个人，但购买者个人在一定期限内必须将购买的商店无偿提供给房地产开发企业对外出租使用。其实质是购买者个人以所购商店交由房地产开发企业出租而取得的房屋租赁收入支付了部分购房价款。

根据个人所得税法的有关规定精神，对上述情形的购买者个人少支出的购房价款，应视同个人财产租赁所得，按照"财产租赁所得"项目征收个人所得税。每次财产租赁所得的收入额，按照少支出的购房价款和协议规定的租赁月份数平均计算确定。

九、财产转让所得应纳税额的计算

财产转让所得，以个人转让财产的收入额减除财产原值和合理的费用后的余额为应纳税所得额。减除原值的有关规定：

建筑物：其原值为建造费或购进价以及其他有关费用。

机械设备、车船：其原值为购进价格、运输费、安装费以及其他有关费用。

有价证券：其原值为买入价及买入时按规定缴纳的有关税费。

土地使用权：其原值为取得土地使用权所支付的金额、开发土地的费用以及其他有关费用。

个人通过网络销售虚拟货币取得收入。

1. 个人通过网络收购玩家的虚拟货币，加价后向他人出售取得的收入，属于个人所得税应税所得，应按照"财产转让所得"项目计算缴纳个人所得税。

2. 个人销售虚拟货币的财产原值为其收购网络虚拟货币所支付的价款和相关税费。

3. 对于个人不能提供有关财产原值凭证的，由主管税务机关核定其财产原值。

其他财产：其原值参照以上方法确定。

★计算应纳税额的有关公式：

应纳税所得额=每次转让财产的收入额-财产原值-有关合理费用

应纳税额=应纳税所得额×20%

十、个人捐赠款项目应纳税额的计算

税法规定，个人将其所得对教育事业和其他公益事业捐赠的部分，允许在应纳税所

得额中扣除其规定的捐赠限额。捐赠具体是指个人将其所得通过中国境内的社会团体、国家机关向教育和其他公益事业以及遭受严重自然灾害地区、贫困地区的捐赠。捐赠额的扣除以不超过纳税人申报的应纳税所得额的30%为限。实际捐赠额大于或等于限额的，按其限额扣除；实际捐赠额小于限额的，按实际捐赠额扣除。其计算公式为：

捐赠限额=应纳税所得额×30%

应纳税额=（应纳税所得额-允许扣除的捐赠额）×适用税率-速算扣除数

【例12-16】　某歌星取得一次演唱会收入50 000元，当即通过某民政单位向贫困地区捐赠20 000元。计算该歌星本次演唱会应缴纳多少个人所得税？

（1）应纳税所得额=50 000×（1-20%）=40 000（元）

（2）捐赠扣除限额=40 000×30%=12 000（元）

因实际捐赠额大于扣除限额，因此，只能按限额扣除。

（3）该歌星应缴纳个人所得税=（40 000-12 000）×30%-2 000=6 400（元）

十一、个人所得税综合计算

某电视节目主持人2009年度取得收入的情况如下：

1. 所在单位全年支付工资31 200元。

2. 应邀参加两次大型文艺演出，主办单位分别支付报酬8 000元和10 000元。

3. 为一企业产品做电视广告，取得收入150 000元，并将其中的30 000元捐助给企业所在地的一所“希望小学”。

4. 应邀在电影学院播音专业讲学，一次取得课酬3 800元。

5. 自有轿车因交通事故报损，而获保险公司赔偿80 000元。

6. 购买国家发行的金融债券而获得利息5 000元。

7. 2月份出版一本自传，取得稿酬40 000元；8月份又加印取得稿酬6 000元；在9月至12月期间，该自传在报纸上连载，取得稿酬18 000元。

8. 出售自有住房一套，取得转让收入140 000元，房屋原价为60 000元，售房过程中支付有关税费5 000元，广告费3 000元。

9. 投资股票分得股息4 500元。

★该电视节目主持人2009年应纳的个人所得税额计算如下：

（1）工资薪金所得。全年为31 200元，换算为月薪是2 600元。

工资全年应纳税额=[（31 200/12-2 000）×10%-25]×12=420（元）

（2）两次文艺演出实行分次计税。

共计应纳税额=［8 000×（1-20%）+10 000×（1-20%）］×20%=2 880（元）

（3）广告收入属于劳务报酬，允许扣除20%的费用后，以其余额作为应纳税所得额，按规定税率和加成计征率征税；捐赠款允许在应纳税所得额30%的限额内扣除。

广告收入应纳税所得额=150 000×（1-20%）=120 000（元）

捐赠款可扣除限额=120 000×30%=36 000（元）

因扣除限额大于捐赠额，实际抵扣数额为30 000元

广告收入应纳税额=（120 000-30 000）×40%-7 000=29 000（元）

（4）课酬应纳税额=（3 800-800）×20%=600（元）

（5）保险赔偿收入免税。

（6）国家金融债券利息收入免税。

（7）税法规定，稿酬按照法定税率减征 30%。加印作品稿酬应与出版时稿酬合并为一次征税；出版后连载应视同再版稿酬分次征税。

出版稿酬应纳税额=（40 000+6 000）×（1-20%）×20%×（1-30%）= 5 152（元）

连载稿酬应纳税额=18 000×（1-20%）×20%×（1-30%）= 2 016（元）

（8）转让房屋应纳税额=（140 000-60 000-5 000-3 000）×20%=14 400（元）

（9）股息收入应纳税额=4 500×20%=900（元）

（10）该电视节目主持人全年应纳税额=420+2 880+29 000+600+5 152+2 016+14 400+900=55 368（元）

第三节　个人所得税核算的会计处理

按照个人所得税计算征收管理的规定，个人所得税有源泉扣缴、自行申报和代付税款三种方法。纳税人自行申报缴纳个人所得税，除个体工商户外，一般不需做任何账务处理；只有扣缴义务人扣缴税款和雇主等单位为纳税人代付税款时，才进行账务处理。

一、会计科目的设置

个人所得税设置“应交税费”一级会计科目进行核算，根据自行申报、代扣代缴和代付税款，分别设置“应交个人所得税”、“代扣代缴个人所得税”和“代付个人所得税”三个明细会计科目。该科目的贷方余额表示本期应缴尚未上缴的个人所得税税额，借方余额表示已多缴的个人所得税税额。

根据缴纳个人所得税的不同项目，涉及借方的主要会计科目有：单位和个人代扣工资所得个人所得税时，借记“应付工资应付职工薪酬”科目；代扣支付的利息、股息所得个人所得税时，借记“应付利息”、“应付股利”、“应付利润”科目；代扣劳务所得的个人所得税时，借记“成本费用”等科目。单位和雇主为纳税人代付个人所得税时，借记“生产成本”、“管理费用”、“销售费用”等科目。

二、个人所得税核算报表

个人所得税核算报表是纳税义务人和扣缴义务人缴纳税款时必须填报的申报表。按照规定，个人所得税申报表设置了六类九种，其中常用的有六种：（1）个人所得税月份申报表；（2）个人所得税年度申报表；（3）个人所得税扣缴税款报告表；（4）特种行业个人所得税月份申报表；（5）特种行业个人所得税年度申报表；（6）个体工商户所得税年度申报表。

（一）个人所得税月份申报表

个人所得税月份申报表适用于自行申报纳税的个人办理纳税申报手续，除特定行业个人的工薪所得、个体工商户生产经营所得和个人承包、承租经营所得外，其他征税项目均适用本表。其格式如表 12-7 所示。

表 12-7　　　　　　　　**个人所得税月份申报表**

纳税人识别号 □□□□□□□□□□□□□□□□

金额单位：元（列至角分）　　　　　　填表日期：年　月　日

<table>
<tr><td colspan="2">纳税人姓名</td><td colspan="3"></td><td>国籍</td><td colspan="2"></td><td colspan="2">抵华日期</td><td colspan="5"></td></tr>
<tr><td colspan="4">在中国境内住址</td><td colspan="11"></td></tr>
<tr><td colspan="6">在中国境内通信地址（如非上述住址）</td><td colspan="2"></td><td>邮编</td><td colspan="2"></td><td>电话</td><td colspan="3"></td></tr>
<tr><td>职业</td><td colspan="3"></td><td colspan="2">服务单位</td><td colspan="3"></td><td colspan="2">服务地点</td><td colspan="4"></td></tr>
<tr><td rowspan="3">所得项目</td><td rowspan="3">税款所属期</td><td colspan="6">收入额</td><td rowspan="3">减费用额</td><td rowspan="3">应纳税所得额</td><td rowspan="3">税率</td><td rowspan="3">速算扣除数</td><td rowspan="3">应纳税额</td><td rowspan="3">已扣缴税款</td><td rowspan="3">应补（退）税款</td></tr>
<tr><td rowspan="2">人民币</td><td colspan="4">外币</td><td rowspan="2">人民币合计</td></tr>
<tr><td>货币名称</td><td>金额</td><td>外汇牌价</td><td>折合人民币</td></tr>
<tr><td></td><td></td><td></td><td></td><td></td><td></td><td></td><td></td><td></td><td></td><td></td><td></td><td></td><td></td><td></td></tr>
<tr><td></td><td></td><td></td><td></td><td></td><td></td><td></td><td></td><td></td><td></td><td></td><td></td><td></td><td></td><td></td></tr>
<tr><td></td><td></td><td></td><td></td><td></td><td></td><td></td><td></td><td></td><td></td><td></td><td></td><td></td><td></td><td></td></tr>
<tr><td></td><td></td><td></td><td></td><td></td><td></td><td></td><td></td><td></td><td></td><td></td><td></td><td></td><td></td><td></td></tr>
<tr><td></td><td></td><td></td><td></td><td></td><td></td><td></td><td></td><td></td><td></td><td></td><td></td><td></td><td></td><td></td></tr>
<tr><td></td><td></td><td></td><td></td><td></td><td></td><td></td><td></td><td></td><td></td><td></td><td></td><td></td><td></td><td></td></tr>
<tr><td>授权代理人</td><td colspan="7">（如果你已委托代理申报人，请填写下列资料）为代理一切税务事宜，现授权（地址）
为本人代理申报人，任何与本申报表有关的往来文件都可寄与此人。
授权人签字</td><td>声明</td><td colspan="6">我声明：此纳税申报表是根据《中华人民共和国个人所得税法》的规定填报的，我确信它是真实的、可靠的、完整的。
声明人签字：</td></tr>
<tr><td colspan="8">纳税人（签字或盖章）：</td><td colspan="7">代理申报人（签字）：</td></tr>
<tr><td colspan="3">收到申报表日期</td><td colspan="5"></td><td colspan="3">接收人</td><td colspan="4"></td></tr>
</table>

个人所得税月份申报表的填报方法：

1. “所得项目”，填写个人所得税法规定的应填写本表的具体项目。如工薪所得、劳务报酬所得、稿酬所得等。

2. “应纳税所得额”，填写按税法规定的扣除有关费用后的作为计税依据的金额。

如为纳税义务人个人负担税款，为取得的含税收入减除税前扣除费用后的余额；如为单位和个人代纳税人负担税款，应按本章前述的公式将不含税收入换算成应纳税所得后填写。

3. “应纳税额”，分别按比例税率和适用累进税率计算的数据填写。

4. “已扣缴税款”，填写纳税人取得所得时已由支付人代缴的税款。

5. “应补退税款”，为本月应纳税款与已扣缴税款的差额。

（二）个人所得税年度申报表

个人所得税年度申报表由在中国境外取得所得的在中国境内有住所或者无住所而在境内居住满一年的个人于年度终了后30日内向主管税务机关报送，各栏目内容按所得项目分别进行汇总填报。其格式如表12-8所示。

表12-8　　**个人所得税年度申报表**

纳税人识别号 | | | | | | | | | | | | | | | | |

金额单位：元（列至角分）　　填表日期：年　月　日

纳税人姓名			国籍				抵华日期					
在中国境内住址												
在中国境内通信地址（如非上述住址）					邮编			电话				
职业		服务单位					服务地点					
中国境内所得已纳税额					境外所得应纳税额							
所得项目	所得期间	应纳税所得额	应纳所得税额	自缴或扣缴	所得项目	收入额	减除费用额	应纳税所得额	税率	速算扣除数	应纳税额	境外已缴税额
授权代理人	（如果你已委托代理人，请填写下列资料）为代理一切税务事宜，现授权______（地址）______为本人代理申报人，任何与本申报表有关的来往文件都可寄与此人。 授权人签字：______				声明	我声明：此纳税申报表是根据《中华人民共和国个人所得税法》的规定填报的，我确信它是真实的、可靠的、完整的。 声明人签字：______						

个人所得税年度申报表的填报方法：

1. “中国境内所得已纳税额”，各项填报要求与月份申报表相同，只要求说明是自行申报或是代扣代缴。

2. “中国境外所得应纳税额”，反映中国境外所得全年纳税情况的汇总。其中具体项目填写如下：

（1）“收入额”，填写本年中国境外取得的全部收入额。

（2）“应纳税所得额”，填写境外所得按我国税法规定应缴纳的个人所得税税额。

（3）将应纳税额与纳税人实际缴纳的税额相比，如境外实际已缴税款小于应纳税额（抵免限额），境外实际已纳税额全部从应纳税额中抵扣，其差额部分为在中国境内应补缴的税款。

3. 将中国境内所得和境外所得应纳、已纳和抵免税款汇算填表后，可在规定的期限内办理全年税款多退少补手续。

（三）扣缴个人所得税报告表

扣缴个人所得税报告表由扣缴义务人申报扣缴所得税时填报，格式如表12-9所示。

扣缴个人所得税报告表的填列方法：

（1）“所得项目”，按人分税目填写。（2）“所得期间”，按扣缴义务人支付该项所得的时间填写。（3）“扣缴所得税额”，填写本期实际上已扣缴的税额。

（四）其他申报表（略）

三、代扣代缴个人所得税的会计处理

代扣代缴个人所得税是个人所得税缴纳最主要的方法之一。代扣代缴个人所得税的范围十分广泛，只要有纳税义务的个人在取得个人所得时，按规定应该缴纳个人所得税的，支付所得方均可按照税法规定进行代扣代缴。

（一）代扣代缴工资、薪金个人所得税

单位和个体雇主扣缴工薪所得税，按照规定计算应缴纳的个人所得税，借记“应付工资应付职工薪酬”科目，贷记“应交税费——代扣代缴个人所得税”科目；上缴代扣的税款，借记“应交税费——代扣代缴个人所得税”科目，贷记“银行存款”科目。

【例12-17】 某单位本月发放工资时，有五位高级工程师，每人月工资为2 300元。单位扣缴个人工薪所得税计算处理如下：

（1）计算代扣代缴应纳个人所得税时：

应纳个人所得税额＝[（2 300－2 000）×5%－0]×5＝75（元）

会计处理：

借：应付工资应付职工薪酬——×××　　75

　贷：应交税费——代扣代缴个人所得税　　75

（2）上缴代扣的个人所得税时：

借：应交税费——代扣代缴个人所得税　　75

　贷：银行存款　　75

表 12-9　　**扣缴个人所得税报告表**

填表日期：　　年　月　日　　　　　　　　金额单位：人民币元

纳税人识别号 | | | | | | | | | | | | | | |

根据《中华人民共和国个人所得税法》第九条的规定制定本表，扣缴义务人应将本月扣缴的税款在次月7日内缴入国库，并向当地税务机关报送本表。

扣缴义务人名称							地址						电话		
纳税义务人姓名	纳税人识别号	工作单位及地址	所得项目	所得期间	收入额						减费用额	应纳税所得额	税率	速算扣除数	扣缴所得税额	完税证号	纳税日期
					人民币	外币				人民币合计							
						货币名称	金额	外汇牌价	折合人民币								

如果由扣缴义务人填写完税证，应在报送此表时附完税证副联　　　　份

扣缴义务人声明	我声明，此扣缴申报表是根据《中华人民共和国个人所得税法》的规定填报的，我确信它是真实的、可靠的、完整的。 声明人签字：

会计主管人签字：　　负责人签字：　　　　扣缴单位（或个人）盖章：

以下由税务机关填写

收到申报日期		接收人		审核日期	
审核记录		主管税务机关（公章）： 主管税务官员签字：			

（二）代扣代缴利息、股息个人所得税

代扣代缴利息、股息个人所得税时，借记"预提费用"、"应付利润"科目，贷记"应交税费——代扣代缴个人所得税"科目；上缴代扣代缴税款时的会计处理与上例相同。

【例 12-18】　某公司年终支付本单位职工集资利息共计 50 000 元，支付个人股东的股息共计 100 000 元。公司代扣代缴利息、股息个人所得税，税务机关按扣缴入库的税款支付扣缴义务人 2%的手续费。扣缴税款计算处理如下：

（1）扣缴利息个人所得税＝50 000×20%＝10 000（元）

（2）扣缴股息个人所得税＝100 000×20%＝20 000（元）

（3）提取扣缴个人所得税时：

借：应付利息预提费用——应付利息　　10 000
　　应付股利应付利润——股息　　20 000
　贷：应交税费——代扣代缴个人所得税　　30 000

（4）上缴代扣代缴个人所得税时：

借：应交税费——代扣代缴个人所得税　　30 000
　贷：银行存款　　30 000

（5）公司收到代扣代缴手续费时：

应收手续费＝30 000×2%＝600（元）

借：银行存款（或现金）　　600
　贷：其他业务收入——手续费　　600

四、自行申报缴纳个人所得税的会计处理

个人申报缴纳个人所得税几乎涉及每一个纳税义务人，但要进行账务处理的却很少，除个体工商户和承包、承租经营外，一般个人缴纳个人所得税不做账务处理。个体工商户缴纳个人所得税有其特殊性，以年度收入总额按规定扣除成本费用后的收益为应纳税所得额。在个体工商户财务核算比较健全的情况下，缴纳的个人所得税是从利润分配中支付的。计算缴纳个人所得税时，借记"利润分配（或所得税）"科目，贷记"应交税费——应交个人所得税"科目；上缴个人所得税时，借记"应交税费——应交个人所得税"科目，贷记"银行存款"科目。

【例 12-19】　某个体运输户本年度实现运输收入共计 125 000 元，运输成本和费用为 68 000 元，销售税金及附加为 6 875 元，其他经允许扣除的支出为 5 000 元。假定平时未预缴所得税，全年应缴纳个人所得税计算处理如下：

（1）全年应纳税所得额＝125 000－68 000－6 875－5 000＝45 125（元）

（2）全年应缴纳个人所得税＝45 125×30%－4 250＝9 287.5（元）

（3）提取税款时：

借：利润分配——未分配利润（或所得税）　　9 287.5
　贷：应交税费——应交个人所得税　　9 287.5

（4）上缴税款时：

借：应交税费——应交个人所得税　　9 287.5

　贷：银行存款　　9 287.5

五、代付个人所得税的会计处理

代付个人所得税有两种情况：一是个人为单位或雇主提供劳务或取得其他所得时，由支付所得方为纳税义务人负担并缴纳个人所得税；二是扣缴义务人应扣未扣、应收未收税款的，由扣缴义务人缴纳应扣未扣、应收未收税款以及相应的滞纳金和罚款。支付所得方代付个人所得税时，借记“管理费用”、“固定资产”、“无形资产”、“营业外支出”等科目，贷记“应交税费——代付个人所得税”科目；上缴个人所得税时，借记“应交税费——代付个人所得税”科目，贷记“银行存款”科目。

【例 12-20】 某单位聘请一技术人员为其安装机器设备一套。按合同规定支付给技术员个人劳务报酬 3 200 元，应缴纳的个人所得税由单位代付。技术员安装任务完成，单位按合同支付劳务报酬并代付个人所得税。

单位支付报酬和代付个人所得税计算处理如下：

（1）应纳税所得额＝（3 200－800）÷（1－20%）＝3 000（元）

（2）应纳个人所得税＝3 000×20%＝600（元）

（3）支付报酬和计算税款时：

借：在建工程　　3 800

　贷：银行存款　　3 200

　　　应交税费——代付个人所得税　　600

（4）上缴税款时：

借：应交税费——代付个人所得税　　600

　贷：银行存款　　600